कथाकार प्रेमचन्द

कथाकार प्रेमचन्द

जाफ़र रज़ा

लोकभारती प्रकाशन
दरबारी बिल्डिंग, महात्मा गांधी मार्ग इलाहाबाद-1

लोकभारती प्रकाशन
पहली मंजिल, दरबारी बिल्डिंग, महात्मा गाँधी मार्ग
इलाहाबाद-211 001
वेबसाइट : www.lokbhartiprakashan.com
ईमेल : info@lokbhartiprakashan.com
शाखाएँ : 1-बी, नेताजी सुभाष मार्ग, दरियागंज
नयी दिल्ली-110 002
अशोक राजपथ, साइंस कॉलेज के सामने
पटना-800 006
36-ए, शेक्सपियर सरणी
कोलकाता-700 017

संस्करण : 2014

मूल्य : ₹ 550

इण्डियन प्रेस प्राइवेट लिमिटेड
इलाहाबाद द्वारा मुद्रित

KATHAKAR PREMCHAND
by Prof. (Dr.) Jafar Reza

ISBN : 978-81-8031-393-6

प्रेमचन्द के अभिन्न-मित्र, शायरे-आज़म

प्रो० रघुपति सहाय 'फ़िराक़'

की पुण्य स्मृति में

आने-वाली नस्लें तुम पर फ़ख्र करेंगी हमअस्रो!
जब ये ध्यान आयेगा उनको, तुमने 'फ़िराक़' को देखा था।

अनुक्रम

❑❑❑

प्रस्तावना

संभवत: 1968 ई० के पूर्वार्ध की बात है। विश्वविद्यालय के किसी औपचारिक कार्यवश उर्दू के दो वयोवृद्ध एवं प्रसिद्ध विद्वान डॉ० सैय्यद आबिद हुसैन और प्रो० आले अहमद 'सुरूर' इलाहाबाद पधारे थे। स्वर्गीय गुरुवर प्रो० एहतेशाम हुसैन के मकान पर उनसे भेंट हुई। 'सुरूर' साहब स्वभावत: नये लिखने वालों को प्रोत्साहित करते रहते थे। मुझपर उनकी विशेष कृपा रहती थी। उन्होंने उन दिनों मेरी साहित्यिक गतिविधियों के विषय में प्रश्न किया। इसके पहले कि मैं कोई उत्तर दूँ, एहतेशाम साहब ने अत्यंत स्नेहपूर्ण शब्दों में मेरी उर्दू-पुस्तक 'प्रेमचन्द: कहानी का रहनुमा' की चर्चा की। साथ ही यह भी कहा कि उक्त पुस्तक में एक प्रश्न उठाया गया है कि प्रेमचन्द उर्दू-लेखक हैं या हिन्दी लेखक। उन्होंने अपना निष्कर्ष भी देदिया कि इस प्रकार के विवादों से वैमनस्य फैलता है, अत: उन्होंने इस समस्या को पुस्तक में सम्मिलित करने से रोक दिया है। 'सुरूर' साहब मुस्कुराये, तुम क्या चाहते हो? उत्तर में इन पंक्तियों के लेखक ने अपना मंतव्य प्रस्तुत किया कि उसके विचार में प्रेमचन्द मूल रूप में उर्दू-लेखक हैं। अधिकांशत: उर्दू में ही रचना करते थे। हिन्दी में उनकी रचनाओं का अनुवाद भी अधिकतर दूसरों ने किया है। इसलिए शोध एवं अनुसंधान के आधार पर यह स्पष्ट हो जाना चाहिए कि हिन्दी साहित्य के लिए प्रेमचन्द की स्थिति वही है, जो किसी साहित्यकार को किसी अन्य भाषा में रचनाओं के अनुवाद प्रकाशित हो जाने से प्राप्त होती है। अब मेरे इन विचारों में कुछ बदलाव आ गया है, परन्तु उस समय मैंने अपने मंतव्य के समर्थन में बल देने के विचार से आबिद साहब को उदाहरणार्थ प्रस्तुत किया, जिन्होंने उर्दू-मासिक 'जामिआ' से अपने संपादनकाल में प्रेमचन्द की सुविख्यात कहानी 'कफ़न' पहली बार प्रकाशित की थी। मुझमें अधिक कहने की भला धृष्टता ही कब थी, एहतेशाम साहब और 'सुरूर' साहब के बीच चर्चा होती रही। विद्वानों की उ गोष्ठी में

उस शाम बड़ी दिलचस्पी रही और अन्त में 'सुरूर' साहब के प्रभावशाली तर्कों के आधार पर निश्चय हुआ कि यह समस्या पुस्तक में अवश्य ही उठायी जाय। 'सुरूर' साहब को इससे विशेष रुचि हो गयी थी क्योंकि इसके बाद एक सिलसिले में उन्हें अमेरिका जाना पड़ा, तो वहाँ से भी उन्होंने पत्र में मुझे ताकीद फ़रमायी कि इसे पुस्तक में अवश्य ही प्रस्तुत किया जाय। ऐसी स्थिति में एहतेशाम साहब ने भी अनुमति प्रदान कर दी तथा उक्त विवाद पुस्तक में सम्मिलित किया गया। परन्तु कठिनाई यह थी कि पुस्तक के अधिकांश भाग की किताबत हो चुकी थी। परिणामस्वरूप बीच में कुछ पृष्ठों की दोबारा किताबत करायी गयी और अन्त में परिशिष्ट रूप में कहानियों का तुलनात्मक अध्ययन प्रस्तुत कर दिया गया।

उक्त पुस्तक के प्रकाशन के बाद अनेक लब्ध-प्रतिष्ठित साहित्यकारों, आलोचकों, विद्वानों और बुद्धिजीवियों ने इन पंक्तियों के लेखक को अत्यंत उत्साहवर्धक पत्र लिखे तथा पुस्तक की समीक्षाएँ कीं, जिनमें प्रो० अब्दुल कादिर सरवरी, प्रो० वक़ार अज़ीम, प्रो० मस्ऊद हुसैन ख़ाँ, प्रो० ज्ञानचंद, डॉ० मसीहुज़्ज़माँ, प्रो० नूरुल हसन हाशिमी, अमृतराय तथा मदन गोपाल विशेष हैं। इस विवाद को विशेष महत्त्व उस समय प्राप्त हुआ, जब सुविख्यात उर्दू-कवि एवं प्रेमचन्द के अभिन्न मित्र प्रो० 'फ़िराक़' गोरखपुरी ने अंग्रेज़ी साप्ताहिक 'लिंक' के अंक 1 फ़रवरी, 1970 ई० में उक्त पुस्तक की समीक्षा करते हुए अपनी व्यक्तिगत सूचनाओं के आधार पर इन पंक्तियों के लेखक के मंतव्यों की पुष्टि कर दी।

मेरा विचार था कि पुस्तक का हिन्दी-अनुवाद प्रकाशित किया जाय। मैंने कुछ प्रारम्भिक कार्य भी कर लिया था कि उसी बीच एक अवसर पर इलाहाबाद विश्वविद्यालय के तत्कालीन हिन्दी विभागाध्यक्ष प्रो० लक्ष्मीसागर वार्ष्णेय से इस विषय पर चर्चा हुई। उन्होंने सुझाव दिया कि इस अध्ययन को मात्र कहानियों तक ही सीमित न रखना चाहिए वरन् प्रेमचन्द के सम्पूर्ण कथा साहित्य—उपन्यासों तथा कहानियों का तुलनात्मक अध्ययन उपयोगी होगा। उन्होंने उत्साहवर्धक रूप में प्रोत्साहित किया कि मुझे इस विषय पर हिन्दी में डी० फ़िल० की उपाधि के लिए शोध-प्रबंध तैयार करना चाहिए, जो अपने विषय और सामग्री के आधार पर अत्यंत महत्त्वपूर्ण हो सकता है। यद्यपि यह किसी उर्दू प्राध्यापक की हिन्दी विभाग में प्रवेश करने की धृष्टा ही थी, परन्तु मैंने प्रो० वार्ष्णेय के सुझाव पर 'प्रेमचन्द का हिन्दी कथा-साहित्य : उनके उर्दू-कथा साहित्य से तुलनात्मक अध्ययन' विषय पर डी० फ़िल०

कक्षा में प्रवेश हेतु हिन्दी विभाग इलाहाबाद विश्वविद्यालय में प्रार्थना पत्र प्रस्तुत कर दिया। संयोग से मेरे शोध-पर्यवेक्षक के रूप में प्रसिद्ध भाषाशास्त्री डॉ० हरदेव बाहरी नियुक्त हुए, जिनका स्नेह मुझे सदैव ही प्राप्त रहता था। इस शोध-प्रबन्ध को यदि कोई उपलब्धि है, तो उनके अपूर्व नेतृत्व का परिचायक है। डॉ० बाहरी देश के उन गिने-चुने विद्वानों में थे, जिनको हिन्दी तथा उर्दू भाषा की परम्पराओं एवं समस्याओं का संश्लिष्ट ज्ञान था तथा इन दोनों भाषाओं पर विद्वत्तापूर्ण अधिकार रखते थे।

यह मेरा दुर्भाग्य ही था कि उक्त विषय पर औपचारिक रूप में प्रवेश लेने के पश्चात ही मेरे पारिवारिक जीवन में परस्पर कई वर्षों तक ऐसी घटनाएँ घटती रही, जिन्होंने मुझे अत्यंत प्रभावित किया। 1 दिसंबर 1972 ई० को गुरुवर प्रो० एहतेशाम हुसैन के स्वर्गवास से उर्दू-विभाग में पठन-पाठन की परम्परा टूटने और बिख़रने लगी, फिर 8 फ़रवरी, 1975 ई० को गुरुवर डॉ० मसीहुज़्ज़माँ के अकस्मात् निधन के बाद तो सब कुछ नष्ट-भ्रष्ट हो गया। इस क्रम की सबसे भयावह घटना मेरे इकलौते पुत्र सैय्यद सज्जाद रज़ा की 6 जून, 1975 ई० को एक दुर्घटना में मृत्यु है, जिसने मेरा स्वास्थ्य, संकल्प और जीवन सब कुछ-छीन लिया। इसी बीच मेरे लिए विश्वविद्यालय जीवन में भी ऐसी परिस्थितियाँ उत्पन्न होने लगीं, जिसमें पढ़ने का प्रश्न ही नहीं उठता था। इस काल को मैं अपने जीवन का संघर्ष-काल मानता हूँ!

उन दिनों इलाहाबाद विश्वविद्यालय का उर्दू-विभाग क्या था, मुग़ल-काल के अंतिम दिनों की दिल्ली थी, जिस पर कभी नादिरशाह अब्दाली के आक्रमण होते थे, तो कभी अहमदशाह दुर्रानी के। मिथ्या, अन्याय चाटुकारिता, पाखण्ड एवं षड्यंत्रों की बेड़ियाँ फैली हुई थीं, जिनमें कोई भी व्यक्ति फँसकर त्रस्त हो सकता था। कमींगाहों से तीर भी बरसते थे और आस्तीनों से भी डसा जाता था। मैं अत्यंत विन्रमता एवं ग्लानि के साथ स्वीकार करता हूँ कि मुझे अपनी अस्तित्व-रक्षा को दृष्टि में रखकर उक्त स्थिति के विरुद्ध कार्य करना पड़ा, जिसका परिणाम विश्वविद्यालय प्रशासन के संपर्क में आना तथा उसका सहयोगी बनना भी था। इस प्रकार के कार्यों में जिन सज्जनों को अनुभव प्राप्त है, मेरी पुष्टि करेंगे कि विश्वविद्यालय प्रशासन में सम्मिलित होने तथा अन्य असाहित्यिक कार्य करने का परिणाम अध्ययन-लेखन वृत्ति के व्यक्ति के लिए अत्यंत घातक होता है। परिणाम स्पष्ट है—क़लम से टैंक-विध्वंसक मिज़ाइल का काम लेना पड़ा!

यह स्थिति उस समय ही परिवर्तित हो सकी, जब बंधुवर प्रो० ज्ञानचंद उर्दू-विभागाध्यक्ष हुए तथा अध्ययनोचित वातावरण पुनः उत्पन्न हुआ। परन्तु इतना कुछ बिगड़ चुका था कि उसके बनने में समय लगा। इन स्थितियों में क़लम ने फिर पिछली राहों की तरफ़ देखा, उसे हृदय-रक्त में डुबोया तो अनुभव हुआ कि अपने में न वह संकल्प ही है, न शारीरिक एवं मानसिक बल। हृदय आंतरिक वेदना में दीप-शिखा के समान जलता है, अनंत थकान ने चूर कर रखा है, वे चन्द्रास्त हो गये, जिनका ज्ञान-प्रकाश अंधकार में भी राह दिखाता था। इस हतोत्साहित पीठिका के बावजूद कुछ मित्रों, सम्बन्धियों, स्नेहियों और सहयोगियों ने मुझे तसल्ली-तशफ़्फ़ी की मंज़िलों से गुज़ारा। आख़िर मेरी पाशिकस्तगी कामयाब हुई। माह-साल के इस चक्र से इतना लाभ अवश्य हुआ कि इस बीच कूचागर्दी की बजाय पुस्तकालयों की ख़ाक छानता रहा। आज उसी ख़ाक ने इस शोध-प्रबंध को पाक किया है।

प्रस्तुत शोध-प्रबंध में प्रेमचन्द कथा-साहित्य के उर्दू तथा हिन्दी रूप का तुलनात्मक अध्ययन करने की चेष्टा की गयी है, जिसके लिए उनके समस्त उपन्यासों तथा कहानियों को आधार बनाया गया है। नाटकों को नहीं लिया गया है, क्योंकि उन्हें कथा-साहित्य में सम्मिलित करना उचित नहीं है। इसी प्रकार प्रेमचन्द द्वारा अन्य भाषाओं से अनुदित उपन्यासों तथा कहानियों को भी स्थान नहीं दिया गया है, क्योंकि उनमें प्रेमचन्द रचनाकार न होकर अनुवादक मात्र हैं।

यह शोध-प्रबंध मेरी उर्दू-पुस्तक 'प्रेमचन्द : कहानी का रहनुमा' का विस्तार है। इसके कुछेक अंश उक्त पुस्तक से अपरिहार्य रूप में समान दीख पड़े। इसलिए मैंने उनको दोबारा लिखने की बजाय उसी से ले लिया। प्रस्तुत शोध-प्रबंध पाँच अध्याय में विभक्त है। प्रारम्भिक दो अध्यायों में उन समस्याओं पर विचार किया गया है, जिनमें प्रेमचन्द की रचनाशीलता प्रभावित होती है तथा तीन अध्यायों में प्रेमचन्द के लेखन-काल को विभक्त करके उनकी रचनाओं के हिन्दी तथा उर्दू-रूप का तुलनात्मक अध्ययन प्रस्तुत किया गया है। इस शोध-प्रबंध की रूपरेखा निम्नलिखित हैं।

पहले अध्याय में उर्दू बनाम हिन्दी समस्या का भाषा-वैज्ञानिक अध्ययन प्रस्तुत किया गया है। राजनीतिक पीठिका में उन तथ्यों पर प्रकाश डाला गया है, जिनमें उर्दू-हिन्दी की भाषिक पीठिका राजनीतिक समस्या का रूप धारण कर गयी थी तथा उन सभी घटनाचक्रों का उल्लेख किया गया है, जिनसे भाषा के संदर्भ में राजनीतिक ऊहापोह होते रहें। हिन्दी-उर्दू-हिंदुस्तानी भाषिक

त्रिकोण के पक्षधरों के मंतव्यों का विश्लेषण तथा उर्दू-भाषा है अथवा शैली आदि समस्याओं का परीक्षण किया गया। इस अध्याय में प्रेमचन्द की भाषा-दृष्टि का समुचित अध्ययन करने का प्रयत्न किया गया है।

दूसरे अध्याय में प्रेमचन्द के उर्दू-हिन्दी कथा साहित्य का सामूहिक रूप में संश्लिष्ट अध्ययन प्रस्तुत किया गया है। प्रेमचन्द की प्रारम्भिक रचनाएँ, उनका हिन्दी में आगमन एवं प्रकाशन, रचनाओं का लिप्यांतर अथवा अनुवाद उनके सम्पूर्ण कथा साहित्य का लेखा-जोखा, उनके उपन्यासों तथा कहानियों के हिन्दी तथा उर्दू नाम, उर्दू-हिन्दी कहानी संग्रहों की प्रकाशन तिथि और विशेष रूप में प्रेमचन्द की कहानियों की ऐसी बड़ी सूची, जिसमें उनके प्रथम प्रकाशन की सूचना, हिन्दी-उर्दू संकलनों का नाम, जिनमें उक्त कहानी सम्मिलित हुई, पहली बार उर्दू में प्रकाशित कहानियाँ, पहली बार हिन्दी में फिर उर्दू में प्रकाशित कहानियाँ, मात्र हिन्दी में प्रकाशित, अब तक की अप्राप्य कहानियाँ, जिनके विषय में हिन्दी तथा उर्दू के शोधकर्ताओं ने कुछ नहीं लिखा है आदि अनेकानेक तथ्य इस अध्याय में ऐसे मिलेंगे, जिनमें उर्दू-हिन्दी कथा-साहित्य इतिहास सर्वथा वंचित रहा है।

तीसरे अध्याय में प्रेमचन्द के कथा-साहित्य का पहला काल प्रस्तुत किया गया है, जो 1900 ई० से 1915 ई० तक है। इस काल में प्रेमचन्द मात्र उर्दू में लिखते थे। हिन्दी-भाषा एवं साहित्य के प्रति सक्षम न थे कि उसमें साहित्य सृजन कर सकते। इस अध्याय में प्रेमचन्द के साहित्यिक जीवन के प्रारम्भिक 15 वर्षों की उर्दू रचनाओं तथा बाद में प्रकाशित हिन्दी संस्करणों का तुलनात्मक अध्ययन प्रस्तुत किया गया है।

चौथे अध्याय में प्रेमचन्द के साहित्य-सृजन का दूसरा काल है, जो 1916 ई० से प्रारम्भ होकर 1930 ई० तक फैला हुआ है। यह प्रेमचन्द के कथा-साहित्य का 'निर्माण-काल' था। इसी काल में प्रेमचन्द उर्दू के साथ-साथ हिन्दी में लिखना प्रारम्भ करते हैं। इस काल की रचनाओं की संख्या अन्य दोनों युगों के अनुपात में अधिक है। ऐसा अनुमान है कि इस काल में प्रेमचन्द हिन्दी-उर्दू में निरंतर लिख रहे थे तथा उनकी रचनाओं का अनुवाद एक भाषा से दूसरी भाषा में हो रहा था। इस अध्याय में इस काल के उपन्यासों एवं कहानियों का संश्लिष्ट अध्ययन प्रस्तुत किया गया है, जिसमें हिन्दी-उर्दू उपन्यासों का तुलनात्मक अध्ययन है।

पाँचवे अध्याय में 1931 ई० से अन्त तक की रचनाओं का अध्ययन किया गया है। यद्यपि यह रचनाकाल छोटा है परन्तु प्रेमचन्द कथा-साहित्य के अध्ययन में सर्वाधिक महत्त्वपूर्ण है, क्योंकि इसी काल में प्रेमचन्द की साहित्यिक एवं सामाजिक दृष्टि नवीन आयाम ग्रहण करती है। प्रगतिशील आंदोलन और उसका प्रभाव तथा उर्दू-हिन्दी की भाषिक समस्या आदि का विश्लेषण किया गया है। इस अध्याय में भी इस काल के कथा-साहित्य में हिन्दी-उर्दू संकलनों का तुलनात्मक अध्ययन प्रस्तुत किया गया है।

उपसंहार में प्रस्तुत शोधप्रबंध के निष्कर्षों का सामूहिक एवं संश्लिष्ट विश्लेषण किया गया है तथा कुछेक निष्कर्ष-युक्त मंतव्य प्रस्तुत करने का प्रयत्न किया गया है, जिससे प्रेमचन्द-साहित्य के अध्येताओं को आगामी अध्ययन में निश्चय ही सहायता मिल सकती है। सहायक ग्रंथों की सूची में मात्र उन पुस्तकों तथा पत्रिकाओं को सम्मिलित किया गया है, जिनके संदर्भ प्रस्तुत शोध-प्रबंध में विद्यमान हैं। इनके अतिरिक्त अनेक पुस्तकों एवं पत्र-पत्रिकाओं से भी सहायता ली गयी है, जिनके नाम विस्तार-भय से नहीं लिखे गये हैं। उर्दू-उद्धरणों को अनुवाद करने की बजाय यथावत नागरी-लिपि में लिख दिया गया है। इससे एक ओर तो उर्दू तथा हिन्दी शैलियों का अन्तर स्पष्ट हो जाता है, दूसरी ओर दोनों भाषाओं के भाषिक मतभेद के विश्लेषण में सुविधा होगी कि उर्दू-हिन्दी बोलियाँ हैं या दो विभिन्न भाषाएँ। उर्दू से लिप्यांतर क़रने में उर्दू स्वरों को आधार बनाया गया है तथा हिन्दी में हिन्दी-स्वरों को।

यह शोध-प्रबन्ध मेरे निरंतर दस वर्षों के संकल्प का द्योतक है। इसका अध्ययन करें, तो यह ध्यान में रखते हुए कि यह एक ऐसे छात्र का शोध-प्रबंध है, जिसने औपचारिक रूप में हिन्दी-शिक्षा नहीं पायी है। एक ख़ुदरौ पेड़ की तरह अपने-आप में उगा और बढ़ा है। इस शोध-प्रबन्ध पर 1977 ई० में इलाहाबाद विश्वविद्यालय ने हिन्दी में, 'डॉक्टर ऑफ़ फ़िलासफ़ी' की उपाधि प्रदान की। इसके हिन्दी में प्रकाशन के पूर्व इसी विषय पर मेरी उर्दू-पुस्तक 'प्रेमचन्द : फ़न और तामीरे-फ़न' के अनेक संस्करण हो गये थे। इस पर आधारित एक पुस्तक 'प्रेमचन्द : उर्दू-हिन्दी कथाकार' हिन्दी में प्रकाशित हो चुकी है। चूँकि उस समय मैं कश्मीर विश्वविद्यालय, श्रीनगर में था, प्रूफ़ न देख सका और उसमें असाधरण त्रुटियाँ रह गयीं। प्रेमचन्द की परम्परा में यह विचित्र स्थिति ही है। उनकी रचनाएँ-उर्दू में होने पर हिन्दी में पहले प्रकाशित हो चुकी है। मुझे हिन्दी में लिखने पर पहले उर्दू में छापना पड़ा।

इलाहाबाद विश्वविद्यालय में प्रेमचन्द पीठाचार्य एवं विभागाध्यक्ष के पद से दिसम्बर 1999 ई० में सेवा निवृत्त हुआ, तो बार-बार एहसास रहा कि हिन्दी में दर्जन-भर पुस्तकें प्रकाशित हुईं, कुछेक के कई-कई संस्करण हुए, किन्तु मेरा हिन्दी शोध-प्रबंध प्रकाशित न हो सका। अपनी इस ग्लानि की चर्चा एक दिन लोकभारती के नये उत्साही प्रबन्ध-निदेशक श्री अमोद महेश्वरी से की। उन्होंने सहर्ष प्रकाशन स्वीकार कर लिया। उनके प्रति धन्यवाद। प्रकाशन के पूर्व यथासम्भव सभी मन्तव्यों एवं संज्ञानों को अद्यतन करने की चेष्टा की है।

जैसा कुछ भी है, आपको समर्पित है!

—जाफ़र रज़ा

'शबिस्तान'
786, शाहगंज,
इलाहाबाद 211003
21 मार्च, 2009 ई०

अध्याय : एक

उर्दू बनाम हिन्दी

प्रेमचन्द के विषय में पंडित ब्रजरतन दास का कथन है कि वे ब्रज या अवधी- साहित्य को हिन्दी का साहित्य नहीं मानते थे। लिखते हैं : **''हमें यह ठीक याद है कि स्वर्गीय भगवानदास जी के काशी के साहित्य-विद्यालय के एक वार्षिक अधिवेशन में स्वर्गीय प्रेमचन्द ने कहा था कि हिन्दी में प्राचीन साहित्य है ही कहाँ? ब्रजभाषा, अवधी का साहित्य है, हिन्दी का साहित्य नहीं है।''**[1] इसका अर्थ यह है कि उनकी दृष्टि में हिन्दी की भाषिक परम्परा खड़ी बोली तक सीमित थी। परन्तु पहले से भी तो खड़ी-बोली की हिन्दी परम्परा विद्यमान थी। यदि ऐतिहासिक तथ्यों के आधार पर देखें, तो अवधी और ब्रजभाषा में साहित्य रचना खड़ी-बोली के बाद में हुई। अमीर ख़ुसरौ 13वीं सदी के कवि हैं, जबकि अवधी के प्रथम कवि कबीर 15वीं सदी के। 15वीं सदी के अन्त से ब्रजभाषा में साहित्य-निर्माण होता है, जब वल्लभाचार्य ब्रजमण्डल में निवास करने लगे थे। लेकिन इन ऐतिहासिक तथ्यों से प्रेमचन्द को सरोकार नहीं, उन्हें तो खड़ी-बोली को हिन्दी-उर्दू समस्या के परिप्रेक्ष्य में ही देखना है। इसमें संदेह नहीं कि खड़ी बोली की बुनियाद पर ही वर्तमान हिन्दी और उर्दू ने अपने-अपने शानदार महल तैयार किये हैं,किन्तु प्रेमचन्द ने किसी अवसर पर उर्दू के संदर्भ में इस प्रकार के विचार व्यक्त नहीं किये, वरन् हिन्दी के विपरीत उर्दू-भाषा एवं साहित्य के शाश्वत अस्तित्व में विश्वास रखते थे।

स्पष्ट है कि प्रेमचन्द ने जब ब्रज, अवधी आदि को हिन्दी से अलग किया, तो उनका मूल उदेश्य उर्दू तथा हिन्दी दोनों भाषाओं के भाषिक विरोध का समाधान और हिन्दी-उर्दू की संयुक्त निधि को भावी-भाषिक भारत के सिपुर्द करना था। प्रेमचन्द की तरह इस काल के बड़े-बड़े राजनीतिक नेता भी

---

1. **ब्रजरतन दास : खड़ीबोली हिन्दी-साहित्य का इतिहास, पृ० 191**

भाषिक समस्या को इसी रूप में देख रहे थे। इसलिए उचित मालूम होता है कि संक्षेप में इस समस्या के विभिन्न पहलुओं पर विचार कर लिया जाय।

भाषिक पीठिका

भाषा-विज्ञान अन्य शास्त्रों के अनुपात में नवीन शास्त्र है और इसके जानने वालों की संख्या भी अपेक्षाकृत कम है। परन्तु भाषा की उत्त्पति, विकास, स्वरूप आदि के विषय में जिज्ञासाएँ शायद उस समय से चली आ रही हैं। जब मानव ने पहली बार बोलना सीखा हो। सभी जिज्ञासाओं का समाधान धर्म प्रदान करता था। धर्म ने अपनी बोली को देव-वाणी कहा, शेष भाषाएँ उसी से जन्मीं। हिन्दू संस्कृत को, यहूदी-ईसाई हिब्रू को, मुसलमान अरबी को, इसी प्रकार अन्य धर्मावलम्बी भी। सभ्यता के विकास के साथ ही भाषिक समस्या पर विचार किया गया। मेसोपोटामिया, यूनान तथा भारत में विद्वानों ने ईसापूर्व अपनी-अपनी भाषाओं की विभिन्न समस्याओं पर विचार किया था, जो धार्मिक आधार पर ही था। किसी शास्त्र के रूप में इसे स्वीकार नहीं किया था। अधिकांशतः व्याकरण-सम्बन्धी नियम ही प्रतिपादित हुए। भाषा-शास्त्र को विज्ञान के रूप में 19वीं सदी में ही स्वीकार किया जा सका, जिसका प्रेरक सुइस भाषाशास्त्री फ़र्डीनण्ड-डी-सासा था। ऐतिहासिक स्तर पर यह भी खोज की गयी कि संस्कृत लातीनी और यूनानी एक ही भाषिक परिवार से सम्बद्ध है। इस विचारधारा को भारत में पहले-पहल ईसाई मिशनरियों ने प्रोत्साहित किया इसके बाद सर विलियम जोंस के प्रयत्नों से तुलनात्मक भाषाविज्ञान की नींव पड़ी, विलियम जोंस ईस्टइंडिया कंपनी की ओर से बंगाल में जज थे।[1] उन्होंने संस्कृत, लातिनी, यूनानी और प्राचीन जर्मन भाषाओं का विद्वतापूर्ण अध्ययन किया था। उन्होंने सर्वप्रथम 1886 ई० में संस्कृत, यूनानी और लातिनी भाषाओं को एक ही श्रोत की भाषा होने पर विशेष बल दिया, परन्तु कुछ काल तक भारत की भाषाओं में केवल संस्कृत पर ही विचार किया जाता रहा और भारतीय व्याकरणशास्त्रियों तक ने पालि अथवा प्राकृत की ओर भी ध्यान नहीं दिया। यह कार्य भी विदेशी विद्वानों द्वारा ही संपन्न हो सका, जिनमें चार्ल्स विर्किस, मैक्समुलर, विल्सन तथा प्रिंसिप विशेष हैं, जिनकी रचनाओं द्वारा भारतीय साहित्य एवं दर्शन के प्रति आत्मीयता विकसित हुई। आधुनिक भारतीय आर्य-भाषाओं का अध्ययन करने वाले भी आरम्भ में कुछेक यूरोपीय विद्वान थे—कुछ ईसाई मिशनरी और कुछ सरकारी सेवारत अधिकारी। जॉन बीम्स, डी० ट्रम्प एस० एच० केलाग और डॉ० रूडोल्फ़ हॉर्नली इस क्षेत्र में अग्रणी थे। इस संदर्भ में सर

---

1. **सैय्यद एहतेशाम हुसैन : हिंदुस्तानी लिसानियात का ख़ाका, पृ० 10**

जार्ज ग्रियर्सन का नाम विशेष उल्लेखनीय है, जिन्होंने न केवल व्याकरण और कोश तैयार किये, वरन् विभिन्न भारतीय भाषाओं का सर्वेक्षण कर तत्कालीन भारतीय भाषाओं के विषय में जानकारी का व्यापक भंडार प्रस्तुत कर दिया। उन्होंने भारतवर्ष को भाषाओं का अजायबघर कहा, जिसमें 179 भाषाएँ और 554 बोलियाँ प्रचलित हैं।[1] इनमें कुछेक 'मुख्य भाषाओं' और बोलियों का भी अध्ययन करना इस अवसर पर संभव नहीं है।

भारतीयों में आर्य-भाषाओं का सर्वप्रथम भाषिक अध्ययन शम्सुल-उलमा मौलाना मुहम्मद हुसैन 'आज़ाद' ने प्रस्तुत किया। 'आबे-हयात' उनकी श्रेष्ठ साहित्यिक उपलब्धि ही नहीं है, वरन् इसमें किसी भारतीय द्वारा आर्यभाषाओं के तुलनात्मक भाषा-विज्ञान के सिद्धांत सर्वप्रथम सम्पादित हुए। यद्यपि, कालान्तर में उनमें से अनेक सिद्धांतों को भाषाशास्त्र के वैज्ञानिक विश्लेषण ने असत्य कर दिया है, परन्तु मौलाना 'आज़ाद' को भारत के सर्वप्रथम भाषिक दार्शनिक होने का गौरव प्राप्त रहेगा। उन्होंने 'आबे-हयात' की रचना का प्रस्ताव 'अंजुमने-पंजाब' के विशेष अधिवेशन में 10 जुलाई 1865 ई० को प्रस्तुत किया था। पन्द्रह वर्षों के निरन्तर प्रयासों के पश्चात् 'आबे-हयात' 1880 ई० में प्रकाशित हो सकी।[2] उनके बाद दूसरा महत्त्वपूर्ण नाम डॉ० सर रामकृष्ण गोपाल भंडारकर है। उन्होंने 1877 ई० में बम्बई विश्वविद्यालय में भारतीय आर्य भाषाओं के विकास पर सात व्याख्यान दिये। उन्होंने संस्कृत, पालि, प्राकृत और अपभ्रंश की तुलनात्मक विशेषताओं पर प्रकाश डाला और नव्य-आर्य-भाषाओं में पाये जानेवाले तत्वों का विवेचन किया। अंतिम व्याख्यान में उन्होंने प्राचीन, मध्यकालीन और आधुनिक आर्य भाषाओं के सम्बंध-सूत्र निर्धारित किये। इसी कार्य को इसी शताब्दी के पूर्वार्ध में और आगे बढ़ाया गया है। अब संस्कृत, पालि, प्राकृत, अपभ्रंश पर स्वतंत्र रूप से भी शोध हुए हैं,और आधुनिक भाषाओं के अध्ययन से पारस्परिक सम्बंध स्पष्ट हुए हैं।

प्राय: विद्वानों ने भारतीय आर्यभाषाओं को ध्वनियों तथा भाषिक आधार पर तीन कालों में विभाजित किया है। पहला काल, भारत में आर्यों के आगमन से प्रारम्भ होकर बौद्ध-धर्म के जन्म तक है। दूसरा, बौद्ध-धर्म के पतन तथा भारत में मुसलमानों के आगमन पर समाप्त होता है। तीसरा

---

1. जी० ए० ग्रियर्सन : लिंग्विस्टिक सर्वे ऑफ़ इंडिया, खंड 1, भाग 1, पृ० 136
2. असलम फ़र्रूख़ी : मुहम्मद हुसैन आज़ाद, हयात और तसानीफ़ , भाग-2, पृ०-7

काल, भारत में मुसलमानों तथा विदेशियों के राज्य से प्रारम्भ होकर वर्तमान तक चलता है। इस संदर्भ में स्पष्ट रहना चाहिए कि भाषिक परिवर्तनों के लिए निश्चित तिथि अथवा वर्ष नहीं दिया जा सकता। उसका प्रभावकाल अनेक वर्षों आगे-पीछे रहता है। डॉ० सुनीतिकुमार चटर्जी के विचार में कालों का विभाजन निम्नलिखित प्रकार से हो सकता है—

(1) प्राचीन हिन्द-आर्य भाषा— आर्यों के आगमन से लेकर लगभग 600 ई० पू० तक लगभग 900 वर्ष।

(2) मध्य हिन्द-आर्य भाषा — 600 ई० पू० से 1000 ई० तक- लगभग 1600 वर्ष ।

(3) आधुनिक हिन्द-आर्य भाषा — 1000 ई० से वर्तमान युग तक- लगभग 950 वर्ष।

डॉ० मुहीउद्दीन क़ादिरी 'ज़ोर' ने इस काल-विभाजन को वैदिक, संस्कृत, प्राकृत और भाषा के युग कहा है।[1] डॉ० हरदेव बाहरी भी डॉ० चटर्जी के विचार से लगभग सहमत होते हुए, प्राचीन, मध्यकालीन तथा आधुनिक युग कहना अधिक उचित मानते हैं। साथ ही साथ डॉ० हरदेव बाहरी ने 2400 ई० पू० बल्कि इसके भी पूर्व से लेकर वर्तमान तक की भाषा को 'हिन्दी' नाम दिया है। उनका मत है : **''इस भाषा के इतिहास का यह दुर्भाग्य है कि युग-युग में इसका नाम परिवर्तित होता रहा है, कभी वैदिक, कभी संस्कृत, कभी प्राकृत कभी अपभ्रंश और अब हिन्दी । तमिल, रूसी, चीनी, जर्मन सभी परिवर्तित हो गयी है । लोगों ने उनके प्राचीन, मध्यकालीन और आधुनिक रूप-भेद तो बताये, किन्तु उनका नाम नहीं बदला । भारत में प्रत्येक युग की भाषा का नया नाम रखा जाता है ।''**[2]

हमारे विचार में आधुनिक भाषा के नाम पर आदि-भाषा का नाम रखना न्यायोचित नहीं है। यदि इस भाषा का आदि परम्परा के आधार पर व्यापक नाम स्थापित ही करना है तो 'वैदिक' अथवा 'ब्रह्मभाषा' कहना अधिक तर्कसंगत है, न कि हिन्दी, जो शब्द ही 11वीं शती में अलबेरूनी द्वारा सर्व प्रथम प्रयुक्त हुआ।[3]

प्राचीन आर्य भाषा का इतिहास वैदिककाल से प्रारम्भ होता है, जिसका समृद्ध साहित्यिक रूप ऋग्वेद है। इसके पूर्व सब कल्पना का विषय है।

---

1. मुहीउद्दीन क़ादिरी 'ज़ोर' : हिन्दुस्तानी लिसानियात, पृ० 30
2. हरदेव बाहरी : हिन्दी, उद्‌भव, विकास और रूप, पृ० 16
3. महमूद शीरानी : पंजाब में उर्दू, पृ० 41

किसी प्रकार का लिखित प्रमाण अप्राप्य है। इसमें संदेह नहीं कि आर्य अनेक जातियों एवं जनों में विभाजित थे तथा प्रत्येक जनपद में विशेष प्रकार की बोलियाँ थीं। यही बोलियाँ साहित्यिक भाषा, शब्द, रूप तथा ध्वनिग्राम प्रदान करती थीं। पाणिनि-काल तक वेदभाषा को देवभाषा की मान्यता प्राप्त हो चुकी थी। पाणिनि ने साहित्यिक एवं जनभाषा में भेद किया है, जिससे सिद्ध हो जाता है कि एक समय में संस्कृत बोल-चाल की भाषा भी बन गयी थी। संस्कृत की उन्नति मौर्यकाल के अन्त से प्रारम्भ होकर 9वीं-10वीं शती तक निरंतर होती रही। इसे शिक्षा एवं शासन का माध्यम भी माना गया।

साहित्यिक भाषा और जनपदों की बोलियों का अन्तर युग-युग से रहा है। वेद में भी इसके प्रमाण मिलते हैं। ग्रियर्सन का कहना है कि प्रारम्भ से ही दो प्रकार के आर्य रहे-अन्तरंग और बहिरंग। अनेक विद्वानों ने वैदिक काल के दोनों प्रकार के आर्यों की भाषाओं में अन्तर माना है। संस्कृत को जब प्रधानता प्राप्त थी, तब भी वह शिक्षित वर्ग, विद्वानों, ज्ञानियों तथा राजाओं की भाषा थी। अन्य प्राकृतें भले ही मान्यता प्राप्त न कर सकीं पर वह लोक में बराबर प्रचलित रहीं। संस्कृत-नाटकों में राजा, मैत्री और मनीषी तो संस्कृत बोलते हैं, परन्तु महिलाएँ तथा जन-साधारण प्राकृत बोलते हैं। इसमें, वर्ण-व्यवस्था ने नियमों में और भी कठोरता उत्पन्न कर दी, जिसमें ब्राह्मणों की भाषा को सर्वाधिक महत्त्व प्राप्त हुआ। परिणामस्वरूप ब्राह्मणवाद की प्रतिष्ठा के टूटने पर ही पालि एवं प्राकृतों को उभरने का मौक़ा मिला। इस संदर्भ में महात्मा बुद्ध के कथन ने क्रान्तिकारी स्थिति उत्पन्न कर दी। जब महात्मा बुद्ध ने अपने धर्म का प्रचार प्रारम्भ किया और उसकी व्यापकता ने जनता को अपनी ओर आकृष्ट कर लिया, तो अनेक विद्वान भी महात्मा बुद्ध के साथ हो गए, जो वैदिक धर्म, भाषा तथा संस्कृति से परिचित ही नहीं थे, वरन् उनमें विशिष्ट स्थान रखते थे। उन्होंने महात्मा बुद्ध से इच्छा प्रकट की है कि यदि उनकी अनुमति हो तो उनके विचार 'सभ्य' और 'पवित्र' भाषा अथवा संस्कृत में लिपिबद्ध कर लिए जायें। लेकिन महात्मा बुद्ध ने अस्वीकार कर दिया। डॉ० सुनीतिकुमार चटर्जी लिखते हैं—

"परन्तु बुद्ध ने इसे अस्वीकृत कर दिया और साधारण जनों की सभी बोलियों को ही अपना माध्यम रखा। उनका यही अनुरोध रहा कि समस्त जन उनके उपदेश को अपनी मातृभाषा में ही ग्रहण करें (सकाय निरुत्तिया)। इससे इन बोलियों के साहित्यिक प्रयोग में बहुत मदद मिली। वास्तव में यह आत्मिक स्वातंत्र्य की दृष्टि से एक क्रांतिकारी आंदोलन था, जिसका उस समय

के लोग पूरा-पूरा महत्त्व नहीं समझ सके और न ही उठा सके ।''[1]

महात्मा बुद्ध की इस क्रांतिकारी घोषणा से ब्राह्मणवाद को गहरा आघात पहुँचा तथा पालि एवं प्राकृतों को असाधारण रूप में प्रोत्साहन मिला। मध्य कालीन आर्यभाषा युग उसी समय (5वीं शती ई० पू०) से प्रारम्भ होता है और 10वीं 11वीं शती ईसवी तक वर्तमान रहता है। इस काल की प्राकृतों की तीन स्थितियों की चर्चा डॉ० हरदेव बाहरी ने की है[2], जो निम्न लिखित है।

1. 500 ई० पू० से प्रथम शती तक -पालि
2. प्रथम शती से छठी शती तक -साहित्यिक प्राकृतें
3. छठी शती से 11वीं शती तक -अपभ्रंशें

प्राचीन आर्य भाषा तथा आधुनिक भाषा क्रम को समझने के लिए पालि से विशेष सहायता मिल सकती है, जिससे संस्कृत-ध्वनियों का जनसाधारण में उच्चारण एवं व्याकरणगत भेद आदि का रोचक अध्ययन किया जा सकता है। पाटलिपुत्र की राजसत्ता ने पालि को विशेष रूप में प्रोत्साहित किया। सम्राट अशोक ने धर्म तथा शासन सम्बंधी आदेश सुदूर प्रदेशों तक पहुँचाने की दृष्टि से उन्हें शिलाओं, स्तम्भों तथा भित्तियों पर पालि में खुदवाया।

मध्यकालीन आर्य-भाषा विकास की दूसरी स्थिति प्राकृतें थीं। 'प्राकृत' के दो अर्थ हैं—जनभाषा या मूल से उत्पन्न अर्थात् संस्कृत की बेटी। इससे सिद्ध होता है कि प्राकृतें वैदिक-भाषा के पहले या कम से कम उसके समानांतर विद्यमान थीं। भरतमुनि ने 'नाट्यशास्त्र' में सात प्राकृतों की चर्चा की है- शौरसेनी, मागधी, अर्धमागधी, दक्षिणात्या, वाह्लीकी, आवन्ती तथा प्राच्या। इनमें प्रत्येक प्राकृत साहित्यिक गरिमा प्राप्त न कर सकी। शौरसेनी, मागधी, अर्धमागधी और महाराष्ट्री को ही मान्यता मिली। शौरसेनी मथुरा तथा उसके निकटवर्ती शूरसेन प्रदेश की भाषा थी। यही पश्चिमी हिन्दी बोलियों की जननी कही जाती है। इसके साहित्यिक महत्त्व का अनुमान लगाने के लिए

---

1. **But Buddha refused and gave his charter to all languages of man : he recommended that man should study his own language *(Sakaya-Niruthiya)*. This gave a great impetus to the literary employment of the spoken languages and it was indeed a movement of revolutionary character for the freedom of spirit, the full implication of which was not wholly grasped nor taken advantage of all the time."**
   सुनीतिकुमार चटर्जी : इंडो-आर्यन एंड हिन्दी, पृ० 64
2. **हरदेव बाहरी : हिन्दी : उद्भव, विकास और रूप, पृ० 25**

इतना कहना पर्याप्त है कि यही संस्कृत नाटकों में गद्य-भाषा है। दिगम्बर-जैन मत का अधिकांश सिद्धांत-साहित्य शौरसेनी में है। यही एक समय में उत्तर भारत की राष्ट्रभाषा मानी जाती थी। मागधी पूर्वी प्रदेश तथा मगध की, अर्धमागधी काशी के जनपदों तथा अवध की और महाराष्ट्री तत्कालीन महाराष्ट्र की प्राकृत बतायी जाती है। कुछेक विद्वानों के विचार में महाराष्ट्रीय पृथक् प्राकृत नहीं है वरन् शौरसैनी का ही उपरूप है। इसमें संदेह नहीं है कि मागधी, अर्धमागधी तथा महाराष्ट्री ने पश्चिमी हिन्दी के रूपनिर्धारण में महत्त्वपूर्ण भूमिका निभायी है। इन प्राकृतों तथा संस्कृत के तुलनात्मक अध्ययन में अपभ्रशों की समस्या अनेक भाषिक समस्याओं को जन्म देती है। अपभ्रंशों को जनमानस की बोली कह सकते हैं, जिसका उद्गमस्रोत-8वीं शती ई० पू० से मिलता है।

डॉ० सुनीतिकुमार चटर्जी ने अपभ्रंशों को आर्य-भाषा विकासक्रम की एक स्थिति माना है।[1] उनका विचार है कि छठी से 11वीं शती ई० तक प्रत्येक प्राकृत का विशेष अपभ्रंश रूप भी रहा होगा। उदाहरणार्थ, शौरसेनी प्राकृत के बाद शौरसेनी अपभ्रंश, महाराष्ट्री प्राकृत के बाद महाराष्ट्री अपभ्रंश आदि। इसी प्रकार विख्यात इतिहासकार डॉ० ताराचंद ने कुछेक अपभ्रंशों की चर्चा की है और उन्हें पूर्वी तथा पश्चिमी अपभ्रंश के नाम दिये हैं।[2] लेकिन डॉ० हरदेव बाहरी ने इस धारणा को भ्रांतिपूर्ण एवं मिथ्या घोषित किया है।[3] उनके विचार में प्राकृतों के समान ही अपभ्रंश भी प्रदेश-विशेष की बोली थी, जिसके तीन रूप थे-नागर उपनागर तथा ब्राचड। नागर गुजरात की, उपनागर राजस्थान की तथा ब्राचड सिंध की बोली थी। इनकी बोलने वाली आभीर, गुर्जर आदि जातियाँ थी। डॉ० बाहरी ने पश्चिमी हिन्दी के विकास मे अपभ्रंश के योग को अतिरंजनापूर्ण माना है। उनके विचार में अपभ्रंश वे विषय में दिये गये। सामान्य लक्षण भी उसके नहीं है वरन् शौरसेनी अथव महाराष्ट्री के हैं। इसमें संदेह नहीं कि अपभ्रंशें जनसाधारण की बोलियाँ थीं बाद में बौद्ध सिद्धों, योगियों एवं साधुओं ने भी अपनी रचनाएँ अपभ्रंशों मे कीं, जिनमें संस्कृत के तत्सम शब्द न होने के बराबर हैं।

आधुनिक आर्य भाषाओं के वर्गीकरण में डॉ० हॉर्नली के मत को विशेष महत्त्व दिया जा सकता है। उनके विचार में मध्यप्रदेश या भीतरी आर्यों की एक भाषा थी तथा उसके निकटवर्ती आर्यों की अन्य भाषा थी। इसे

1. **सुनीतिकुमार चटर्जी : इंडो आर्यन हिन्दी, पृ० 108**
2. **ताराचंद : दि प्राब्लम ऑफ़ हिन्दुस्तानी, पृ० 23**
3. **हरदेव बाहरी : हिन्दी : उद्भव, विकास और रूप, पृ० 16**

विचारधारा को डॉ० जार्ज ग्रियर्सन ने अन्तरंग तथा बहिरंग भाषाओं के आधार पर विभिन्न तर्कों से स्थापित किया[1] डॉ० सुनीति कुमार चटर्जी ने उक्त वर्गीकरण को अवैज्ञानिक सिद्ध किया है, क्योंकि जो तत्त्व अन्तरंग भाषा में मिलते हैं, वहीं बहिरंग में भी विद्यमान हैं। अतः ऐसे तत्त्वों को आधार नहीं बनाया जा सकता।[2] डॉ० चटर्जी ने इनका वर्गीकरण छः भागों में किया है, किन्तु उनमें भी कुछेक छुट-पुट परिवर्तनों के अतिरिक्त कोई मौलिक विशेषता नहीं है। हमारे विचार में डॉ० हरदेव बाहरी द्वारा प्रस्तुत वर्गीकरण-चित्र अधिक स्वाभाविक, वैज्ञानिक एवं सुबोध है। नीचे वर्गीकरण-चित्र दिया जाता है।[3]

दो वर्ग

हिन्दी वर्ग — हिन्दीतर (अहिन्दी) वर्ग

हिन्दी वर्ग: मध्य पहाड़ी, राजस्थानी, बिहारी — पश्चिमी हिन्दी उपभाषाएँ — पूर्वी हिन्दी

हिन्दीतर (अहिन्दी) वर्ग: उत्तरी नेपाल — पश्चिमी — दक्षिणी — पूर्वी

पश्चिमी / दक्षिणी: पंजाबी लहंदी सिंधी तथा पूर्वी पंजाबी आदि — गुजराती — सिंहली — मराठी

पूर्वी: उड़िया — बँगला — असमिया

उपर्युक्त बोलियों तथा भाषाओं में कुछेक के पास उच्चस्तरीय साहित्य उपलब्ध है। अन्य मात्र बोलियाँ ही रहीं। इसका विस्तारपूर्वक अध्ययन भाषा-

---

1. जी० ए० ग्रियर्सन : लिंग्विस्टिक सर्वे ऑफ़ इंडिया, खंड 1 भाग 1, पृ०203
2. सुनीतिकुमार चटर्जी : दि इण्डो-आर्यन एण्ड हिन्दी, पृ० 22
3. हरदेव बाहरी : हिन्दी : उद्भव, विकास और रूप, पृ० 45

शोध का विषय हो सकता है,किन्तु यहाँ इसका अवसर नहीं। इतना कहना ही पर्याप्त होगा कि गुणों के आधार पर ही भाषाओं के नाम पड़े हैं—जैसे संस्कृत, पालि, अपभ्रंश, रेख़्ता आदि।[1] वर्तमान में खड़ीबोली का क्षेत्र मेरठ-बिजनौर है, जो हिन्दी-उर्दू का मूलाधार है।[2] यही लोकभाषा के रूप में 'कोरवी' तथा साहित्यिक रूप में हिन्दी अथवा उर्दू कहलाती है।[3] प्रो० सैय्यद एहतेशाम हुसैन ने संक्षेप में आधुनिक आर्य भाषाओं बोलियों तथा हिन्दी-उर्दू के सम्बन्ध का रोचक विश्लेषण किया है।[4] वर्तमान में पश्चिमी पंजाबी, हिन्दवी अथवा लहंदी को साहित्यिक गौरव प्राप्त नहीं है। अब उसका स्थान हिन्दी तथा उर्दू ग्रहण करती जा रही हैं। यद्यपि सिंधी को 15वीं शताब्दी के लगभग सूफ़ियों और फ़क़ीरों ने साहित्यिक गरिमा प्रदान की थी, परन्तु उसके पास महत्त्वपूर्ण साहित्य नहीं है। मराठी में 13वीं शताब्दी से साहित्य लिखा जा रहा है। नामदेव और ज्ञानदेव ने अपने मराठी-काव्य द्वारा वैष्णव-आंदोलन को विकसित किया। 16वीं, 17वीं शताब्दी के श्रीधर और टिकाराम को वर्तमान में भी मराठी-साहित्य में महत्त्वपूर्ण स्थान प्राप्त है। मराठी-साहित्य आधुनिकयुग में भी उन्नतिशील है। उड़िया में 15वीं शताब्दी से साहित्य मिलता है। यह उन्नतिशील साहित्य रखती है। इस पर संस्कृत-साहित्य का विशेष प्रभाव है—बंगला को आधुनिक भारत में विशेष महत्त्व प्राप्त है। इसके साहित्य में कृष्ण-भक्ति आंदोलन को विशेष महत्त्व प्राप्त है, जो चैतन्य महाप्रभु के संरक्षण में आगे बढ़ा। विद्यापति को बंगला तथा मैथिली दोनों अपना मानती है। बंगला में संस्कृत के अतिरिक्त अरबी-फ़ारसी शब्दों का बाहुल्य है। असमी-साहित्य अधिक विकसित नहीं है। इस पर बंगला तथा पर्वतीय बोलियों का प्रभाव है। बिहारी बोलियाँ प्राचीन हैं। इन पर हिन्दी का गहरा प्रभाव है। कहीं-कहीं बंगला प्रभाव भी दिखता है।

पूर्वी हिन्दी बोलियाँ, जो अर्द्ध-मागधी से अपना सम्बंध स्थापित करती है, जौनपुर के शर्क़ी बादशाहों के काल में विशेष कर विकसित हुईं। 15वीं और 16वीं शताब्दी में पूर्वी हिन्दी बोलियों की सर्वाधिक महत्त्वपूर्ण बोली अवधी की विशेष उन्नति हुई। उसमें ऐसे साहित्य का सृजन हुआ, जो आज भी समस्त भारत के लिए गौरव-पात्र है। तुलसी, जायसी, कबीर तथा कुतबन की रचनाएँ असाधारण महत्त्व रखती हैं। अवधी ने साहित्य-सृजन की दृष्टि से

1. **शितिकंठ मिश्र : खड़ीबोली का आंदोलन, पृ०** 1-2
2. **धीरेन्द्र वर्मा : ग्रामीण हिन्दी, पृ०** 18
3. **सत्या गुप्त : खड़ीबोली का लोक-साहित्य, पृ०** 16
4. **सैय्यद एहतेशाम हुसैन : हिन्दुस्तानी लिसानियात का ख़ाका, पृ०** 53

अपना स्थान हिन्दी-उर्दू के लिए रिक्त कर दिया है। अब वह मात्र बोली के रूप में परिवर्तित होती जा रही है। हिन्दी-उर्दू भाषाओं की दृष्टि से पूर्वी हिन्दी समुदाय की बोलियों का विशेष महत्त्व है। यद्यपि ब्रजभाषा, खड़ीबोली, बांगरू, कन्नौजी को भी महत्त्व प्राप्त है, किन्तु विशेषकर बांगरू तथा खड़ी बोली मात्र हिन्दी-उर्दू के कारण जानी जाती है। कन्नौजी और बुंदेली में विकसित साहित्य नहीं है। ब्रजभाषा के उद्‌गम-काल के विषय में निश्चित रूप से कुछ नहीं कहा जा सकता, परन्तु इसमें संदेह नहीं कि 15वीं शताब्दी में कृष्ण-भक्ति आंदोलन के माध्यम से ब्रजभाषा देश के कोने-कोने में पहुँच गयी थी। सूर, मीरा, ख़ानख़ाना, रसखान आदि को ब्रजभाषा साहित्य में विशेष महत्त्व प्राप्त है। अब ब्रज के स्थान को हिन्दी-उर्दू ने ग्रहण कर लिया है। पंजाबी अथवा पूर्वी पंजाबी को, जो शौरसेनी अपभ्रंश का ही एक रूप है, सूफ़ी-फ़क़ीरों और गुरुनानक देव की रचनाओं के कारण महत्त्व प्राप्त है। वर्तमान में इसे पुनः विकसित होने का अवसर मिला है। राजस्थानी अनेक बोलियों का संकलन है। इसे आधुनिक हिन्दी आर्य-भाषाओं के प्रारम्भिक काल से ही महत्त्व प्राप्त रहा है, जो अपने महाकाव्यों के कारण विख्यात है। वर्तमान में राजस्थानी पुनः विकसित हो रही है। राजस्थानी की निकटवर्ती भाषा गुजराती है, जिसे नरसिंह मेहता द्वारा साहित्यिक गौरव प्राप्त हुआ। इसमें मुस्लिम प्रभाव के कारण 16वीं-17वीं शताब्दी से ही अरबी-फ़ारसी और खड़ीबोली के शब्द सम्मिलित हुए। गुजराती को आधुनिक भारत में विशेष महत्त्व प्राप्त है।

यद्यपि इतना कहना पर्याप्त होगा कि हमारा अध्ययन क्षेत्र उर्दू-हिन्दी तक सीमित है, जो पश्चिमी हिन्दी की एक शाखा है। पश्चिमी-हिन्दी ग्रियर्सन का दिया हुआ नाम है जो मध्यदेश की भाषा शूरसेनी अपभ्रंश का साधारण रूप है।[1] डॉ० मस्ऊद हुसैन ख़ाँ लिखते है : **"संस्कृत अहद के जुगराफ़िया में जिस इलाक़े का नाम बार-बार आया है और जिसे ख़ालिस आर्यों की जन्मभूमि होने का फ़ख्र हासिल है, वह यही मध्यदेश है। इसकी हदबन्दी शिमाल में हिमालय, जुनूब में विन्ध्याचल और मग़रिब में सरहिंद से लेकर मशरिक़ में इलाहाबाद तक मुक़र्रर की गयी है। हिन्दुओं की मज़हबी रवायात के मुताबिक़ इसके मशरिक़ी सिरे से मग़रिबी सिरे तक सरस्वती नाम का दरिया बहता है, जो इंसानी आँख से ओझल है।"**[2] मध्यदेश की लगभग यही सीमा दूसरे भाषाशास्त्री भी तय करते आये हैं।

---

1. जी०ए० ग्रियर्सन, लिंग्युस्टिक सर्वे आफ़ इंडिया, भाग एक, जिल्द 9, भाग एक पृ० 136
2. मस्ऊद हुसैन ख़ाँ : मुक़द्दमा तारीख़े-ज़बाने-उर्दू, पृ० 56

इस सीमा क्षेत्र में यह भाषा पूर्वी सीमा पर इलाहाबाद में अवधी, भोजपुरी और बुन्देली से घिरी हुई है। सरस्वती धार्मिक पवित्रता के अतिरिक्त विद्या एवं ज्ञान का प्रतीक रहा है, जो इलाहाबाद में गंगा-यमुना के संगम पर आँखों से ओझल है। पश्चिमी हिन्दी की इसी पूर्वी सीमा इलाहाबाद (प्रयाग) को वैदिक युग में क्षत्रियों की प्रसिद्ध जाति भरत की भूमि का स्थान प्राप्त था। इससे इस क्षेत्र के ज्ञान एवं संस्कृति की सरगर्मियों का आभास किया जा सकता है। भरत के कारण ही उपमहाद्वीप का नाम भारत पड़ा। भरत जाति की देवी सरस्वती थी। इसका वर्णन ऋग्वेद में बार-बार आया है।[1] ऋषि भारद्वाज का आश्रम भी प्रयाग में था। उनका उल्लेख रामायण एवं महाभारत में महान् चिन्तक के रूप में वर्णित है।[2] इस प्रकार इलाहाबाद पश्चिमी-हिन्दी के लिए मात्र एक सीमा क्षेत्र ही नहीं था, वरन् धार्मिक, सांस्कृतिक एवं ज्ञान की परम्परा से प्रकाश प्राप्त करने का माध्यम भी था, जिसके आस-पास बुन्देली, भोजपुरी और सबसे बढ़ कर अवधी का महाकाव्य तथा साहित्यिक एवं शास्त्रीय भण्डार मौजूद था। अवधी में तुलसी की 'रामचरितमानस' और जायसी की 'पदमावत्' वर्तमान में भी श्रेष्ठतम रचनाएँ मानी जाती हैं। इसी प्रकार पश्चिमी सीमा पर सरहिन्द से पंजाबी, हिन्दी और गुजराती भाषाओं का क्षेत्र है, जो बहुमूल्य साहित्यिक एवं सांस्कृतिक धरोहर से मालामाल है।

ऐतिहासिक परिप्रेक्ष्य में परिस्थितियों के उतार-चढ़ाव का प्रभाव है, स्वच्छंदता और विरोध है, उमंग एवं तरंग है। उत्तर में हिमालय की पहाड़ी बोलियों में जोंसरी, गढवाली, कुमायूंनी आदि की सुगंध है। दक्षिण में विन्ध्याचल के अंचल की बोलियों के अतिरिक्त सिंधवी, मराठी भाषाओं से सम्बंध रखती है, दूसरे शब्दों में कहा जा सकता है कि पश्चिमी-हिन्दी अपने चारों ओर से साहित्यिक, सांस्कृतिक, दार्शनिक एवं वैचारिक उदारता के मध्य घिरी हुई है।

भारत में मुसलमानों के आगमन के प्रथम काल (712-1000 ई०) के भाषाई क्षितिज पर दृष्टि डाली जाय, तो शूरसेनी और उसका जनस्वरूप पश्चिमी-हिन्दी, उपमहाद्वीप के उत्तरी भाग में सम्पर्क की भाषा थी। इस पश्चिमी हिन्दी से आधुनिक भाषाओं के अंकुर फूटे। शनैः शनैः पाँच बोलियाँ अस्तित्व में आयीं—(1) ब्रजभाषा (2) कोरवी या खड़ी बोली (3) हरियाणवी या बांगड़ू या जाटू (4) कन्नौजी और (5) बुन्देली या बुन्देलखण्डी। इनमें ब्रज के साथ भाषा उपसर्ग बताता है कि इनमें ब्रजभाषा

---

1. **ऋग्वेद** 3/14, 13, 5/15, 24
2. **राजबली पाण्डेय : हिन्दू धर्म-कोश, पृ०** 470

उच्चतम भाषा थी। डॉ० मस्ऊद हुसैन ख़ाँ के शब्दों में : **''मग़रिबी-हिन्दी की सबसे नुमाइंदा बोली या इस्तआरा में उसकी अज़ीज़ बेटी ब्रज भाषा है। यह खड़ी बोली के मुक़ाबिले में शूरसैनी अपभ्रंश और प्राकृत सच्ची जानशीन है।**[1]'' ब्रज-भाषा मथुरावासी होने के कारण दिल्ली की आस-पास की भाषाओं में भी गिनी जाती है और बुलन्दशहर के पास खड़ी बोली से घुल मिल जाती है। अतः मुहम्मद हुसैन 'आज़ाद' ने 'आबे-हयात' का प्रारम्भ इन शब्दों से किया है : **''इतनी बात हर शख़्स जानता है कि हमारी उर्दू-ज़बान ब्रजभाषा से निकली है और ब्रजभाषा ख़ास हिन्दुस्तानी ज़बान है।''**[2]

यह कोई अजूबा नहीं है जिस पर इतना हो हल्ला किया जाय, क्योंकि उनसे पूर्व मीर अम्मन[3] सैय्यद इन्शा[4] इमाम बख़्श सहबाई[5] आदि के अतिरिक्त हिन्द आर्य भाषा विज्ञान के विशेषज्ञ डॉ० रूडोल्फ़ हार्नले, भी उर्दू को ब्रजभाषा से सम्बन्धित करते आये थे।[6] इसका एक कारण मुग़ल-दरबार से उर्दू के प्रारम्भ होने का असत्य दृष्टिकोण हो सकता है, जिसकी गूँज अक्सर सुनने को मिलती रहती है कि मुग़लों ने भारत को ताजमहल और उर्दू प्रदान किया या ताजमहल और 'ग़ालिब'। इसके तर्क-वितर्क से निष्कर्ष निकाला गया कि ब्रज के क्षेत्र में आगरा वर्षों मुग़लों की राजधानी रहा। मुग़लों ने उर्दू भाषा का प्रारम्भ किया, इसलिए उर्दू-ब्रजभाषा से निकली है।

मात्र शब्द-भण्डारों की समानता के आधार पर किसी भाषा के जन्म एवं आधारभूमि निश्चित करना कितना भ्रामक हो सकता है, उर्दू के आरम्भ की विभिन्न विचारधाराएँ इसका उदाहरण हैं, जैसे हाफ़िज़ महमूद शीरानी ने पंजाबी[7] मौलवी नसीरुद्दीन हाशिमी ने दकिनी[8] और मौलाना सुलेमान नदवी ने सिन्धी[9] को उर्दू का उद्गम-स्रोत माना है। ये विद्वान महानुभाव भाषाशास्त्रीय दृष्टि नहीं रखते थे। यद्यपि हमारे भाषाशास्त्रियों ने कुछ कम ग़च्चे नहीं खाये हैं। पाकिस्तानी भाषाशास्त्री डॉ० सुहैल बुख़ारी दूर की कौड़ी लाये कि उर्दू द्रविड़ परिवार की भाषा है। उड़ीसा की एक बोली 'खड़' से खड़ी बोली बनी

---

1. मस्ऊद हुसैन ख़ाँ : मुक़द्दमा तारीख़े-ज़बाने उर्दू, पृ० 59
2. मुहम्मद हुसैन 'आज़ाद' : आबे-हयात, पृ०6
3. मीर अम्मन : बाग़ो-बहार, पृ० 6
4. सय्यद इन्शा : दरियाब्रे लताफ़त, पृ० 5
5. इमाम बख़्श सहबाई : रिसाला क़वायदे उर्दू, पृ० 3
6. रूडोल्फ़ हार्बले : मुकद्दमा, गौड़ी की क़वायद, पृ० 6
7. महमूद शीरानी पंजाब में उर्दू, पृ० 18
8. नसीरुद्दीन हाशिमी : दकन में उर्दू, पृ० 22
9. सुलेमान नदवी : नक़्शे सुलेमानी, पृ० 31

है। इसी भाषिक उन्माद में उन्होंने और आगे कहा : **"ऋग्वेद में देसी बोलियों की बहुत भारी गिनती देखकर यह बात पूरे भरोसे से कही जा सकती है कि जब आर्य आजकल के देश रूसी तुर्किस्तान से चलकर भारत पहुँचे थे, उस घड़ी भी यहाँ यही सब बोलियाँ बोली जाती थीं, जो आज हम अपने कानों से सुन रहे हैं और उन्हीं में उर्दू भी थी। ऋग्वेद के जिन कवियों के भजन मिलते है, उनमें कुछ कवि ऐसे भी थे, जो उर्दू के देश में बसते थे या उर्दू बोल सकते थे। क्योंकि उन्होंने अपने भजनों में आर्य बोलियों के साथ-साथ उर्दू के बोल भी दिये हैं।"**[1] यह ऐसा हास्यास्पद वक्तव्य है जिसके विषय में कुछ नहीं कहा जा सकता। दूसरे पाकिस्तानी लेखक डॉ० जमील जालिबी ने अपने देशप्रेम से वशीभूत होकर पाकिस्तान के चारों प्रान्तों पंजाब, सिन्ध, सरहद और ब्लोचिस्तान में उर्दू की परम्पराएँ वर्णित कर दीं। फिर इस विचार को विस्तृत कर पूरे उपमहाद्वीप को उर्दू का जन्म स्थान बता दिया : **"इस ज़बान को मौलद हर वह इलाक़ा है, जहाँ मुख़्तलिफ ज़बान के लोग आपस में मिल-जुलकर रह रहे हैं। मिलने-जुलने का यह अमल ख़्वाह पंजाब सिन्ध में हो रहा हो, यह देहली, शिमाली हिन्दुस्तान, दकन और गुजरात में।"**[2] इसी प्रकार उर्दू के भाषाशास्त्री डॉ० शौकत सब्ज़वारी और डॉ० मस्ऊद हुसैन ख़ाँ अपनी-अपनी विरोधाभासी भाषा-दृष्टि के शिकार हैं। डॉ० शौकत सब्ज़वारी ने पहले उर्दू का सम्बन्ध 'पालि' से जोड़ा और फिर अपने विचार को बदलकर 'खड़ी बोली' निश्चित किया किन्तु पश्चिमी हिन्दी के अस्तित्व से इनकार कर दिया। इसे मानसिक अमूर्त या तात्त्विक उपज बताया और उर्दू का विकास सीधे अपभ्रंश से निश्चित कर दिया।[3] डॉ० मस्ऊद हुसैन ख़ाँ कभी उर्दू और खड़ी बोली को एक भाषा बताते हैं और कभी दो भिन्न भाषाएँ और कभी हरियाणवी के प्रभाव के आधार पर हरियाणी भाषा की शाखा कहते हैं।[4]

उर्दू के प्रारम्भ की समस्या हिन्दी (हिन्दुस्तानी) के आरम्भ की समस्या है क्योंकि साहित्यिक एवं सांस्कृतिक मानकों पर उर्दू और हिन्दी, चाहे जितनी भिन्न भाषाएँ हों, परन्तु भाषायी आधार पर एक ही भाषा के दो नाम हैं। डॉ० ज्ञानचंद लिखते हैं : **"ज़बान के तअय्युन में तक़रीरी रूप ही मूतबर होता है, तहरीरी या अदबी रूप नहीं। तहरीरी रूप में कई उस्लूब हो सकते**

---

1. सुहैल बुख़ारी: उर्दू की कहानी, पृ० 155-56
2. जमील जालिबी : तारीख़े-अदबे-उर्दू, खण्ड 1, पृ० 586-87
3. शौकत सब्ज़वारी : दास्तान ज़बान उर्दू, पृ० 50
4. मस्ऊद हुसैन ख़ाँ : मुक़द्दमा तारीख़े-ज़माने-उर्दू, पृ० 262

हैं, जिनमें लफ़्ज़ियात की हद तक एक-दूसरे से काफ़ी फ़र्क़ हो सकता है। किसी मुल्क का लिसानी जायज़ा किया जाता है या बोली एटलस तैयार किया जाता है, तो मुख़्तलिफ़ इलाक़ों की बोलचाल की ज़बान और बोली का तजज़िया किया जाता है, अहले-अदब की इंशा का नहीं। उर्दू के आग़ाज़ के मस्अले को भी बोलचाल में मुस्तमिल ज़बान या बोली तक महदूद रखना होगा। बोलचाल की हद तक खड़ी बोली, उर्दू और हिन्दी, में कोई फ़र्क़ नज़र नहीं आता। अगर क़द्रे कोई फ़र्क़ है तो वह बुनियादी नहीं, मफ़रूज़ी और ज़िमनी है। उर्दू का आग़ाज़ खड़ी बोली या हिन्दुस्तानी के आग़ाज़ के सिवा कुछ नहीं''[1]

इससे समस्या उत्पन्न होती है कि खड़ी बोली और हिन्दुस्तानी दो अलग बोलियाँ हैं या एक ही बोली के दो नाम हैं। खड़ी बोली के अर्थ एवं भाव में विरोध है खड़ी या खरी। यदि खड़ी तो अर्थ हुआ मानक पर आधारित या दूसरे अर्थ में कठोर, या गँवारी बोली! क्या इसके मुक़ाबिले में कोई 'पड़ी' भाषा भी थी? इन समस्याओं पर भिन्न-भिन्न प्रकार के विचार प्रस्तुत किये गये हैं। डॉ० धीरेन्द्र वर्मा ने खड़ी बोली की ब्रजभाषा से तुलना करके उचित ही लिखा है, ब्रजभाषा की निस्बत वास्तव में खड़ी-सी लगती है।[2] शब्दावली 'खड़ी बोली' का पहला प्रयोग फ़ोर्ट विलियम कालेज के अनुवादक लल्लूलाल और सदल मिश्र ने 1860 ई० में किया। लल्लूलाल का कथन है : **''यामनी भाषा (मुसलमानों की भाषा) छोड़ दिल्ली की खड़ी बोली में कह 'नाम प्रेमसागर धरा'।''**[3] सदल मिश्र के अनुसार : **''देववाणी (संस्कृत) से कोई नहीं समझ सकता इसलिए खड़ी बोली किया।''**[4] शब्दावली में 'हिन्दुस्तानी' को भाषा के अर्थों में पहले दकिनी लेखकों ने प्रयोग किया[5] किन्तु यूरोपीय प्राच्यविदों ने इसे स्थापित किया। इसका प्रथम प्रयोग एक यात्री जान फ्रेयर ने 1616 ई० में किया। उसके पश्चात कई नाम मिलते हैं। यहाँ तक 1785 ई० में जॉन गिलक्रिस्ट ने अपने अंग्रेज़ी-हिन्दुस्तानी शब्दकोश 'ए डिक्शनरी इंग्लिश एण्ड हिन्दुस्तानी' का पहला खण्ड 1786 ई० में और दूसरा खण्ड 1790 ई० में प्रकाशित किया। हिन्दी-लेखकों का विचार है कि फ़ोर्ट विलियम कालेज (1800 ई०) की हिन्दुस्तानी वास्तव में

---

1. ज्ञानचन्द : हक़ायक़, पृ० 347-48
2. धीरेन्द्र वर्मा : हिन्दी भाषा का इतिहास, पृ० 63
3. लल्लू लाल : प्रेम सागर, पृ० 5
4. सदल मिश्र : नास्केतुपाख्यान पृ० 2
5. नसीरुद्दीन हाशिमी : यूरोप में दकिनी मख़तूतात, पृ० 624

उर्दू का दूसरा नाम है। डॉ० लक्ष्मीसागर वार्ष्णेय लिखते हैं। **''कम्पनी ने जिस हिन्दुस्तानी को अपनाया वह अरबी-फ़ारसी मिश्रित विशेष प्रकार की हिन्दुस्तानी या उर्दू थी।''**[1] हिन्दुस्तानी का आधुनिक भाव ग्रियर्सन का दिया हुआ है, जिसने खड़ी बोली के दो रूप (उर्दू और हिन्दी) का उल्लेख किया और उनके संयुक्त रूप का नाम हिन्दुस्तानी रखा। राहुल सांकृत्यायन और डॉ० हरदेव बाहरी इस भाषा को खड़ी बोली के स्थान पर 'कोरवी' कहना पसन्द करते हैं,[2] क्योंकि मध्यदेश का सबसे महत्त्वपूर्ण क्षेत्र 'कुरू जनपद' था, जो सरस्वती और घग्घर नदियों के मध्य स्थित था अर्थात् संस्कृतिकाल के भूगोल का वह क्षेत्र जो पश्चिम में सरहिन्द से लेकर पूर्व में इलाहाबाद तक मध्य स्थित है। डॉ० ग्राहम बेली इसी क्षेत्र को खड़ी बोली का सही प्रतिनिधि मानते हैं।[3] डॉ० अशोक केलकर भी उनसे सहमत हैं[4] किन्तु डॉ० ज्ञानचन्द खड़ी बोली का क्षेत्र अम्बाला, दिल्ली, मेरठ और अपनी जन्मभूमि बिजनौर पर समाप्त कर देते हैं[5] और खड़ीबोली को उर्दू का श्रोत घोषित करने में बड़ा जोश दिखाते हैं : **''उर्दू ही अस्ल खड़ी बोली और सिर्फ़ खड़ी बोली है। खड़ी बोली देहली और मग़रिबी यू०पी० की बोली है। किसी की मजाल नहीं कि यह कह सके पंजाब की ज़बान की औलाद है।''**[6] उनके विचार में इलाहाबाद अवधी का क्षेत्र है, जिसको खड़ी बोली के क्षेत्र में सम्मिलित करना उचित नहीं हो सकता। इस सोच को राहुल सांकृत्यायन की एक योजना से बल मिलता है कि उन्होंने आधुनिक बोलियों के आधार पर नये प्रदेशों के निर्माण में इलाहाबाद और लखनऊ को अवधी का केन्द्र निश्चित करने की योजना प्रस्तुत की थी।[7] हमारे विचार में राहुल सांकृत्यायन या ज्ञानचन्द के विचार उसी सीमा तक सही हो सकते हैं कि इलाहाबाद अवधी की सीमा से लगा हुआ है किन्तु इलाहाबाद की भाषा पर अवधी बताना अतिश्योक्ति होगी। इलाहाबाद की भाषा अवधी के स्पष्ट प्रभाव हैं किन्तु उसका भाषा का मूल केंडा खड़ीबोली पर आधारित है।[8]

---

1. लक्ष्मीसागर वार्ष्णेय : फ़ोर्ट विलियम कालेज, पृ० 86
2. हरदेव बाहरी : हिन्दी की ग्रामीण बोलियाँ, पृ० 41
3. ग्राहम बेली : ए हिस्ट्री आफ़ उर्दू-लिटरेचर, पृ० 23 (उर्दू अनुवाद)।
4. अशोक केलकर : स्टडीज़ इन हिन्दी-उर्दू, पृ० 19
5. ज्ञानचन्द : लिसानी मुतालए, पृ० 112
6. ज्ञानचन्द : हक़ायक़, पृ० 352
7. राम विलास शर्मा : भाषा और समाज, पृ० 114
8. अमर बहादुर सिंह : अवधी और भोजपुरी सरहदी बोलियों का अध्ययन (शोध-प्रबंध अप्रकाशित डी० फ़िल हेतु, हिन्दी इ०वि०वि० 1960 ई०

इस भाषिक अध्ययन में यह ऐतिहासिक यथार्थ ध्यान देने योग्य है कि दिल्ली सल्तनत के आरम्भिक शासक कुतुबुद्दीन ऐबक के 1202 ई० में विजित कड़ा-मानिकपुर (इलाहाबाद) के पश्चात से यह क्षेत्र दिल्ली सल्तनत के महत्त्वपूर्ण केन्द्रों में गिना जाता रहा है।[1] दिल्ली से इलाहाबाद में सूबेदार नियुक्त होते, जो दिल्ली की संस्कृति एवं समाज के प्रतिनिधि होते। उनकी निगरानी में इलाहाबाद का सामाजिक एवं सांस्कृतिक जीवन दिल्ली का रंग-ढंग प्रस्तुत करता। सूबा इलाहाबाद दिल्ली सल्तनत के कुछ शासकों की दूसरी राजधानी रहा है। यही स्थिति विभिन्न रूपों में अंग्रेज़ी शासनकाल तक विद्यमान थी, बहुत थोड़े समय के लिए लगभग पचास वर्षों (नवाब सफ़दरजंग की 1753 ई० में अवध की सूबेदारी से नवाब सआदत अली खाँ के 1801 ई० में स्वीकृति पत्र) तक इलाहाबाद अवध दरबार से सम्बन्धित रहा।[2] इस थोड़े समय में भाषायी प्रभाव तो क्या राजनीतिक प्रभाव नाम मात्र को स्थापित हो सकते हैं। यद्यपि इलाहाबाद और लखनऊ के मध्य प्रतिस्पर्धा पूर्ण रुझान मिलता है। सूबे की राजधानी इलाहाबाद से लखनऊ स्थानांतरित हुई तो पं० राधेनाथ कोल गुलशन ने व्यंगपूर्वक कहा था : **''वो गोमती को तो गंगा बना नहीं सकते''**, इसके अतिरिक्त अपनी भौगोलिक स्थिति के आधार पर देश के सर्वाधिक महत्त्वपूर्ण राजमार्ग पर स्थित होने के कारण इलाहाबाद और दिल्ली के मध्य गहरा सम्बंध रहा है। इससे भाषायी तादात्म्य स्थापित हुआ। दिल्ली के आस-पास की भाषा इलाहाबाद तक फैल गयी।

उर्दू-हिन्दी का संयुक्त श्रोत बोली और उसके क्षेत्र के निर्धारण में प्रो० आले अहमद 'सुरूर' के कथन का उल्लेख करना उचित होगा, जो सर्वप्रिय सिद्धांत पर आधारित है और निर्णायक बन गया है। **''दरअस्ल बात यह है कि शूरसेनी अपभ्रंश जिससे खड़ी बोली निकली है। उस इलाक़े में बोली जाती थी, जो इलाहाबाद से देहली तक का है । खड़ी-बोली से उर्दू-हिन्दी दोनों निकली हैं इस पर माहिरीने-लिसानियात मुत्ताफ़िक़ हैं ।''**[3]

उपरिलिखित संक्षिप्त विवरण से स्पष्ट है कि प्रेमचन्द के युग तक भाषिक दृष्टि से मराठी, असमी, बंगाली, उड़िया, सिंधी और गुजराती के अतिरिक्त सभी भाषाओं और बोलियों ने हिन्दी-उर्दू के लिए स्थान रिक्त कर दिया था। इसलिए जब प्रेमचन्द ने ब्रज और अवधी के साहित्य को हिन्दी

---

1. अब्दुल्लाह : तारीख़ कड़ा-मानिकपुर, पृ० 88
2. नज्मुलग़नी : तारीख़े-अवध, खण्ड 4, पृ०40-45
3. आले अहमद 'सुरूर' : कहती है ख़ल्के-ख़ुदा, 'शबख़ून' इलाहाबाद, अंक 225, पृ० 73

परम्परा से अलग किया, तो ऐसा अनुभव होता है कि यद्यपि उनके पास वैज्ञानिक विश्लेषण नहीं था फिर भी तथ्यपरक था अनेक अन्य बोलियां तथा भाषाओं की तरह ब्रज और अवधी ने भी उर्दू-हिन्दी के लिए अपना स्थान रिक्त कर दिया था। इस संदर्भ में जॉन बीम्स का विचार महत्त्वपूर्ण है कि हिन्दी को अन्य भारतीय भाषाओं पर इस आधार पर भी प्राथमिकता प्राप्त है कि इसमें शुद्ध संस्कृत शब्दों (तत्सम) के बजाय उनमें उद्धृत शब्द (तद्‌भव) हैं या फिर उन्होंने वह अत्यधिक प्रचलित रूप धारण कर लिया है, जिसमें फ़ारसी तथा अरबी के सुंदर एवं सूक्ष्म शब्द सम्मिलित कर लिए गये हैं, जिसे कभी उर्दू कहा जाता है और कभी हिन्दुस्तानी उर्दू हिन्दी भाषा के उद्‌गम एवं विकास के विषय में विचार करते हुए इस भ्रामक विचार से बचना चाहिए कि मुस्लिम आक्रमणकारियों के प्रयासों से या उनके लश्कर में एक नयी भाषा अस्तित्व में आयी।

इस यथार्थ को नहीं भूलना चाहिए कि विजयी जाति पर अपनी श्रेष्ठता का दम्भ छाया रहता है। आरम्भ में मुसलमानों का रवैया भी ऐसा ही था। उनकी भाषाएँ अरबी व फ़ारसी एवं तुर्की थीं। उन्होंने सिन्ध में शासन के प्रारम्भिक दौर में अरबी को बाद में दिल्ली के केन्द्र से लगभग आठ सौ साल तक फ़ारसी को सरकारी भाषा बनाये रखा। वही उनकी अभिव्यक्ति का माध्यम थी। सुल्तान उसके अमीर एवं उच्च वर्ग के लोग अपनी अपनी भाषाओं में कामकाज करते थे। इन विजित लोगों ने जिनमें हिन्दू बहुसंख्यक थे, अपनी आर्थिक एवं सामाजिक आवश्यकताओं के आधार पर शासकों की भाषा सीखी और जमकर सीखी। उन्होंने साधारण कारोबार के अतिरिक्त फ़ारसी में साहित्यिक एवं बौद्धिक उपलब्धियाँ प्रस्तुत कीं। यहीं नहीं बल्कि वे एक ही समय में द्विभाषी होने का महत्त्व भी रखते थे। शासक वर्ग से उनकी भाषा को वार्तालाप का माध्यम बनाते और अपने व्यक्तिगत जीवन में अपभ्रंश और शासकों की भाषाओं के मिले-जुले शब्दों का प्रयोग करते, जो एक नयी भाषा को जन्म देने का माध्यम बनी। कालान्तर में इन्हीं बहुसंख्यक हिन्दुओं की भाषा 'उर्दू' कहलायी। ज्ञातव्य रहे कि 1882 ई० में जब तत्कालीन अंग्रेज़ गवर्नर मैकडानल ने अदालतों में उर्दू के बजाय हिन्दी की अनुमति दी, तो सर सैय्यद ने अत्यन्त ग्लानिपूर्वक कहा था कि हम (मुसलमान) तो बड़े ख़िसारे में रहे कि हमने एकता के ख़याल से उनकी (हिन्दुओं) की ज़बान (उर्दू) को अपना लिया था, अब वे अपनी धार्मिक भाषा (हिन्दी) को मुसल्लत कर देना चाहते हैं।

प्रो० ख़्वाजा अहमद फ़ारूक़ी लिखते हैं : **"मुग़लों के ज़माने में मूसीक़ी मुसव्वरी, फ़न्ने-तामीर हिन्दू-मुसलमानों के इख़्तेलात व इत्तेहाद**

का मज़हर बन गये और उनकी बदौलत हिन्दू-मुस्लिम आर्ट की रवायतें वजूद में आ सकीं''[1]। यह कहना अतिश्योक्ति न होगी कि उर्दू एवं काव्य व, साहित्य पर मिश्रित सामाजिक एवं सांस्कृतिक प्रभाव देश की दूसरी भाषाओं के मुकाबिले में अधिक विस्तृत और गहराई के साथ दीख पड़ते हैं। डॉ० ज़मील ज़ालिबी लिखते हैं "इस ज़बान ने बर्रे अज़ीम की सभी जदीद आर्याई ज़बानों की उन ख़ुसूसियात को अपना लिया, जिनमें मुल्कगीर सतह पर तसर्रुफ़ में आने की सलाहियत मौजूद थी।[2] इसका कारण यह है कि उर्दू की मिट्टी में प्रारम्भ से ही आपसी सहयोग, एकता, सद्भाव को मूलभूत स्थान प्राप्त रहा है। उर्दू की प्राचीन दास्तानों, क़िस्सों, मसनवियों एवं मरसियों को देखिए तो आश्चर्यजनक रूप से हिन्दू मुस्लिम चिन्तन और जीवन में एकता और सहयोग का आभास होता है जो उर्दू के साहित्यिक एवं भाषिक रवैये की विशेषता है। यही रवैया चित्रकला, वास्तुकला एवं हस्तकला में महान उपलब्धियाँ प्रस्तुत करता है तथा संगीतकला के नवीन आयाम प्रस्तुत करता है। डॉ० अबू मुहम्मद 'सहर' ने उचित ही लिखा है : **"उर्दू की इनफ़्रादियत उस वक़्त नुमायाँ हुई, जब खड़ी बोली में दूसरी ज़बानों ख़ूसूसन फ़ारसी और फ़ारसी-तवस्सुत से अरबी अलफ़ाज़ की आमेज़िश हुई। हालांकि उसने अपने आपको फ़ारसी और अरबी अलफ़ाज़ के बग़ैर बनाया और सँवारा। लेकिन ये हर ज़माने में फ़ारसी और अरबी अलफ़ाज़ की आमेज़िश और कसरते-इस्तेमाल से पहचानी गयी है।''**[3]

हिन्दी-उर्दू भाषा के उद्गम एवं विकास के विषय में विचार करते हुए इस तथ्य पर भी ध्यान रखना चाहिए कि भारत में मुसलमान मात्र शासक के रूप में नहीं थे। वह भारतीय जीवन में इस प्रकार रस-बस गये थे कि भारतीय जीवन-पद्धति, परम्परा एवं विश्वास, रस्म-रिवाज़ सभी में वे सम्मिलित थे। इसलिए जब आक्रमणों एवं युद्धों की धूल छँटी, तो हृदय से स्नेहस्रोत बह निकला, जिसका प्रभाव ललित कलाओं के विभिन्न क्षेत्रों में स्पष्ट दिखायी देता है।

प्रो० ज्ञानचंद ने विद्वतापूर्वक इस समन्वय-प्रक्रिया पर प्रकाश डाला है, जिसमें दिलबर बेसुवा भारतीय चौसर खेलती है। 'मज़हबे-इश्क़' में ब्राह्मण तथा सिंह की कथा पंचतंत्र से उद्धृत है, जो पंचतंत्र की दकनी पांडुलिपि में विद्यमान है। असुर के जादू से पुरुष बन जाने की पृष्ठभूमि में महाभारत के

---

1. ख़्वाजा अहमद फ़ारूकी : ज़ौको-जुस्तजू, पृ० 15
2. जमील जालिबी : तारीख़ अदबे-उर्दू, खण्ड-1 पृ० 587
3. अबू मुहम्मद सहर : उर्दू रस्मुलख़त और इमला, एक मुहाकमा, पृ० 8

शिखंडी का वर्णन है। 'गुलबकावली' के दूसरे भाग में भारतीयता स्पष्ट हो गयी है। 'इंदर सभा' में बकाबली का पुनः जन्म लेना भारतीय विश्वासों का अंग है, आदि[1]। यही भावना चित्रकला, निर्माणकला तथा हस्तकला के अनुपम उदाहरण प्रस्तुत करती है तथा संगीतशास्त्र को नये आयाम प्रदान करती है। शब्दों एवं विन्यासों में रोचक समन्वय दीखता है। कुछेक उदाहरण प्रस्तुत हैं:

(1) अरबी-फ़ारसी शब्दों से हिन्दी व्याकरण के आधार पर क्रिया निर्माण : गुज़रना, क़ुबूलना, शर्माना, ख़रीदना, ग़ुस्साना, फ़रमाना आदि।

(2) देशज-शब्दों पर फ़ारसी-उपसर्ग : बेकल, बेडौल, बेधड़क, बेजोड़, नौचंदी, नामसझ, बेमुँह आदि।

(3) फ़ारसी शब्दों पर हिन्दी उपसर्ग : तिराहा, चौराहा, चौपाया, चौरस्ता, चौखम्बा, बैठकबाज़, जामदानी आदि।

(4) फ़ारसी-शब्दों पर हिन्दी प्रत्यय : नर्माहट, बालिश्तिया, बादशाहत आदि।

(5) देशज-शब्दों पर फ़ारसी प्रत्यय— धोखेबाज़, चिट्ठीरसाँ, घड़ीसाज़, लच्छेदार, भड़कदार, चमकदार आदि

(6) ऐसे शब्द, जिनका एक भाग देशज है तथा दूसरा अरबी-फ़ारसी गुलाब-जामुन, सब्ज़ीमंडी, मुँहज़ोर, हाथीख़ाना, हवागाड़ी आदि।

विदेशी शब्दों में ध्वनि परिवर्तन के सम्बन्ध पर डॉ० धीरेन्द्र वर्मा ने विद्वत्तापूर्वक प्रकाश डाला है। उनका मत है : "**हिन्दी में सब से अधिक विदेशी शब्द अरबी-फ़ारसी के हैं। प्रायः यह भुला दिया जाता है कि इन विदेशी भाषाओं में फ़ारसी आर्य भाषा है, जिसका प्राचीनतम रूप अवेस्ता की भाषा का ऋग्वेद की भाषा से बहुत निकट का सम्बंध है और अरबी भिन्न कुल की भाषा है, जिसका आर्यभाषाओं से अब तक किसी प्रकार का भी सम्बंध स्थापित नहीं हो सका**[2]।" परन्तु सत्य यह है कि भाषिक आधार पर फ़ारसी के साथ ही साथ अरबी भाषा और हिन्दी के प्रभाव से इंकार करना असलियत से आँख मिचौली करना है। आधुनिक प्राकृतों की उन्नति में मुसलमानों के आगमन से ही तीव्रता आयी। डॉ० सुनीतिकुमार चटर्जी का विचार है कि यदि भारत मुसलमानों के अधीन न भी आया होता तो भी आधुनिक भारतीय आर्य भाषाएँ अवश्य जन्म लेतीं, किन्तु उनकी दिशा

---

1. ज्ञानचन्द : उर्दू-मसनवी शिमाली हिन्द में पृ० 447
2. धीरेन्द्र वर्मा : हिन्दी भाषा का इतिहास, पृ० 188

वर्तमान दिशा के विपरीत भी हो सकती थी और इसमें अधिक समय भी लग सकता था।[1]

यद्यपि उर्दू के भाषिक विश्लेषण में डॉ० चटर्जी का रवैया अत्यन्त शत्रुता पूर्ण रहा है, जिसके उदाहरण हैं उनकी प्रसिद्ध पुस्तक 'इण्डो-आर्यन एवं हिन्दी' में देखी जा सकती है। परन्तु कालान्तर में उनके विचारों में असाधारण बदलाव आया उन्होंने दो टूक स्वीकार किया कि हिन्दी 19वीं सदी के दूसरे और तीसरे दशकों में उर्दू से अरबी-फ़ारसी शब्दों बहिष्कृत देने से अस्तित्व में आयी तथा पश्चिमी उत्तर प्रदेश की भाषा उर्दू है, हिन्दी नहीं[2]।

हिन्दी बनाम उर्दू की समस्या को भारत के राजनीतिक एवं सामाजिक इतिहास से मिलाकर देखा जाय, तो अनेक निष्कर्षयुक्त तथ्य सामने आते हैं तथा भारतीय संस्कृति की अनेकता में एकता की प्रवृत्ति के अनेक पहलू स्पष्ट हो जाते हैं। प्रेमचन्द के युग वरन् इसके भी बहुत पूर्व से पृथकतावादी क्रम प्रारम्भ हो गया था। संस्कृत से हिन्दुओं और फ़ारसी से मुसलमानों के गहरे धार्मिक एवं सांस्कृतिक सम्बंध पर बल दिया जाता रहा। इसी तर्क के आधार पर हिन्दी और उर्दू में इन भाषाओं के शब्दों, विन्यासों एवं परम्पराओं के अधिक से अधिक प्रयोग पर बल दिया जाता रहा। इसी आधार पर उर्दू को मुसलमानों की भाषा और हिन्दी को हिन्दुओं की भाषा भी कहा गया। इसमें सन्देह नहीं कि कुछेक अतिवादिताओं को छोड़कर भारतीय भाषित इतिहास के अध्ययन से स्पष्ट हो जाता है कि हिन्दुओं और मुसलमानों के बीच प्रारम्भ में भाषिक आधार पर मतभेद था ही नहीं। यद्यपि बाहर से आनेवाले मुसलमानों की सम्पर्क भाषा फ़ारसी थी, जिसके माध्यम से उन्होंने देश-विदेश में सम्बंध स्थापित किये, किन्तु भारत में रस-बस जाने के बाद यहाँ की जीवंत भाषाओं से उनका सम्बंध औपचारिक अथवा कारोबारी न रह सका। हिन्दी-साहित्य के इतिहास में मुस्लिम कवियों-साहित्यकारों का महत्त्व हिन्दुओं से कम नहीं है। यह लोग फ़ारसी और अरबी की उच्च-शिक्षा के साथ-साथ संस्कृत तथा अन्य प्राचीन भारतीय भाषाओं पर विद्वतापूर्ण अधिकार रखते थे। भारतेन्दु हरिश्चन्द्र कहते हैं :''**इन मुसलमान हरिजनन पर कोटन हिन्दू वारिए!**'' भारतीय साहित्य का यही आंदोलन जब खड़ीबोली के आधार पर विकसित हुआ, तो उसमें भी हिन्दू और मुसलमान दोनों मिलकर प्रयत्नशील हुए। इस भाषा के पास पूर्व साहित्यों की निधि तथा फ़ारसी,

---

1. सुनीति कुमार चटर्जी : इंडो-आर्यन एंड हिन्दी, पृ० 98
2. सुनीति कुमार चटर्जी : सरकारी भाषा आयोग रपट, पृ० २८७

तुर्की, अरबी, शब्दों एवं साहित्यों की परम्पराएँ थीं। यही भाषा कभी 'हिन्दवी' कभी 'हिन्दुई' कभी 'हिन्दी' कभी 'रेख़्ता' कभी 'हिन्दुस्तानी' आदि कहलाती रहीं उर्दू भाषा के नाम के रूप में उर्दू वालों में सर्वप्रथम प्रयोग मीर मुहम्मदी 'मायल' देहलवी के दीवान (1762 ई०) में मिली फिर मुसहफ़ी का यह शेर है :

ख़ुदा रक्खे, ज़बाँ हमने सुनी हैं 'मीरो-'सौदा' की,
कहें किस मुँह से हम ऐ 'मुसहफ़ी' उर्दू हमारी है।

बहुत समय बाद इसी भाषा का नाम उर्दू प्रचलित हुआ। इसके साहित्यकारों में हिन्दू-मुसलमान दोनों बड़ी संख्या में मिलते हैं।[1]

प्रेमचन्द ने भाषा समस्या की जटिलता को कम करने के विचार से खड़ी बोली हिन्दी को अवधी तथा ब्रजभाषा की परम्परा से अलग कर दिया, जिसकी संयुक्त संपदा में हिन्दू-मुसलमान दोनों का बराबर का योगदान था और हिन्दी-साहित्य के इतिहास को खड़ीबोली के इतिहास से संबद्ध कर दिया। इसमें संदेह नहीं कि भारतीय भाषाओं की उन्नति में हिन्दू-मुसलमान दोनों ने योगदान दिया, परन्तु यह सच है कि भाषा जिस युग में विकसित हो रही थी, उसमें भारत तीव्र राजनीतिक ऊहापोह एवं संघर्ष कर रहा था, जिसमें 'ख़ल्क ख़ुदा की, मुल्क बादशाह का और हुक्म कंपनी बहादुर का', प्रारम्भ हो गया। अंग्रेज़ी शासन की कूटनीति हिन्दुओं तथा मुसलमानों के परस्पर सम्बंध को क्षीण करती जा रही थी। शासकवर्ग एक सीमा तक संतुष्ट भी हो गया था कि अब यह दोनों जन-जातियाँ कभी भी आपस में संगठित न हो पायेंगी। उचित दीखता है कि उस राजनीतिक पृष्ठभूमि का संक्षिप्त सिंहावलोकन कर लिया जाय।

राजनीतिक पीठिका

प्राचीन भारत की राजनीतिक व्यवस्था भी वर्गों के आधार पर ब्राह्मणों एवं क्षत्रियों के अधिकार में थी। देश की अन्य जातियों को उन्हीं के अधीन रहना पड़ता था। अत: राजनीतिक एवं सामाजिक समस्याओं का दायित्वबोध भी समाज के उच्च वर्ग तक सीमित था। मुस्लिम बादशाहों के काल में मात्र सामंतों-रईसों को राजनीतिक एवं शासकीय समस्याओं में हस्तक्षेप का अधिकार था, जो बादशाह के हुक्म से व्यवस्था एवं शासन सम्बंधी दायित्व का वहन करते थे। वे यहाँ की शासकीय-व्यवस्था में स्थानीय परम्पराओं एवं संस्कारों के प्रति प्रतिबद्ध रहे। परिणामस्वरूप भारतीय जनता किसी प्रकार के

---

1. **महमूद शीरानी : पंजाब में उर्दू, पृ० 29-48**

राजनीतिक ऊहापोह का शिकार होने से बच गयी। साधारण जनता के लिए यह नये बादशाह भी प्राचीन राजाओं के स्थान पर शासक बन गये। उनके दरबारों और दरबारियों की उदारता से आर्थिक संकट उत्पन्न होने की संभावनाएँ कम होती गयीं। भारतीय ग्राम्य-जीवन पर राजनीतिक अथवा शासकीय परिवर्तन का तत्काल प्रभाव न पड़ सका, क्योंकि नये शासकों ने भूमि के स्वामित्व, राजकोष, राजसेवा, राजव्यवस्था तथा जनता के सामाजिक जीवन सम्बंधी समस्याओं को सुधारवादिता का विषय नहीं बनाया था। वर्तमान राजनीतिक व्यवस्था अंग्रेज़ी शासनपद्धति की उपलब्धि है। अंग्रेज़ों ने भारतभूमि पर आधिपत्य प्राप्त करके सर्वथा भिन्न आधार एवं उद्देश्य के साथ कार्य प्रारम्भ किया। उन्होंने भारतभूमि पर पाँव जमाते ही यहाँ के जन-जीवन से अपने को अलग रखकर पाश्चात्य सांस्कृतिक एवं आर्थिक उच्चता की घोषणा कर दी। उन्होंने भारत की राजनीतिक व्यवस्था की बागडोर हाथ में लेने के बाद तत्कालीन सामंती व्यवस्था को घोर आघात पहुँचाया। उसके विरुद्ध इंग्लिस्तान के साम्राज्यवाद द्वारा पोषित पूँजीवाद को विकसित किया। इस संदर्भ में यह उल्लेख रोचक होगा कि बर्तानिया सरकार की ओर से प्रत्येक बार नया चार्टर देने के पूर्व ईस्ट इंडिया कम्पनी को कुछेक नियमों की पाबंदी की ओर आकृष्ट किया जाता था, जिसमें इस बात पर विशेष बल होता था कि उसके प्रतिनिधि अपनी सीमाओं को विकसित करने का प्रयत्न नहीं करेंगे परन्तु यहं कार्यवाही मात्र कागज़ के पन्नों तक सीमित रहती थी।[1] अंग्रेज़ों ने राजनीतिक एवं आर्थिक मोर्चों पर भारतीय जीवन के विरुद्ध संग्राम प्रारम्भ कर रखा था। उन्होंने रियासतों के सुलहनामों में वादा-ख़िलाफ़ियों के अतिरिक्त मशीन द्वारा उत्पादन बढ़ाने में संघर्ष को आधार बनाया, जिसमें उन्हें असाधारण सफलता प्राप्त हुई। कार्ल मार्क्स का कथन है कि यह सामाजिक क्रांति लाने के उद्देश्य से अंग्रेज़ों ने अति पतित माध्यमों को अपनाने में भी किंचित संकोच न किया।[2] परिणामस्वरूप जनता में तीव्र प्रतिक्रिया हुई। भारतीय जन अनुभव करने लगे कि अंग्रेज़ी शासन उनका सामाजिक, आर्थिक एवं सांस्कृतिक विकास रोक देगा। इससे अंग्रेज़ों के विरुद्ध असंतोष का वातावरण उत्पन्न हुआ परन्तु इसे कार्यरूप प्राप्त करने के लिए समय चाहिए था जो किसी राजनीतिक विद्रोह के रूप में प्रकट होता।

1857 ई० की क्रांति की पृष्ठभूमि में भारतीय जनता के इसी असंतोष एवं प्रतारण-व्यथा की कथा निहित है, जिसके विभिन्न राजनीतिक

---

1. **बी० पट्टाभि सीतारमैया : दि हिस्ट्री ऑफ़ दि काँग्रेस, पृ० 3**
2. **कार्ल मार्क्स : सेलेक्टैड वर्क्स, भाग 1 पृ० 354**

एवं आर्थिक कारण थे। अंग्रेज़ों ने एक के बाद एक विभिन्न संधियों को तोड़कर अधिकारों से वंचित करने का चक्र चला रखा था, जिसका परिणाम नवाबों तथा सामंतों के बाद किसानों की ज़मीनों की ज़ब्ती तथा नीलामी के रूप में सामने आया। उन्होंने अपने राजनीतिक आदेशों के पालन में पशुता एवं असामाजिकता को आधार बनाया। कुछेक अवसरों पर इसी के आधार पर भारतीय जनता के मुक़दमों का फैसला भी होता था। रामविलास का मत है: **''अनेक मुंसिफ़ स्त्रियों का शीलभंग करने की शर्त पर उनके पक्ष में फैसला करते थे ।''**[1]

इस अंग्रेज़ी राज्य को समाप्त करने के लिए किसानों और उनके साथ बहुत से सामन्तों ने युद्ध किया ओर जनता पर अत्याचार करनेवाली 'न्याय व्यवस्था' को समाप्त कर दिया। भारतीय जनमानस की धार्मिकता को भी अंग्रेज़ों ने व्यंग्य का विषय बनाया और ईसाई मिशनरियों की गतिविधियों में सहयोग दिया, क्योंकि उनके द्वारा अंग्रेज़ी शासन की स्थापना को राजनीतिक आधार पर दृढ़ करने में योगदान प्राप्त हो रहा था। रामविलास का कथन है : **''पंजाब सरकार द्वारा प्रकाशित गद्दर के काग़ज़ात में एक ऐसी ख़बर भी मिलती है, जिसमें विशप के नेतृत्व में ईश्वर से एक विशेष दुआ की गयी थी–इस देश में पहले से अधिक मज़बूत बुनियादों पर हमारे राज्य को स्थापित कर और सब से बढ़ कर यह कि उसे हर जगह अपने बेटे का राज्य फैलाने का माध्यम बना दे ।**[2]**''** और इसी प्रकार के अनेक कारणों ने भारतीय जनमानस को अंग्रेज़ों का विरुद्ध करने में योग दिया, जो सर्वप्रथम भारतीय सिपाहियों द्वारा अपने ही शासकों के आदेशों की अवहेलना के रूप में प्रकट हुआ, जिसको नारमर-डी-पामर सरीखे इतिहासकारों को कहने का साहस हुआ कि यह मात्र कुछेक सिपाहियों का सीमित विद्रोह था।[3]

अंग्रेज़ों तथा उनके पोषक एवं अनुयायी भारतीय इतिहासकारों का समुदाय संगठित रूप में भारतीय स्वतंत्रता आंदोलन के प्रभाव को कम करके दिखाने का प्रयत्न करता रहा है, परन्तु वर्तमान में अमर स्वतन्त्रता सेनानियों की, जो रचनाएँ तथा हस्तलेख प्राप्त हुए हैं, उन्होंने अंग्रेज़ इतिहासकारों को भी चकित कर दिया है। प्रथम स्वतंत्रता संग्राम के विषय में डॉ० पणिक्कर का विचार अत्यंत महत्त्वपूर्ण है, जो अनेक समस्याएँ स्पष्ट कर देता है। उनका कथन है कि इस विद्रोह के नेता सभी वर्गों से आये थे, जिनकी संपत्ति

---

1. रामविलासः सन् सत्तावन की राज्यक्रांति, पृ० 497
2. वही, पृ० 497
3. जी० एम० काहिन (स०) : मेजर गवर्नमेंट ऑफ़ एशिया, पृ० 249

अथवा राज्य अंग्रेज़ों द्वारा हस्तगत कर लिया गया था। अत: उन्होंने विदेशी सरकार को भारत से निकाल फेंकने के उद्देश्य से एकता प्राप्त कर ली थी।[1] उनकी कार्य-पद्धति आश्चर्यजनक रूप से गोपनीय एवं रहस्यपूर्ण थी। उनमें किसी को दूसरों की गतिविधियों का पता न चलता था।[2] सर जार्ज ग्राण्ड जैकब 'वेस्टर्न इंडिया' में लिखता है कि जिस आश्चर्यजनक ढंग से यह पूरा षड्यंत्र रचा गया था। जिस एहतियात के साथ इस व्यवस्था के विभिन्न वर्ग दूसरे के साथ कार्य करते थे कि सामूहिक रूप से संगठित होने के बावजूद एक को दूसरे की गतिविधियों का पता न होता था। उन लोगों को केवल इतनी सूचना दी जाती थी, जितनी उनके कार्य के आवश्यक होती। उन सब बातों का वर्णन करना कठिन है और यह लोग एक दूसरे के साथ आश्चर्यजनक वफ़ादारी का व्यवहार करते थे। यद्यपि इस वैभवशाली विद्रोह में सफलता अंग्रेज़ों को ही प्राप्त हुई परन्तु इसके बाद अंग्रेज़मन एक दुर्घटनाग्रस्त मन के रूप में संतुलन ही खो बैठा। उसने बलप्रयोग तथा अत्याचार आदि के आधार पर दमन-नीति अपनायी। भारतीय-जन की संगठन-शक्ति को घटाने तथा हिन्दुओं-मुसलमानों के बीच द्वेष उत्पन्न करने का प्रयत्न किया। प्रारम्भ में सरकारी पदों और नौकरियों के सम्बंध में कूटनीतिपूर्ण व्यवहार अपनाया गया। एक संप्रदाय की अपेक्षा दूसरे संप्रदाय को प्राथमिकता देकर आपस में संघर्ष उत्पन्न करने का प्रयत्न किया,[3] जिसमें उन्हें सामयिक सफलता भी मिली और स्वतंत्रता संग्राम का पराजित भारतीय जन-मानस फुटकर समस्याओं में उलझ गया।

डॉ० ताराचंद लिखते हैं कि 1857 में लार्ड म्यो के काल तक हिन्दुओं पर अंग्रेज़ों की कृपादृष्टि रही। मुसलमान विशेष शत्रु समझे जाते रहे, परन्तु बाद में स्थिति बदल गयी.... अंग्रेज़ों ने सदैव ही सांप्रदायिक विरोध पर आनंद अनुभव किया और हिन्दुओं तथा मुसलमानों को संयुक्त उद्देश्य से संगठित होने से रोका।[4] इस बीच अंग्रेज़ों ने भारत के छोटे-छोटे राज्यों और रियासतों से संधिक्रम चलाया, जिसने उन्हें अंग्रेज़ी अमलदारी में छुटपुट व्यवस्थात्मक अधिकार भी प्रदान किया गया। इससे अंग्रेज़ों के अधिकार क्षेत्र में एक प्रकार से शक्तिशाली समर्थकों का वर्ग उत्पन्न हो गया, परन्तु यह भी

---

1. के० एम० पणिक्कर : ए सर्वे आफ़ इंडियन हिस्ट्री, पृ० 206
2. सुन्दरलाल : भारत में अंग्रेज़ी राज्य, पृ० 196
3. विपिन चंद्र आदि : कमुनलिज़्म एण्ड दि रायटिंग ऑफ़ इंडियन हिस्ट्री, भाग 2, पृ० 54
4. ताराचंद : हिस्ट्री आफ़ फ्रीडम मूवमेंट इन इंडिया, भाग 2, पृ० 516

सत्य है कि परस्पर प्रयत्न के बावजूद भारतीय जनमानस उनके विरुद्ध होता गया, जिससे अंगेज़ों के प्रति घृणा एवं असन्तोष का वातावरण फैलता ही गया। अंग्रेज़ों ने अपनी संस्कृति, सभ्यता एवं साहित्यिक समृद्धि से भारतीयों को प्रभावित करने का प्रयत्न किया। इसीसे भारतीयों को उनकी कमियों का भी एहसास होता गया। इस काल में भारत अनेक सुधारात्मक आंदोलनों का गढ़ बनता रहा, जिससे राजनीतिक विवेक तथा राष्ट्रीयता की भावनाओं को प्रोत्साहन मिला।

सर्वप्रथम हिन्दू-समाज ने परिवर्तन क्रम का अनुभव किया। 'आत्मीय सोसायटी' (1815 ई०) तथा ब्रह्म सभा (1828 ई०, जो बाद में 'ब्रह्म-समाज' बना) की स्थापना हुई। राजा राममोहन राय ने 'ब्रह्म-समाज' को विशेष रूप से प्रोत्साहित किया। इसी प्रकार की एक संस्था 'प्रार्थना समाज' (1867 ई०) भी थी, जो महाराष्ट्र में बहुत समय तक गोपनीय कार्य करती रही। इस क्रम की सब से महत्त्वपूर्ण संस्था 'आर्य समाज' (1875 ई०) थी, जिसने भारतीय जीवन पर गहरा प्रभाव डाला।

मुसलमानों में सुधारात्मक आंदोलन बाद में चले। कारण यह था कि 1857 ई० के विद्रोह का प्रारम्भ यद्यपि सैनिकों ने किया था, परन्तु मुस्लिम उलमा के योगदान से इसे धार्मिक मान्यता मिल गयी थी। अंत: अंग्रेज़ों ने विद्रोह का अधिक भार मुसलमानों पर डाला। मुसलमानों में सर्वप्रथम बंगाल के अंग्रेज़ीदाँ मुसलमानों ने 1856 ई० में 'मुहमडन एसोसिएशन' स्थापित किया। फिर अब्दुल लतीफ ने 1863 ई० में कलकत्ता में 'मुहमडन लिट्रेरी सोसाइटी' की नींव डाली। सर सैय्यद की सुधारवादिता प्रारम्भ में धार्मिक थी, पर जब उन्होंने 1862 ई० में 'साइंटिफ़िक सोसाइटी' की स्थापना की, तो उनकी गतिविधियों में परिवर्तन आ गया तथा 1875 ई० में 'मुहमडन एंग्लो-ओरियंटल कालेज' की स्थापना से मुसलमानों में अंग्रेज़ी शिक्षा तथा जीवन-पद्धति के प्रति आकर्षण उत्पन्न हो गया। जवाहर लाल नेहरू ने राष्ट्रीय चेतना का कारण पश्चिमी जीवन का अनुभव और अपना अतीत गौरव बताया है।[1]

इस युग के भारतीय इतिहास के अध्ययन में एक ऐसी स्थिति का अनुमान स्पष्ट रूप से दृष्टिगोचर हो जाता है, वह यह है कि अंग्रेज़ों को ख़तरे का आभास मिलने लगा था। इन्हीं दिनों मिस्टर ऑलन आक्ट्यून ह्यूम को सात खंडों में ख़ुफ़िया पुलिस की एक ऐसी रिपोर्ट मिली, जिसमें विभिन्न

1. **जवाहरलाल नेहरू : दि डिसकवरी ऑफ़ इंडिया, पृ० 392**

ज़िलों में विद्रोह फैलाने की चर्चा थी।[1] उन्होंने अनेक एंग्लो-इंडियन अफ़सरों और उस समय के गवर्नर-जनरल लार्ड डफ़रिन से परामर्श किया और भारत के प्रबुद्ध राजनीतिक एवं सामाजिक जनों तथा अंग्रेज़ों के बीच स्नेहभाव और सहिष्णुता उत्पन्न करने के लिए एक संस्था के संगठन पर बल दिया। उनका विचार था कि प्रांतीय गवर्नर इस अधिवेशन की अध्यक्षता किया करें, जिसमें सरकारी अफ़सरों तथा उनके मातहतों में सहयोग का वातावरण उत्पन्न हो सके। लार्ड डफ़रिन ने इसे स्वीकार करने से इंकार कर दिया। उनके विचार से कार्य से विरोध पक्ष को बल मिलता।[2] बाद के गवर्नर जनरल ने मिस्टर ह्यूम का प्रस्ताव स्वीकार कर लिया और 1885 ई० में 'भारतीय राष्ट्रीय कांग्रेस' की नींव पड़ी, जो बाद में अपने इनक़लाबी कार्यक्रमों के कारण भारतीय इतिहास में गौरव की पात्र बनीं। इसको कांग्रेस के संस्थापक मिस्टर ह्यूम ने भी स्वीकार किया है कि : **''पश्चिमी विचार शिक्षा, आविष्कार और उनके अनुभवों ने जो परिवर्तन कर दिये थे और जो लगातार बढ़ते जा रहे थे, उन्हें शांतिपूर्ण ढंग से समाप्त करने की बड़ी आवश्यकता थी।''**[3]

कांग्रेस के इतिहासकार डॉ० बी० पट्टाभि सीतारमैया ने कांग्रेस के इतिहास को संघर्ष एवं स्वतंत्रता आंदोलन से अलंकृत बताया है,[4] जो बाद की ऐतिहासिक परिस्थितियों को दृष्टि में रखते हुए सही भी है,किन्तु यह भी सही है कांग्रेस के संस्थापक मिस्टर ह्यूम ने वायसराय के आशीर्वाद एवं सद्भावना के साथ सुधारवादी आधारों पर ही इसे स्थापित किया था। उनका विचार था कि राजनीतिक समस्याओं पर कार्य करने के लिए कलकत्ता की 'इंडियन असोसिएशन', बम्बई की 'प्रेसीडेन्सी असोसिएशन' तथा मद्रास की 'महाजन सभा' का अस्तित्व पर्याप्त था।[5] अत: 28 दिसम्बर 1885 ई० को कांग्रेस के अस्तित्व में आ जाने के आद लगभग बीस वर्षों तक कांग्रेस ने भारतीय जनता के नेतृत्व तथा राजनैतिक समस्याओं के लिए संघर्ष नहीं किया। उस समय कांग्रेस की सेवाओं का आधार इंडियन सीक्रेट काउंसिल' की समाप्ति, सरकारी नौकरियों में सुविधाएँ, भारतीय सेना में कमी तथा व्यवस्थात्मक सुधार आदि था, जिसे अंग्रेज़ों ने कभी महत्त्व नहीं दिया। उन

1. बी० पट्टाभि सीतारमैया : दि हिस्ट्री ऑफ़ दि कांग्रेस, पृ० 6
2. नरेन्द्र देव : राष्ट्रीयता और समाजवाद, पृ० 82
3. ए० आर० देसाई : दि सोशल बैकग्राउंड ऑफ़ दि नेशनल कांग्रेस, पृ० 282
4. बी० पट्टाभि सीतारमैया : दि हिस्ट्री ऑफ़ दि कांग्रेस, पृ० 1
5. बी० पट्टाभि सीतारमैया : दि हिस्ट्री ऑफ़ दि कांग्रेस, पृ० 15

दिनों कांग्रेस के अधिवेशनों में बर्तानियाँ सरकार की सराहना पूरे बल के साथ होती थी। उसके नेताओं की समस्त क्रियाशीलता राजनीतिक अन्नदाताओं को प्रसन्न करने तक सीमित थी। जनता के अतिरिक्त विशिष्ट जनों में भी अंग्रेज़ों की न्यायप्रियता की बढ़-चढ़कर प्रशंसा होती थी।

यह प्रवृत्ति उस समय परिवर्तित हुई, जब कांग्रेस में लालालाजपत राय, बाल गंगाधर तिलक, मौलाना हसरत मोहानी आदि सम्मिलित हुए। 1820 ई० तक का काल 'राजनीतिक राज्य' के संघर्ष के लिए विशेष महत्त्वपूर्ण है। इस काल में कांग्रेस के दोनों पक्षों में रस्साकशी होती रही। अंग्रेज़ी सरकार मौक़े का फ़ायदा उठाते हुए 'फूट डालो और राज्य करो' की नीति के आधार पर अलगाव उत्पन्न करने का लगातार प्रयत्न करती रही। 1905 ई० में बंगाल दो भागों में विभाजित कर दिया गया, जिसका मूल उद्देश्य हिन्दुओं तथा मुसलमानों की एकता को समाप्त कर देना था।[1] यह स्थिति भी अस्थायी सिद्ध हुई। उसने सांप्रदायिक भावनाओं को उभार दिया। परिणामस्वरूप 1906 ई० में 'मुस्लिम लीग' स्थापित हो गयी। 'मुस्लिम लीग' अपने उद्देश्य के आधार पर दक्षिणपंथियों से सहमत थी। मुसलमानों के पृथक अधिकारों की सुरक्षा, विदेशी शासक वर्ग के साथ सहयोग तथा देश के विभिन्न संप्रदायों में श्रद्धाभाव उत्पन्न करना ही इसके मूल-उद्देश्य थे, किन्तु व्यावहारिक रूप में 'मुस्लिम लीग' कांग्रेस के विरोध तक सीमित थी। वह अपने प्रतिक्रियावादी कार्यक्रमों के कारण घृणा एवं द्वेष भाव उत्पन्न करने का माध्यम बनी रही।

अंग्रेज़ों की शातिर चालों की प्रतिक्रिया में एक क्रांतिकारी वर्ग जन्मा, जिसका विश्वास था कि हिंसा को समाप्त करने के लिए हिंसा का प्रयोग अनिवार्य है। उसकी कार्य पद्धति साधारण कांग्रेसियों से भिन्न थी। उन्होंने पत्र-पत्रिकाओं द्वारा पराधीनता के प्रति घृणा-भाव को उभारा। युवकों को भर्ती करके विद्रोही सेना के खंड बनाये। बम और हथियारों के माध्यम से युद्ध प्रशिक्षण तथा विदेशियों के विरुद्ध षडयंत्र किया। उन्हें आघात पहुँचाने का कार्यक्रम बनाया। इन दिनों कांग्रेस को कई प्रकार के राजनैतिक हिचकोले भी झेलनें पड़े। 1909 ई० में 'मिण्टो-मार्ले-सुधारों' का समर्थन किया, प्रथम महायुद्ध में अंग्रेज़ों को सहयोग दिया, तुर्की की ख़िलाफ़त के अन्त से नाराज़ मुसलमानों की पीठ थपथपायी और 'रोलेट एक्ट' का विरोध किया। इसी बीच कांग्रेस ने अपनी शक्ति भी बढ़ायी, जिससे अंग्रेज़ों में आत्मविश्वास

---

1. **एच० ई० सी० जक़रयाज़ : रिनासेंट इंडिया, पृ० 141**

घटता गया और उन्होंने जलियांवाला बाग़ में निहत्थी जनता पर गोलियों की बौछार कर दी। 1918 ई० में कांग्रेस के दक्षिणपंथा कांग्रेस से अलग हो गए। उन्होंने अलग 'लिबरल पार्टी' स्थापित कर ली। यहाँ से कांग्रेस के इतिहास का नया आयाम प्रारम्भ होता है।'

1920 ई० से 1927 ई० तक कांग्रेस ने स्वराज्य की माँग का नेतृत्व किया। इसका प्रारम्भ महात्मा गाँधी के असहयोग आंदोलन से हुआ। इसके तीन पहलू थे—काउंसिलों का बहिष्कार, अदालतों का बहिष्कार, बाद में इसमें सरकारी पदों दरबारों, विदेशी सामान के बहिष्कार भी सम्मिलित किये गये। महात्मा गाँधी का विचार था कि यदि भारतीय जनता सत्य और अहिंसा के आधार पर सत्याग्रह आंदोलन करती रही, तो एक वर्ष के भीतर ही अंग्रेज़ों को भारत छोड़ देना होगा, किन्तु ऐसा संभव न हो सका। उन्होंने चौरी-चौरा की घटना से प्रभावित होकर शीघ्र ही आंदोलन समाप्त कर दिया, जिसकी कांग्रेसियों पर भी तीव्र प्रतिक्रिया हुई। पंडित मोतीलाल नेहरू, लाला लाजपत राय आदि ने जेल के भीतर से ही विरोध किया। इससे अंग्रेज़ों को यह समझने का अवसर मिला कि अब महात्मा गाँधी की सर्वप्रियता समाप्त हो गयी। अत: उन्होंने छह साल की सज़ा देकर गाँधी जी को जेल में बंद कर दिया। इस बीच कुछ कांग्रेसी नेताओं ने 'काउंसिल में प्रवेश' का प्रस्ताव रखा, जिनमें पंडित मोतीलाल नेहरू और देशबन्धु चितरंजन दास मुख्य थे। कुछ कांग्रेसियों ने इस प्रस्ताव का विरोध किया लेकिन जब उन्होंने 'स्वराज्य दल' के नाम से एक अलग संगठन स्थापित
कर लिया, तो ऐसे कांग्रेसी जो महात्मा गाँधी की नीतियों से असंतुष्ट थे, इसमें सम्मिलित हो गये। यह दल बहुत समय तक संगठित रूप में क्रियाशील न रह सका। 1525 ई० में देशबन्धु की मृत्यु के पश्चात इसका प्रभाव कम हो गया।

ज़करयाज़ का मत है— **"स्वराज्य दलवाले एक साथ ही दो कार्य करना चाहते थे–अपनी सर्वप्रियता स्थापित करने के लिए वामपंथी कांग्रेसियों का समर्थन करते थे और साथ साथ काउंसिल के राज्य पर भी विश्वास रखते थे। जिससे वे ऐसे शब्दों के चक्कर में पड़ गये, जिसमें उन्होंने असहयोग को सहयोग समझना प्रारम्भ कर दिया।**[1]" इसी बीच एक अंग्रेज़ शिष्ट-मंडल भारतीय वस्तुस्थिति का सर्वेक्षण करने के उद्देश्य से भारत आया, जिसका विचार था कि हिन्दू-मुस्लिम एकता असंभव है। उसने प्रस्ताव रखा

---

1. **एच० ई० सी० ज़करयाज़ : रिनासेंट इंडिया, पृ० 240**

कि वह मात्र उन समस्याओं पर विचार कर सकेगा, जो दोनों के लिए समान रूप में स्वीकार्य हों। भारतीय राजनीतिज्ञों ने इस स्थिति को भी झेला और एक संयुक्त प्रस्ताव प्रस्तुत किया परन्तु अंग्रेज़ शिष्टमंडल ने उसे रद्द कर दिया।

कांग्रेस का लाहौर अधिवेशन (31 दिसम्बर, 1929 ई०) अनेक प्रकार से भारतीय इतिहास में अत्यंत महत्त्वपूर्ण है। इसमें महात्मा गाँधी ने राष्ट्रीय स्वतंत्रता आंदोलन को पूर्ण स्वतंत्रता के लक्ष्य से प्रारम्भ करने की घोषणा कर दी और कांग्रेस ने एक प्रस्ताव द्वारा नेहरू निपोर्ट की संस्तुतियों को रद्द कर दिया, जिससे सांप्रदायिक समस्या की जटिलता बढ़ती ही गयी। डॉ० पी० सीतारमैया का मत है : **"इस संदर्भ में कांग्रेस का प्रस्ताव यह था स्वतंत्र भारत में सांप्रदायिक समस्या का हल राष्ट्रीय दृष्टि से होगा लेकिन चूँकि सिक्खों ने और विशेषकर मुसलमानों ने तथा अन्य अल्पसंख्यकों ने साधारणतया नेहरू रिपोर्ट की संस्तुतियों को अस्वीकार किया है। अतः कांग्रेस इन संप्रदायों को विश्वास दिलाती है कि आगामी किसी संविधान में वह कोई ऐसा सांप्रदायिक निर्णय स्वीकार नहीं करेगी जिसमें सभी वर्ग सन्तुष्ट न हों।"**[1]

इसी बीच गाँधी जी ने असहयोग आंदोलन आरम्भ किया और नमक-क़ानून तोड़ने पर बल दिया। अंग्रेज़ों ने इस आंदोलन को दबाने के लिए हिंसा एवं शक्ति-प्रयोग के सभी साधन अपनाये। अनेक स्थानों पर लाठीचार्ज, गोलियों और कर्फ़्यू का प्रयोग किया। भगतसिंह तथा उनके साथियों को 'लाहौर षडयंत्र' के आरोप में मृत्युदंड दिया गया। यद्यपि महात्मा गाँधी, भगतसिंह आदि की विचारधारा से असन्तुष्ट थे, परन्तु उन्होंने इसका विरोध किया और मृत्युदंड को आजीवन कारावास में परिवर्तित करने का प्रस्ताव रखा परन्तु लार्ड इरविन ने इसे स्वीकार नहीं किया।[2] इसी बीच महात्मा गाँधी ने वायसराय के साथ एक संधि पर हस्ताक्षर किया, जो भारतीय इतिहास में 'गाँधी-अर्विन-पैक्ट' के नाम से प्रसिद्ध है। इसके आधार पर सभी कैदी जेल से मुक्त कर दिये गये और महात्मा गाँधी दूसरी 'राउंड-टेबल कान्फ्रेन्स' (गोलमेज सम्मेलन) में सम्मिलित होने के लिए विलायत गये। हमेशा की तरह इस बार भी अंग्रेज़ों ने सक्रिय सहयोग नहीं दिया बल्कि लंदन की वापसी में ही महात्मा गाँधी को गिरफ़्तार करके पुनः जेल भेज दिया। इसी वर्ष अंग्रेज़ी राज्य ने अछूतों की पृथक राष्ट्रीयता की घोषणा कर

---

1. **बी० पट्टाभि सीतारमैया : दि हिस्ट्री ऑफ़ दि कांग्रेस, पृ०** 365
2. **बी० पट्टाभि सीतारमैया : दि हिस्ट्रा ऑफ़ दि कांग्रेस, पृ०** 451

दी। महात्मा गाँधी ने जेल से ही इसके विरोध में 41 दिनों के व्रत की घोषणा कर दी। महात्मा गाँधी को 28 मई, 1933 ई० को जेल से मुक्ति मिली। दो वर्ष पश्चात् (1935) में अंग्रेज़ी सरकार ने कुछ सुधारों के साथ गवर्नमेंट ऑफ इंडिया ऐक्ट पास किया। इस ऐक्ट ने भारतीय ज़मींदारों तथा अंग्रेज़ी सरकार के सम्बंध को दृढ़ कर दिया। सरकार ने वृत्ति, सेना तथा विदेशी समस्याओं को अंग्रेज़ों के लिए सुरक्षित रखने के बाद प्रीवी-काउंसिल की सदस्यता के प्रस्ताव को स्वीकार कर लिया,[1] जिसे साधारणतया अस्वीकार किया गया। भारत के समस्त राजनीतिक दलों ने उसे रद्द कर दिया। अन्त में विवश होकर अंग्रेज़ सरकार ने उसमें अनेक परिवर्तन किये, जिससे उसका महत्त्व और भी घट गया।

डॉ० सर शिफ़ाअत अहमद ख़ाँ लिखते हैं : "**यह क़ानून इस प्रकार तैयार किया गया है कि स्वतंत्रतापूर्वक कार्य सम्भव नहीं। इसमें वास्तविक एकता शून्य रहेगी। इसमें देशप्रेम और राष्ट्रीय एकता की गुंजाइश नहीं है।**[2]" कुछ दिनों के पश्चात कांग्रेस और मुस्लिम लीग दोनों ने स्वीकार कर लिया तथा चुनाव की गतिविधियों में सांप्रदायिकता का प्रसार होने लगा।

हिन्दी-उर्दू-हिन्दुस्तानी

भाषिक समस्या पर विचार करते हुये, इस तथ्य को झुठलाया नहीं जा सकता कि हिन्दी-उर्दू भाषिक समस्या को राजनीतिक कारणों से प्रोत्साहन मिला, जिसे किसी न किसी रूप में विदेशी सरकार महत्त्व देती रही। स्वतंत्रता आंदोलन के काल में सीमित राष्ट्रीयता की परिकल्पना ने भाषिक सांप्रदायिकता को विकसित किया और दोनों पक्षों में अपनी भाषा एवं साहित्य के प्रति लगाव एवं दूसरे के प्रति कटुता बढ़ती गयी। उस स्थिति में भी राष्ट्रीय नेताओं ने हिन्दी तथा उर्दू को एक दूसरे के निकट लाने का प्रयत्न किया और दोनों भाषा-भाषियों के सहयोग से एक तीसरी 'भाषा हिन्दुस्तानी' का प्रचार किया। स्पष्ट है कि इस नयी भाषा का प्रारम्भ भाषिक अथवा ऐतिहासिक आवश्यकताओं के आधार पर नहीं हुआ था। इसके पास स्पष्ट तथा सुलझी हुई कोई सांस्कृतिक अथवा कलात्मक परम्परा भी नहीं थी। विशुद्ध राजनीतिक उद्देश्यों की पूर्ति के लिए अवैज्ञानिक रूप में समझौता करके एक नयी भाषा को जन्म दिया गया था। इस दौर के लगभग सभी राष्ट्रीय नेता भाषिक समस्या का समाधान 'हिन्दुस्तानी' के रूप में देखते

---

1. **जवाहरलाल नेहरू : दि डिसकवरी ऑफ़ इंडिया, पृ० 437**
2. **शिफ़ायत अहमद ख़ाँ : दि इंडियन फ़ेडरेशन, पृ० 357**

थे और इसी को राष्ट्रभाषा तथा साहित्य रचना के लिए स्वीकार करना चाहते थे। उचित होगा हिन्दी-उर्दू-हिन्दुस्तानी के तीनों पक्षों पर विचार लिया जाय।

हिन्दी पक्ष के अनुसार भारत की राष्ट्रभाषा का नाम हिन्दी होना चाहिए था, क्योंकि हिन्दी ही भारत की शाश्वत भाषा थी,[1] जिसे बाहर से आने वाले मुसलमानों ने भी स्वीकार किया था और इसे 'हिन्दी' अथवा 'हिंदवी' कहा था। हिन्दी के अतिरिक्त किसी और नाम से भारतीय राष्ट्रभाषा को स्वीकार करने में उन्हें संकोच ही नहीं पूर्ण विरोध भी था। अखिल भारतीय भाषा के रूप में स्थापित करने के लिए केशवचंद्र सेन तथा दयानंद सरस्वती ने बल दिया। आर्य समाज हिन्दी के प्रचार-प्रसार के लिए कृतसंकल्प रहा।[2]

राष्ट्रीय नेताओं में सर्वप्रथम लोकमान्य पं० बाल गंगाधर तिलक ने 1905 ई० में नागरी प्रचारिणी सभा के मंच से उर्दू के बजाय हिन्दी तथा नागरीलिपि स्वीकार करने पर बल दिया[3]। यहाँ इस तथ्य की चर्चा रोचक होगी कि लोकमान्य तिलक हिन्दी भाषा एवं लिपि से नितान्त अनभिज्ञ थे। महात्मा गाँधी लिखते है : **''लाला लाजपत राय मेरे दोस्त थे और मैं उन्हें यह कहकर छेड़ा करता था कि वह कब ख़ालिस हिन्दी ज़बान में लिखना-पढ़ना सीखेंगे । लाला जी कहते थे कि वह ऐसा नहीं कर सकते (हालाँकि वह बहुत पुरज़ोर आर्यसमाजी थे) इसलिए कि उनकी मादरी ज़बान उर्दू है ।''**[4] इस उर्दू मातृभाषी उर्दू विरोधी विचार को बल प्रदान करने के लिए 1910 ई० में इलाहावाद में 'हिन्दी साहित्य सम्मेलन' की स्थापना हुई, जिसके

---

1. **Hindi is the oldest and simplest name for the current speech of Northern India (from the east of the Punjab to Bengal) after the Turkey conquest in 12th-13th centuries and I use its old connotation which is still present among the masses. Hindustani is much later, and a more cumbrous formation: as a pure persian word, it has large come to mean something synonymous with the Mohammedan form of Hindi speech, namely Urdu, with its superabuance of Persian and Persio-Arabic words to the restriction and exclusion of the native Hindi and Sanskrit elements.**
2. शिवप्रसाद सिंह : आधुनिक परिवेश और नवलेखन, पृ० 65
3. रामगोपाल : लोकमान्य तिलक : एक बायोग्राफ़ी, पृ० 240-242
4. महात्मा गाँधी : 'नवजीवन' 18 दिसम्बर 1947 ई० मुशतर्का ज़बान, पृ० 205

प्रथम अध्यक्ष महामना पंडित मदनमोहन मालवीय हुए। सम्मेलन को अनेक राष्ट्रीय नेताओं विशेषकर राजर्षि पुरुषोत्तम दास टण्डन का समर्थन प्राप्त था। मालवीय जी और टंडन जी दोनों ही हिन्दू पुनर्जीवनवाद के घोर समर्थक थे।[1] महात्मा गाँधी वस्तुस्थिति से अपरिचित न थे किन्तु भाषिक समस्या के समाधान के लिए सम्मेलन के कार्यक्रमों से विमुख रहना उचित न था। सम्मेलन के अधिकारी भी अपनी योजना को कार्य रूप देने तथा व्यापक समर्थन ग्रहण करने की दृष्टि से महात्मा गाँधी का सहयोग चाहते थे। परिणामस्वरूप 1917 ई० में महात्मा गाँधी ने सम्मेलन का अध्यक्ष पद ग्रहण कर लिया।

महात्मा गाँधी तथा सम्मेलन की भाषा-दृष्टि में मौलिक अन्तर होने के कारण थोड़े ही समय बाद उन्हें विरोधों का सामना करना पड़ा। महात्मा गाँधी परस्पर सहयोग की भावना पर चलना चाहते थे परन्तु उन्हें विवश होकर सम्मेलन की अध्यक्षता से त्यागपत्र दे देना पड़ा। यदि सम्मेलन ने गाँधी जी की भाषिक दृष्टि स्वीकार कर ली होती तो भारतीय भाषा का इतिहास ही कुछ और होता[2] यह मतभेद 1935 ई० तक महात्मा गाँधी तथा राजर्षि टंडनजी के बीच चरमउत्कर्ष को पहुँचा तथा सम्मेलन ने हिन्दुस्तानी को सर्वथा अस्वीकार करके शुद्ध संस्कृतनिष्ठ हिन्दी का आवाहन किया।[3]

प्रो० देवेन्द्रनाथ शर्मा ने समस्या के सभी पक्षों को वैज्ञानिक दृष्टि से परखा है और हिन्दी की समस्याओं का विश्लेषण पारिभाषिक शब्दावली, व्याकरण, वर्तनी, लिपि आदि के आधार पर किया है। उन्होंने हिन्दी के महत्त्व को संख्या, साक्षरता, वितरण, व्यावसायिक, वैज्ञानिक, सांस्कृतिक, राजनीतिक और सैनिक स्थिति तथा औद्योगिक संभावनाओं के परिप्रेक्ष्य में देखा है। उनका मत है कि : **"भाषा का धर्म, संस्कृति या राष्ट्रीयता से नित्य सम्बंध नहीं है। भाषा केवल सुविधा की वस्तु है, वह हमारे दैनिक कार्यकलाप के निर्वाह का एक माध्यम है।"**[4] किन्तु उस समय तो हवा ही बदली हुई थी। हिन्दी पक्ष का विचार था कि राष्ट्रभाषा के नाम पर संस्कृत तथा फ़ारसी का समन्वय ठीक नहीं। यह मात्र मुसलमानों को प्रसन्न करने के

---

1. **Both Malaviya and Tandon were closely identified with Hindu revivalism. They were also close to the traditional Hindi literary elite.** ज्योतींद्रदास गुप्ता : लैग्वैज कॉन्फ़्लिक्ट एंड नेशनल मूवमेंट, पृ० 113
2. लक्ष्मीचंद : हिन्दी भाषा आंदोलन, पृ० 32, भूमिका पृ० 5
3. एम० पी० देसाई : हिन्दी प्रचार मूवमेंट, पृ० 19
4. देवेन्द्रनाथ शर्मा : राष्ट्रभाषा हिन्दी : समस्याएँ और समाधान, पृ० 14

लिए किया जा रहा है। फ़ारसी शब्दों का संस्कृत के साथ प्रयोग हिन्दी की शुद्धता को खंडित कर देगा। यदि दोनों भाषाओं का सम्मिश्रण आर्य होने के आधार पर हो रहा है, तो भारत में आर्यों के अतिरिक्त अन्य जातियाँ भी बसती हैं। उनके प्रति अन्याय हो जायेगा। इस समस्या को नितान्त भावुकतापूर्वक देखा गया जैसे पं० चंद्रबली पाण्डेय लिखते हैं : **''भाषा का प्रश्न हम हिन्दी भाषा-भाषियों के लिए जीवन-मरण का प्रश्न है। हम यह प्रायः देखते हैं कि राष्ट्रभाषा का प्रश्न हमारी देशभाषा को चरता जा रहा है। हम तो अन्य भाषा-भाषियों की भाँति अपनी परम्परा को पनपाना और सभी देशवासियों के साथ आगे बढ़ना तथा राष्ट्र के उद्धार में लीन होना चाहते हैं, पर बीच ही में न जाने कहाँ से यह वाणी सुनायी पड़ जाती है कि नहीं, तुम्हें तो 'हिन्दुस्तानी' को अपनाना होगा।[1] इसी प्रकार के विचार पं० पद्मसिंह शर्मा के हैं किन्तु उन्होंने पूरी समस्या को राजनीतिक दृष्टिकोण से देखने के बजाय साहित्यिक एवं वैज्ञानिक दृष्टि से देखने का यत्न किया है।** उनका निष्कर्ष है: **''प्रारम्भ में उर्दू-हिन्दी दोनों एक ही थीं। बाद को जब व्याकरण, पिंगल, लिपि और शैली भेद के कारण दो विभिन्न दिशाओं में पड़कर यह एक-दूसरे से बिलकुल पृथक होने लगीं, तो सर्वसाधारण ने सुभीते और शिक्षा के विचार से इनका विरोध मिटाकर इन्हें एक करने के लिए इन दोनों शाखाओं का संयुक्त नाम हिन्दुस्तानी रखा।[2]''**

इस समस्या में मतभेद के कारणों का विश्लेषण करते हुए लिपि की समस्या पर भी विचार करना आवश्यक प्रतीत होता है। प्रो० देवेन्द्र शर्मा का मत है : **''राष्ट्र की एकता के लिए भाषा की एकता आवश्यक समझी जाती है। लिपि की एकता भी राष्ट्रीय दृष्टि से उतनी ही महत्त्व की है।[3]''** हिन्दी-पक्ष स्वाभाविक रूप से नागरी के पक्ष में था और उसके उद्‌गम, सर्वप्रियता और वैज्ञानिकता के आधार पर स्वीकार करने पर बल देता था। हिन्दी पक्ष हिन्दी तथा उर्दू की विभिन्नता का विश्लेषण व्याकरण, पिंगल, लिपि, शैली, भेद को बढ़ा चढ़ाकर प्रस्तुत करता तथा राजा शिवप्रसाद 'सितारे-हिन्द' और भारतेन्दु हरिश्चन्द्र की भाषा के अन्तर को स्पष्ट करके राष्ट्रभाषा के लिए मापदंड प्रस्तुत करता था। उसके विचार में हिन्दी के साथ ही साथ संस्कृत को भी मान्यता देने की आवश्यकता थी, क्योंकि संस्कृत ही हिन्दी के लिए स्वाभाविक शब्द-स्रोत थी तथा अरबी-फ़ारसी के अनुपात में संस्कृत-शब्द

---

1. **चंद्रबली पांडेय : राष्ट्रभाषा पर विचार, पृ० 28**
2. **पद्म सिंह शर्मा, हिन्दी और हिन्दुस्तानी पृ० 172**
3. **देवेन्द्र नाथ शर्मा : राष्ट्रभाषा हिन्दी : समस्याएँ और समाधान, पृ० 120**

देश में अधिक प्रचलित थे। संस्कृत-निष्ठ हिन्दी भारत के अन्य क्षेत्रों में भी अधिक सुगमतापूर्वक समझी जा सकती थी। इस प्रकार हिन्दी क्षेत्र व्यापक हो सकता था और हिन्दी पठन-पाठन करने वालों की संख्या उर्दू के अनुपात में कहीं अधिक हो सकती थी।

नागरी-लिपि के विषय में भी हिन्दी-पक्ष उपरोक्त ढंग के ही तर्क प्रस्तुत करता था—देवनागरी ही भारत की प्राचीन तथा देशजलिपि है, देवनागरी जाननेवाली की संख्या भारत में सर्वाधिक है, देवनागरी में थोड़ा-सा परिवर्तन करके भारत की अन्य भाषाओं में, मराठी, गुजराती, असमी, उडिया, ही नहीं वरन् तमिल, तेलगू, कन्नड में भी अपनाया जा सकता है। देवनागरी का पढ़ना और सीखना आसान है तथा इसके प्रकाशन में भी सुविधा होगी। इसके विरुद्ध उर्दू-लिपि में शोशों और नुक्तों के प्रयोग के कारण पढ़ने में आँखों पर बल पड़ता है।[1]

उर्दू-पक्ष अपनी मान्यताओं पर हिन्दी-पक्ष की तरह ही भावुकतापूर्वक बल देता था। इसका विचार था कि उर्दू ही भारत की न केवल एक ऐसी भाषा हो सकती थी, जो कलकत्ता से पेशावर तक भाषिक अनेकता में एकता स्थापित कर सकती थी, वरन सुदूर विदेशों तक संपर्क स्थापित कर सकती थी। प्रो० मस्ऊद हुसैन ख़ाँ लिखते हैं: 'अज़मना-ए-वुसता में फ़ारसी सरकारी-ओ-तहज़ीबी ज़बान थी। अठारहवीं सदी ईसवी तक रफ़्ता-रफ़्ता यह मुक़ाम और मंसब उर्दू को हासिल हो गया। 1800 ई० के उफ़ुक़ पर खड़े होकर ज़बान का मुवर्रिख़ यह कह सकता है कि पंजाब ता बंगाल और कश्मीर ता दकन अदबी और तहज़ीबी ज़बान की हैसियत से उर्दू ज़बान ही लिसानी कसरत में वहदत का सरचश्मा थी।[2]'' इस प्रकार से दावा किया जाता कि उर्दू न केवल भारतीय जनमानस की सम्पर्क भाषा थी, वरन् अपनी लिपि और शब्द-संस्कार के आधार पर इसे 1835 ई० के बाद से अदालती भाषा की स्थिति भी प्राप्त हो गयी थी तथा दिल्ली कालेज की तत्कालीन शिक्षा-योजना के आधार पर नये भाषिक एवं साहित्यिक स्तर पर नये आयाम ग्रहण कर चुकी थी। भाषा एवं साहित्य के स्तर पर इसके छोटे-छोटे केन्द्र भारत के समस्त नगरों के अतिरिक्त छोटे-बड़े क़स्बों और गाँवों में भी स्थापित हो गए थे। उनके विचार में हिन्दी आंदोलन 'बंगाली बाबुओं' के दुस्साहस का परिणाम था। सर सैय्यद ने अपनी रचनाओं में 'बंगाली बाबू' को हिन्दू प्रतिक्रियावादी प्रतीक के रूप में प्रयोग किया है। वही लोग मुस्लिम

---

1. रविशंकर शुक्ल : राष्ट्रभाषा की समस्या और हिन्दुस्तानी आंदोलन, पृ० 18
2. मस्ऊद हुसैन ख़ाँ : उर्दू का अलमिया, पृ० 88

साम्राज्य द्वारा प्रचारित भाषिक एवं सामाजिक प्रभाव को 'वंदेमातरम्' के नारे से रद्द करने की चेष्टा में थे। वही लोग प्रयाग तथा काशी के हिन्दू-केंद्रों से हिन्दी आंदोलन का नेतृत्व भी कर रहे थे। ज्योतिरेन्द्र दासगुप्त ने स्वीकार किया है कि 1878 से प्रकाशित बंगाल के अंग्रेज़ी पत्र 'रिफ़्लेक्टर' ने इस भाषिक खाई को बढ़ाने में विशेष भूमिका निभायी थी।[1]

उर्दू-पक्ष हिन्दी आंदोलन को संस्कृत की पुनरावृत्ति ही मानता था। इसे सर विलियम जोंस (1786-1794 ई०) की कूटनीति का परिणाम समझता था। 1867 ई० में जब सर सैय्यद बनारस में थे, तो उनकी मुठभेड़ पहली बार इस भाषिक आंदोलन से हुई, जो बंगाल और बिहार के बाद बनारस के हिन्दी क्षेत्रों में संघर्षशील था कि सभी सरकारी आदालतों से उर्दू-भाषा और फ़ारसी लिपि को हटाकर उसके स्थान पर हिन्दी-भाषा तथा नागरीलिपि को विराजमान किया जाय। सर सैय्यद के विषय में संकीर्णवादी इतिहासकारों ने अनेकानेक प्रकारों के आरोप गढ़े हैं। उनके हिन्दी आंदोलन के विरोध को सांप्रदायिक रूप में प्रस्तुत करने की असफल चेष्टा की है। सर सैय्यद हिन्दुओं और मुसलमानों को मिला कर क़ौम की कल्पना करते थे। 'मदरसतुल-उलूम' के विषय में भाषण देते हुए उन्होंने कहा था : "**कालेज के तमाम हुक़ूक़ जो उस शख़्स से मुतअल्लिक़ हैं, जो अपने तईं मुसलमान कहता है, बिला किसी क़ैद के उस शख़्स से भी मुतअल्लिक़ है जो अपने तइँ हिंदू बयान करता है । हिन्दुओं और मुसलमानों के दरम्यान ज़रा भी इमतयाज नहीं है... मै हिंदू और मुसलमानों को मिस्ल अपनी दो आँखों को समझता हूँ ।**"[2] एक अन्य भाषण में वे अधिक स्पष्ट शब्दों में अपने विचार व्यक्त करते हैं : "**हम लोग आपस में किसी को हिन्दू, किसी को मुसलमान कहें, मगर ग़ैर मुल्क वाले ख़ुदाबख़्श और गंगाराम दोनों को हिन्दुस्तानी कहते हैं । ग़ैर मुल्कों में जब हम लोग जाते हैं तो हिन्दू और मुसलमान के नाम से नहीं पुकारे जाते । नेकदिल लोंगों से नेटिव यानी हिन्दुस्तानी का और संगदिल लोगों से निग्रो यानी काले मुँह या वहशी हिन्दुस्तानी का लक़ब मिलता है । और यही सबब है कि हिन्दुओं की ज़िल्लत से मुसलमानों की और मुसलमानों की ज़िल्लत से हिन्दुओं की ज़िल्लत है ।**"[3] इसी प्रकार सर सैय्यद द्वारा कांग्रेस का विरोध किसी सांप्रदायिक भाव अथवा विदेशी शासनप्रियता के आधार पर न था, और न किसी की चाटुकारिता पर आधारित था। उनका

---

1. ज्योतिरेन्द्र दासगुप्त : लैंगुएज़ कॉन्फ्लिक्ट एंड नेशनल मूवमेंट, पृ० 84
2. सैय्यद अहमद ख़ाँ : मजमूआ लेक्चरहा-ए-सर सैय्यद (सं०) मुंशी सिराजउद्दीन, पृ० 130
3. वही, पृ० 146

एक मंतव्य देख लीजिए : "**कांग्रेस से जो मेरी मुख़ालफ़त है, वह मेरे सच्चे ख़यालात पर मबनी है, न किसी की ख़ुशामद पर । मैं कांग्रेस के नज़रिए से इसलिए इख़्तिलाफ़ रखता हूँ कि अंग्रेज़ों के बाद अक़सरियत की हुकूमत मुसलमानों के लिए सम्मे- क़ातिल साबित होगी । यह मुख़ालफ़त हिन्दुओं की मुख़ालफ़त नहीं है, बल्कि हर उस शख़्स की मुख़ालफ़त है, जो अक़सरियत और अक़लियत के उसूल पर हिन्दुस्तान जैसे मुल्क में मुल्की इंतेज़ाम का हामी है ।**"[1]

उपरोक्त स्पष्ट मंतव्यों के बाद किसी अन्य व्याख्या की आवश्यकता नहीं। सर सैय्यद द्वारा हिन्दी आंदोलन का विरोध सांस्कृतिक एवं सामाजिक समस्याओं के समाधान में वैचारिक स्तर पर असहमति के कारण था, जिसे उस समय न समझा जा सकता था, जिसकी सर सैय्यद ने तीव्र प्रतिक्रिया ग्रहण की और वे सोचने पर विवश हुए कि इस स्थिति में हिन्दी और मुसलमानों का परस्पर सहयोग असम्भव हो गया है।[2]

सर सैय्यद मात्र समाजसुधारक तथा राष्ट्रनिर्माणक ही नहीं थे वरन भारत की गंगायमुनी संस्कृत के पोषक एवं उर्दू-भाषा के भावुक प्रेमी भी थे। इस प्रेमी महानुभाव के वैयक्तिक उद्‌गार उर्दू आंदोलन की शक्ति एवं सौंदर्य का लक्ष्य बन गए। परिणामस्वरूप उस समय हिन्दी को आरोपित करने के यत्न सफ़ल न हो सके और सर सैय्यद के योग से तत्कालीन शिक्षा निदेशक मिस्टर केसमन के समर्थन के बावजूद सर जॉन स्ट्रेची की सरकार हिन्दी को राजभाषा का सिहांसन देने को तैयार न हो सकी। उसका कहना था कि फ़ारसी-लिपि और उर्दू में मुद्रण प्रकाशन की गति भाषा (हिन्दी) के अनुपात में अधिक तीव्र थी। इस बीच उर्दू की समस्या सर सैय्यद के मन पर पूरी तरह अधिपत्य ग्रहण किये रही तथा संस्कृतनिष्ठ हिन्दी आंदोलन के विरुद्ध उनकी प्रतिक्रिया बढ़ती ही गयी।

इसका अनुमान उनके उस 'सफ़रनामा-ए-यूरोप (1869 ई०) में होता है, जिसमें उन्होंने मुम्बई नगर की चर्चा करते हुए लिखा है : "**अब यह ग़ौर करना चाहिए कि यह जबान उर्दू के किस क़दर क़रीब है और कितने फ़ारसी और अरबी के लफ़्ज़ इसमें शामिल है । हर मुक़ाम पर हैरत होती है । इलाहाबाद की असोसिएशन किस-किस मुल्क से और किस-किस ज़बान से फ़ारसी लफ़्ज़ निकालकर क़दीम भाषा जारी करेगी । हक़ीक़त में उर्दू-ए-**

1. मक़ालाते-शिबली :(सं०) ख़ान उबैदुल्ला ख़ाँ पृ० 77
2. अलताफ़ हुसैन 'हाली' : हयाते-जावेद, पृ० 124

मौजूदा अब भी हमारे मुल्क का वर्नाकुलर है।"[1] इसी प्रकार उन्होंने 29 अप्रैल, 1870 ई० में लंदन से मुहसिनुल-मुल्क को एक पत्र में लिखा : **"एक ओर मुझे ख़बर मिली है, जिसका मुझको कमाल रंज और फ़िक्र है कि बाबू शिव परसाद साहब की तहरीक से उमूमन हिन्दू लोगों में जोश आया है कि ज़बाने-उर्दू और ख़त्ते-फ़ारसी को, जो मुसलमानों की निशानी है, मिटा दिया जाये। मैंने सुना है कि उन्होंने साइंटिफ़िक सोसायटी के हिन्दू मेम्बरों से तहरीक की है कि बजाय अख़बार उर्दू हिन्दी हो, तरजुमा-ए-कुतुब भी हिन्दी हो। मुसलमान हरगिज़ हिन्दी पर मुत्तफ़िक़ न होंगे और अगर हिन्दू मुस्तइद हुए और उर्दू-हिन्दी पर इसरार हुआ तो वह उर्दू पर मुत्तफ़िक़ न होंगे और नतीजा इसका यह होगा कि हिन्दू-अलाहदा और मुसलमान अलाहदा हो जावेंगे। यहाँ तक तो कुछ अन्देशा नहीं बल्कि मैं समझता हूँ कि अगर मुसलमान हिन्दुओं से अलाहदा होकर अपना कारोबार करेंगे, तो मुसलमानों को ज़्यादा फ़ायदा होगा और हिन्दू नुक़सान में रहेंगे और इसमें सिर्फ़ दो अम्र का ख़याल है, एक ख़ास अपनी तबीयत के सबब से कि मैं कुल अहले-हिन्द (क्या हिन्दू क्या मुसलमान) की भलाई चाहता हूँ और दूसरा बड़ा ख़ौफ़ इस बात का है कि मुसलमानों पर निहायत बदइक़बली और अदबार छाया है, वह झूठे और लग़्व तअस्सुब में मुब्तेला हैं और वह मुतलक़ अपने नुक़सान को नहीं समझते।"**[2]

इसी प्रकार सर सैय्यद ने 1882 ई० में जब हिन्दी पक्ष की ओर से एजुकेशन कमीशन के सामने पश्चिमी ज़िलों और पंजाब के कुछ लोगों ने हिन्दी समर्थन तथा उर्दू का विरोध किया तो सर सैय्यद के प्रयत्नों से कमीशन ने इस समस्या पर विचार करने से इंकार कर दिया तथा सर सैय्यद अंतिम क्षणों में मार्च 1898 ई० में जब उत्तरी ज़िले तथा अवध के लेफ्टीनेंट गर्वनर सर एंटोनी मैकडानल के सामने फिर सरकारी अदालतों में उर्दू की बजाय हिन्दी के प्रचलित किये जाने का प्रयास हुआ और सर सैय्यद ने अनुभव किया कि सर मैकडानल का झुकाव हिन्दी की ओर है तो उन्होंने एक लेख लिखकर न केवल यह कि इस आंदोलन का विरोध किया बल्कि मैकडानल पर भी छीटाकशी की।[3] इस संदर्भ में इस तथ्य पर भी ध्यान रखना चाहिए कि सर सैय्यद तथा उनके उत्तराधिकारी मात्र मुसलमानों को ही सम्बोधित करते, जिसका एक कारण तो यह हो सकता है कि 'मुहमडन

---

1. सर सैय्यद : तहज़ीब-उल-इख़लाक, पृ० 180
2. सर सैय्यद : ख़ुतूते-सर सैय्यद, सं० सर रास मस्ऊद, पृ० 89
3. अलताफ़ हुसैन 'हाली' : हयाते-जावेद, पृ० 124

कॉलेज' द्वारा उन्हें मुसलमान को ही संबोधित करना पड़ता था। दूसरे यह कि उस समय तक भाषिक-कटुता धर्म के नाम पर बढ़ चुकी थी और साधारणतया हिन्दू हिन्दी के साथ और मुसलमान उर्दू के साथ दिखायी पड़ते थे। इस वस्तुस्थिति ने सर सैय्यद को अत्यन्त प्रभावित किया उन्हें तीव्र मानसिक चोट पहुँची और वह लौह-पुरुष जिसने कठिनाइयों को कभी कोई महत्त्व नहीं दिया था, इन हालात में मानसिक पीड़ा से निढाल हो गया, क्योंकि यह समस्त स्थितियाँ व्यक्तिगत मात्र नहीं थीं वरन् उनके सिद्धांतों की पराजय थी। परिणामस्वरूप उन्होंने अपनी स्वप्न-नगरी अलीगढ़ में 27 मार्च, 1898 ई० को प्राण त्याग दिये। उर्दू का यह महान प्रवर्तक मनो मिट्टी के नीचे दफ़ना दिया गया।

प्रसिद्ध बंगाली लेखक भूदेव मुखोपाध्याय के प्रयत्नों से हिन्दी को बंगाल तथा बिहार की अदालतों तथा स्कूलों में मान्यता मिली। बंगाल के गवर्नर ने 1881 ई० में इस सम्बंध में अध्यादेश जारी किया, जिससे उत्तर भारत की भाषिक समस्या सदैव के लिए उलझ गयी।[1] 20वीं शती के प्रारम्भ के पूर्व हिन्दी राज्य मान्यता से सम्बंधित अधिकांश मांगें पूरी हो चुकी थीं। उर्दू-पक्ष ने इसे अपने हितों के विपरीत माना और उन्होंने इसके विरुद्ध आंदोलन चलाया। किन्तु स्मरणीय है कि उस समय सर सैय्यद अहमद ख़ाँ की मृत्यु हो चुकी थी अत: उर्दू आंदोलन नेतृत्वहीन होकर बिखरने लगा।

यह विचारणीय है कि भारतीय इतिहास में सांप्रदायिक राष्ट्रीयता ने अनेक अवसरों पर घातक भूमिका अदा की है। उर्दू बनाम हिन्दी समस्या को मुस्लिम लीग ने अपनी क्रियाशीलता का आधार बनाया, जिससे राजनीतिक, सामाजिक, सांस्कृतिक स्तरों पर द्वेषभाव फैला। उसने उर्दू को मुसलमानों की धार्मिक, सामाजिक एवं सांस्कृतिक मूल्यों का प्रतीक घोषित किया। धर्म एवं संकीर्णता के आधार पर भाषा की व्याख्या प्रारम्भ हुई। 'अंजुमने-तरक़्क़ी-ए-उर्दू' भाषिक एवं सांस्कृतिक उदेश्यों को भुला कर उर्दू आंदोलन को राजनीतिक दृष्टि से प्रस्तुत करने लगी, यद्यपि अंजुमन के प्रथम मंत्री. मौलाना शिबली नोमानी राष्ट्रीय विचारधारा के समर्थक थे और देवबंद स्कूल से संबद्ध होने के कारण बर्तानियाँ-विरोधी थे।[2] परन्तु 20वीं सदी के दूसरे दशक तक अंजुमन और मुस्लिम-लीग की भाषिक दृष्टि में कोई अन्तर नहीं रह गया। अंजुमन के तत्काल मंत्री मौलाना अब्दुल हक़ ने प्रत्यक्ष रूप में मुस्लिम लीग से सम्बंध स्थापित कर लिया। मुस्लिम लीग की तरह ही उनका भी विचार

1. राम गोपाल : लिंग्विस्टिक अफ़ेयर्स ऑफ़ इंडिया, पृ० 165
2. ज़ियाउल हसन फ़ारुक़ी : दि देवबंद स्कूल, पृ० 67-91

था कि उर्दू या हिन्दी को एक दूसरे के समीप नहीं जाना चाहिए।[1] इस बीच राष्ट्रीय विचारधारा के लोग विशेषकर कांग्रेस में सम्मिलित मुसलमान धर्म-संकट की स्थिति में निर्णय लेने की सामर्थ्य खोने लगे।

हिन्दुस्तानी पक्ष हिन्दी तथा उर्दू भाषा-भाषियों के राजनीतिक द्वेष को समाप्त करके दोनों भाषाओं के सम्मिश्रण से राष्ट्रभाषा की कल्पना में लगा हुआ था। वह ऐसा फ़ारमूला प्रस्तुत कर देना चाहता था जो हिन्दू और मुसलमान दोनों के लिए ग्राह्य हो। हिन्दुस्तानी पक्ष का नेतृत्व महात्मा गाँधी कर रहे थे। उन्होंने विभिन्न पक्षों को ध्यान में रखते हुए राष्ट्रभाषा के लिए निम्नलिखित मान्यताएँ निश्चित की :

1. जो सरकारी कर्मचारियों के लिए सीखने में सरल हो।

2. जो देश भर में धार्मिक, आर्थिक, तथा राजनीतिक आदान-प्रदान का माध्यम बन सके।

3. जिसे भारतवासियों का बहुमत बोलता और समझता हो।

4. जिसे देश भर के लोग सरलतापूर्वक सीख सकें।

5. ऐसी भाषा के चुनाव में सामयिक लाभ-दृष्टि को नहीं अपनाना चाहिए।

महात्मा गाँधी ने उपर्युक्त मान्यताओं के आधार पर स्पष्ट रूप से घोषित किया कि ऐसी भाषा मात्र हिन्दुस्तानी ही हो सकती है, जिसे नागरी तथा उर्दू दोनों लिपियों में लिखने की अनुमति हो।[2] इस विचारधारा ने भाषिक समस्या सुलझाने में महत्त्वपूर्ण भूमिका अदा की।

हिन्दी-पक्ष महात्मा गाँधी की हिन्दुस्तानी को भ्रामक मानता था। उसके विचार में उर्दू ही हिंदुस्तानी की पर्याय थी। डॉ० संपूर्णानन्द लिखते है : **"जो लोग हिन्दुस्तानी के स्वरूप को समझते थे, वह जानते थे कि वह उर्दू का नामांतर मात्र है। इस बात को खुलकर सामने नहीं आने देते थे।"**[3] यही मत प्रो० धीरेन्द्र वर्मा का है : **"हिन्दुस्तानी नाम यूरोपीय लोगों का दिया हुआ है। उर्दू का बोलचाल वाला रूप हिन्दुस्तानी कहलाता है।"**[4] स्पष्ट ही है कुछेक कट्टरपंथियों को छोड़कर उर्दू-पक्ष के अधिकांश विचारक महात्मा गाँधी के साथ हो गये थे। इस सम्बन्ध में 1920 ई० में जामिया-मिल्लिया की

---

1. ज़ेड० ए० अहमद : नेशनल लैंग्वेज फ़ॉर इंडिया, पृ० 89
2. महात्मा गाँधी : थॉट्स आन नेशनल लैंग्वेज, पृ० 3-4
3. सम्पूर्णानन्द : हिन्दी-भाषा आंदोलन, पृ० 5
4. धीरेन्द्र वर्मा : हिन्दी-भाषा का इतिहास, पृ० 63

स्थापना को महत्त्व प्राप्त है, क्योंकि जामिआ की दृष्टि में भाषिक समस्या का समाधान उर्दू-हिन्दी भाषाओं के सामंजस्य में ही निहित था।[1] इसी प्रकार राय राजेश्वरबली के प्रयत्नों से 1927 ई० में इलाहाबाद में 'हिन्दुस्तानी एकेडेमी' की स्थापना हुई, जिसका उद्देश्य हिन्दी तथा उर्दू की संयुक्त संस्कृति को हिन्दुस्तानी के रूप में सुरक्षित एवं विकसित करना था। हिन्दुस्तानी एकेडेमी को सर तेज बहादुर सप्रू, डॉ० ताराचंद तथा डॉ० भगवानदास आदि का समर्थन प्राप्त था, जिसने भारतीय जनमानस पर असाधारण प्रभाव डाला।[2]

महात्मा गाँधी हिन्दुस्तानी की स्थापना के लिए निरन्तर प्रयत्नशील थे। उन्हीं के इच्छानुसार 1925 ई० में भारतीय राष्ट्रीय कांग्रेस में हिदुस्तानी को राष्ट्रभाषा के रूप में स्वीकार कर लिया और एक प्रस्ताव पारित कर दिया कि कांग्रेस की सभी कार्यवाहियाँ यथासंभव हिन्दुस्तानी में की जायगी। अंग्रेज़ी या अन्य भाषाओं का प्रयोग उसी समय होगा, जब भाषणकर्ता हिन्दुस्तानी से सर्वथा अनभिज्ञ हो।[3] महात्मा गाँधी के विचारों का समर्थन जवाहर लाल नेहरू,[4] डॉ० राजेन्द्र प्रसाद[5] आदि के अतिरिक्त अगाँधीवादियों ने भी किया, जिनमें सुभाषचंद्र बोस विशेष थे। 20वीं सदी के प्रारम्भिक दो दशकों तक सभी राष्ट्रनेता एकमत थे कि हिन्दुस्तानी ही भारत की राष्ट्रभाषा हो सकती है। परन्तु जैसा कि पहले कहा जा चुका है, बाद में कुछेक नेताओं की विचारधारा में परिवर्तन हुआ।[6] परन्तु उपरोक्त नेतागण हिन्दुस्तानी की विचारधारा पर ही डटे रहे, जिनका नेतृत्व महात्मा गाँधी कर रहे थे। यद्यपि महात्मा गाँधी को हिन्दी तथा उर्दू के कट्टरपंथियों के घोर विरोध का सामना करना पड़ा किन्तु वे अपने विचार पर डटे रहे।[7] अनेक अवसरों पर राजनीतिक चुनौतियाँ ललकारती रहीं परन्तु हिंदुस्तानी भाषा आंदोलन धीरे-धीरे आगे की ओर ही बढ़ता रहा।

इस संदर्भ में 'भारतीय साहित्य परिषद' के नागपुर अधिवेशन (1935 ई०) की चर्चा विशेष रूप में की जा सकती है, जिसमें हिन्दी तथा उर्दू के

---

1. विलफ्रेंड केंटवेल स्मिथ : मॉर्डन इस्लाम इन इंडिया, पृ० 147
2. ज्योतिरेन्द्र दासगुप्ता : लैंगवेज कॉन्फ़्लिक्ट एण्ड नेशनल डेवेलपमेंट, पृ० 120
3. एम० पी० देसाई : दि हिन्दी प्रचार मूवमेंट, पृ० 14
   पी० डी० कौशिक : कांग्रेस आइडियालॉजी, पृ० 167
4. जवाहरलाल नेहरू : दि युनिटी ऑफ़ इंडिया, पृ० 256
5. राजेन्द्र प्रसाद : इंडिया डिवाइडेड, पृ० 54
6. सी० एच० हेमसेथ : इंडियन नेशनलिज़्म, पृ० 319
7. महात्मा गाँधी : थॉटस ऑन नेशनल लैंग्वेज, पृ० 10

अनेक महत्त्वपूर्ण साहित्यकार सम्मिलित हुए तथा महात्मा गाँधी ने इस समस्या के समाधान के लिए भरसक प्रयत्न किया परन्तु संयोगवश कुछेक कांग्रेसी नेताओं के गुमराह करने पर महात्मा गाँधी के मुँह से अनुचित शब्द निकल गये, जिसमें उन्होंने उर्दू को मुसलमानों की भाषा और उसकी लिपि को क़ुरआन की लिपि बताया। आज यह स्पष्ट करने की आवश्यकता नहीं कि तत्काल ही महात्मा गाँधी को अपनी भूल का एहसास हो गया था तथा उन्होंने इस विषय में स्पष्टीकरण भी दे दिया था। किन्तु उस समय की स्थिति में महात्मा गाँधी के शब्दों ने आग में घी की आहुति का काम किया। उर्दू वाले इस पर अत्यन्त उत्तेजित हुए। प्रेमचन्द ने 4 जून, 1936 ई० को मौलवी अब्दुल हक़ को लिखा : **"महात्मा गाँधी हिन्दी के खुदा नहीं और न हम उनकी ताकी ल मानने के लिए मजबूर हैं । हमारा दावा है कि परिषद की ज़बान हिन्दुस्तानी होना चाहिए । हम हैं, जिन्हें ज़बान के मस्अले से कुछ शग़फ़ है । उन्हें अपने असर और इल्म और मशविरे से इस मंज़िल की तरह से लाना चाहिए । अगर उर्दू-दां-तबक़ा साथ देता है, तो वह हिन्दुस्तानी बनेगी, सच्चे मानों में, वह अलग हो जाता है तो फ़िर हिन्दी-हिन्दुस्तानी होकर रह जायेगी ।"**[1] किन्तु मौलवी अब्दुल हक़ इससे संतुष्ट न हो सके। उन्होंने हिन्दी-हिन्दुस्तानी के विरुद्ध उर्दू-आंदोलन प्रारम्भ कर दिया। वह सभी प्रकार की कटुता के साथ स्थिति को बिगाड़ते रहे परन्तु प्रेमचन्द के विषय में उनके विचार स्नेहपूर्ण ही रहे। भारतीय साहित्य परिषद की कार्यवाही की समालोचना करते हुए उन्होंने लिखा : **"मुंशी प्रेमचन्द साहब शुरू से अन्त तक हमारे साथ रहे और इस तमाम गुफ़्तुगू और बहस से बददिल ही नहीं थे, बल्कि बरहम भी हुए । उनकी दिली तमन्ना भी यही थी कि हिन्दी-उर्दू के झगड़े को मिटाकर ऐसी सूरत पैदा की जाय, जो दोनों फ़रीक़ों में मक़बूल हो सके ।"**[2]

मौलवी अब्दुल हक़ की मूल शिकायतें कांग्रेसी नेताओं से थीं, जिन्होंने उनके विचार में भाषिक समस्या को राजनैतिक उद्देश्यों की पूर्ति के लिए ग़लत मार्ग पर लाकर खड़ा कर दिया था। उन्होंने महात्मा गाँधी के 'हिन्दी अथवा हिन्दुस्तानी आंदोलन' को **'थपककर सुला देने के लिए अच्छी ख़ासी लोरी'** और उनके व्यवहार को **'रया की चादर उतार फेंकना'** घोषित कर दिया और भारतीय साहित्य परिषद के सदस्य के रूप में वर्तमान रहते हुए

---

1. प्रेमचन्द : फ़रोग़े-उर्दू, उर्दू-मुहिम 'विशेषांक' जनवरी-फ़रवरी, 1968 ई०
2. अब्दुल हक़ : भारतीय साहित्य परिषद की अस्ल हक़ीक़त, उर्दू, अप्रैल, 1936 ई०

युद्ध का वाद्य बजा दिया।[1] इस काल में मौलवी अब्दुल हक़ तथा अन्य साहित्य राजनीतिक मनीषियों के पत्रों का अध्ययन किया जाय, तो भाषिक समस्या में पृथकतावादिता के अनेक पहलू स्पष्ट हो जाते हैं, जिनसे प्रेमचन्द को घोर विरोध था। उन्होंने महात्मा गाँधी से अपनी अपार श्रद्धा एवं आदर के बावजूद देश की भाषिक समस्या में खुले तौर पर उनका विरोध किया और हिन्दी-उर्दू के समन्वय के साथ संयुक्त भाषा के विचार पर बल दिया। इसके साथ ही साथ उन्होंने मौलवी अब्दुल हक के व्यवहार की भी कड़ी आलोचना की : **''हमें मौलाना अब्दुल हक़ जैसे वयोवृद्ध, विचारशील और नीतिचतुर बुज़ुर्ग के कलम से ये शब्द देखकर दु:ख हुआ । जिस सभा में वे बैठे हुए थे, उसमें हिन्दी वालों की कसरत थी । उर्दू के प्रतिनिधि तीन से ज़्यादा न थे । फिर भी जब 'हिन्दी-हिदुस्तानी' और अकेले 'हिन्दुस्तानी' पर वोट के लिए गये तो 'हिन्दुस्तानी' के पक्ष में कुछ कम राये आयीं। अगर मेरी याद ग़लती नहीं कर रही है, तो शायद पंद्रह और पच्चीस का बटवारा था । एक हिन्दी-प्रधान जल्से में जहाँ उर्दू के प्रतिनिधि कुल तीन हों, पंद्रह रायों का 'हिन्दुस्तानी' के पक्ष में मिल जाना हार होने पर भी जीत ही है ।''**[2]

इसके बाद प्रेमचन्द ने हिन्दी तथा उर्दू को निकट लाने के संदर्भ में अपनी कार्यशीलता की गति बढ़ा दी। उन्होंने दोनों भाषाओं के बुद्धिजीवियों एवं साहित्यकारों से संपर्क स्थापित किया और उन्हें इस कार्य में योग देने हेतु तैयार किया और इस सिलसिले की बड़ी-बड़ी खाइयों को पाटने के लिए उन्होंने अपने व्यक्तित्व को सेतु रूप में प्रस्तुत किया। अन्तत: उनका स्वप्न

---

1. देश-विभाजन के बाद मौलाना अब्दुल हक़ पाकिस्तान चले गये। वहाँ उनकी भाषिक विचारधारा विशेष रूप में स्पष्ट हुई। उन्होंने उर्दू के विषय में नितांत वही घातक, भ्रष्ट एवं मिथ्यापूर्ण दृष्टिकोण प्रस्तुत किया जो भारत में उर्दू भाषा के शत्रु, सांप्रदायिकों के मुँह से सुनकर उर्दू प्रेमी-खीझ उठते हैं: ''पाकिस्तान को न जिन्नाह ने बनाया, न इक़बाल ने बल्कि, उर्दू ने पाकिस्तान को बनाया। हिन्दुओं और मुसलमानों में इख़्तिलाफ़ात की अस्ल वजह उर्दू ज़बान थी। सारा दो क़ौमी नज़रिया और सारे ऐसे इख़्तिलाफ़ात उर्दू की वजह से थे। इसलिए पाकिस्तान पर उर्दू का बड़ा एहसान है!''(क़ौमी ज़बान, कराँची, 16 जुलाई 1961) मौलवी अब्दुलहक़ के इस भाषण के विषय में डॉ० सैय्यद रफ़ीक़ हुसैन ने पढ़ा तो अपनी विशेष मुद्रा में कहा था :

   हक़ को नाहक़ करें और नाहक़ हक़।
   हाय बाबा-ए-उर्दू अब्दुल हक़।

2. प्रेमचन्द : साहित्य का उद्देश्य, पृ० 230

साकार हुआ और जामिया मिल्लिया, इस्लामिया दिल्ली में 'हिन्दुस्तानी सभा' का पहला अधिवेशन 8 मार्च सन 1936 ई० को हुआ, जिसका उद्घाटन प्रेमचन्द ने ही किया। 'हंस' में उसी कार्यवाही की समालोचना करते हुए उन्होंने लिखा : **''हिन्दुस्तान में शायद यह पहला मौक़ा था कि आठ मार्च को देहली की जामिया मिल्लिया में देहली के उर्दू और हिन्दी के अदीबों और साहित्यकारों ने मिलकर एक हिन्दुस्तानी सभा की बुनियाद डाली, जिसका उद्देश्य यह होगा कि वह दोनों साहित्यों को एक दूसरे के समीप लाये, उनके अदीबों में मुहब्बत, हमदर्दी और एकता पैदा करे, उन्हें एक दूसरे के विचारों और भावों को जानने और समझने का मौक़ा दे और हिन्दुस्तानी-भाषा के विकास का आयोजन करे ।[1]''**

जैसा कि ऊपर कहा जा चुका है, महात्मा गाँधी की भाषिक नीति में उनके जीवन के अंतिम दिनों में अधिक स्पष्टता आयी और उन्होंने 'हिन्दुस्तानी' की कल्पना हिन्दी और उर्दू के सम्मिश्रण के बजाय सामान्य व्यवहार की भाषा के रूप में किया। परन्तु इसमें संदेह नहीं कि प्रेमचन्द के जीवन काल तक 'हिन्दुस्तानी आन्दोलन' एक सीमा तक हिन्दी आंदोलन का ही प्रतिरूप था। इसका स्वरूप, स्वभाव अथवा संस्कार स्पष्ट नहीं था, क्योंकि भाषिक दृष्टि से दोनों भाषाओं के सम्मिश्रण के बाद किसी ऐसी ही भाषा की कल्पना की जा सकती थी, जो भावी 'हिन्दुस्तानी' बनती। महात्मा गाँधी ने इस संदर्भ में अनेक अवसरों पर अपने विचारों को स्पष्ट करने का प्रयत्न किया है। हिन्दुस्तानी और उर्दू के संदर्भ में उनका मन्तव्य निम्नलिखित है, जो उन्होंने इन्दौर में 20 अप्रैल 1935 ई० को दिया था : **''हिन्दी उस भाषा का नाम है, जिसे हिन्दू और मुसलमान कुदरती तौर पर बग़ैर कोशिश के बोलते हैं । हिन्दुस्तानी और उर्दू में कोई फ़र्क़ नहीं । देवनागरी लिखावट में लिखी जाने पर वह हिन्दी और अरबी में लिखी जाने पर उर्दू कही जाती है ।[2]''** इसी प्रकार एक अन्य स्थान पर उन्होंने कहा : **''हिन्दुस्तानी का मतलब उर्दू नहीं बल्कि हिन्दी-उर्दू की वह ख़ूबसूरत मिलावट है, जिसे उत्तरी हिन्दुस्तान के लोग समझ सके और जो नागरी या उर्दू लिखावट में लिखी जाती हो । यह पूरी राष्ट्रभाषा है, बाक़ी जो कुछ है, वह अधूरा है । पूरी राष्ट्र भाषा सीखने वालों को अब दोनों ही लिखावटें सीखनी चाहिए । राष्ट्रभाषा का ठीक यही तक़ाज़ा है, जो उसे जानेगा, वह पायेगा जो न जानेगा, वह खोयेगा ।[3]''**

---

1. प्रेमचन्द : विविध प्रसंग, खण्ड 3, पृ० 318-19
2. महात्मा गाँधी : मुशतरका ज़बान, पृ० 31
3. वही, भूमिका

लेकिन महात्मा गाँधी के विपरीत कई राष्ट्रीय नेताओं का विचार था कि राष्ट्रभाषा की लिपि हिन्दी तथा उर्दू दोनों रखने में परस्पर कठिनाइयाँ हैं। दोनों को सीखने में अधिक क्षमता एवं परिश्रम की आवश्यकता होगी, जिसकी सार्थकता भी नहीं है। अत: उनका प्रस्ताव था। कि इन दोनों लिपियों के बजाए एक तीसरी लिपि राष्ट्रभाषा के लिए स्वीकार की जानी चाहिए। इस विचारधारा के समर्थक हिन्दी तथा उर्दू लिपियों की कमियों तथा त्रुटियों को अतिशयोक्ति के साथ प्रस्तुत करते थे। उन्होंने दोनों लिपियों के बीच मध्यस्थ के रूप में 'रोमन-लिपि' स्वीकार करने का प्रस्ताव रखा। उसे आधुनिक एवं वैज्ञानिक घोषित करके भारतीय राष्ट्रभाषा की राष्ट्रलिपि के रूप में सर्वमान्य करने का प्रयत्न किया। डॉ० ज्ञानचंद का कथन है : **''युनिवर्सिटी तालीम की ताराचंद कमेटी ने भी रोमन रस्मुलख़त की वकालत की थी।''**[1] उनकी यह मध्यस्थतावादी नीति हिन्दी तथा उर्दू दोनों भाषा-भाषियों के लिए अग्राह्य सिद्ध हुई। सभी वर्गों से इसका कटु विरोध हुआ। अन्तत: हिन्दुस्तानी के लिए उर्दू-हिन्दी दोनों लिपियों का ग्रहण करना ही मान्य हो सका।

उर्दू : भाषा अथवा शैली

गत पृष्ठों में चर्चा हो चुकी है कि प्रेमचन्द ब्रज और अवधी को हिन्दी नहीं मानते थे। यह उनका व्यक्तिगत विचार न था वरन् तत्कालीन अनेक हिन्दी मनीषी भी इसी प्रकार का मत रखते थे। 19वीं शती के अंतिम दशक में हिन्दी के परम समर्थक एवं प्रचारक बाबू अयोध्या प्रसाद खत्री भी ब्रज को हिन्दी नहीं मानते थे। उन्होंने बड़े ज़ोर-शोर से यह राय ज़ाहिर की कि अब तक जो कविता हुई, वह तो ब्रजभाषा की थी, हिन्दी की नहीं[2]। हिन्दी को उसके प्राचीन साहित्य से पृथक करके सर्वथा नये आधारों पर विकसित करने की इच्छा की पृष्ठभूमि में उसे उर्दू-भाषा एवं साहित्य के समानान्तर स्थापित एवं विकसित करने की कामना है। इसकी एक अन्य अतिवादी प्रतिक्रिया उर्दू से प्रतिद्वंद्विता रखनेवाले उन विद्वान मनीषियों के विचार में मिलती है, जो उर्दू भाषा के उद्‌गम एव विकास को दृष्टिगत करके हिन्दी को आद भाषा घोषित करते हैं तथा उर्दू को हिन्दी की शैली मात्र कहते हैं। वे उर्दू को स्वतंत्र भाषा के रूप में मान्यता देने को तैयार नहीं होते और उसकी समस्त साहित्यिक निधि को हिन्दी की ही पूँजी कह देते हैं। डॉ० बाबूराम सक्सेना ने तो उर्दू के सम्पूर्ण दकनी-साहित्य को ही 'दक्खिनी हिन्दी' घोषित कर दिया है। उर्दू के बारे में उनके विचार रोचक हैं : **''हिन्दुओं और मुसलमानों के**

---

1. **ज्ञानचंद : लिसानी मुतालए, पृ० 155**
2. **रामचन्द्र शुक्ल : हिन्दी-साहित्य का इतिहास, पृ० 573**

मेलजोल से बनी हुई उर्दू-भाषा कहने का इतना ही मतलब है कि उसमें मुसलमानों के माध्यम से ये विदेशी शब्द आ गये हैं, तो उर्दू को ऐसा कह सकते हैं।''[1] उचित दीखता है कि इस समस्या के विभिन्न पक्षों पर विचार कर लिया जाय।

उर्दू बनाम हिन्दी का शाख़साना उस समय से खुलकर सामने आता है जब 1800 ई० में फ़ोर्ट विलियम कालेज के माध्यम से पहली बार खड़ी बोली के दो रूप निश्चित किये गये, जिसके एक रूप में फ़ारसी और अरबी शब्दों का आधिपत्य और दूसरे में संस्कृत तथा अन्य क्षेत्रीय बोलियों के शब्दों के बाहुल्य को आधार बनाकर दो विभिन्न भाषा-साहित्य के सृजन को प्रोत्साहित किया गया। इससे खड़ी बोली की भाषिक एकता ही खंडित नहीं हुई वरन् भारतीयों के बीच द्वंद्वात्मक विचारधारा विकसित हुई।[2] प्रचलित जनभाषा में व्यवहृत फ़ारसी-अरबी शब्दों के स्थान पर तत्सम संस्कृत तथा अन्य क्षेत्रीय बोलियों के शब्दों का प्रयोग सुनियोजित रूप में हुआ, उसे आचार्य रामचन्द्र शुक्ल ने लल्लूलाल के संदर्भ में स्वीकार किया है : **''यदि ये उर्दू न जानते होते तो अरबी-फ़ारसी के शब्द पहचानने में इतने कृतकार्य कभी न होते जितने हुए। बहुतेरे अरबी-फ़ारसी शब्द बोल-चाल की भाषा में इतने मिल गये थे कि उन्हें केवल संस्कृत-हिन्दी जानने वाले के लिए पहचानना भी कठिन था।**[3]''

उर्दू-पक्ष को ध्यान में रखकर ग्रियर्सन का विचार है कि हिन्दी-भाषा का जन्म ही उस समय होता है, जब फ़ोर्ट विलियिम कॉलेज के हिन्दी लेखकों विशेषकर लल्लू लाल तथा सदल मिश्र ने उर्दू से फ़ारसी-अरबी शब्दों का बहिष्कार करके उसमें तत्सम संस्कृत तथा क्षेत्रीय बोलियों के शब्द एवं संस्कार सम्मिलित किये, जिसका उद्देश्य हिन्दी को हिन्दुओं के सम्पर्क-भाषा के रूप में स्थापित करना था।[4] ग्रियर्सन के उक्त विचार की पुनरावृत्ति अनेक उर्दू-विद्वान करते रहे हैं।[5] परन्तु कुछेक भाषाशास्त्रियों ने इसके विरुद्ध मत

---

1. बाबू राम सक्सेना : दक्खिनी हिन्दी, पृ० 42
2. सी० एम० हेमसेथ : इंडियन नेशलिज़्म, पृ० 105
3. रामचंद्र शुक्ल : हिन्दी साहित्य का इतिहास, पृ० 398
4. जी० ए० ग्रियर्सन : दि लिंग्विस्टिक सर्वे ऑफ़ इंडिया, खण्ड 1, भाग 1, पृ० 320
5. विस्तार के लिए देखिए : मुहीउद्दीन क़ादिरी 'ज़ोर' : हिन्दुस्तानी लिसानियात, पृ० 134, शौकत सब्ज़वारी : दास्ताने-ज़बाने-उर्दू, पृ० 7, 'उर्दू' अप्रैल, 1958, मुहम्मद हसन: हिन्दी अदब की तारीख़, पृ० 166, हामिद हसन क़ादिरी : दास्ताने-तारीख़-उर्दू, पृ० 131, नसीर हुसैन 'ख़्याल' : मुग़ल और उर्दू, पृ० 151

प्रकट किये हैं। प्रो० धीरेन्द्र वर्मा का मत है : **"व्याकरण के रूपों की दृष्टि से इन दोनों साहित्यिक भाषाओं में विशेष अन्तर नहीं है, वास्तव में दोनों का मूलाधार एक ही है किन्तु साहित्यिक वातावरण, शब्द समूह तथा लिपि में दोनों में आकाश-पाताल का भेद है।"**[1] यही विचार प्रो० सैय्यद एहतेशाम हुसैन का है जो लिखते हैं : **"अगरचे उर्दू और हिन्दी लिसानी मफ़हूम में दो ज़बानें नहीं हैं, लेकिन अमली हैसियत से इस वक़्त तक उन्हें दो अलग-अलग ज़बानों का मर्तबा हासिल है।"**[2] डॉ० ज्ञानचंद भी इस दृष्टिकोण से सिद्धांततः सहमत हैं। उनका कथन है : **"इख़तेलाफ़ात निकाते-इशतराक से ज़्यादा ज़ोरदार और जानदार हैं। चुनांचे बारहा ऐसा होता है कि उर्दू वाले हिन्दी तहरीरो-तक़रीर को नहीं समझ पाते और हिन्दी वालों के लिए उर्दू की बाज़ इबारतें नाक़ाबिले-फ़हम हो जाती है।"**[3]

उपर्युक्त उद्धरण से भाषिक सुबोधता की समस्या पर प्रकाश पड़ता है। उर्दू को हिन्दी की शैली कहने वाले दोनों भाषाओं के मौलिक अन्तर पर ध्यान नहीं देते। सुबोधता एक ऐसा प्रमाण है जिससे भाषाओं एवं बोलियों का सम्बंध निश्चित होता है। बोलियों में सुबोधता का अनुपात अधिक होता है। दो भिन्न भाषाओं में यह अनुपात न्यूनतम हो जाता है। उदाहरणार्थ अवधी और भोजपुरी परस्पर बोलियाँ हैं परन्तु गुजराती तथा हिन्दी परस्पर भाषाएँ हैं। उर्दू का अधिकांश साहित्य हिन्दी भाषी जनता के लिए दुर्बोध एवं अस्वाभाविक हो जाता है। इससे स्पष्ट है कि उर्दू तथा हिन्दी भाषाओं में अनेक स्तरों पर इतना अन्तर आ गया है और आता जा रहा है कि अब दोनों परस्पर भिन्न मान्यताओं एवं संस्कारों के साथ उन्नतिशील हैं। उनमें समानताएँ कम होती जाती हैं, जिसके ऐतिहासिक, सामाजिक एवं राजनैतिक कारण हैं।

इसी प्रकार मात्र लिपि भेद के कारण भी किसी रचना को हिन्दी अथवा उर्दू रचना नहीं कहा जा सकता। उदाहरणार्थ भक्तिकाल के मुस्लिम सूफ़ी कवियों की अनेक रचनाएँ, जैसे 'मृगावती', 'पद्मावत', 'चित्रावली' आदि तथा इब्राहिम आदिल शाह की 'नवरस' उर्दू-लिपि में है परन्तु उन्हें उर्दू-रचना नहीं माना जाता। सैय्यद 'इंशा' की 'रानी केतकी की कहानी' तथा फ़ोर्ट विलियम कॉलेज में अनुदित 'सिहांसन बत्तीसी' और 'बैताल पचीसी' पर उर्दू तथा हिन्दी दोनों ही अधिकार जताती हैं।

---

1. धीरेन्द्र वर्मा : हिन्दी-भाषा का इतिहास, पृ० 61
2. सैय्यद एहतेशाम हुसैन : हिन्दुस्तानी लिसानियात का ख़ाका, पृ० 69
3. ज्ञानचंद : लिसानी मुतालिए, पृ० 203

यह भी ध्यान में रहे कि उर्दू-लिपि फ़ारसी-अरबी लिपि का प्रतिरूप मात्र नहीं है। अरबी में 28 (अट्ठाइस) अक्षर होते हैं। फ़ारसी में 32। उर्दू में कुछेक भारतीय ध्वनियों को ध्यान में रखते हुए 45 (पैंतालिस) अक्षर बना लिए गए हैं। उपर्युक्त संख्या डॉ० ज्ञानचंद ने दी है, लिखते हैं : **''जहाँ तक वाक़ई आवाज़ों का तअल्लुक़ है, हिन्दी और उर्दू में एक-एक मुस्मते का फ़र्क़ है । उर्दू का मुस्मता ज़े हिन्दी में क़त्अन इस्तेमाल नहीं होता । ख़े, ज़े, फ़े काफ़ से हिन्दी को आर नहीं । इसके बरअक्स उर्दू ने हिन्दी का मुस्मता 'ण' क़ुबूल नहीं किया ।''**[1]

हिन्दी तथा उर्दू की भाषिक एकता पर कदाचित अधिक बल दिया जाता है परन्तु सत्य यह है कि वर्तमान रूप में दोनों भाषाओं में विभिन्नता आ गयी है। उर्दू को हिन्दी की शैली कहना उर्दू-पक्षधरों को वैमनस्यपूर्ण दीखता है, अत: उसकी प्रतिक्रिया तीव्र हो उठती है। जैसे डॉ० ज्ञानचंद लिखते हैं: **''हिन्दी के हामियों की यह रट कि उर्दू कोई अलाहदा ज़बान नहीं, यह हिन्दी की एक शैली है, मुर्ग़े की एक टाँग पर इसरार की तरह नामाक़ूल ही नहीं, बल्कि शरारत-आमेज़ है ।''**[2] यह ध्यान रहे कि वर्तमान में जो भाषिक, राजनैतिक स्थिति उर्दू भोग रही है, वही कभी हिन्दी के साथ भी हो चुकी है, जिससे क्षुब्ध होकर पं० महावीर प्रसाद द्विवेदी को कविता लिखनी पड़ी थी—**'नागरी तेरी यह दशा!'**

उर्दू को हिन्दी की शैली घोषित करने वाले हिन्दी-भाषा एवं साहित्य के विषय में भी स्पष्ट नहीं हैं। उनके विचार में हिन्दी के तीन रूप हैं—उच्च हिन्दी (साहित्यिक हिन्दी) उर्दू तथा हिन्दुस्तानी। साहित्यिक हिन्दी के अनेक पक्ष हैं, जिनमें भाषिक स्तर में परस्पर विरोध है। उर्दू एवं हिन्दुस्तानी को अलग रूप में स्वीकार करने के अतिरिक्त अनेक विद्वानों ने हिन्दुस्तानी तथा उर्दू को एक ही भाषा माना है। इस समस्या पर यथास्थान चर्चा हो चुकी है, अत: पुनरावृत्ति असंगत है। यहाँ इतना कहना ही पर्याप्त होगा कि मात्र व्याकरणगत समानता एवं शब्द-प्रयोग के आधार पर हिन्दी तथा उर्दू को एक ही भाषा अथवा एक को दूसरे की शैली नहीं कहा जा सकता। उर्दू हिन्दी से भिन्न बोली नहीं भाषा के रूप में स्वीकृत है। इस संदर्भ में निम्नलिखित तर्क प्रस्तुत किये जा सकते हैं :

(1) देश की अन्य बोलियों के विपरीत उर्दू का कोई सीमित भौगोलिक क्षेत्र नहीं है। भारत ही नहीं निकटवर्ती विदेशों में उर्दू-भाषी जनता बिखरी हुई है, जो इसका संपर्क-भाषा के रूप में व्यवहार करती है।

---

1. **ज्ञानचंद : तहरीरें, पृ० 175**
2. **ज्ञानचंद : लिसानी मुतालिए, पृ० 196**

(2) उर्दू में हिन्दी से सर्वथा भिन्न साहित्यिक सामाजिक एवं धार्मिक मान्यताएँ एवं परम्पराएँ हैं, जो लगभग चार शताब्दियों में विकसित हुई हैं। इन पर अन्य विदेशी भाषाओं एवं संस्कृतियों का प्रभाव है। उर्दू की अपनी शैली, विषयवस्तु बिम्ब-प्रतीक और विधाएँ हैं, जो हिन्दी से मेल नहीं खातीं।

(3) उर्दू-लिपि हिन्दी-लिपि में सर्वथा भिन्न है जो प्रारम्भ से ही प्रचलित एवं मान्य रही है। उर्दू-लिपि अनेक विदेशों में भी प्रचलित एवं व्यवहृत है।

(4) उर्दू-भाषा को न केवल 'भारत के संविधान की आठवीं अनुसूची द्वारा उर्दू को राष्ट्रभाषा होने का गौरव प्राप्त है वरन् गत दो सौ वर्षों से अधिक काल में राज-कार्यों में व्यवहृत एवं प्रचलित होती रही है।

(5) उर्दू तथा हिन्दी साहित्य एक दूसरे के लिए असाधारण तथा दुर्बोध रहते हैं।

उर्दू पक्षधर वर्ग हिन्दी-विद्वानों द्वारा उर्दू को हिन्दी की शैली कहने की वृत्ति को संदेह-दृष्टि से देखता है। इसे उनकी प्रसारवादी वृत्ति का द्योतक मानता है। उसका विश्वास है कि उर्दू को शैली कहने के पीछे संकीर्णता एवं पक्षपात भाव ही है, जिसमें उर्दू-साहित्य की संपूर्ण निधि को हिन्दी की निधि बना देने की चेष्टा है। समन्वय एवं सम्मिश्रण की प्रक्रिया में उर्दू-भाषा, साहित्य एवं संस्कृति पर आघात करना तो होता ही है, साथ ही साथ जिस प्रकार महात्मा बुद्ध को विष्णु का अवतार घोषित कर तथा अहिंसा परमो धर्मः को शाश्वत कहकर अपना लेने के बाद भारत से बौद्ध धर्म ही समाप्त कर दिया गया, उसी प्रकार उर्दू को हिन्दी की शैली घोषित करके भाषिक रूप से उर्दू का अन्त कर देने की चेष्टा भी की जाती है। उर्दू के माध्यम से विकसित विशिष्ट, सांस्कृतिक तथा साहित्यिक तथा साहित्यिक परम्पराएँ भी समाप्त करने का असफल यत्न किया जाता है। इस पर जब उर्दू से उसकी लिपि त्याग देने के लिए आग्रह किया जाता है तो उर्दू-पक्षधरों का संदेह प्रबल हो उठता है कि कहीं उर्दू को पूर्णतया समाप्त करने का यह षडयंत्र तो नहीं है। वर्तमान परिस्थितियों में उर्दू को पृथक भाषा की मान्यता प्रदान करके ही सहज भाषिक यथार्थ का साक्षात्कार किया जा सकता है। यह बात चाहे हो जितनी कड़वी, पर है एकदम सच्ची। उचित होगा कि यहाँ प्रेमचन्द के भाषिक दृष्टिकोण के विभिन्न पक्षों का भी अध्ययन कर लिया जाय।

प्रेमचन्द की भाषा-दृष्टि :

प्रेमचन्द की दृष्टि से भाषिक विरोधों के आधार ओझल नहीं थे। उन्होंने अनुभव किया था कि राजनीतिक बाज़ीगरी में खड़ी बोली का विभाजन

सामयिक संशोधनवादिता के आधार पर हो रहा था। प्रेमचन्द अनेक स्तरों पर राजनीतिक नेताओं से पृथक विचारधारा रखते थे। वे उर्दू और हिन्दी दोनों को बुनियादी तौर पर एक ही भाषा मानते थे। वह लिखते हैं : **''मेरे ख़याल में हिन्दी और उर्दू दोनों एक ज़बान हैं। क्रिया और कर्ता, फ़ेल और फ़ाइल, जब एक हैं, तो उनके एक होने में कोई संदेह नहीं हो सकता।''**[1] एक दूसरे स्थान पर लिखते हैं : **''यह सारी करामात फ़ोर्ट विलियम की है, जिसने एक ही ज़बान के दो रूप मान लिये। इसमें भी उस वक़्त कोई राजनीतिक काम कर रही थी, या उस वक़्त भी दोनों ज़बानों में काफ़ी फ़र्क़ आ गया था, यह हम नहीं कह सकते, लेकिन जिन हाथों ने यहाँ की ज़बान के उस वक़्त दो टुकड़े कर दिये, उसने हमारी क़ौमी-ज़िंदगी के दो टुकड़े कर दिये।''**[2]

इसी प्रकार के विचार प्रेमचन्द ने अनेक अवसरों पर प्रकट किये हैं। प्रेमचन्द ने उर्दू और हिन्दी को पश्चिमी हिन्दी अथवा खड़ी बोली के रूप में स्वीकार किया था। इसलिए हिन्दी के विषय में उनका विचार था कि हमारी हिन्दी-भाषा ही अभी सौ वर्ष की नहीं हुई। राष्ट्रभाषा तो अभी शैशवावस्था में है और फ़िलहाल यदि हम सरल साहित्य ही लिख सकें, तो हमें संतुष्ट होना चाहिए।[3] और इसके नाम के विषय में एक दूसरे स्थान पर लिखते हैं : **''हिन्दी मुसलमानों का दिया हुआ नाम है और अभी पचास साल पहले तक जिसे आज उर्दू कहा जाता है उसे मुसलमान भी हिन्दी कहते थे।''**[4] और इस संदर्भ में वे शुद्ध-हिन्दी के आंदोलन का विरोध करते थे : **''शुद्ध-हिन्दी तो निरर्थक शब्द है। जब भारत शुद्ध-हिन्दू होता, तो उसकी भाषा शुद्ध-हिन्दी होती। जब तक यहाँ मुसलमान, ईसाई, पारसी, अफ़ग़ानी सभी जातियाँ मौजूद हैं, हमारी भाषा भी व्यापक रहेगी। अगर हिन्दी-भाषा प्रांतीय रहना चाहती है और केवल हिन्दुओं की भाषा रहना चाहती है, तब तो वह शुद्ध बनायी जा सकती है। उसका अंग-अंग करके उसका कायापलट करना होगा। प्रौढ़ से वह फिर शिशु बनेगी। यह असम्भव है, हास्यास्पद है।''**[5]

इन विचारों की पृष्ठभूमि में राष्ट्रीय समन्वय, एकता तथा उदारता की भावनाएँ लहरें मार रही थीं, क्योंकि प्रेमचन्द राष्ट्रीय एकता के लिए भाषिक एकता को अनिवार्य मानते थे और इसे भारतीय जीवन के मूलाधारों के

---

1. प्रेमचन्द : साहित्य का उद्देश्य, पृ० 176
2. वही, पृ० 195
3. प्रेमचन्द : साहित्य का उद्देश्य, पृ० 159
4. वही, पृ० 157
5. वही, पृ० 154-155

परिवेश में रहकर देखते थे। यही विचारधारा स्वतंत्रता आंदोलन के काल में सर्वव्याप्त थी। उस समय समस्त राष्ट्र की एकता के लिए सामान्य भाषा के महत्त्व को अपरिहार्य माना जाता था, जिसका महत्त्व आज भी वैसा ही है किन्तु वह भाषा हिन्दी हो या उर्दू हो, अथवा देश की कोई अन्य भाषा इस, संदर्भ में विद्वानों में मतभेद था और है।

प्रेमचन्द राष्ट्रभाषा की समस्या को महात्मा गाँधी की दृष्टि से देखते थे और राष्ट्रीय एकता के आधार पर समस्या का समाधान करना चाहते थे किन्तु महात्मा गाँधी के विपरीत प्रेमचन्द ने 'हिन्दी साहित्य सम्मेलन' के हिन्दी-समर्थक आंदोलन से स्वयं को मुक्त रखा। इसी प्रकार दूसरे पक्ष में 'अंजुमने-तरक़्क़ी-ए-उर्दू' की तरह की संस्थाओं से भी अपना दामन बचाये रखा, क्योंकि इस प्रकार की संस्थाओं के लोग हिन्दी तथा उर्दू के बीच विरोधभाव को विकसित कर रहे थे। प्रेमचन्द उर्दू अथवा हिन्दी में किसी एक को राष्ट्रभाषा का आसन देने को तैयार न थे। उन्होंने स्पष्ट शब्दों में कहा है कि : **''भारतवर्ष की राष्ट्रीय भाषा न तो उर्दू ही है और न ही हिन्दी, बल्कि वह हिंदुस्तानी है, जो सारे हिन्दुस्तान में समझी जाती है और उसके बहुत बड़े भाग में बोली जाती है, लेकिन फिर भी लिखी नहीं जाती और यदि कोई लिखने का प्रयत्न करता है, तो उसे उर्दू और हिन्दी के साहित्यिक उसे टाट बाहर कर देते हैं ।''**[1] इसी प्रकार के विचार प्रेमचन्द ने एक अन्य स्थान पर भी प्रकट किये हैं : **''हमारे मुल्की फैलाव के साथ हमें एक ऐसी भाषा की ज़रूरत पड़ गयी है, जो सारे हिन्दुस्तान में समझी और बोली जाय, जिसे हम हिन्दी या गुजराती या मराठी या उर्दू न कहकर हिन्दुस्तानी भाषा कह सकें, जिसे हिन्दुस्तान का पढ़ा-बेपढ़ा आदमी उसी तरह समझे और बोले जैसे हरेक अंग्रेज़ या जर्मन या फ्रांसीसी फ्रेंच या जर्मन या अंग्रेज़ी भाषा बोलता और समझता है ।''**[2]

इसमें सन्देह नहीं कि यह खड़ीबोली ही थी, जो भारत के विभिन्न क्षेत्रों में सरलतापूर्वक प्रचलित थी, जिसे उस क्षेत्र के रहने बसने वाले बोलते और समझते थे। इसी भाषा को महात्मा गाँधी ने 'हिन्दुस्तानी' नाम दिया था, जो उसकी व्यापकता के आधार पर बड़ी सीमा तक वास्तविकता पर आधारित था, क्योंकि इसके बोलने वालों की संख्या अन्य क्षेत्रीय भाषा-भाषियों की संख्या से कई गुना अधिक थी, जिसे उर्दू भाषा-भाषी अपनी संख्या और

---

1. प्रेमचन्द : साहित्य का उद्देश्य, पृ० 209
2. वही, पृ० 171

हिन्दी भाषा-भाषी अपनी संख्या कहकर प्रस्तुत करते थे। प्रेमचन्द ने 9 अप्रैल, 1934 ई० के 'हंस' में इसी स्थिति के विषय में लिखा था : "**अगर उर्दू को भी हिन्दी में मिला लिया जाय-क्योंकि जहाँ तक बोली का सम्बंध है इन दोनों भाषाओं में कोई अन्तर नहीं तो हिन्दी बोलने वालों की संख्या पंद्रह करोड़ से कम नहीं है और समझने वालों की संख्या तो इससे कहीं ज़्यादा है। आश्चर्य है कि अभी तक वह क्यों क़ौमी ज़बान नहीं बन गयी ।**"[1]

राष्ट्रभाषा की स्थिति के विषय में मतभेद के अनेक स्तर थे। भौगोलिक तथा ऐतिहासिक आवश्यकताओं के साथ-साथ धार्मिक और सांस्कृतिक संस्कार भी उसको अनेक पहलुओं से प्रभावित कर रहे थे। उस समय हिन्दी उर्दू भाषी लोग रूढ़ तथा संकीर्ण धार्मिक संस्कारों की भावुकतापूर्ण लहरों में अंधों की भाँति भटके हुए थे। परिणामस्वरूप कुछ अन्य समस्याओं के समान भाषिक समस्या भी उलझती जा रही थी। उर्दू-हिन्दी तथा हिन्दुस्तानी तीनों भाषाओं के नेता अपनी भाषा को राष्ट्रभाषा घोषित करना चाहते थे तथा अन्य भारतीय भाषाओं को अपनी भाषा के अधीन करने का स्वप्न देखते थे। इस स्थिति ने एक दूसरे के प्रति विश्रृंखलता, विरोध तथा अविश्वास के भाव को प्रसारित कर दिया था, जिसका प्रभाव उस युग के लगभग सभी प्रबुद्ध कवियों, लेखकों, विचारकों अथवा कलाकारों की रचनाओं में स्पष्ट देखा जा सकता है किन्तु प्रेमचन्द ने अपना मन्तव्य अत्यन्त स्पष्ट रखा। दिसम्बर 1935 ई० के 'हंस' में वे लिखते हैं : "**उर्दू केवल प्रान्तीय भाषा नहीं है, मगर इसी तरह हिन्दी केवल प्रांतीय भाषा नहीं है और उसमें से किसी एक को भी मिटाया नहीं जा सकता । उनकी उन्नति पृथक रहकर भी सहयोग में। दोनों को अपने अपने विकास और फैलाव और संपन्नता का समान अवसर मिलना चाहिए ।**"[2]

इस प्रकार राष्ट्रभाषा और क्षेत्रीय भाषा के सम्बंध में प्रेमचन्द का दृष्टिकोण स्पष्ट हो जाता है कि उन्होंने जिस हिन्दुस्तानी का समर्थन किया और जिसके समझने और बोलने वालों की एक विशाल जन-संख्या को स्वीकार किया, उसे संपर्क भाषा के रूप में ही सीमित रखना चाहते थे, जिससे विभिन्न प्रान्तों के लोग अपने विचारों एवं भावनाओं को व्यक्त कर सकें। यही भाषा राजभाषा के रूप में संप्रेषण का माध्यम होती तथा इस प्रकार हिन्दी-उर्दू की मौलिक विशेषताएँ भी विद्यमान रहती और उन्हें क्षेत्रीय भाषा के रूप में देश

---

1. **प्रेमचन्द : विविध प्रसंग, खण्ड 3, पृ० 289**
2. **वही, पृ० 312**

के कुछ प्रांतों में उन्नति तथा विकास का अवसर मिलता। क्षेत्रीय भाषाओं की सीमा में तमिल, तेलगू, मलयालम, कन्नड़, बँगला, गुजराती आदि भाषाओं को भी सुविधाएँ प्राप्त होती। भाषिक समस्या की यही कल्पना बाद के आने वाले समय में कई प्रकार के टकराव से जूझती रही। स्वतंत्र भारत में बहुत दिनों तक उर्दू को राष्ट्रीय एवं प्रांतीय भाषाओं की सुविधाओं से भी वंचित रहना पड़ा, जिसके राजनीतिक कारण थे जिन्हें यहाँ प्रस्तुत करना उचित नहीं दीखता।

प्रेमचन्द हिन्दुस्तानी को राष्ट्रभाषा और संपर्क भाषा बनाने के समर्थक थे और उनके स्वरूप, सीमाओं, स्तरों तथा आधारों के विभिन्न पहलुओं पर अपने विचार व्यक्त करते रहे। हिन्दुस्तानी के 'आमफ़हम' होने के विषय में लिखते हैं : **''वह शब्द सरल है, जो व्यवहार में आ रहा है। इसमें कोई बहस नहीं कि वह तुर्की है या अरबी या पुर्तगाली। उर्दू और हिन्दी में क्यों इतना सौतियाडाह है, मेरी समझ में नहीं आता। अगर एक समुदाय के लोगों को 'उर्दू' नाम प्रिय है, तो उन्हें उसका इस्तेमाल करने दीजिये। जिन्हें 'हिन्दी' नाम से प्रेम है, वह हिन्दी ही कहे। इसमें लड़ाई काहे की?''**[1] इसी प्रकार पारिभाषिक शब्दावली के चयन के विषय में प्रेमचन्द के विचार स्पष्ट हैं : **''ज़रूरत तो यह है कि एक ही शब्द लिया जाय, चाहे वह संस्कृत से लिया जाय या फ़ारसी से, या दोनों को मिलाकर कोई नया शब्द गढ़ लिया जाय।''**[2]

इस भाषा की लिपि क्या हो? इस प्रश्न का उत्तर बड़ा ही पेचीदा था, क्योंकि उर्दू और हिन्दी दोनों लिपियों के समर्थक अपने अपने तर्कों को भाषिक एवं वैज्ञानिक आधारों से अधिक धार्मिक एवं भावुक सम्बंधों के साथ स्पष्ट करते, जिसमें एकरूपता ढूढ़ना असंभव था क्योंकि इन दोनों लिपियों में पारस्परिक समानता के आधार नहीं मिलते थे, जो उनकी विभिन्न स्थितियों और वर्तनी के कारण थे। मध्यस्थता के विचार से कुछ लोगों ने 'रोमन-लिपि' का प्रस्ताव रखा। यह पद्धति नितांत सरलवादिता पर आधारित थी, जिसमें भाषा और जीवन के संदर्भों को भी नकार दिया गया था। ऐसा लगता है कि रोमन-लिपि के प्रस्तावकों के सम्मुख भाषा की निजी परम्पराएँ और पृष्ठभूमि नहीं थीं। प्रेमचन्द को लिपि की कठिनाइयों का एहसास था। एक स्थान पर लिखते हैं : **''हमें अपनी राष्ट्रभाषा और राष्ट्रलिपि का प्रचार मित्रभाव से करना है। इसका पहला क़दम यह है कि हम नागरी लिपि का**

---

1. प्रेमचन्द : साहित्य का उद्देश्य, पृ० 156
2. प्रेमचन्द : साहित्य का उद्देश्य, पृ० 196

संगठन करें। बँगला, गुजराती, तमिल, आदि यदि नागरी लिपि स्वीकार कर लें, तो राष्ट्रीय लिपि का प्रश्न बहुत कुछ हल हो जायेगा। और कुछ नहीं तो केवल संख्या ही नागरी को प्रधानता दिला देगी।"[1] इसी प्रकार 23 अप्रैल 1934 ई० के 'जागरण' में नागरी लिपि के समर्थन में लिखते हैं: **"जो लिपि भारत के अधिकतर प्रांतों में आसानी से सीखी जा सकेगी, वही राष्ट्र-लिपि बन जायेगी, कुछ समय के लिए दोनों लिपियाँ साथ-साथ भी रह सकती हैं।"**[2] एक दूसरे स्थान पर लिखते हैं : **"लिपि का फैसला समय करेगा। जो ज़्यादा जानदार है, वह आगे आयेगी। लिपि के भेद का विषय छेड़ना घोड़े के आगे गाड़ी को रखना है। हमें इस शर्त को मानकर चलना है कि हिन्दी और उर्दू दोनों ही राष्ट्रलिपियाँ हैं और हमें अख़्तियार है, चाहे जिस लिपि में उसका व्यवहार करें। हमारी सुविधा, हमारी मनोवृत्ति और हमारे संस्कार इसका फ़ैसला करेंगे।"**[3]

उपर्युक्त मंतव्यों से स्पष्ट हो जाता है कि प्रेमचन्द को दृष्टि में राष्ट्रभाषा की लिपि-नागरी ही हो सकती थी और उनके विचार में वही राष्ट्रलिपि कहलाने योग्य थी, जिसे भारत की अन्य भाषाओं को भी स्वीकार कर लेना चाहिए, क्योंकि एक राष्ट्र के लिए एक ही लिपि होने की स्थिति में अनेक भाषिक समस्याओं का स्वत: समाधान हो जाता है। प्रेमचन्द का विचार था कि नागरी लिपि को हिन्दी तथा उर्दू दोनों भाषाओं के लिए स्वीकार कराने में कटुता लाने की आवश्यकता नहीं है। नागरी के प्रयोग में आने के बाद धीरे-धीरे स्वयं ही उसके लिए रास्ता खुल जायेगा, क्योंकि उर्दू-लिपि के विषय में उनका विचार था कि समय की गति के अनुसार उसकी सर्वप्रियता में धीरे-धीरे कमी हो जायेगी और नागरी लिपि उसका स्थान ले लेगी। किन्तु इसमें किसी प्रकार की जल्दी करना अनुचित मानते थे।

जैसा कि ऊपर कहा जा चुका, यही उस समय का गाँधीवादी दृष्टिकोण भी था और इसी आधार पर राष्ट्रभाषा के स्वरूप एवं विकास-क्रम की कल्पना की जाती थी, जिसमें राजनैतिक अतिशयोक्ति ने तीव्रता उत्पन्न कर दी थी। इससे प्रेमचन्द भी प्रभावित हुए। अप्रैल 1934 ई० के 'हंस' में उर्दू-लिपि को उत्तर भारत के एक प्रांत तक सीमित करने के बाद सामयिक रूप में उर्दू शिक्षा व्यवस्था का प्रस्ताव करते हुए लिखते हैं: **"फ़ारसी-लिपि का व्यवहार**

---

1. **प्रेमचन्द : साहित्य का उद्देश्य, पृ०** 166
2. **प्रेमचन्द : विविध प्रसंग; खंड 3, पृ०** 291
3. **प्रेमचन्द : साहित्य का उद्देश्य, पृ०** 185

उत्तर भारत और पंजाब के मुसलमान ही करते हैं । अगर हमारे मदरसों के हरेक छात्र के लिए उर्दू और हिन्दी दोनों भाषाओं का लिखना पढ़ना दसवें दरजे तक लाज़िमी कर दिया जाय, जो हमारे ख़याल में कुछ दिनों के बाद शिक्षित समाज दोनों लिपियों में अभ्यस्त हो जायेगा और उसे जो लिपि अधिक परिष्कृत, सुगम और सुबोध जान पड़ेगी उसका व्यवहार करेगा ।''[1] इन्हीं विचारों की पुनरावृत्ति प्रेमचन्द ने दिसंबर 1935 ई० के 'हंस' में सलीम जाफ़र के लेख के समर्थन में की है : **''हमारा यक़ीन है कि हिन्दुओं को हाई स्कूल तक उर्दू को लाज़िमी बनाये जाने में एतराज़ न होगा । अगर दोनों ज़बानें हाई स्कूल तक लाज़िमी हो जायें, तो दोनों ज़बानों का विकास इस ढंग से होगा कि वे दिन-दिन एक दूसरे के समीप आती जायेंगी और एक दिन दोनों भाषाएँ एक हो जायेगी ।''**[2]

प्रेमचन्द उर्दू और हिन्दी के समन्वय एवं सम्मिश्रण तथा राष्ट्रभाषा के रूप में हिन्दुस्तानी को स्वीकार कराने के आंदोलन में अन्य राष्ट्रीय नेताओं से सहयोग कर रहे थे। उनके विचार में भाषिक समस्या से राष्ट्रीय राजनीति की अनिवार्यताएँ अधिक महत्त्वपूर्ण थी परन्तु उसमें भाषा समस्या का समाधान शीघ्रातिशीघ्र कर लेना चाहते थे। प्रेमचन्द भी अन्य राजनीतिक नेताओं की तरह भाषा की समस्या को सामाजिक, सांस्कृतिक, कलात्मक तथा वैज्ञानिक दृष्टिकोण से देखने के बजाय विभिन्न पक्षों के बीच राजनीतिक मध्यस्थता द्वारा हल करना चाहते थे। उन्होंने इस तथ्य को एकदम भुला दिया था कि उर्दू हिन्दी दोनों पश्चिमी हिन्दी (खड़ीबोली) का एक रूप होने के बावजूद अपनी अलग-अलग भाषिक विशेषताएँ उत्पन्न कर चुकी थीं तथा इनका वैज्ञानिक विकास अलग अलग दिशाओं में सहज रूप में हो रहा था, जिन्हें विस्मृत करके राजनीतिक नेताओं, बुद्धिजीवियों तथा साहित्यकारों के सुविधावादी निर्णय निरर्थक हो जायेंगे। प्रेमचन्द भी अपने समय के नेताओं के हम-आवाज़ होकर 'बुनियादी तालीम' में उर्दू और हिन्दी दोनों भाषाओं के सम्मिलित किये जाने की माँग पर सहमत हो जाते और चौथी कक्षा तक एक ही भाषा को दो लिपियों में सिखाने का समर्थन करने लगते : **''संयुक्त प्रांत के अपर प्राइमरी स्कूलों में चौथे दरजे तक इसी मिश्रित भाषा अर्थात् हिन्दुस्तानी की रीडरें पढ़ायी जाती हैं तो केवल उनकी लिपि अलग होती है,**

---

1. प्रेमचन्द : विविध प्रसंग, खंड 3, पृ० 294
2. प्रेमचन्द : विविध प्रसंग, खंड 3, पृ० 314

उनकी भाषा में कोई अन्तर नहीं होता ।''[1] हालांकि प्रेमचन्द ने ही एक दूसरे स्थान पर लिखा है : **''केवल लिपि एक ही हो जाने से भाषाओं का अन्तर कम नहीं होगा और हिन्दी-लिपि में मराठी समझना उतना ही मुश्किल है, जितना मराठी लिपि में हिन्दी ।''**[2]

यह और इसी प्रकार की अनेक परस्पर विरोधी विचारधाराओं के कारण राष्ट्रभाषा की समस्या उलझती ही गयी, जिसके समाधान में किये गए प्रयत्न भी विफल होते गये। राष्ट्रभाषा का स्वरूप, सीमाएँ तथा आधार देश की अन्य भाषाओं से उसका सम्बंध, सरकारी और संपर्क के आधार पर उसकी क्रियाशीलता आदि विषयों पर उचित निर्णय नहीं किये जा सके। इसी के साथ-साथ अंग्रेज़ी भाषा की समस्या भी जुड़ी हुई थी, क्योंकि अंग्रेज़ी ही उस समय में राष्ट्रीय अथवा अन्तर्राष्ट्रीय संपर्क-भाषा थी, परन्तु उसका कार्यक्षेत्र विकसित न हो सका था। अंग्रेज़ी भारत में मात्र शासक वर्ग तक सीमित थी। भारतीय जनता तक अंग्रेज़ी नहीं पहुँच सकी थी, न पहुँची ही। साथ ही जनता उस समय भी और आज भी इसे विदेशी सरकार के शोषणों का माध्यम एवं प्रतीक मानती थी और मानती है। अत: स्वतंत्रता आंदोलन के साथ-साथ अंग्रेज़ी भाषा का विरोध भी प्रारम्भ हो गया। प्रेमचन्द लिखते हैं: **''अंग्रेज़ी हमारी पराधीनता की वही बेड़ी है, जिसने हमारे मन और बुद्धि को जकड़ रखा है कि उसने इच्छा भी नहीं रहीं । हमारा शिक्षित समाज इस बेड़ी को गले का हार समझने पर मजबूर है।''**[3] इसलिए उन्होंने भारतीय जनता को सलाह दी : **''जिस दिन आप अंग्रेज़ी भाषा का प्रभुत्व तोड़ देंगे और अपनी एक क़ौमी भाषा बना लेंगे, उसी दिन आपको स्वराज्य के दर्शन हो जायेंगे........ राष्ट्र की बुनियाद राष्ट्र की भाषा है नदी, पहाड़, समुद्र राष्ट्र नहीं बनाते, भाषा ही वह बंधन है, जो चिरकाल तक राष्ट्र को एकसूत्र में बाँधे रहती है और उसका शीराज़ा बिखरने नहीं देती ।''**[4] परन्तु अंग्रेज़ी-भाषा के इस विरोध में प्रेमचन्द-अंग्रेज़ी भाषा की साहित्यिक एवं सांस्कृतिक उपलब्धियों को अस्वीकार नहीं करते। उन्होंने एक अन्य स्थान पर स्पष्ट शब्दों में लिखा है : **''दुनिया की तहज़ीबी या सांस्कृतिक बिरादरी में मिलने के लिए अंग्रेज़ी ही हमारे लिए एक दरवाज़ा है और उसकी तरफ़ से हम आँख नहीं बंद कर सकते, लेकिन हम दौलत और अख़्तियार की दौड़ में और**

---

1. प्रेमचन्द : साहित्य का उद्देश्य, पृ० 211
2. प्रेमचन्द : साहित्य का उद्देश्य, पृ० 184
3. प्रेमचन्द : साहित्य का उद्देश्य : पृ० 151
4. प्रेमचन्द : साहित्य का उद्देश्य, पृ० 153

बेतहाशा दौड़ में कौमी भाषा की ज़रूरत बिलकुल भूल गये और उस ज़रूरत की याद कौन दिलाता?''[1] प्रेमचन्द ने भाषिक समस्या के अनेक पक्षों पर विचार-प्रधान मंतव्य प्रस्तुत किये हैं, जिन्हें दृष्टि में रखकर ही प्रेमचन्द को भाषिक-निधि के बारे में विचार किया जा सकता है।

प्रेमचन्द के संदर्भ में उर्दू बनाम हिन्दी समस्या का अध्ययन करते हुए इस तथ्य पर ध्यान रखना चाहिए कि प्रेमचन्द भाषाशास्त्री नहीं थे और न उन्होंने इस समस्या का वैज्ञानिक दृष्टिकोण से अध्ययन ही किया था। उन्होंने उर्दू-हिन्दी विरोध की समस्त ज़िम्मेदारी फ़ोर्ट विलियम कॉलेज के सर पर डाल दी थी, जो 1800 ई० में अस्तित्व में आया, जिसका उद्देश्य कम्पनी बहादुर के अफ़सरों की शिक्षा का प्रबंध करना था,किन्तु इस संदर्भ में उनकी क्रियाशीलता नकारात्मक या ध्वंसात्मक न थी। विदेशियों की भाषा-दृष्टि ने अध्ययन कर लिया था कि कलकत्ते से पेशावर तक जो नागरिक भाषा प्रचलित थी, उसे उर्दू ही कहा जा सकता है, किन्तु नगरों से सुदूर ग्रामों तथा उपनगरों में प्रचलित प्राचीन बोलियों के आधार पर उसमें साहित्य तथा जन साधारण का बड़ा वर्ग उसे नागरीलिपि में लिखता था। हमारे विचार में जॉन गिलक्रिस्ट ने राजनीतिक उद्देश्यों से अधिक भाषिक उद्देश्यों की पूर्ति के लिए लल्लूलाल जी आदि को हिन्दी लिखने का आदेश दिया था। अत: बिना किसी प्रमाण के फ़ोर्ट-विलियम कॉलेज की असाधारण साहित्यिक उपलब्धियों को नकार देना न्यायसंगत नहीं है।

प्रेमचन्द ने भाषिक समस्या को राजनीतिक दृष्टि से देखने और उसका समाधान ढूँढ़ने की कोशिश की तथा उसका राजनीतिक समाधान भी निकाला। उनका यह समाधान महात्मा गाँधी अथवा अन्य राष्ट्रीय नेताओं द्वारा प्रस्तुत समाधान से भिन्न नहीं था। उन्होंने भी उर्दू तथा हिन्दी दोनों भाषाओं के बीच में एक अन्य भाषा हिंदुस्तानी की कल्पना की। यह उस समय का फ़ैशन भी था। अब समय ने स्पष्ट कर दिया है कि हिन्दुस्तानी मात्र काल्पनिक भाषा थी। बोली के स्तर पर वह आज भी प्रचलित है परन्तु साहित्य में इसका कोई अस्तित्व नहीं है। हिन्दी तथा उर्दू पहले भी विद्यमान थीं, उसी प्रकार वर्तमान में भी विकासशील हैं।

❑❑❑

1. **प्रेमचन्द : साहित्य का उद्देश्य, पृ० 172**

अध्याय : दो

कथाकार की उदय भूमि

प्रेमचन्द को भारतीय साहित्यिक वाङ्मय में विद्यापति के समान विशिष्टता प्राप्त है कि उन्हें दो सशक्त एवं उन्नतिशील भारतीय भाषाओं में बराबर का अधिकार मिला। परन्तु एक प्रकार से उन्हें वरीयता दी जा सकती है कि विद्यापति के विपरीत उन्होंने दो सर्वथा भिन्न सामाजिक एवं धार्मिक परम्पराओं के साहित्य में सांकृतिक एवं साहित्यिक आधारों पर समान रूप में लोकप्रियता एवं सम्मान प्राप्त किया। उर्दू तथा हिन्दी दोनों में प्रेमचन्द को कथा-साहित्य का निर्माता माना गया है। उनके पूर्व दोनों भाषाओं में कथा-साहित्य किसी सीमा तक अनुवाद मात्र था अथवा गल्प या दास्तान। कथा-साहित्य का आधुनिक परिवेश प्रेमचन्द द्वारा मिला है। प्रेमचन्द उर्दू-हिन्दी भाषाओं के विकास के लिए बराबर प्रयत्नशील रहे। इन भाषाओं की भाषिक जनता भारतीय जनसंख्या का बड़ा भाग समाहित करती है एवं भाषिक समस्या का समाधान उर्दू-हिन्दी के सम्मिश्रण से ही सम्भव है, ऐसी मान्यता भी प्रेमचन्द की थी। साहित्य, इतिहास, संस्कृति आदि के अनेक पहलुओं पर विचार प्रस्तुत करते हुए, उन्होंने देश की अखण्डता को भाषिक समस्या के परिप्रेक्ष्य में भी देखा था। इसलिए प्रेमचन्द की रचनाएँ इन दोनों भाषाओं में मात्र व्यक्तित्व प्रचार एवं प्रसार अथवा धनोपार्जन का माध्यम मात्र नहीं थी। इनका आधार बहुत व्यापक था। इस समस्या को समझने के लिए प्रेमचन्द की रचनाकारिता के विभिन्न युगों एवं पक्षों को दृष्टि में रखना होगा। अतः प्रेमचन्द की रचना-प्रक्रिया को समझने के लिए आवश्यक हो जाता है कि उसके अन्तरंग प्रभावों के साथ ही साथ बहिरंग प्रभावों को भी देखा जाय।

प्रेमचन्द ने अपनी रचना-प्रक्रिया के विषय में कोई क्रमबद्ध नियम नहीं बनाये थे। उन्होंने अपनी ऐसी दैनिक डायरी भी नहीं लिखी, जिससे उनके बारे में उचित अनुमान लगाया जा सके। परन्तु इसमें भ्रम नहीं कि प्रेमचन्द रचना के विभिन्न पक्षों के विषय में निश्चित धारणा रखते थे। उनकी रचना का आधार तत्कालीन आर्थिक, सामाजिक एवं राजनैतिक समस्याएँ थी।

लिखते हैं: जब तक करेंट-अफेयर से लगाव न रहे, किसी मजमून पर लिखने की तहरीक नहीं होती और मजमून मुश्किल से सूझता है।[1] और फिर प्रेरणा भी उन्हें सामाजिक आधार पर मिलती है : **"अगर लेखक अपनी आँखे खुली रखे, तो उसे हवा में भी कहानियाँ मिल सकती हैं। रेलगाड़ी में, नौका पर, समाचार-पत्रों में, व्यक्तियों की बातचीत में और हज़ारों जगहों से ख़ूबसूरत कहानियाँ बनायी जा सकती है।[2]"** रचनाकार अपनी रुचि एवं प्रकृति के अनुकूल कथानक का चुनाव कर लेता है।[3] अपने कथानक का आधार प्रस्तुत करते हुए लिखते हैं : **"कथानक मैं इस दृष्टि से बुनता हूँ कि मानव-चरित्र में जो कुछ सुंदर है, मर्दाना है, वह उभर कर सामने आ जाये। यह एक उलझी हुई प्रक्रिया है। कभी इसकी प्रेरणा एक व्यक्ति से मिलती है या कभी किसी घटना से या किसी स्वप्न से लेकिन मेरे लिए ज़रूरी है कि मेरी कहानी का कोई मनोवैज्ञानिक आधार हो।"**[4] कथानक एवं चरित्रों का चयन करने के बाद ही लिखने में सुविधा होती है : **"प्लाट सोच लेने के बाद लिखना बहुत आसान हो जाता है, लेकिन प्लाट सोचने के साथ ही चरित्रों की कल्पना भी करनी पड़ती है, जिसके द्वारा यह प्लाट प्रदर्शित किया जाय।"**[5]

प्रस्तुत प्रसंग में रचनाकार प्रेमचन्द की सृजनशक्ति का विश्लेषण करना अभीष्ठ नहीं है बल्कि उनके रचना-क्रम से सम्बन्धित ऐसे तथ्यों का विश्लेषण करना है, जिनके आधार पर प्रेमचन्द का हिन्दी तथा उर्दू रचना-क्रम समझा जा सके, क्योंकि हिन्दी तथा उर्दू में उनकी रचनाएँ बिखरी हुई हैं, जिन्हें उर्दू वाले उर्दू की तथा हिन्दी वाले हिन्दीं की बताते हैं। यहाँ दोनों का एक साथ क्रम-निर्धारण कर देना उचित होगा।

प्रारम्भिक रचनाएँ

प्रेमचन्द ने कब से रचना करना प्रारम्भ किया, इस बारे में अनेक भ्रांतियाँ हैं, जिनका आधार अधिकांशत: प्रेमचन्द के अपने ही विरोधाभासी कशन हैं, जिन पर उनके जीवनीकारों तथा समालोचकों ने एकपक्षीय धारणाएँ बना लीं। साथ ही साथ प्रेमचन्द के विषय में लिखनेवाले अनेक विद्वान हिन्दी

---

1. प्रेमचन्द : चिट्ठी पत्री, भाग 1, पृ० 50
2. प्रेमचंद : कुछ विचार, पृ० 85
3. ग्रेमचन्द : विविध प्रसंग, भाग 3, पृ० 19
4. प्रेमचन्द : चिट्ठी-पत्री, भाग 2, पृ० 235
5. प्रेमचन्द : विविध प्रसंग, भाग 3, पृ० 22

तथा उर्दू में एक ही भाषा से परिचित हैं। अपनी असमर्थता के कारण वे विभिन्न प्रकार के संदर्भों से लाभान्वित नहीं हो पाते और इस प्रकार उपलब्ध सामग्री को देखने और परखने से वंचित रह जाते हैं। इसलिए उनके वक्तव्यों में परस्पर विरोध पाया जाता हैं। देखिए :

(1) 1915 ई० में **''प्रेमचन्द की पहली हिन्दी मौलिक कहानी 'पंच-परमेश्वर' प्रकाशित हुई ।''**[1]

(2) **''पंचपरमेश्वर (सरस्वती, 1916) उनकी पहली कहानी है जो हिन्दी में प्रकाशित हुई ।''**[2]

(3) **''उनकी पहली रचना 'पंचपरमेश्वर' ही नये युग की सूचना देने में समर्थ हुई ।''**[3]

(4) **''हिन्दी में उनकी कहानी 'सौत' (पहली कहानी) मानी जाती है ।''**[4]

(5) **''प्रेमचन्द की पहली हिन्दी रचना 'समता' ही है ।''**[5]

उपर्युक्त मंतव्यों में दो कहानियों को प्रेमचन्द की पहली हिन्दी रचना घोषित किया गया है। 'पंचपरमेश्वर' हिन्दी की मौलिक रचना नहीं है और न वह 1915 ई० में हिन्दी में प्रकाशित हुई। यह कहानी पहली बार उर्दू मासिक 'ज़माना' में मई-जून, 1916 ई० के अंक में प्रकाशित हुई थी। इसका हिन्दी रूपांतर प्रेमचन्द ने 'सरस्वती' को भेजा था, जिसे पं० महावीरप्रसाद द्विवेदी ने अपने संशोधनों के साथ प्रकाशित किया था। 'ममता' के विषय में और भी मनोरंजक घटना घटी। उपर्युक्त मत का आधार सुदर्शन का वक्तव्य है। पहले वह वक्तव्य देख लीजिए : ''1901 **ई० या 1910 ई० की बात है । मैंने कानपुर के प्रसिद्ध मासिक 'ज़माना' में प्रेमचन्द की पहली कहानी 'ममता' पढ़ी** (उर्दू में 'ममता' नहीं 'मामता है।) **और पढ़कर उछल पड़ा ।''**[6] इससे विद्वान गवेषकों ने कल्पना कर लिया कि 'ममता' ही प्रेमचन्द की पहली कहानी है, यद्यपि सुदर्शन के इसी लेख में नवाबराय नाम से 'सोज़े-वतन' के प्रकाशन की चर्चा भी विद्यमान है। उन्होंने 'ममता' की चर्चा संभवतः पहली बार प्रेमचन्द की रचनाओं से स्वयं अपने परिचित होने के संदर्भ में की है,किन्तु फिर भी इसके बाद अनेक विद्वानों ने बिना किसी

---

1. सुरेश सिनहा : हिन्दी कहानी उद्भव और विकास; पृ० 327
2. रामरतन भटनागर : कलाकार प्रेमचन्द, पृ० 31
3. जितेन्द्र नाथ पाठक : कथाकार प्रेमचन्द, पृ०36
4. शीला गुप्त : प्रेमचन्द और उनका साहित्य, पृ० 134
5. राजेश्वर गुरु : प्रेमचन्द : एक अध्ययन, पृ० 203
6. सुदर्शन : स्मृतियाँ; 'हंस' स्मृति अंक, 1937 ई०

परीक्षण अथवा प्रमाण के अपने शोध प्रबंधों में 'ममता' को ही प्रेमचन्द की पहली कहानी लिखना प्रारम्भ कर दिया। संभवत: हिन्दी-लेखकों में अमृतराय पहले लेखक है, जिन्होंने प्रेमचन्द के संदर्भ में विभिन्न तथ्यों को देखने और परखने का यत्न किया।

अपनी पहली रचना के विषय में प्रेमचन्द ने एक रोचक घटना का उल्लेख किया है कि उन्होंने अपने एक रिश्ते के मामा (जिनका नाम अमृतराय ने मुंशी रूपनारायन बताया है।)[1] की प्रेमलीला की गाथा नाटक के रूप में लिखी थीं। उस समय प्रेमचन्द की आयु मात्र 13 (तेरह) वर्ष की थी। यह रचना कहीं प्रकाशित नहीं हुई और इसे स्वयं प्रेमचन्द ने ही जला दिया था।[2] इसलिए इसे अधिक महत्त्व नहीं दिया जा सकता। प्रेमचन्द 29 जनवरी, 1921 ई० को इम्तयाज़ अली 'ताज' के नाम एक पत्र में लिखते हैं : **''हाँ 'हम ख़ुर्मा-ओ-हमसवाब' व 'किशना' वग़ैरह मेरी इब्तिदायी तसानीफ़ हैं। पहली किताब तो लखनऊ के नवलकिशोर प्रेस ने शाया की थी, दूसरी किताब बनारस के मेडिकल हाल प्रेस ने। यह ग़ालबन 1900 ई० की तसानीफ़ हैं।''**[3] एक दूसरे पत्र में 17 जुलाई, 1926 ई० को मुंशी दयानरायन निगम को लिखते हैं : **''1901 ई० से लिट्रेरी ज़िंदगी शुरू की। रिसाला 'ज़माना' में लिखता रहा। कई साल तक मुतफ़र्रिक़ मज़ामीन लिखे। 1904 ई० में एक हिन्दी नॉवेल 'प्रेमा' लिखकर इंडियन प्रेस से शाया कराया, 1912 ई० में 'जलवा-ए-ईसार' और 1918 ई० में 'बाज़ारे-हुस्न' लिखा।''**[4] किन्तु अपने जीवनसार' में लिखते हैं : **''डाक्टर रवींद्रनाथ की कहानियाँ मैंने अंग्रेज़ी में पढ़ी थी। उनमें से कुछ का अनुवाद किया। पहला उपन्यास तो मैंने 1901 ई० में लिखना प्रारम्भ किया था, मेरा एक उपन्यास 1902 ई० में प्रकाशित हुआ और दूसरा 1904 ई० में।''**[5]

अंतिम दो बयानों में 1901 ई० से साहित्यिक जीवन प्रारम्भ करने की चर्चा है, किन्तु उनमें पहले उपन्यास के लेखन-काल के निर्धारण में मतभेद है। एक में 1904 ई० में 'प्रेमा' लिखने और प्रकाशित करने की चर्चा है, किन्तु दूसरे में उसके पूर्व ही 1902 ई० में किसी उपन्यास लेखन का

---

1. अमृतराय : प्रेमचन्द, 'क़लम का सिपाही' पृ० 34
2. प्रेमचन्द : मेरी पहली रचना, कफ़न, पृ० 49
3. प्रेमचन्द : चिट्ठी-पत्री, भाग 2, पृ० 129
4. प्रेमचन्द : चिट्ठी-पत्री, भाग 1, पृष्ठ 161
5. प्रेमचन्द : जीवन सार, हंस, फ़रवरी, 1932 ई०

उल्लेख है। यदि 1904 ई० को 'प्रेमा' का प्रकाशन-वर्ष स्वीकार कर लिया जाय, तो यह प्रेमचन्द की दूसरी कृति होगी। किन्तु 1902 ई० की पहली रचना की पहेली अनबूझी ही रह जायेगी। यदि पहले पत्र के बयान को सही मान लिया जाय, तो 'हमख़ुर्मा ओ-हमसवाब' और 'किशना' 1900 ई० की प्रकाशित मानी जायेंगी और यही प्रेमचन्द की क्रमशः पहली तथा दूसरी रचनाएँ होगी। जो सही नहीं है।

प्रेमचन्द की प्रारम्भिक रचनाओं पर विचार करते हुए उन्हीं के डॉ० इंद्रनाथ मदान के नाम 7 सितम्बर, 1934 ई० के पत्र पर भी ध्यान रखने की आवश्यकता है, जिसमें वे लिखते हैं : **''मेरा पहला लेख 1901 में और मेरी पहली किताब सन् 1903 में छपी। इस साहित्य-रचना से मुझे अपने अहंकार की तुष्टि के अलावा और कुछ न मिला था। पहले मैं समसामयिक घटनाओं से लिखता था फिर अपने वर्तमान और अतीत वीरों के चरित्रों के स्केच।''**[1]

उपर्युक्त पत्र के आधार पर डॉ० कमलकिशोर गोयनका ने 1903 ई० में प्रेमचन्द के प्रथम उपन्यास के पुस्तक रूप में प्रकाशन का प्रश्न उठाया है, जो भ्रांतिपूर्ण है। यहाँ पत्र में जिन रचनाओं का उल्लेख है, वे प्रेमचन्द के संक्षिप्त लेख हैं, जिनका संकलन बाद में 'बाकमालों के दर्शन' के नाम से इलाहाबाद के राम नारायण लाल ने प्रकाशित किया था, परन्तु प्रेमचन्द द्वारा दी गयी अन्य सूचनाएँ भी सत्य के विपरीत हैं। प्रेमचन्द की पहली रचना के निर्धारण में इस समस्या पर प्रकाश डाला जा चुका है। अतः उसकी पुनरावृत्ति अनुचित है।

प्रेमचन्द की प्रारम्भिक रचनाओं के विषय में प्रेमचन्द साहित्य के अध्येता विद्वानों ने भी विभिन्न मत प्रकट किये हैं, जिनमें कुछेक की चर्चा की जाती है।

डॉ० इंद्रनाथ मदान प्रेमचन्द के प्रारम्भिक उपन्यासों के विषय में लिखते हैं: **''इसरारे-मुहब्बत' (1898 ई०) एक संक्षिप्त उपन्यास जो बनारस के साप्ताहिक 'आवाज़े-ख़ल्क़' में क्रमशः प्रकाशित हुआ... 'प्रतापचंद' (1901ई०) जो अपने असली रूप में कभी प्रकाशित नहीं हुआ''**[2] तथा डॉ० 'रामरतन भटनागर' के अनुसार : **''इसरारे-मुहब्बत' (1898 ई०) उनका पहला उपन्यास था, जो 19वीं शताब्दी के अन्य अनेक उपन्यासों की तरह बनारस के एक साप्ताहिक पत्र में क्रमशः प्रकाशित हुआ। कदाचित**

---

1. प्रेमचन्द : चिट्ठी पत्री, भाग 2, पृ० 234
2. इंद्रनाथ मदान : प्रेमचन्द एक विवेचन, पृ० 180

'प्रतापचंद' (1901ई०) उपन्यास भी उर्दू की ही रचना थी। परन्तु यह इस रूप में कभी प्रकाशित नहीं हुआ।''[1]

प्रेमचन्द के अभिन्न मित्र मुंशी दयानरायन निगम लिखते हैं : **''जहाँ तक मुझे मालूम हो सका प्रेमचन्द का पहला नॉवेल 'हमख़ुर्मा-ओ-हमसवाब' के नाम से बाबू महादेव प्रसाद वर्मा लखनवी के एहतमाम से...... हल्के काग़ज़ पर मामूली लिखायी छपायी में शाया हुआ था। मुसन्निफ़ की पहली तसनीफ़ होने की हैसियत से उसने नौमश्क़ी की अक्सार ख़ामियाँ मौज़ूद थीं।''**[2] मुंशी जगेश्वरनाथ वर्मा 'बेताब' के मतानुसार : **''हिन्दी में उनका पहला नॉवेल 'प्रेमा' और उर्दू में 'प्रतापचंद्र' जो धनपत राय के नाम से शाया हुए हैं।''**[3] इस समस्या पर यथास्थान विचार किया जायेगा कि प्रतापचंद्र की क्या वास्तविकता है। लेकिन इसमें किसी प्रकार का भ्रम नहीं करना चाहिए कि 'प्रेमा' के लेखक का नाम धनपत राय नहीं नवाब राय प्रकाशित हुआ था। मुहम्मद उमर ख़ाँन ने भी अपने लेख में 'प्रतापचंद्र' को प्रेमचन्द का प्रथम उपन्यास माना है।[4] इसी विचार की पुनरावृत्ति डॉ० उबैदउल्लाह ने अपने शोध-प्रबंध में की है।[5] प्रेमचन्द की धर्मपत्नी शिवरानी देवी के मतानुसार प्रेमचन्द का पहला उपन्यास 'किशना' है।

प्रेमचन्द के एक अन्य सहयोगी मुंशी प्यारे लाल 'शाकिर' भी उपर्युक्त कथन की पृष्टि करते हैं : **''मेरे कानपुर आने से डेढ़ बरस क़ब्ल उनका पहला नॉवेल 'हमख़ुर्मा-ओ-हमसवाब' शाया हुआ... उन्हें ख़ुद भी यह नॉवेल पसंद था। इसके बाद उन्होंने इसका हिन्दी में तर्जुमा किया और इसका नाम 'प्रेमा' रखा है।''**[6]

उपर्युक्त कथनों के आधार पर प्रेमचन्द के प्रारम्भिक उपन्यास के विषय में निम्नलिखित नाम मिलते हैं—

(1) 'हमख़ुर्मा-ओ-हमसवाब' जिसे प्रेमचन्द ने अपनी प्रारम्भिक रचना बताया है तथा उनके दो सहयोगी मित्रों ने पहली रचना घोषित किया।

---

1. रामरतन भटनागर : कलाकार प्रेमचन्द, पृ० 30
2. दया नरायन निगम : 'ज़माना', प्रेमचन्द विशेषांक।
3. जगेश्वर नाथ वर्मा 'बेताब' : 'ज़माना' प्रेमचन्द विशेषांक।
4. मुहम्मद उमर ख़ाँ : 'आजकल' दिल्ली, अप्रैल 1953 ई०
5. उबैदउल्लाह : पी० एच० डी० उपाधि के लिए शोध-प्रबंध पंजाब युनिवर्सिटी, लाहौर पृ० 249
6. शिवरानी देवी : प्रेमचन्द घर में।

(2) 'किशना' जो अप्राप्य है, प्रेमचन्द की पत्नी शिवरानी के अनुसार उनका प्रथम उपन्यास है।

(3) 'इसरारे-मुहब्बत' जिसे प्रेमचन्द के दो अधिकारी अध्येताओं ने प्रथम उपन्यास माना है।

(4) 'प्रतापचंद्र' जो सर्वथा अप्राप्य है, परन्तु इसकी चर्चा कुछेक आलोचक एवं गवेषक करते रहे हैं। मुंशी जगेश्वर नाथ ने तो इसका प्रकाशित होना भी लिख दिया है परन्तु जिस प्रकार उनके वक्तव्य का एक अंश सही नहीं है उसी प्रकार तर्कानुसार उसका दूसरा अंश भी असत्य हो जाता है। 'प्रतापचंद्र' के उर्दू में प्रकाशित होने का कोई प्रमाण नहीं मिलता। डॉ० इंद्रनाथमदान और डॉ० रामरतन भटनागर ने भी स्वीकार किया है कि 'प्रतापचंद' का प्रकाशन हुआ ही नहीं। उक्त विद्वानों ने अपनी सूचना के आधार का भी उल्लेख नहीं किया । अतः हमें प्रेमचन्द की किसी 'प्रतापचंद' नामक रचना के स्वीकार करने में संदेह है। संभवतः 'वरदान' के पात्र 'प्रतापचंद' से उन्हें भ्रम हुआ कि इसी शीर्षक से प्रेमचन्द ने कोई उपन्यास लिखने की योजना बनायी थी। इस भ्रम को कई अन्य विद्वानों ने भी प्रोत्साहन दिया, जिसकी चर्चा यथास्थान होगी।

प्रेमचन्द के अपने बयानों को अलग रखकर अन्य स्रोतों से इसके रचनाकाल का अनुमान लगाया जाय, तो ज्ञात होता है कि उर्दू मासिक 'ज़माना' में 'किशना' का पहला विज्ञापन अगस्त, 1907 ई० में प्रकाशित हुआ तथा उस पर नवंबर, 1907 ई० के अंक में समालोचना निकली। 'प्रेमा' पर उसका प्रकाशन वर्ष 1907 ई० मुद्रित है, जो उनके उर्दू उपन्यास 'हमख़ुर्मा-ओ-हमसवाब' का हिन्दी अनुवाद है। इसी उर्दू-उपन्यास का प्रथम संस्करण महादेवप्रसाद वर्मा ने प्रकाशित किया तथा दूसरा संस्करण नवलकिशोर प्रेस, लखनऊ में मुद्रित हुआ, किन्तु इनमें से किसी पर प्रकाशन वर्ष मुद्रित नहीं है, यद्यपि इसका विज्ञापन सन 1906 ई० के 'ज़माना' में मिलता है। इन सब को अलग रखते हुए प्रेमचन्द का एक और उपन्यास शेष रह जाता है, जिसे एक समय तक तथा कथित 'इसरारे-मुहब्बत' के नाम से उनका पहला उपन्यास कहा जाता रहा है। सुनी-सुनाई बातों पर बिना किसी शोध के विश्वास करने की विडंबना इससे अधिक क्या होगा! यह उपन्यास अमृतराय के सौजन्य से प्रकाशित हो गया है, जिसका सही नाम 'असरारे-मआबिद' है और जिसका हिन्दी अनुवाद 'देवस्थान का रहस्य' नाम से 1982 ई० में 'हंस प्रकाशन', इलाहाबाद से प्रकाशित हुआ। यह उपन्यास

पहली बार बनारस से प्रकाशित साप्ताहिक 'आवाज़ा-ए-ख़ल्क' में 8 अक्टूबर, 1903 ई० से 1 फ़रवरी 1904 ई० तक क्रमशः प्रकाशित होता रहा।

हमारे विचार में 'असरारे-मआबिद' को ही प्रेमचन्द की पहली प्रकाशित रचना स्वीकार करना उचित होगा, क्योंकि इसके पूर्व किसी अन्य कथा-रचना के प्रकाशन का प्रमाण नहीं मिलता। सितंबर, 1906 ई० में 'हमख़ुर्मा-ओ-हमसवाब' के विज्ञापन के आधार पर उसे प्रेमचन्द का दूसरा उपन्यास कहा जा सकता है। प्रेमचन्द ने अपने जिस उपन्यास 'प्रेमा' के 1904 ई० के प्रकाशन को अपनी दूसरी रचना बताया है, वह 'हमख़ुर्मा-ओ-हमसवाब' का हिन्दी अनुवाद मात्र है। 'प्रेमा' का प्रकाशन 1904 ई० में नहीं हुआ। अमृतराय ने अनुमान लगाया है कि संभवतः 'प्रेमा' का लेखन वर्ष 1904 ई० है[1] लेकिन इस अनुमान का कोई आधार प्रस्तुत नहीं किया है। इसलिए हमें उनके मत को स्वीकार करने में संकोच है। हमारे विचार में प्रेमचन्द ने 'प्रेमा' के बजाय 'हमख़ुर्मा-ओ-हमसवाब' का प्रकाशन-वर्ष 1904 ई० बयाना किया था। चूँकि 'प्रेमा' 'हमख़ुर्मा-ओ-हमसवाब' का अनुवाद मात्र है, इसलिए उनकी बात ससंगत नहीं थी। 'हमख़ुर्मा-ओ-हमसवाब' के संस्करणों पर प्रकाशन वर्ष मुद्रित नहीं है। हम कह सकते हैं कि 1904 ई० 'हमख़ुर्मा-ओ-हमसवाब' के लेखन अथवा अपना प्रकाशन वर्ष है। 'प्रेमा' का प्रकाशन हिन्दी में इंडियन प्रेस, इलाहाबाद से 1907 ई० में हुआ लेकिन चूँकि उस समय तक प्रेमचन्द हिन्दी लेखन की इतनी योग्यता प्राप्त नहीं कर सके थे कि स्वयं अपनी किसी रचना का लेखन अथवा अनुवाद हिन्दी में कर सकते, इसलिए 'प्रेमा' के प्रेमचन्द की रचना होने का प्रश्न ही नहीं उठता। इस समस्या पर अगले पृष्ठों में विस्तारपूर्वक प्रकाश डाला जायेगा।

उचित होगा यदि 'हमख़ुर्मा-ओ-हमसवाब' को प्रेमचन्द का दूसरा उपन्यास माना जाय, किन्तु इस संदर्भ में इस तथ्य पर भी ध्यान रखना चाहिए कि प्रेमचन्द की अपनी कृतियों के विज्ञापन एवं समालोचना की बड़ी ही चिंता रहती थी और मुंशी दयानरायन निगम से उनके परम आत्मीय सम्बन्धों को दृष्टि में रखने पर यह बात समझ में नहीं आती कि दो वर्षों तक इस उपन्यास का विज्ञापन अथवा उसकी समालोचना 'ज़माना' में क्योंकर प्रकाशित नहीं हुई।

'किशना' का पहला उर्दू संस्करण दिसम्बर 1906 ई० में प्रकाशित हुआ। इस पर नवम्बर 1907 ई० के 'ज़माना' में समीक्षा प्रकाशित हुई। इस

---

1. **अमृतराय : प्रेमचन्द, क़लम का सिपाही, पृ० 653**

समीक्षा के आधार पर इसे प्रेमचन्द का तीसरा उपन्यास कहा जा सकता है। 'रूठी रानी' का प्रकाशन भी 'ज़माना' में ही अप्रैल 1907 ई० से अगस्त 1907 ई० तक क्रमशः हुआ। उपलब्ध स्रोतों के आधार पर कहा जा सकता है कि यह प्रेमचन्द का चौथा उपन्यास होगा। प्रेमचन्द के अन्य उपन्यासों की चर्चा यथास्थान होगी।

प्रेमचन्द की प्रारम्भिक कहानियों के विषय में उनका ही कथन उल्लेखनीय है : "**पहले-पहल 1907 ई० में मैंने कहानियाँ लिखना प्रारम्भ किया। डॉ० रवीन्द्रनाथ की कहानियाँ मैंने अंग्रेज़ी में पढ़ी थीं; उनमें से कुछ का अनुवाद किया। मेरी पहली कहानी का नाम था, 'दुनिया का सब से अनमोल रतन', वह 1907 ई० में मासिक 'ज़माना' में प्रकाशित हुई। उसके बाद मैंने ज़माना में चार-पाँच कहानियाँ और लिखीं। 1909 ई० में पाँच कहानियों का संकलन 'सोज़े-वतन' के नाम से ज़माना प्रेस, कानपुर से प्रकाशित हुआ।**"[1] इसी प्रकार के विचार प्रेमचन्द डॉ० इंद्रनाथ मदान के नाम 7 सितम्बर 1935 ई० के पत्र में लिखते हैं : "1907 ई० **में मैंने उर्दू में कहानियाँ लिखना आरम्भ किया और निरन्तर सफलता मिलते रहने से मैंने लिखना जारी रखा।**"[2] अतः रचनाकार के बयान पर भरोसा करके विद्वान गवेषकों ने भी उसी की पुनरावृत्ति कर दी:

डॉ० रामरतन भटनागर लिखते हैं : "**संसार का सब से अनमोल रतन**" 1900 ई० में 'ज़माना' में प्रकाशित हुई।[3]

डॉ० शीला गुप्ता का कथन है : "**उर्दू में 1907 ई० से लेखन का कार्य आरम्भ कर दिया था।**"[4]

परन्तु सत्य इसके प्रतिकूल है। प्रेमचन्द की कहानी 'दुनिया का सब से अनमोल रतन' मासिक 'ज़माना' में प्रकाशित ही नहीं हुई। उनके प्रथम कहानी-संग्रह 'सोज़े-वतन' का प्रकाशन भी 1909 ई० में नहीं हुआ। जुलाई 1908 ई० में 'ज़माना' में उसके विज्ञापन के आधार पर 'सोज़े-वतन' का प्रकाशन जून 1908 ई० में निश्चित किया जा सकता हैं। इस संकलन में निम्नलिखित कहानियाँ सम्मिलित थीं :

1-'दुनिया का सब से अनमोल रतन'

---

1. **प्रेमचन्द : जीवनसार, 'हंस' फ़रवरी 1932**
2. **इंद्रनाथ मदान : एक विवेचन, पृ० 177**
3. **रामरतन भटनागर : प्रेमचन्द, पृ० 254**
4. **रामरतन भटनागर : कलाकार प्रेमचन्द, पृ० 367**

2-'शैख़ मख़मूर'

3-'यही मेरा वतन है'

4-'सिला-ए-मातम'

5-'इश्क़े-दुनिया और हुब्बे-वतन'

प्रेमचन्द ने 'सोज़े-वतन' की एक प्रति पं० महावीरप्रसाद द्विवेदी को समीक्षार्थ प्रेषित की थी, जो काशी नागरी प्रचारिणी सभा में सुरक्षित है। पं० महावीरप्रसाद ही प्रेमचन्द के सर्वप्रथम हिन्दी समीक्षक थे। उन्होंने लिखा : **''इसमें स्वदेश-प्रेम सम्बन्धी पाँच आख्यिाएँ हैं । आख्यिकाएँ मनोरंजक और उपदेशपूर्ण है । इन्हें पढ़ कर स्वदेशभक्ति का पवित्र भाव हृदय में अंकुरित हो जाता है । आजकल ऐसे क़िस्मों की बड़ी आवश्यकता है ।''**[1]

'सोज़े-वतन' की कहानियों में मात्र अंतिम कहानी 'इश्क़े-दुनिया और हुब्बे-वतन' मासिक 'ज़माना' के अप्रैल 1908 ई० के अंक में प्रकाशित हुई। शेष चार कहानियाँ 'ज़माना' में प्रकाशित नहीं हुईं। संभवतः पहली बार उपर्युक्त संकलन द्वारा ही प्रकाश में आयी। यह पुस्तक अंग्रेज़ी सरकार को 'स्डीशन' (राजद्रोह) से ओत-प्रोत दिखायी दी और ज़ब्त कर ली गयी लेकिन इसमें प्रेमचन्द की लेखन गति-विधियों में कोई अवरोध नहीं पैदा हुआ। 13 मई, 1910 ई० में वे मुंशी दयानरायन निगम को लिखते है : **''नवाब राय तो ग़ालबन कुछ दिनों के लिए ज़हान से गए । दोबारा याददहानी हुई है कि तुमने मुआहदे में गो अख़बारी मज़ामीन नहीं लिखे, मगर इसका मंशा हर क़िस्म की तहरीर से था । गोया, मैं कोई मज़मून, ख़्वाह किसी मज़मून, पर-हाथी दाँत पर ही क्यों न हो, लिखूँ मूझे पहले वह जनाब-फ़ेज़-मआब कलेक्टर साहब बहादुर की ख़िदमत में पेश करना पड़ेगा!''**[2]

स्पष्ट ही है कि इस तरह से काम नहीं चल सकता था। न तो मुंशी धनपतराय लिखने से बाज़ आने वाले थे और न मुंशी दयानरायन निगम उनको माफ़ कर देने को तैयार थे। बीच की राह निकाली गयी कि किसी अन्य नाम से लेखन कार्य किया जाय। इसके लिए नये नाम के चयन का भार भी मुंशी दयानरायन निगम के ऊपर रखा गया। उन्होंने प्रेमचन्द नाम प्रस्तावित किया, जो धनपतराय को भी अच्छा लगा। एक पत्र में लिखते हैं : **''प्रेमचन्द अच्छा नाम है, मुझे भी पसंद है । अफ़सोस सिर्फ़ यह है कि पाँच-छह साल में नवाब राय को फ़रोग़ देने की जो मेहनत की गयी, वह सब**

---

1. महावीर प्रसाद द्विवेदी : समीक्षा, सरस्वती, दिसम्बर 1908
2. प्रेमचन्द : चिट्ठी-पत्री, भाग 1, पृ० 7

अकारत गयी । यह हज़रत क़िस्मत के हमेशा लंडूरे रहे और शायद रहेंगे!''[1] और फिर प्रेमचन्द पहली बार कहानी 'बड़े घर की बेटी' के साथ 'ज़माना' में दीख पड़े। तदोपरांत प्रेमचन्द नाम उनके कथा-साहित्य के लिए चल पड़ा। वह मुंशी दयानरायन निगम को लिखते हैं : **''एजूकेशनल गज़ट में प्रेमचन्द नाम नहीं देना चाहता । मालूम नहीं, यह हज़रत हाथ-पैर सँभालने पर क्या लिखें, पढ़ें । इन्हें क़िस्सागो रहने दीजिये, बैठे-बैठे प्रेम और वीर-रस के क़िस्से लिखा करें ।''**

'इश्क़े-दुनिया और हुब्बे-वतन' के प्रकाशन और प्रेमचन्द नाम धारण करने के बीच उनकी मात्र चार कहानियाँ प्रकाशित हुई, जिनमें 'गुनाह का अग्नि कुंड' मार्च 1910 ई० के 'ज़माना' में 'अफ़साना-ए-कुहन' के उपनाम से प्रकाशित हुई। 'रानी सारंधा' अगस्त तथा सितम्बर 1910 ई० के 'ज़माना' में क्रमश: प्रकाशित हुई ओर उसमें लेखक का नाम गोपनीय रहा। इसी प्रकार 'सैरे-दरवेश' भी 'ज़माना' में अप्रैल, मई तथा जून 1910 ई० में क्रमश: प्रकाशित हुई, किन्तु मात्र बीच के एक अंक में लेखक के रूप में नवाबराय नाम प्रकाशित हुआ। 'बेग़रज-मुहसिन' शीर्षक कहानी इलाहाबाद से प्रकाशित एक अन्य उर्दू मासिक 'अदीब' में प्रकाशित हुई जिसमें लेखक का नाम 'दाल-रे' (उर्दू अक्षर-धनपत राय का संक्षिप्त रूप) प्रकाशित किया गया।

इसी प्रकार प्रेमचन्द के नाम से पहली रचना के प्रकाशन में अनेक प्रकार की भ्रांतियाँ पैदा होती रहीं, परन्तु अमृतराय के विचार में 'बड़े घर की बेटी' ही पहली कहानी है, जो उनके प्रेमचन्द नाम से प्रकाशित हुई। अमृतराय लिखते हैं : **''नवाबराय के मरहूम होने के चार-पाँच महीने बाद 1910 ई० के अक्टूबर-नवम्बर में आकर प्रेमचन्द का जन्म हुआ । इस नये नाम के साथ छपनेवाली पहली कहानी 'बड़े घर की बेटी' है ।''**[2]

'बड़े घर की बेटी' के प्रकाशन का सही माह बताने में अमृतराय से भूल हो गयी है। यह कहानी अक्टूबर-नवम्बर 1910 ई० में नहीं, वरन् 'ज़माना' के एक ही अंक दिसम्बर 1910 ई० में प्रकाशित हुई।

डॉ० क़मर रईस ने आपत्ति की है कि दिसम्बर 1910 ई० के 'ज़माना' में प्रकाशित कहानी 'बड़े घर की बेटी' को ही प्राथमिकता क्यों दी जाय, जबकि उससे तीन मास पूर्व सितम्बर 1910 ई० में प्रकाशित कहानी 'बेग़रज़

---

1. दयानरायन निगम : प्रेमचन्द की बातें, 'ज़माना' प्रेमचन्द विशेषांक 1937 ई०
2. अमृतराय : प्रेमचन्द, क़लम का सिपाही, पृ० 113

मुहसिन' उपलब्ध है, जो इलाहाबाद के उर्दू मासिक 'अदीब' में प्रकाशित हुई।[1] हमारे विचार में डॉ० क़मर रईस के मत को इसलिए महत्त्व नहीं दिया जा सकता कि यहाँ प्रश्न प्रेमचन्द नाम से छपनेवाली पहली कहानी का है और जैसा कि लिखा जा चुका है 'बेग़रज़-मुहसिन' छद्मनाम 'दाल-रे' के साथ प्रकाशित हुई न कि प्रेमचन्द नाम से। इस बीच अन्य उपनामों से प्रेमचन्द की कहानियाँ प्रकाशित हो चुकी थीं, जिनका क्रम 'इश्क़े दुनियाँ' और 'हुब्बे-वतन' से प्रारम्भ होकर 'बेग़रज़-मुहसिन' तक है। फिर यह तथ्य भी विचारणीय है कि मात्र तीन मास पूर्व प्रकाशन से किस प्रकार निष्कर्ष निकाला जा सकता है कि वही कहानी पहले लिखी भी गयी थी। हमारे विचार में प्रेमचन्द के नाम से प्रकाशित होने वाली कहानियों में 'बड़े घर की बेटी' को प्राथमिकता प्राप्त है। मदन गोपाल लिखते हैं: **"प्रेमचन्द के नाम ही में कोई जादू था। प्रेमचन्द का नाम अपनाते ही कोहे-क़ाफ़ की परियाँ, हातिम-ताई के क़िस्से और फ़ारसीज़दा नस्र के असरात, सब काफ़ूर हो गए। 'बड़े घर की बेटी' प्रेमचन्द की अच्छी कहानियों में शामिल की जाती है।"**[2]

अमृतराय भी सहमत हैं कि प्रेमचन्द को अपनी समस्त कहानियों में 'बड़े घर की बेटी' सर्वाधिक पसंद थी।[3] प्रेमचन्द के नाम से उनकी कहानियों का पहले उर्दू संग्रह प्रेम-पच्चीसी भाग 1 का प्रकाशन 1915 ई० के प्रारम्भ में तथा भाग 2 का प्रकाशन मार्च 1918 ई० में हुआ। उनकी कहानियों के हिन्दी और उर्दू नाम, उनका प्रकाशन-काल उनको पहली बार प्रकाशित करने वाले पत्र का नाम तथा अन्य तथ्य यथास्थान आयेंगे।

हिन्दी में प्रकाशन

हिन्दी-विद्वानों में अधिकांश में यह मान्यता प्रचलित है कि प्रेमचन्द ने अपने साहित्यिक जीवन की यात्रा उर्दू से प्रारम्भ की थी किन्तु तत्पश्चात कुछेक कारणवश उन्होंने उर्दू से सम्बन्ध विच्छेद कर लिया और उर्दू के बजाय हिन्दी को ही अपनी रचना-शीलता का आधार जीवन के अंतिम क्षणों तक बनाये रखा। इस बीच में यदा-कदा ही उर्दू में कुछ लिखा होगा। डॉ० यज्ञदत शर्मा लिखते हैं : **"मुंशी प्रेमचन्द जी ने अपना साहित्य आरम्भ में उर्दू**

---

1. क़मर रईस : तलाशो-तवाज़ुन, पृ० 18
2. मदन गोपाल : क़लम का मज़दूर, पृ० 46
3. अमृतराय : प्रेमचन्द, क़लम का सिपाही, पृ० 586

में प्रकाशित किया था परन्तु शीघ्र ही आपने हिन्दी साहित्य को अपना लिया ।''[1]

इस प्रकार के विचार अत्यंत भ्रामक एवं असत्य हैं और प्रेमचन्द के विषय में अधूरे तथ्य प्रस्तुत करते हैं। इस विषय पर पिछले अध्याय में प्रकाश डाला जा चुका है। सत्य यह है कि प्रेमचन्द उर्दू तथा हिन्दी दोनों भाषाओं के माध्यम से अपने विचार प्रस्तुत करते रहे। यह अवश्य है कि अंतिम कुछेक वर्षों में उनका झुकाव हिन्दी (हिन्दी अथवा हिन्दुस्तानी) की ओर अधिक था किन्तु उर्दू से उनका सम्बन्ध अन्त तक बना रहा। प्रेमचन्द जीवन के अंतिम क्षणों में भी उर्दू में लिखते रहे। उर्दू की सभाओं में उर्दू-लेखक के रूप में सम्मिलित होते रहे। अपने विचारों को उर्दू-लेखक के रूप में जनता के सामने प्रस्तुत करते रहे जिसमें अनेक अवसरों के स्तर पर उन्हें कटु-विरोधों का साक्षात्कार करना पड़ा क्योंकि प्रेमचन्द की विचारधारा उस समय के कई उर्दू-मनीषियों की विचारधारा से मेल नहीं खाती थी, जिनमें मौलवी अब्दुल हक़, सर अब्दुल क़ादिर, मौलाना ज़फ़र अली ख़ाँ के नाम विशेष तौर पर लिए जा सकते हैं, किन्तु प्रेमचन्द इन लोगों के दल-बल से भयभीत नहीं हुए और अपने विचारों को अत्यंत निर्भीकता, साहस एवं उल्लास तथा तर्कवितर्क से प्रस्तुत करते रहे। उर्दू भाषी जनमत प्रेमचन्द के साथ था।

जैसा कि इसके पूर्व लिखा जा चुका है कि प्रेमचन्द ने अपनी रचनाशीलता के प्रारम्भिक युग में उर्दू में ही लिखा लेकिन बाद में न केवल यह कि उनके उपन्यास हिन्दी में प्रकाशित हुए और उनकी कहानियों से हिन्दी पत्र-पत्रिकाओं की शोभा बढ़ी वरन् उन्होंने हिन्दी पत्रों का संपादन-प्रकाशन भी किया। इसलिए यह प्रश्न उठना स्वाभाविक ही है कि प्रेमचन्द को हिन्दी का साहित्यकार समझना चाहिए अथवा उर्दू का अथवा दोनों का। उनके कुछेक उपन्यासों की उर्दू-पांडुलिपियाँ उपलब्ध नहीं है तो अनेक उपन्यासों की हिन्दी पाण्डुलिपियाँ भी अज्ञात हैं। कहानियों के संदर्भ में भी यही बात है, क्योंकि आज भी पुरानी पत्र-पत्रिकाओं में प्रेमचन्द की अनेक ऐसी कहानियाँ मिल जाती हैं, जो उर्दू या हिन्दी में किसी एक ही पत्र में प्रकाशित हुई हैं। इस प्रकार यह प्रश्न परम महत्त्व का हो जाता है कि प्रेमचन्द ने प्रारम्भिक रचनाएं, जो पहले उर्दू में प्रकाशित हुई, उनका हिन्दी अनुवाद स्वयं प्रेमचन्द ने किया अथवा किसी अन्य व्यक्ति ने। यदि उनका अनुवाद स्वयं प्रेमचन्द ने नहीं किया, तो इन रचनाओं को प्रेमचन्द की

---

1. **यज्ञदत्त शर्मा : हिन्दी के उपन्यासकार, पृ० 27**

हिन्दी-रचना के रूप में मान्यता प्रदान करना कहाँ तक उचित और न्यायसंगत होगा। यह और इसी प्रकार की अनेक महत्त्वपूर्ण समस्याएँ प्रेमचन्द के उर्दू अथवा हिन्दी साहित्य के अध्ययन में सामने आती हैं।

इस तथ्य को ध्यान में रखना चाहिए कि प्रेमचन्द के हिन्दी में प्रवेश (अथवा प्रकाशन) की नौबत उस समय आयी, जब उन्हें उर्दू में सर्वप्रियता प्राप्त हो चुकी थी। उनकी कहानियाँ सम्मानपूर्वक पारिश्रमिक देकर लब्धप्रतिष्ठित उर्दू-पत्रिकाओं में प्रकाशित होती थीं, जिनमें 'ज़माना' के अतिरिक्त 'हमदर्द' और 'कहकशाँ' जैसे पत्र भी सम्मिलित थे। मुंशी दयानरायन निगम के पारिश्रमिक अदा करने या पारिश्रमिक के लिए प्रेमचन्द के तक़ाज़ों क़ी चर्चा उनके अनेक पत्रों में विद्यमान है। अमृतराय ने स्वीकार किया है कि उर्दू के अन्य पत्रों से भी प्रेमचन्द को पारिश्रमिक मिलता था। मौलाना मुहम्मद अली 'जौहर' अपने पत्र 'हमदर्द' के लिए प्रेमचन्द की कहानी लेते, तो उन्हें पारिश्रमिक के रूप में एक अशर्फ़ी मख़मल की डिबिया में रखकर प्रस्तुत करते।[1] मुंशी दया नरायन निगम लिखते हैं : **''उर्दू में मिस्टर मुहम्मद अली ने अपने अख़बार 'हमदर्द' के लिए उनसे कई अफ़साने तीस रुपये फ़ी अफ़साना के हिसाब से लिखवाये थे । दो-एक और पर्चों ने यही मुआविज़ा दिया ।''**[2] प्रेमचन्द ने भी एक पत्र में विशेष रूप से पारिश्रमिक की चर्चा की है : **''कहकशाँ' और 'सुबहे-उम्मीद' मुझे हर क़िस्सा के पंद्रह रुपये देते हैं । बाज़ छोटे किस्सों के दस रुपये ही लेता हूँ 'सौतेली माँ' के दस रुपये मगर 'ख़ूने-हुरमत' के पंद्रह रुपये ।''**[3] परन्तु प्रेमचन्द इन पारिश्रमिकों से संतुष्ट नहीं थे। 22 मई, 1911 ई० को मुंशी दयानरायन निगम को लिखते हैं : **''उर्दू की हवा आजकल बिगड़ी हुई है, जितने मौजूदा रिसाले हैं उनमें किसी को फ़रोग़ नहीं हैं । सब कुत्ते की ज़िंदग़ी जीते हैं !''**[4]

इस प्रकार हिन्दी की ओर अग्रसर होने की पृष्ठभूमि तैयार हो गयी, जिसको समझने के लिए इस तथ्य पर दृष्टि रखने की आवश्यकता है कि प्रेमचन्द उस समय के अन्य उर्दू-लेखकों से अधिक पारिश्रमिक पाने के बावजूद उर्दू-जगत से असंतुष्ट थे। उन्हें अपनी आर्थिक स्थिति को सुधारने के लिए उर्दू में लेखनकार्य के अतिरिक्त किसी अन्य साधन की भी आवश्यकता

---

1. अमृतराय : प्रेमचन्द, क़लम का सिपाही, पृ० 153
2. दयानरायन निगम : प्रेमचन्द की बातें, 'ज़माना' प्रेमचन्द विशेषांक 1937 ई०
3. प्रेमचन्द : चिट्ठी-पत्री, भाग 1, पृ० 88
4. वही, पृ० 32

महसूस हो रही थी। इसी बीच उनकी भेंट पंडित मन्नन द्विवेदी गजपुरी से हुई, जो हिन्दी-भाषा और साहित्य के परमभक्त थे। प्रेमचन्द ने 'ज़माना' दिसंबर 1921 के अंक में द्विवेदी जी की विशेष चर्चा की है। उन्हीं की भूमिका के साथ 'सप्तसरोज' का प्रथम संस्करण भी प्रकाशित हुआ। संभवत: उनके प्रेरित करने से हिन्दी की ओर आने में तीव्रता आयी हो अथवा नये साधनों की तलाश में ही हिन्दी की ओर झुके हों, जिसमें उस समय प्रेमचन्द को सफलता के अधिक अवसर दिखायी दे रहे थे। अमृतराय का विचार है : **''अपनी इसी दिमाग़ी परेशानी और छटपटाहट की हालत में मुंशी जी का ध्यान पहली बार बहुत ज़ोरों के साथ हिन्दी की ओर गया। उर्दू-अख़बारों से आमदनी कुछ ख़ास नहीं थी, किताबों का हाल बुरा था। 'जलवा-ए-ईसार' से साल भर में तीस रुपये मिलते थे और 'प्रेम पचीसी' छपकर तैयार होते-होते महायुद्ध शुरू हो गया था, जबकि मुंशी जी के शब्दों में, जंग की धुन में शायद ही किसी को किस्से कहानी का शौक़ हो।''**[1]

उर्दू में उदासीनता की शिकायत को उर्दू-विरोध नहीं मानना चाहिए क्योंकि इस बीच प्रेमचन्द उर्दू से सक्रिय रूप में सम्बद्ध रहे। इस बीच प्रेमचन्द उर्दू के लिए हिन्दी से अनुवाद कार्य करने के लिए भी तैयार थे। मुंशी दयानरायण निगम के नाम 1913 ई० के पत्र में ये वाक्य मिलते हैं : **''आप मुझे हिन्दी डिपार्टमेण्ट का एडीटर समझिए। मैं अख़बारात और रिसायल से मुनासिब और दिलचस्प तरजुमे कर दिया करूंगा। कहीं उन पर नोट और तनक़ीद लिखूंगा।''**[2]

प्रेमचन्द को हिन्दी की ओर अग्रसर करने का श्रेय तत्कालीन आर्य समाजी कार्यकर्ताओं को भी है। इस बीच प्रेमचन्द कानपुर के आर्य समाजी हिन्दी पत्र 'प्रताप' के संपादक गणेशशंकर विद्यार्थी के संपर्क में आये तथा उनसे प्रभावित हुए, जिसकी चर्चा उन्होंने शिवरानी देवी से भी की।[3] मुंशी दयानरायन निगम के नाम 4 सितम्बर, 1914 ई० के एक पत्र में लिखते हैं : **''प्रताप के इसरार से मजबूर होकर एक मुख़्तसर-सा क़िस्सा हिन्दी में उसके विजय-दशमी नम्बर के लिए लिखा है। हिन्दी लिखनी तो आती नहीं, मगर कुछ क़लम को तोड़-मरोड़ दिया है।''**[4] और फिर 'क़लम को तोड़ने-मरोड़ने' की कोशिश साल भर चलती रही। लगभग एक वर्ष पश्चात उन्होंने

1. अमृतराय : प्रेमचन्द, क़लम का सिपाही, पृ० 150
2. प्रेमचन्द : चिट्ठी-पत्री, भाग 1, पृ० 17
3. शिवरानी देवी : प्रेमचन्द घर में, पृ० 24
4. प्रेमचन्द : चिट्ठी-पत्री, भाग 1, पृ० 36

1 सितम्बर, 1915 ई० को मुंशी दयानरायन निगम को सूचना दी : **''हिन्दी तरजिमे के लिए कई जगह से इसरार हुआ है और मैं ख़ुद ही इस काम को हाथ में लूँगा। अब हिन्दी लिखने की मश्क़ कर रहा हूँ। उर्दू में अब गुज़र नहीं है। यह मालूम होता कि बालमुकुन्द गुप्त मरहूम की तरह मैं भी हिन्दी लिखने में जिन्दगी सर्फ कर दूँगा। उर्दू-नवीसी में किस हिन्दू को फ़ैज हुआ है, जो मुझे हो जायेगा।''**[1] इस भावना की पृष्ठभूमि में उर्दू में अल्पसंख्यक बनकर कथित उर्दू बहुसंख्यक वर्ग का अन्यायपूर्ण व्यवहार है, जिसमें धर्म के आधार पर कलाकार एवं रचनाकार को मान्यता मिलती थी। प्रेमचन्द व्यक्तिगत स्तर पर अनुभव कर रहे थे कि संकीर्णतावश उनसे कहीं छोटे साहित्यकारों को आदरपूर्वक अनेक उर्दू पत्र-पत्रिकाओं में स्थान मिलता है और उन्हें अन्त में स्थान पूर्ति के रूप में रहना पड़ता है। उपर्युक्त पत्र की अंतिम पंक्तियाँ चुग़ली खाती है कि प्रेमचन्द को हिन्दी की ओर अग्रसर करने में मात्र उनकी आर्थिक परिस्थितियाँ अथवा अपनी रचनाओं के लिए पाठकों का व्यापक क्षेत्र उपलब्ध करने का उदेश्य ही नहीं था, वरन् प्रेमचन्द भी समसामयिक, राजनीति एवं सामाजिक परिस्थितियों के दबाव में आर्य समाज की ओर न केवल मुड़ गये थे, वरन् उसकी गतिविधियों में अपना सक्रिय योगदान भी देना चाहते थे। उनके एक पत्र में आर्य समाज की सदस्यता की चर्चा मिलती है, जो 6 फ़रवरी 1913 ई० को दयानरायन निगम को लिखा गया : **''मुझे इस वक़्त (रुपयों की) चंदाँ की ज़रूरत नहीं। मगर मेरे जिम्मे हमीरपुर आर्य समाज के दस रुपये बाक़ी हैं। बार-बार तक़ाज़ा हुआ है, मगर अपनी तहीदस्ती ने इजाज़त न दी कि अदा कर दूँ। आप अगर कर सकें तो बराहरास्त मेरे नाम से हमीरपुर आर्य समाज के सेक्रेटरी के नाम दस रुपये का मनिआर्डर कर दें...यहाँ अब जलसा भी अनक़रीब होनेवाला है।''**[2]

उर्दू से 'किसी हिन्दू को फ़ैज़ न पहुँचने' की शिकायत और प्रेमचन्द की क़लम से, इसे स्वीकार करने को मन नहीं करता। अमृतराय ने इसकी ज़िम्मेदारी भी आर्य समाजी वृत्ति पर डाल दी है : **''काहे को ठेस लग गयी मुंशी जी को, जो यह आख़िरी जुमला उनकी क़लम की नोंक पर उतर आया? कहीं हिन्दुत्व की इस विशेष गंध के पीछे उनके तत्कालीन आर्य समाजी मन का संस्कार तो नहीं है!''**[3] परन्तु यह मात्र एक घटना नहीं है। इस विचार की पुनरावृत्ति प्रेमचन्द ने अनेक अवसरों पर की है। मुंशी दयानरायन निगम ने

---

1. प्रेमचन्द : चिट्ठी-पत्री, भाग 1, पृ० 46
2. प्रेमचन्द : चिट्ठी-पत्री, भाग 1, पृ० 17
3. अमृतराय : प्रेमचन्द, क़लम का सिपाही, पृ० 152

उर्दू साप्ताहिक निकालने का इरादा किया और प्रेमचन्द से सलाह ली, तो उन्होंने बिना संकोच के यह पंक्तियाँ अपने 1 सितम्बर, 1915 ई० के पत्र में लिख भेजी : **''नाम हिन्दू' बहुत मौज़ू था मगर शायद इस नाम का कोई पर्चा पंजाब से निकलने लगा है, अख़बार का नमूना 'कामरेड' ही हो, पालिसी हिन्दू । अब मेरा हिन्दोस्तानी क़ौम पर एतक़ाद नहीं रहा और उसकी कोशिश फ़ुज़ूल है ।''**[1] इसी प्रकार 1924 ई० में जब इनके नाटक 'कर्बला' को कुछ मुसलमानों ने नापसंद किया, तो प्रेमचन्द को उसमें धार्मिक असहिष्णुता ही दीख पड़ी और उन्होंने मुंशी दयानरायन निगम को लिखा : **''अगर मुसलमानों को यह भी मंज़ूर नहीं है कि किसी हिन्दू की ज़बानों क़लम से उनके किसी मज़हबी पेशवा या इमाम की मदहसराई भी हो, तो मैं इसके लिए मुसिर नहीं हूँ । शीआ हज़रात अगर मज़हबी पेशवा की मसनवी पढ़ते हैं, अफ़साने पढ़ते हैं, मरसिये सुनते हैं, तो उन्हें ड्रामे से क्यों एतराज़ है? क्या इसलिए कि एक हिन्दू ने लिखा है ।''**[1]

प्रेमचन्द क्रोध और झल्लाहट में इस तथ्य को भी भुला बैठे कि ताज़ियादारी में भारत के विभिन्न संप्रदाय के लोग समान रूप में सम्मिलित होते रहे हैं। लखनऊ के प्रसिद्ध मरसिया-कवियों में छुन्नूलाल 'दिलगीर' का नाम परमआदर एवं श्रद्धा से लिया जाता है। इनके अतिरिक्त अन्य प्रसिद्ध मरसिया-कवि भी हिन्दू तथा अन्य धर्मावलम्बी हुए हैं, जिनमें नानक चन्द 'नानक' कुँवर सेन, 'मुज़तर' राजा उल्फ़त राय 'उल्फ़त' आदि को विशेष महत्त्व प्राप्त है। उत्तर भारत में हिंदू राजाओं ने बड़ी आत्मीयता से ताज़ियादारी की। इफ़तेख़ारुद्दौला राजा मेवाराम का इमामबाड़ा अवध के नवाबी-काल में देश भर में विख्यात था।[2]

प्रेमचन्द के साहित्यिक जीवन के प्रारम्भिक दो दशकों के बीच देश अनेक प्रकार की राजनैतिक परिस्थितियों से जूझता रहा, जिनमें मिण्टो-मार्ले सुधार को विशेष महत्त्व दिया जा सकता है, जिसने पृथक निर्वाचन-पद्धति को

---

1. अमृतराय : प्रेमचन्द, क़लम का सिपाही, पृ० 146
2. विस्तार के लिए देखिए–मसीहुज़्ज़माँ : उर्दू मरसिये का इर्तेक़ा; कमालुद्दीन हैदर : सवानिहाते-सलातीने अवध (भाग 1), बर्क़ सीतापुरी तज़किरा बहरे-सुख़न; सिफ़ारिश हुसैन : उर्दू मरसिया, जाफ़र रज़ा : दबिस्ताने-इश्क़ की मरसिया-गोई, काज़िम अली ख़ाँ : मकालातो-नश्रयात; 'कालिदास गुप्ता 'रिज़ा' सहवो-सुराग़; जाबिर हुसैन : फ़िक्रे-रसा; गणपति सहाय श्रीवास्तव : उर्दू-शाएरी के इर्तेक़ा में हिन्दुओं का हिस्सा; तक़ी आबिदी : रूपकुवांर कुँवर; सैय्यद अमजद हुसैन : ग़ैर-मुस्लिम मरसियानिगार। आदि।

मान्यता देकर हिन्दुओं और मुसलमानों के बीच गहरी खाई खोद दी। यद्यपि उस समय इसका विरोध किसी ने नहीं किया वरन् तुर्की की समस्या को लेकर हिन्दुओं और मुसलमानों के बीच एकता-भाव बढ़ा। अब्दुल्लाह यूसुफ़ अली का विचार है कि हिन्दुओं से मुसलमानों की दिलचस्पी का कारण यूरोप के विरुद्ध मुसलमानों की प्रतिक्रिया थी।[1] किन्तु डॉ० सैय्यद आबिद हुसैन के विचार में एकता का कारण महात्मा गाँधी का चमत्कारपूर्ण व्यक्तित्व था।[2] इस मेल-मिलाप का कारण, जो कुछ भी हो, किन्तु यह एक अस्थायी भाव के रूप में ही सामने आया। अंग्रेज़ों के प्रयत्न से हिन्दू-मुस्लिम भेदभाव बढ़ता ही रहा, जिसके आर्थिक, सामाजिक एवं धार्मिक कारण थे।

प्रेमचन्द के हिन्दी में आगमन को देश में पनपती हुई परिस्थितियों की पृष्ठभूमि में रखकर देखना चाहिए, क्योंकि उन्हें अलग करके किसी उचित निर्णय तक नहीं पहुँचा जा सकता। इसमें संदेह नहीं कि प्रेमचन्द को हिन्दी में लाने का कारण तत्कालीन परिस्थितियों के अतिरिक्त आर्य-समाजी गति विधियाँ भी थी, जिनमें उर्दू के अनुरूप हिन्दी को उन्नति देने का भाव था। प्रेमचन्द अपने साहित्यिक जीवन के प्रारम्भिक दो दशकों में इसी प्रकार के भाव से प्रेरित रहे। उनका मन भारत के साधारण जन-मानस का मन था, किसे स्वीकार करें और किसे ठुकरा दें? मानो किसी मृगतृष्णा में भाग रहा हो! असमंजस की स्थिति में खड़ा हुआ यह जन-मानस भारतभूमि के विभिन्न क्षेत्रों में दिखायी पड़ेगा। प्रेमचन्द उन व्यक्तियों में नहीं थे, जो जड़ रूप में इसे स्वीकार कर लेते, बल्कि कभी इसकी ओर बढ़े, तो संकोच के साथ बढ़े। हिन्दू-मुस्लिम विरोध की खाई को दुःख के साथ देखते और जब समय आया, तो उसे लाँघ भी गये। यदि न लाँघे होते तो संभवतः प्रेमचन्द साहित्य का इतिहास कुछ और होता।

प्रेमचन्द ने पहली बार कब से हिन्दी में लिखना प्रारम्भ किया इसके विषय में विभिन्न मत हैं, जिनमें कुछेक की निम्नलिखित पंक्तियों में चर्चा की जा रहीं है :

(1) डॉ० रामविलास शर्मा के विचार में प्रेमचन्द ने अपने उपन्यास 'वरदान' के साथ पहली बार हिन्दी में प्रवेश किया।[3] चूँकि 'वरदान' का

---

1. अब्दुल्लाह युसिफ़ अली : अंग्रेज़ी अहद में हिन्दुस्तानी तमद्दुन की तारीख़, पृ० 362
2. आबिद हुसैन : कौमी जहज़ीब का मसअला, पृ० 228
3. रामविलास शर्मा : प्रेमचन्द और उनका युग, पृ० 21

प्रकाशन वर्ष 1921 ई० है, इसलिए उनके मतानुसार हिन्दी में आगमन वर्ष भी यही होगा।

(2) डॉ० परमानंद श्रीवास्तव के अनुसार प्रेमचन्द ने 'पंचपरमेश्वर' (1916) के प्रकाशन के बाद ही हिन्दी में लिखा **"क्योंकि पूर्व की सभी कहानियाँ उर्दू में ही थी।"**[1]

(3) शीलागुप्ता लिखती है : **"1915 ई० के बाद प्रेमचन्द पूर्णतया हिन्दी में लिखने लगे।"**[2]

(4) डॉ० लक्ष्मीनारायण लाल का मत है : **"1917 ई० के उपरांत प्रेमचन्द हिन्दी संसार के कहानीकार हो गये।"**[3]

(5) डॉ० सुरेश सिन्हा लिखते हैं : **"(प्रेमचन्द की) 1915 ई० में उर्दू कहानियों का अनुवाद 'सप्त-सरोज' के नाम से प्रकाशित हुआ।"**[4]

(6) डॉ० रामरतन भटनागर का मत है : **"प्रेमचन्द हिन्दी में 'प्रेमा' (1906 ई०) के साथ उतरे।"**[5]

(7) डॉ० राजेश्वर गुरु के विचार में : **"प्रेमचन्द हिन्दी में 1913 ई० के बाद आये।"**[6]

इन वक्तव्यों में जो परस्पर विरोध हैं, कितनी गुमराही फैलाते हैं स्वत: स्पष्ट है। 1906 ई० 1915 ई० 1917 ई० तथा 1921 ई० में पहली बार प्रेमचन्द का हिन्दी में प्रवेश बताया गया है। इन वक्तव्यों के अतिरिक्त प्रेमचन्द का कथन भी दृष्टिगत नहीं किया जा सकता; 17 जुलाई, 1926 के पत्र में लिखते हैं : **"1904 ई० में एक हिन्दी नॉवेल 'प्रेमा' लिखकर इंडियन प्रेस से शाया कराया।"**[7] इससे डॉ० मस्ऊद ख़ाँ ने अनुमान किया है कि प्रेमचन्द ने शुरू से ही हिन्दी और उर्दू दोनों को अपनी रचना-शीलता का आधार बनाया था।[8] उनका यह विचार सही नहीं है, क्योंकि 'प्रेमा' मौलिक हिन्दी उपन्यास नहीं है बल्कि उर्दू उपन्यास 'हमख़ुरमाओ-हमसवाब' का हिन्दी अनुवाद मात्र है। प्रेमचन्द के पत्र दिनांक 4 सितंबर, 1914 ई० के आधार

---

1. परमानंद श्रीवास्तव : हिन्दी कहानी की रचनाप्रक्रिया, पृ० 93
2. शीला गुप्त : प्रेमचन्द और उनका साहित्य, पृ० 130
3. लक्ष्मीनारायण लाल : हिन्दी कहानियों की शिल्पविधि का विकास, पृ० 97
4. सुरेश सिनहा : हिन्दी कहानी : उद्भव और विकास, पृ० 327
5. रामरतन भटनागर : प्रेमचन्द, पृ० 239
6. राजेश्वर गुरू : प्रेमचन्द, एक अध्ययन, पृ० 120
7. प्रेमचन्द : चिट्ठी-पत्री, भाग 1, पृ० 161
8. मस्ऊद हुसैन ख़ाँ : गऊदान : तसनीफ़ या तर्जुमा, फ़िक्रो-नज़र, 1971 ई०

पर कहा जा सकता है कि 'प्रताप' को कहानी भेजने के समय तक प्रेमचन्द नागरीलिपि से कदाचित ही परिचित थे,किन्तु हिन्दी में रचना करने की क्षमता न रखते थे। 19 सितंबर, 1917 ई० के पूर्व उनसे किसी हिन्दी रचना की अपेक्षा करना ही निरर्थक है। उसके बाद उन्होंने अवश्य ही हिन्दी में लिखा। किन्तु इस तथ्य को भी ध्यान में रखना चाहिए कि अमृतराय के कथानुसार उनकी 'पहली ज़बान' उर्दू थी और 'पहली ज़बान' में लिखने की सुविधा को भुलाया नहीं जा सकता।

प्रेमचन्द के हिन्दी में आगमन का हिन्दी के उदारवादी साहित्यकारों ने स्वागत किया। प्रेमचन्द के प्रथम हिन्दी कहानी संग्रह 'सप्त-सरोज' (1917 ई०) प्रकाशित हुआ तो पं० मन्नन द्विवेदी गजपुरी ने उसकी भूमिका में गल्प-साहित्य के मार्तण्ड रवीन्द्रनाथ टैगोर के समकक्ष प्रतिष्ठित एवं स्थापित करने की चेष्टा की उन्होंने लिखा : "**हर्ष की बात है कि मातृभाषा हिन्दी ने कुछ दिनों से आपके चित्त को आकर्षित किया है । प्रेमचन्द जी ने पूजनार्थ नागरी मंदिर में प्रवेश किया है और माता ने हृदय से लगाकार अपने इस यशःशाली प्रेम-पुत्र को अपनाया है । इस प्रतिभाशाली लेखक ने इतनी जल्दी ही संसार में इतना नाम कर लिया है कि आश्चर्य होता है ।**"[1] परन्तु इसके विपरीत स्थिति भी थी। एक वर्ग उनकी भाषा तथा विचारधारा से सहमत न था। उसने प्रेमचन्द को मान्यता देने से इंकार किया।[2] आचार्य नन्ददुलारे वाजपेयी ने भी स्वीकार किया है कि इस प्रकार ब्राह्मणों के विरोध का कारण उनकी सामाजिक टेक थी।[3] जिसकी सामयिक प्रतिक्रिया ही सही किन्तु प्रेमचन्द के पत्रों में भी यह गूंज मिलती है। मुंशी इक़बाल वर्मा 'सेहर' हथगामी के नाम एक पत्र में लिखते हैं : "**आप साहबान का ख़्याल दुरुस्त है । इलाहाबाद में**

---

1. मन्नन द्विवेदी गजपुरी : सप्त सरोज, भूमिका।
2. प्रोफ़ेसर 'फ़िराक़' गोरख़पुरी ने इस संदर्भ में निम्नलिखित तथ्यों से अवगत कराया :
   (1) प्रेमचन्द के जीवन काल में हिन्दी के जितने भी इतिहास लिखे गये, उनमें उन्हें स्थान नहीं दिया गया।
   (2) प्रेमचन्द को हिन्दी साहित्यकार के रूप में कभी 'मंगला प्रसाद पुरस्कार' नहीं दिया गया।
   (3) प्रेमचन्द की शैली को हिन्दी का शुद्ध रूप नहीं माना जाता।
   (4) प्रेमचन्द को कभी हिन्दी साहित्य सम्मेलन अथवा नागरी प्रचारिणी सभा का पदाधिकारी नहीं बनाया गया।
3. नन्ददुलारे वाजपेयी : हिन्दी-साहित्य, बीसवीं शताब्दी, पृ० 89

एक ब्राह्मण पार्टी है । अवधनारायण जी उसी के हाथ कठपुतली बने हुए हैं । ऊटपटाँग बातें लिखकर मुझे बदनाम कर रहे हैं ।''[1]

आर्थिक दृष्टि से प्रेमचन्द को उर्दू और हिन्दी दोनों भाषाओं के साहित्यकारों की स्थितियों में विशेष अन्तर नहीं दीखता। अपने जीवन के अंतिम चरणों में उपेन्द्रनाथ 'अश्क' के नाम एक पत्र में वे अपने अनुभव की चर्चा करते हैं, जिन्होंने प्रेमचन्द की तरह से ही उर्दू से हिन्दी में क़दम रखा था : **''हिन्दी में अख़बारों की हालत उर्दू से बेहतर नहीं है । मैं ख़ुद दो अख़बार निकाल रहा हूँ । और दोनों में बराबर घाटा आ रहा है । यहाँ तक कि अब जी बेज़ार हो गया है और चाहता हूँ किसी तरह ख़ूबसूरती से नजात पा जाऊँ ।''**[2]

प्रेमचन्द के उर्दू से हिन्दी में आने के सम्बंध में कई प्रकार के प्रश्न उत्पन्न होते हैं। क्या इस प्रकार वे अपने विचारों के संप्रेषण के लिए किसी बेहतर माध्यम की तलाश में थे? हिन्दी भाषा और साहित्य की सेवा करना चाहते थे? इस प्रकार राष्ट्रीय आंदोलन की शक्ति बढ़ाना चाहते थे? प्रेमचन्द के पत्र जो उन्होंने मुंशी दयानरायन निगम अथवा अन्य मित्रों को लिखे, इन प्रश्नों का उत्तर देने में असमर्थ हैं,किन्तु समुचित रूप में देखने पर प्रेमचन्द से पता चलता है कि पृष्ठभूमि में चाहे आर्य-समाज हो अथवा कांग्रेस,किन्तु इसमें संदेह नहीं कि प्रेमचन्द हिन्दी में अपनी रचनाओं के प्रकाशन से अपनी आर्थिक स्थिति को सुधारने की लालसा लेकर आये थे। उर्दू में अत्यंत विख्यात होने के बाद भी उन्हें यह चिंता लगी रहती थी कि इसमें आर्थिक संपन्नता के अवसर हिन्दी के अनुपात में कम है। हिन्दी में पुस्तकों एवं पत्रिकाओं आदि की खपत उर्दू के अनुपात में अधिक थी तथा आर्थिक संपन्नता की संभावनाएं कदाचित अधिक थीं,किन्तु उर्दू और हिन्दी दोनों में प्रकाशन के बाद भी प्रेमचन्द की आर्थिक स्थिति में अधिक अन्तर न आया। प्रेमचन्द अन्त तक आर्थिक संकटों को झेलते रहे। उनके पत्रों के अध्ययन से पाठक को बार-बार यह इच्छा प्रभावित करती है कि काश, प्रेमचन्द को दोनों समय की रोटियों का सहारा होता और वे किसी प्रकार संतोष के साथ रचना-कार्य करते रहते! उनकी आर्थिक दुर्दशा का अनुमान इससे किया जा सकता है कि उन्हें अपने बेटे की मृत्यु पर संतोष का अनुभव हुआ था। मुंशी दयानरायन निगम के नाम एक पत्र में लिखते हैं— **''तक़दीर ने तो अपनी**

---

1. **राज बहादुर लमगोड़ा : मुंशी प्रेमचन्द के मुतरज्जिमीन : 'ज़माना' प्रेमचन्द विशेषांक 1937 ई०**
2. **प्रेमचन्द : चिट्ठी-पत्री, भाग 2, पृ० 240**

दानिस्त में मुझे सज़ा दी होगी लेकिन मैं खुश हूँ कि फ़िक्रों का आधा बोझ सर से दूर हो गया।''[1]

रचनाओं का लिप्यान्तर या अनुवाद

प्रेमचन्द की उर्दू और हिन्दी रचनाएँ एक दूसरे से इस प्रकार गड्डमड्ड हो गयी है कि जब उन्हें अलग करने में कई प्रकार की बाधाएँ उत्पन्न होती हैं। इस संदर्भ में निम्नलिखित तथ्यों पर विशेष ध्यान देने की आवश्यकता है :

1. 1914 ई० के पूर्व प्रेमचन्द की किसी रचना के हिन्दी में लिखने का प्रमाण नहीं मिलता।
2. बाद के दौर में जब प्रेमचन्द की रचनाएँ हिन्दी और उर्दू दोनों में प्रकाशित हो रही थीं, उस समय अनेक रचनाएँ थोड़े अन्तर के साथ दोनों भाषाओं में प्रकाशित हो रही थीं।
3. इसी समय में प्रेमचन्द की कुछ रचनाएँ उर्दू के पूर्व हिन्दी में प्रकाशित हुई।
4. प्रेमचन्द की कुछेक ऐसी रचनाएँ ऐसी भी हैं, जो अबतक मात्र हिन्दी में प्रकाशित होती रहीं और उनका उर्दू रूप कभी भी सामने नहीं आ सका।

इस प्रकार उपर्युक्त दो प्रकार की रचनाएँ स्पष्ट ही उर्दू रचनाएँ प्रतीत होती हैं, जिनके अनुवाद बाद में हिन्दी में किये गये परन्तु ऐसी रचनाएँ, जो पहले हिन्दी में प्रकाशित हुईं, विवादग्रस्त हैं कि उन्हें प्रेमचन्द ने हिन्दी में लिखा अथवा उनकी मूल पाण्डुलिपि उर्दू में तैयार की गयी तथा किसी अन्य व्यक्ति ने अथवा प्रेमचन्द ने ही हिन्दी में अनुवाद कर दिया। प्रेमचन्द ने इस संदर्भ में स्वयं स्पष्टीकरण नहीं दिया है किन्तु यदि उनके परस्पर विरोधी कथनों की श्रृंखला को ध्यान में रखा जाय, जिसमें उन्होंने अपनी प्रारम्भिक रचनाओं के विषय में बतलाया है, तो प्रेमचन्द से यह आशा करना ही अनुचित दीखता है कि प्रेमचन्द अपनी सभी कहानियों तथा उपन्यासों में ठीक-ठीक प्रकाशन का समय और उर्दू हिन्दी संस्करणों की जानकारी दे सकते थे। 'हमख़ुरमा-ओ-हमसवाब' का प्रकाशन 1904 ई० में कहते हुए उन्होंने हिन्दी रचनाओं का क्रम भी उसी समय से बयान किया है, हालाँकि उनके कथनों का विश्लेषण करके पिछले पृष्ठों में दिखाया जा चुका है कि सितम्बर 1914 ई० तक प्रेमचन्द ने अच्छी तरह हिन्दी लिखना सीखा ही न था।

---

1. **प्रेमचन्द : चिट्ठी-पत्री, भाग 1, पृ० 102**

सत्य यह है कि प्रेमचन्द की रचनाओं का हिन्दी में प्रकाशन 1914 ई० के बाद से शुरू होता है। 1904 ई० के पश्चात् 1914 ई० में दूसरी रचना का प्रकाशन प्रेमचन्द के रचना-क्रम को तोड़ता है और किसी ऐसे लेखक के लिए जो लगातार रचनाशीलता में लगा हो, हास्यास्पद प्रतीत होता है; किन्तु इसमें भी संदेह नहीं कि हिन्दी में लोकप्रियता के बाद उन्होंने उर्दू के साथ-साथ हिन्दी में भी रचना करना प्रारम्भ कर दिया था। एक बार उन्होंने मौलाना मुहम्मद आक़िल से कहा था : "**कभी मैं उर्दू में पहले लिखता हूँ और उसका हिन्दी में अनुवाद करता हूँ और कभी हिन्दी में लिखता हूँ और बाद में उसका उर्दू में अनुवाद करता हूँ।**[1]" तथा 22 अप्रैल, 1923 ई० को मुंशी दयानरायन निगम को लिखते हैं, "**इधर मैंने लिखना बंद-सा कर रखा है। फ़ुर्सत ही नहीं मिलती लेकिन मलकाना शुद्धि पर एक मुख़्तसर सा मज़मून भेज रहा हूँ। मुझे इस तहरीक से सख़्त इख़्तिलाफ़ है।**[2]"

प्रेमचन्द के हिन्दी में लिखने को उर्दू के एक विशेष वर्ग ने कटीले व्यंग्यों का आधार बनाया। इस संदर्भ की एक घटना का उल्लेख दिसम्बर 1935 ई० से मई 1936 ई० तक के उर्दू पत्र 'शाहकार' लाहौर के अंकों में देखा जा सकता है, जिसमें प्रेमचन्द को कई बार अपनी सफ़ाई देनी पड़ी। इस क्रम के अंतिम वक्तव्य में लिखते हैं : "**मैं हिन्दी में इसलिए नहीं कहने (लिखने) लगा कि हिन्दीवालों ने मुझ पर सोने की थैलियाँ निसार कर दीं, बल्कि इसलिए कि हर-एक अदीब की यह तमन्ना होती है कि उसकी तसानीफ़ ज़्यादा से ज़्यादा हाथों में पहुँचें। मैंने जो कुछ कहा (लिखा) हस्बे-ज़रूरत पहले हिन्दी में लिखा, मगर दोनों ज़बानों में लिखा और आज ऐसी एक लाइन भी नहीं है, जो उर्दू और हिन्दी दोनों में न हो। मैंने जिस फ़ज़ा में तरबियत पायी, वह हिन्दी न थी, ख़ालिस उर्दू थी। मगर फिर भी मैं यह महसूस करता हूँ कि हिन्दुस्तान में उर्दू के मुक़ाबले में नागरी रस्मुलख़त के आम होने में ज़्यादा आसानियाँ हैं.. हिन्दुस्तानी के मानी ही वह ज़बान है, जो हिन्दुस्तान में आम तौर पर बोली और लिखी जाती है। वह सहल क़िस्म की उर्दू और सहल क़िस्म की हिन्दी है। इफ़रातो-तफ़रीत से पाक–मौलवियत और पंडिताई के असर से बाहर।**[3]"

नागरी तथा फ़ारसीलिपि अथवा हिन्दी-उर्दू-हिन्दुस्तानी की समस्या पर चर्चा यथास्थान हो चुकी है। इसलिए उसकी पुनरावृत्ति अनावश्यक है परन्तु प्रेमचन्द ने अपनी रचनाओं के विषय में जो मंतव्य स्पष्ट किया है, वह कई

---

1. मुहम्मद आकिल : स्वर्गीय मुंशी प्रेमचन्द 'हंस' स्मृति-अंक 1937 ई०
2. प्रेमचन्द : चिट्ठी-पत्री, भाग 1, पृ० 132
3. प्रेमचन्द : उज्रे-तक़सीर, 'शाहकार', मई, 1936

प्रकार से विचारणीय है। ऐसा प्रतीत होता है कि इस लेख में प्रेमचन्द का यह दावा कि उनकी रचनाओं में एक पंक्ति भी ऐसी नहीं है, जो उर्दू और हिन्दी दोनों में प्रकाशित न हो, अतिशयोक्तिपूर्ण है। उस समय तो क्या, उनके प्रकाशकों के सौजन्य से अधिकांश रचनाओं का प्रकाशन हो जाने के बावजूद, आज भी प्रेमचन्द की अनेक रचनाएँ उर्दू या हिन्दी में से एक ही भाषा में प्रकाशित हैं। ऐसा लगाता है कि प्रेमचन्द ने अपने आलोचक की ज़बान बन्द करने के उद्देश्य से उपर्युक्त पंक्तियाँ लिख दीं, जो सत्य से दूर हैं।

प्रेमचन्द की रचनाओं के हिन्दी अथवा उर्दू रूप या पांडुलिपि के विषय में निम्नलिखित तथ्यों पर भी ध्यान देने की आवश्यकता है—

1. प्रेमचन्द की अनेक महत्त्वपूर्ण पाण्डुलिपियाँ सुरक्षित हैं। 'गोदान' की दो पाण्डुलिपियाँ भारत कलाभवन, काशी हिन्दू विश्वविद्यालय, वाराणसी में संगृहीत हैं। प्रेमचन्द की मृत्यु के पश्चात अनेक महत्त्वपूर्ण सामग्री के अतिरिक्त उनकी पाण्डुलियाँ भी शिवरानी देवी के सौजन्य से रामरतन पुस्तक भवन, वाराणसी में संगृहीत हैं, जैसे-लाहौर आर्य समाज के वार्षिक अधिवेशन में प्रस्तुत भाषण, 'रहस्य', 'शतरंज के खिलाड़ी', 'कश्मीरी सेब कहानियाँ', 'कर्मभूमि' के अंतिम अंश तथा द्वितीय भाग का प्रारम्भ। 'चौगाने-हस्ती' तथा 'गोशा-ए-आफ़ियत', 'कायाकल्प', 'कर्बला' नाटक के प्रथम अंक, दृश्य 5 पृ० 62 से द्वितीय अंक, दृश्य 6 के पृ० 111 तक आदि। अन्य पाण्डुलिपियों के विषय में अमृतराय ने इन पंक्तियों के लेखक को बताया कि संभवतः मूल पाण्डुलिपियाँ ही प्रकाशकों अथवा पत्रिकाओं को भेज दी थीं।

2. प्रेमचन्द के एक शिष्य मुंशी मंज़ूरूल हक़ 'कलीम' का कथन है कि जुलाई 1916 ई० से मई 1918 ई० तक की समस्त रचनाएँ उसके हाथ की साफ़ की हुई हैं।[1] संभवतः यह बयान उर्दू रचनाओं के विषय में हैं, क्योंकि उस समय तक प्रेमचन्द अधिकांशतः उर्दू में ही लिखते थे। प्रेमचन्द के एक अन्य शिष्य मुंशी मुनीर हैदर 'बेबाक' माहुली ने, जो प्रेमचन्द के सहयोगी भी रह चुके थे, प्रोफ़ेसर सैय्यद एहतेशाम हुसैन से कहा था कि उन्होंने प्रेमचन्द की कई ऐसी उर्दू कहानियों के अनुवाद हिन्दी में किये थे, जो बाद में प्रेमचन्द का हिन्दी-रचना के रूप में हिन्दी पत्र-पत्रिकाओं में प्रकाशित हुईं।

3. मुंशी इक़बाल वर्मा 'सेहर' हतगामी से प्रेमचन्द के अनुवाद कराने और उनको पारिश्रमिक देने की चर्चा प्रेमचन्द के पत्रों में है। 'सेहर' को हिन्दी और उर्दू दोनों भाषाओं की जानकारी थी, इसलिए सम्भव है कि उन्होंने उर्दू

---

1. **मंज़ूरुल हक़ कलीम : मुंशी प्रेमचन्द मरहूम, एक शार्गिद की नज़र में 'ज़माना' प्रेमचन्द विशेषांक 1937 ई०**

तथा हिन्दी दोनों में अनुवाद किये हों। प्रेमचन्द अगस्त 1925 ई० में मुंशी दयानरायन निगम को लिखते हैं : **"हज़रते-सेहर को मैंने दो सौ रुपया देना तय कर लिया, वह राज़ी भी हो गये....अगर वह राज़ी हों, तो 'गोशा-ए-आफ़ियत' भी उनसे पूरा करवा लूँगा और कुछ नयी कहानियों का तर्जुमा भी।"**[1] और फिर 31 मार्च, 1926 ई० को लिखते हैं : **"मुंशी इक़बाल वर्मा साहब मारे तक़ाज़ों के नाक में दम किये हुए हैं, हालांकि 150 दे चुका हूँ, लेकिन अभी इतना ही और देना है।"**[2] इसी प्रकार का पत्र 12 फ़रवरी 1930 ई० का भी है : **"आपने पिछले महीने इक़बाल वर्मा साहब की मदद की। मेरी जानिब से मदद की थी। अभी उनके क़र्ज़ से सुबुकदोश नहीं हुआ हूँ। मेरी किताबों का पिछला हिसाब तो साफ़ हो गया लेकिन नये साल का हिसाब बाक़ी है।"**[3]

4. प्रेमचन्द ने 1929 ई० में दूसरे के लिए उर्दू में अनुवाद कार्य किया। हिन्दुस्तानी एकेडेमी ने गाल्सवर्दी की रचनाओं.... 'जस्टिस', 'स्ट्राइफ़' तथा 'सिल्वर-बाक्स' का उर्दू अनुवाद कराने की योजना बनायी और यह कार्य मुंशी दयानरायन निगम के सिपुर्द हुआ, तो प्रेमचन्द ने उनकी ओर से अनुवाद करना प्रारम्भ किया। ऐसा लगता है कि प्रेमचन्द हिन्दी अनुवाद की सहायता से उर्दू अनुवाद करना चाहते थे। परन्तु स्पष्ट है कि उस समय तक प्रेमचन्द उर्दू में लगातार लिख रहे थे। 28 फ़रवरी, 1929 ई० के पत्र में लिखते है : **"हाँ, 'जस्टिस' मैंने शुरू कर दिया। 16-17 सफ़हात कर भी डाले। अभी उसका हिन्दी का तर्जुमा तो आया नहीं। इसलिए वह सब मुश्किलात, जो पहले डिक्शनरियों या मशविरों से हल की थीं, फिर आ रही हैं। इसलिए जब तक हिन्दी तर्जुमा न आ जावे, उस वक़्त तक के फिर मुलतवी करता हूँ। दूसरी किताब के मुताल्लिक़ मैं यही कहूँगा कि आप ख़ुद ही कर लें। मैंने समझा था कि एक नशिस्त में 7-8 सफ़हात हो जायेंगे। पर अब देखता हूँ, तो मुश्किल से चार सफ़हात होते हैं और मेरे पास एक नशिस्त से ज़्यादा वक़्त नहीं..... 'जस्टिस' तो मैं किसी न किसी तरह कर ही डालूँगा लेकिन बाक़ी दोनों से मेरा इस्तीफ़ा है। इतने ही वक़्त में मैं ज्यादा फ़ायदे का काम कर सकता हूँ।"**[4]

5. मदन गोपाल का कथन है कि प्रेमचन्द ने 1928-29 ई० में उर्दू अनुवाद कार्य प्राप्त करने के प्रयत्न में इस वाद विवाद में भाग लिया था कि

---

1. प्रेमचन्द : चिट्ठी-पत्री, भाग 1, पृ० 156
2. वही, पृ० 161
3. वही, पृ० 176
4. प्रेमचन्द : चिट्ठी-पत्री, भाग 1, पृ० 171

क्या हिन्दू उर्दू अनुवाद बेहतर कर सकते हैं, अथवा नहीं।[1] उन्होंने प्रेमचन्द के सम्बंध में एक रोचक घटना भी लिखी है :

''प्रेमचन्द के एक हिन्दी प्रशंसक ने उनके बग़ल में उर्दू-मुसौव्दे देख रुष्टतापूर्वक पूछा कि क्या आपको अब भी उर्दू के प्रति रूचि है?

अवश्य ही है, प्रेमचन्द ने उत्तर दिया ।

क्या आप कहना चाहते हैं कि आप अब तक उर्दू में रचना करते हैं?

हाँ, मैं उर्दू में रचना करता हूँ । मेरी सुबह हिन्दी के लिए और शाम उर्दू लिखने के लिए है ।''[2]

6. अमृतराय का विचार है कि प्रेमचन्द 1924 ई० तक अपनी रचनाएँ उर्दू में ही करते रहे परन्तु कभी-कभार उनका हिन्दी अनुवाद उर्दू में प्रकाशन के पूर्व ही हो गया।[3]

7. डॉ० कमल किशोर गोयनका ने प्रेमचन्द के प्रायः सभी उपन्यासों का मूल उर्दू में माना है, जिनका अनुवाद स्वयं प्रेमचन्द ने हिन्दी में किया। उनके इस मंतव्य का विश्लेषण यथास्थान किया जायेगा। यहाँ उर्दू-मूल के विषय में उनके विचार ध्यान देने योग्य हैं, लिखते हैं : **''प्रेमचन्द के सृजन की एक अन्य विशेषता यह है कि उन्होंने प्रायः अपने उपन्यासों की रूपरेखाएँ अंग्रेज़ी में बनायी, मूल उपन्यास उर्दू में लिखे और बाद में स्वयं उनका अनुवाद किया । तीन भाषाओं में कार्य करने पर भी उन्हें कभी कोई असुविधा न हुई ।''**[4]

8. प्रेमचन्द के अभिन्न मित्र प्रो० 'फ़िराक़ गोरखपुरी' का कथन है कि 1922-26 ई० के बीच उनका और प्रेमचन्द का रात-दिन का साथ था। इस बीच प्रेमचन्द जितनी रचनाएँ करते थे सब की सब 'फ़िराक़' साहब तथा कुछ अन्य मित्रों को अवश्य सुनाते थे, जिनकी भाषा एवं शैली प्रो० 'फ़िराक़' के शब्दों में, 'सौ फीसदी उर्दू' होती थी। प्रो० 'फ़िराक़' का कथन है कि एक बार उन्होंने प्रेमचन्द की किसी रचना के दोषपूर्ण हिन्दी अनुवाद पर आपत्ति प्रकट की, तो प्रेमचन्द ने मुस्कराकर उत्तर दिया कि जब उनकी भाषा उर्दू प्रमाणित हो चुकी है, तो उन्हें अपनी रचना के हिन्दी अनुवाद की भाषा की चिन्ता नहीं है।

---

1. मदन गोपाल : मुंशी प्रेमचन्द, पृ० 278
2. वही, पृ० 281
3. अमृतराय : प्रेमचन्द, क़लम का सिपाही, पृ० 655
4. कमल किशोर गोयनका : प्रेमचन्द के उपन्यासों का शिल्प-विधान, पृ० 30

उपर्युक्त तथ्यों को दृष्टि में रखकर कहा जा सकता है कि प्रेमचन्द ने अधिकांश रचनाएँ उर्दू में की, जिनके अनुवाद तदोपरांत हिन्दी में प्रकाशित हुए।

संभव है कि कुछ रचनाओं के अनुसार स्वयं प्रेमचन्द ने हिन्दी में भी किये हों, किन्तु उनकी बढ़ी हुई व्यस्तता को दृष्टि में रखने पर यह मानना अधिक स्वाभाविक लगता है कि उनकी रचनाओं के अनुवाद दूसरों ने ही किये होंगे। कुछेक रचनाएँ, जो हिन्दी में पहले प्रकाशित होने के कारण हिन्दी रचनाएँ समझी जाती रही हैं, उनके विषय में भी सम्भव है कि जिस प्रकार अनेक उपन्यास उर्दू रचना होने के बावजूद हिन्दी में उर्दू के पूर्व प्रकाशित हुए; ये रचनाएँ भी उर्दू में लिखी जाने के बावजूद पहली बार हिन्दी में प्रकाशित हुई हों। कहानियों के विषय में यह बात और भी विश्वास से कही जा सकती है, क्योंकि हिन्दी पत्र-पत्रिकाएँ प्रेमचन्द की कहानियों के लिए निरंतर अनुरोध करती रहती थीं, जो उन्हें उचित पारिश्रमिक भी अदा करती थीं। प्रेमचन्द आर्थिक संकटों के कारण अपनी अधिक से अधिक कहानियाँ हिन्दी में प्रकाशित करना चाहते थे, ताकि उनको अधिक से अधिक कहानियों का अधिक से अधिक पारिश्रमिक मिल सके। सम्भव है कि इस भाग-दौड़ में प्रेमचन्द ने यह रास्ता निकाला हो कि अपनी सुविधा के आधार पर कहानियाँ उर्दू में लिख लेते रहे हों, जिनको बाद में हिन्दी में रूपांतरित कर दिया जाता हो।[1]

---

1. ऐसे लेखक जिनके साहित्यिक जीवन का प्रारम्भ उर्दू से हुआ है, अपनी सुविधा के लिए साधारणतः उर्दू में ही प्रथम पाण्डुलिपि तैयार करते हैं, जिनके हिन्दी अनुवाद बाद में तैयार कराते हैं। इन पंक्तियों के लेखक ने व्यक्तिगत रूप से उपेन्द्रनाथ 'अश्क', बलवन्त सिंह, शमशेर बहादुर सिंह, राही गासूम रज़ा तथा अन्य लेखकों को उनकी पहली पाण्डुलिपि उर्दू में तैयार करते देखा है किन्तु यह लोग सीधे हिन्दी में भी लिखते हैं। इसका दूसरा पक्ष भी मनोरंजक है। अनेक ऐसे उर्दू लेखक हिन्दी-जगत में हिन्दी-लेखक के रूप में विख्यात हैं, जो हिन्दी वर्णमाला से भी कदाचित् परिचित नहीं हैं, हिन्दी में रचना करने का प्रश्न ही नहीं। उदाहरणार्थ-मंटो, कृशन चन्दर, बेदी, इसमत, कुरअतुलऐन हैदर, ख़्वाजा अहमद अब्बास, अहमद नदीम क़ासिमी, क़ाज़ी अब्दुस्सत्तार, जीलानी बानो, ख़दीजा मसतूर, रज़िया सज्ज़ाद ज़हीर, अब्दुल्लाह हुसैन, शौकत सिद्दीक़ी, शौकत थानवी, वाजिदा तबस्सुम, ए० हमीद आदि। इनकी रचनाओं के हिन्दी अनुवाद दूसरों ने किये हैं, जिनका लेखक से कोई सम्बन्ध नहीं। कौन जाने भविष्य में उपरोक्त उर्दू लेखक और उनकी तरह के अनेक अन्य लोग प्रेमचन्द की तरह विवादास्पद बना दिये जायें !

बाद के दौर में कुछेक कहानियों के हिन्दी में लिखने की चर्चा मिलती है। 25 जून, 1934 ई० को मुंशी दयानरायन निगम के नाम पत्र में प्रेमचन्द लिखते हैं : **''मैंने मैनेजर 'हंस' को ताकीद कर दी है कि जब मेरा अफ़साना छपे, उसका प्रूफ़ 'ज़माना' को भेज दिया करें और 'हंस' में लिख दिया करें। उर्दू तरजुमे का हक़ 'ज़माना' के लिए महफ़ूज़। साल में पाँच छः से ज़्यादा नहीं लिखता। हाँ 'सेहर' साहब इस काम के लिए बहुत मौज़ूँ हैं।''**[1] स्पष्ट है कि यह प्रेमचन्द के जीवन के अंतिम चरणों की स्थिति है, जिसे उनके सम्पूर्ण जीवन की रचनाओं पर आरोपित नहीं किया जा सकता।

प्रेमचन्द की रचनाओं के उर्दू से हिन्दी में अनुवाद होने के अनेक आंतरिक प्रमाण भी हैं। डॉ० गंगाप्रसाद विमल ने भी स्वीकार किया है कि प्रेमचन्द की भाषा का ताना-बाना और मिज़ाज हिन्दी का न होकर उर्दू का है।[2] प्रेमचन्द की रचनाओं के उर्दू-हिन्दी संस्करणों की भाषाओं का तुलनात्मक अध्ययन किया जाय, तो हिन्दी में अनुवाद की गति तीव्र रूप में अनुभव होती है, बल्कि अनेक अवसरों पर अनुवाद की भयावह त्रुटियाँ पुकार कर कह देती हैं कि प्रेमचन्द ने अपनी रचना के अनुवाद को एक बार पढ़ लेने का भी कष्ट नहीं किया है। इस समस्या पर यथास्थान विस्तार से प्रकाश डाला जायेगा।

प्रस्तुत अध्ययन में इस मनोरंजक तथ्य को दृष्टि में रखना चाहिए कि प्रेमचन्द की असाधारण लोकप्रियता के कारण उर्दू में उनके नाम से फ़र्ज़ी लिखनेवाले भी पैदा हो गए थे, जिनकी विभिन्न रचनाएँ प्रेमचन्द नाम से अनेक पुस्तकालयों की शोभा बढ़ा रही हैं और जिन्हें देखकर प्रेमचन्द का पाठक आज भी चौंक उठता है-अरे! इतनी रचनाएँ प्रेमचन्द की रह गयी थीं, जिनसे मेरा परिचय ही नहीं हुआ था।[3] इसके साथ ही साथ यह दुर्घटना भी होती थी कि प्रेमचन्द की रचनाएँ उनकी सूचना और अनुमति के बिना ही पत्र-पत्रिकाएँ प्रकाशित कर लेती थीं। इस प्रकार की एक घटना की चर्चा

---

1. प्रेमचन्द : चिट्ठी-पत्री, भाग 1, पृ० 209
2. गंगा प्रसाद विमल : प्रेमचन्द, पृ० 63
3. पंजाब के किसी प्रेमचन्द की वर्तमान में 18 पुस्तकों को खोज हो सकी है, जो प्रायः प्रेमचन्द की रचनाओं में सम्मिलित कर ली जाती हैं, उनके नाम हैं- 1-मुसाफिर 2-कशमकश 3-दुलहन 4-इश्के-ख़ामोश 5-ज़लज़ला 6-कपाल कुण्डला 7-मनोरमा 8-ठोकर 9-तूफ़ान 10-ख़ामोश मुहब्बत 11-छुटकारा 12-औरत की मुहब्बत 13-लड़की 14-प्रभात 15-कोचवान 16-तिलिस्मे-मजाज़ 17-सपेरन 18-इश्क़ का राज़

मुंशी दयानरायन निगम के नाम एक पत्र में उन्होंने की है : "**ज़माना के लिए एक मज़मून लिखा था। उसका हिन्दी तर्जुमा कलकत्ता के एक रिसाले में था। मैंने मज़मून साफ़ किया मगर हिन्दी में निकलने के तीसरे ही दिन उसका तर्ज़ुमा लाहौर के 'प्रताप' में नज़र आया। इसलिए उस क़िस्से को न भेज सका। संदूक़ में साफ़ किया हुआ पड़ा है। हालांकि लाहौरी तर्जुमा बिल्कुल भद्दा है, मगर क़िस्सा तो वही है।**"[1]

इसी प्रकार प्रेमचन्द के नाम से प्रकाशित उर्दू तथा हिन्दी रचनाओं में यदाकदा संशोधन-परिवर्धन या घटाव-बढ़ाव दिखता है। इसकी स्वीकारोक्ति कभी-कभी सम्पादकों ने की हैं। प्रेमचन्द की कहानी 'साँप की माशूक़ा' को पुन: 'नागजी' के नाम से 'तहज़ीबे-निस्वाँ' में 5 अगस्त और 22 अगस्त 1922 ई० को किश्तों में प्रकाशित करते हुए सम्पादक महोदय लिखते हैं : "**हम मुंशी प्रेमचन्द साहब का ये दिलचस्प मुख़्तसर अफ़साना दिली शुक्रिये के साथ रिसाला 'हज़ार दास्तान' से नक़्ल करते हैं और इसे लड़कियों के मुनासिब हाल बनाने में हमें जो ख़फ़ीफ़ तर्ब्दीलियाँ करना पड़ी हैं, उनके लिए मुसन्निफ़ और एडीटर 'हज़ार दास्तान' से माफी चाहते हैं।**" इसी प्रकार प्रेमचन्द की मृत्यु के पश्चात भी विभिन्न पत्र-पत्रिकाओं और पुस्तकों में प्रेमचन्द की रचनाएँ संशोधन परिवर्धन के साथ प्रकाशित होती रहीं हैं, जिसका उत्तरदायित्व कौन स्वीकार करेगा। इनके विषय में निर्णय करने की आवश्यकता है कि उनके लिए किसे श्रेय दिया जाये। प्रेमचन्द को या उनके उन अनुवादकों को जिनके नाम समय की गर्द के नीचे दब गए हैं।

उपन्यास

प्रेमचन्द की पहली रचना के निर्धारण की समस्या पर विचार करते हुए उनके कई उपन्यासों की चर्चा हो चुकी है। प्रेमचन्द के उपन्यासों की संख्या के निर्धारण में अधिक मतभेद नहीं हैं। उनके लगभग सभी उपन्यास उपलब्ध हैं। यद्यपि डॉ० रामरतन भटनागर ने किसी भ्रमवश ही उनके एक दर्जन उपन्यास[2] बता दिये हैं, परन्तु सत्य यह है कि प्रेमचन्द के मौलिक उपन्यासों की संख्या पंद्रह है। यहाँ क्रमानुसार उनके उपन्यासों की सूची प्रस्तुत की जाती है।

यदि किसी उपन्यास का हिन्दी शीर्षक उर्दू शीर्षक से भिन्न है, तो उसको उर्दू शीर्षक के साथ लिख दिया गया है।

---

1. **प्रेमचन्द : चिट्ठी-पत्री, भाग 1, पृ० 127**
2. **रामरतन भटनागर : कलाकार प्रेमचन्द, पृ० 2**

1. असरारे-मआबिद : देवस्थान-रहस्य

यह प्रेमचन्द का पहला उपन्यास है, जो बनारस के उर्दू-साप्ताहिक 'आवाज़ा-ए-ख़ल्क़' में 8 अक्टूबर, 1903 ई० से 1 फ़रवरी 1905 ई० तक धारावाहिक रूप में प्रकाशित हुआ। पुस्तकरूप में उर्दू में प्रकाशित नहीं हो सका। हिन्दी में इसका अनुवाद अमृतराय ने हंस प्रकाशन, इलाहाबाद से 1962 ई० में 'मंगलाचरण' नामक संकलन में प्रकाशित किया।

2. हमख़ुरमा-ओ-हमसवाब : प्रेमा

उर्दू में 'हमख़ुरमा-ओ-हमसवाब' के दो संस्करण प्रकाशित हुए। पहला संस्करण बाबू महादेव प्रसाद वर्मा ने प्रकाशित किया। दूसरा नवलकिशोर प्रेस, लखनऊ ने। किसी भी संस्करण में प्रकाशन तिथि मुद्रित नहीं है, परन्तु इसका 6वाँ विज्ञापन 'ज़माना' सितम्बर 1906 में दीख़ पड़ता है। यू०पी० ग़ज़ट में 30 जून, 1910 लिखा है, जो सम्भवत: दूसरे संस्करण के विषय में है। इसका हिन्दी रूपांतर 'प्रेमा' के नाम से 1907 ई० में इंडियन प्रेस, इलाहाबाद से प्रकाशित हुआ।

3. किशना

इसकी कोई प्रति उपलब्ध नहीं। 'ज़माना' के अक्टूबर-नवम्बर 1907 ई० में प्रक़ाशित समालोचना के आधार पर कहा जा सकता है कि उक्त उपन्यास 1906 ई० में बनारस के मेडिकल हाल प्रेस से उर्दू में प्रकाशित हुआ था।

4. रूठी रानी

यह उपन्यास उर्दू में पहली बार 'ज़माना' में अप्रैल से अगस्त 1907 ई० तक धारावाहिक रूप में प्रकाशित हुआ। उर्दू तथा हिन्दी दोनों में उपलब्ध है। उर्दू में पहली बार लाजपत राय एण्ड संस, लाहौर से प्रकाशित हुआ। हिन्दी में प्रथम प्रकाशन अमृतराय द्वारा संपादित 'मंगलाचरण' में 1962 ई० में हुआ।

5. जलवा-ए-ईसार : वरदान

पहला उर्दू संस्करण 1912 ई० में इंडियन प्रेस, इलाहाबाद से प्रकाशित हुआ। हिन्दी में 1921 ई० में ग्रंथ भण्डार, बम्बई, ने प्रकाशित किया।

6. बाज़ारे-हुस्न : सेवासदन

उर्दू में दो भागों में प्रकाशित हुआ। पहला भाग 1921 ई० में तथा दूसरा भाग 1922 ई० में। लाहौर के दारुल-इशाआत पंजाब ने प्रकाशित किया। हिन्दी में पहली बार दिसम्बर 1918 ई० में हिन्दी पुस्तक एजेंसी, कलकत्ता से प्रकाशित हुआ।

7. गोशा-ए-आफ़ियत : प्रेमाश्रम

हिन्दी में 1922 ई० हिन्दी पुस्तक एजेंसी, कलकत्ता से प्रकाशित हुआ। उर्दू में पहली बार 1928 ई० में दारूल-इशाअत, लाहौर में छपा।

8. चौगाने-हस्ती : रंगभूमि

हिन्दी में 1925 ई० में पहली बार गंगा पुस्तकमाला, लखनऊ से प्रकाशित हुआ। उर्दू में प्रथम संस्करण 1927 ई० में दारुल-इशाअत, लाहौर ने प्रकाशित किया।

9. पर्दा-ए-मजाज़ : कायाकल्प

हिन्दी संस्करण का प्रथम प्रकाशन 1928 ई० में सरस्वती प्रेस बनारस से हुआ। उर्दू में प्रथम लाजपत राय एण्ड संस, लाहौर ने किया। प्रकाशन वर्ष मुद्रित नहीं है।

10. निरमला : निर्मला

यह उपन्यास हिन्दी 'मासिक चाँद' में नवम्बर 1925 ई० से नवम्बर 1926 ई० तक धारावाहिक रूप में प्रकाशित हुआ। इसका प्रथम हिन्दी संस्करण 1927 ई० चाँद प्रेस, इलाहाबाद से प्रकाशित हुआ। उर्दू में पहली बार 1929 ई० में गिलानी एलेक्ट्रिक प्रेस, लाहौर से प्रकाशित हुआ।

11. बेवा : प्रतिज्ञा

हिन्दी में प्रथम प्रकाशन 1929 ई० में सरस्वती प्रेस, बनारस से हुआ। उर्दू में मई 1932 ई० में पहली बार छपा।

12. ग़बन

इसका हिन्दी संस्करण का प्रकाशन 1931 ई० के प्रारम्भ में सरस्वती प्रेस, बनारस से हुआ। उर्दू में सर्वप्रथम लाजपतराय एण्ड संस, लाहौर से

प्रकाशित हुआ। प्रथम संस्करण पर प्रकाशन वर्ष मुद्रित नहीं है। अनुमान है कि 1932 ई० तक उर्दू में अवश्य ही प्रकाशित हो चुका था।

13. मैदाने-अमल : कर्मभूमि

इसका प्रथम हिन्दी संस्करण 1932 ई० के पूवार्द्ध में सरस्वती प्रेस, बनारस से हुआ। उर्दू में पहली बार ज़ामिआ मिल्लिया, दिल्ली से 1936 ई० में प्रकाशित हुआ।

14. गऊदान : गोदान

इसका प्रथम हिन्दी प्रकाशन 1936 ई० में सरस्वती प्रेस, बनारस से हुआ। उर्दू में पहली बार मक़तबा-ए-ज़ामिआ दिल्ली से 1939 ई० में प्रकाशित हुआ।

15. मंगलसूत्र

इसका प्रथम प्रकाशन हिन्दी में 1948 ई० में सरस्वती प्रेस बनारस से हुआ। उर्दू में पुस्तक रूप में प्रकाशित नहीं हो सका।

कहानियाँ

प्रेमचन्द की कहानियों पर हिन्दी में अनेक शोध किये जा चुके हैं, परन्तु उनकी कहानियों की संख्या-निर्धारण में परस्पर विरोधी सूचनाएँ उपलब्ध हैं, जिनमें कुछेक की चर्चा निम्नलिखित पंक्तियों में की जा सकती है :

(1) प्रेमचन्द का अपना बयान है : **"मेरी कहानियों की कुल संख्या लगभग ढाई सौ है ।"**[1]

(2) आचार्य नंददुलारे वाजपेयी लिखते हैं : **"प्रेमचन्द जी की कहानियों की संख्या 300 के लगभग है । इसके अतिरिक्त उनकी उर्दू कहानियों की संख्या भी 100 से ऊपर है ।"**[2] इस प्रकार आचार्य वाजपेयी के अनुसार कहानियों की संख्या 400 (चार सौ) होती है ।

---

1. **प्रेमचन्द : चिट्ठी-पत्री, भाग 2, पृ० 236**
2. **नंददुलारे वाजपेयी : प्रेमचन्द साहित्यिक विवेचन, पृ० 155**

(3) डॉ० राम रतन भटनागर लिखते हैं : **"प्रेमचन्द ने हिन्दी साहित्य को ढाई-तीन सौ कहानियाँ दी हैं ।"**[1]

(4) डॉ० इंद्रनाथ मदान का मत है कि प्रेमचन्द ने : **"250 के लगभग कहानियाँ लिखी ।"**[2]

(5) डॉ० लक्ष्मीनारायण लाल का विचार है-**"संख्या करने पर इनकी कुल उर्दू कहानियाँ 178 हैं ।"**[3]

(6) डॉ० देवराज उपाध्याय का वक्तव्य है कि प्रेमचन्द द्वारा **"क़रीब 400 कहानियाँ हिन्दी साहित्य को प्राप्त हुई ।"**[4]

(7) डॉ० जितेंद्र पाठक लिखते हैं : **"प्रेमचन्द ने लगभग 400 कहानियाँ लिखीं ।"**[5]

(8) डॉ० केदारनाथ अग्रवाल के अनुसार : **"कहा जाता है, उन्होंने लगभग 250 कहानियाँ लिखी है ।"**[6]

उपर्युक्त भिन्न-भिन्न सूचनाओं के आधार पर प्रेमचन्द की कहानियों की संख्या निश्चित करना कठिन ही नहीं वरन् असंभव हो जाता है। ऐसा लगता है कि कुछ विद्वान लेखकों एवं गवेषकों ने मात्र प्रेमचन्द के बयान पर भरोसा कर लिया। प्रेमचन्द के साहित्यिक जीवन का आरम्भ एवं उनकी पहली कहानी के प्रकाशन का निर्धारण करने में स्वयं उन्हीं के विरोधाभासी विचारों का उल्लेख पिछले पृष्ठों में किया जा चुका है। सत्य यह है कि प्रेमचन्द की कहानियों से सम्बंधित आधारभूत तथ्यों के खोजने के कार्य को अधिक महत्त्व नहीं दिया गया। प्रेमचन्द पर असंख्य शोध-ग्रन्थ लिखे गये हैं, परन्तु अभी तक उनकी कहानियों की निश्चित संख्या उर्दू हिन्दी में उनके शीर्षक और प्रथम प्रकाशन की तिथि और स्थान ज्ञात करने का कोई विशेष प्रयास नहीं किया गया, जो प्रेमचन्द पर शोध करने वालों की सुविधा वादिता है। इस तरह का कार्य कठिन परिश्रम और धैर्य चाहता है, जिसमें पुस्तकालयों की

---

1. रामरतन भटनागर : प्रेमचन्द, पृ० 217
2. इंद्रनाथ मदान : प्रेमचन्द एक विवेचन, पृ० 138
3. लक्ष्मीनारायण लाल : हिन्दी कहानियों की शिल्प-विधि का विकास, पृ० 97
4. देवराज उपाध्याय : आधुनिक हिन्दी कथा-साहित्य और मनोविज्ञान, पृ० 182
5. जितेन्द्र पाठक : कथाकार प्रेमचन्द, पृ० 36
6. केदारनाथ अग्रवाल : प्रेमचन्द की कहानियाँ, प्रेमचन्द और गोर्की, पृ० 229

धूल फाँकना और पुराने एवं दीमक खायी हुई पत्र-पत्रिकाओं की गर्द साफ़ करना भी हैं।

हिन्दी में प्रेमचन्द पर भिन्न-भिन्न दृष्टि से बराबर लिखा जा रहा है किन्तु दुर्भाग्य वश हिन्दी लेखकों की नयी पीढ़ी उर्दू-भाषा और लिपि से अपरिचित है इसलिए उर्दू स्रोतों का विश्लेषण करने से वंचित रह जाती है, क्योंकि बिना उर्दू तथा हिन्दी दोनों के समुचित संज्ञान के प्रेमचन्द पर ईमानदारी से कुछ लिखना सम्भव ही नहीं है। उनकी असमर्थता दूसरों द्वारा दिये गये तथ्यों को स्वीकार करने पर बाध्य करती है। इस प्रकार प्रलेख तथ्यों में त्रुटियों का क्रम चलता रहता है। उर्दू में प्रेमचन्द पर शोध-प्रबंध तैयार करने वालों पर हिन्दी से अपरिचित होने का आरोप नहीं लगाया जा सकता, किन्तु इसमें शक नहीं कि वहाँ भी हिन्दी पुस्तकों को नज़रअंदाज़ करने की फ़ज़ा है, उनमें प्राय: शोध-ग्रन्थ अप्रकाशित है, जिसके कारण शोध में पुनरावृत्ति हो रही है। उचित प्रतीत होता है कि प्रेमचन्द की कहानियों के सम्बन्ध में अपने निष्कर्ष प्रस्तुत करने से पूर्व अब तक इस सन्दर्भ में किये गये प्रयासों का संक्षिप्त विश्लेषण कर लिया जाय। स्पष्ट है कि प्रेमचन्द ने अपनी रचनाओं के विषय में अधिकांश भ्रामक सूचनाएँ दी हैं। ऐसी स्थिति में गवेषकों को मूल उर्दू-हिन्दी स्रोतों को देखना चाहिए था, परन्तु उन्होंने मूल-स्रोतों को देखकर सही निर्णय करने के बजाय कल्पना के घोड़े दौड़ाये हैं। इसमें से कोई संख्या सही नहीं हैं। सत्य यह है कि प्रेमचन्द की कहानियाँ उर्दू-हिन्दी पत्र-पत्रिकाओं में इतनी बिखरी हुई हैं कि उनके विषय में निश्चित रूप में कुछ कहना संभव ही नहीं है।

प्रेमचन्द के साहित्यिक जीवन के अनेक तथ्यों को उपलब्ध करने की तरह उनकी कहानियों के विषय में बुनियादी बातें प्रस्तुत करने का श्रेय मुंशी दयानरायन निगम को है, जिन्होंने 'ज़माना' में प्रेमचन्द की कहानियों की सब से पहली सूची प्रकाशित करके[1] उन पर कार्य करनेवालों की राहें खोल दीं। यद्यपि यह सूची पूर्ण नहीं है और 'ज़माना' में ही प्रकाशित अनेक कहानियाँ-जैसे 'गुनाह का अग्निकुण्ड' (मार्च 1911 ई०), 'ख़ूने-सफ़ेद' (जुलाई 1917 ई०) 'हज्जे-अक्बर' (सितम्बर 1917 ई०), 'क्रिकेट मैच' (जुलाई 1927 ई०) आदि छूट गयी हैं किन्तु इससे सूची का महत्त्व तथा उपयोगिता कम नहीं की जा सकती, क्योंकि आज जबकि 'ज़माना' की संपूर्ण फ़ाइल किसी एक स्थान पर उपलब्ध नहीं हैं, यह सूची बुनियादी दस्तावेज़ का कार्य करती है। 'ज़माना' के अतिरिक्त प्रेमचन्द की कहानियाँ उर्दू की अन्य पत्र-

---

1. **दया नरायन निगम : 'ज़माना' प्रेमचन्द, विशेषांक**, 1937

पत्रिकाओं 'आज़ाद', 'कहकशाँ', 'हमदर्द', 'सुबहे-उम्मीद', 'बहारिस्तान', 'शबाबे-उर्दू', 'नक़्क़ाद' और 'अलअस्त्र' आदि आदि तथा हिन्दी पत्र-पत्रिकाओं—'माधुरी', 'चाँद', 'सरस्वती', 'जागरण', 'हंस', 'विशाल भारत', 'वीणा', 'ऊषा', 'मतवाला' आदि में प्रकाशित होती रहीं हैं, जिनकी संपूर्ण सूची अभी तक तैयार नहीं की गयी हैं। इन पत्र-पत्रिकाओं के पृष्ठों को उलटने से आशा की जा सकती है कि कुछेक ऐसी कहानियों का सुराग़ मिल सके, जो अब तक उर्दू और हिन्दी में अप्राप्य हैं।

प्रेमचन्द की कहानियों की खोज में अमृतराय के प्रयत्नों की चर्चा करना आवश्यक है, जिन्होंने विभिन्न पत्र-पत्रिकाओं तथा उर्दू संकलनों से प्रेमचन्द की 56 कहानियाँ ऐसी ढूँढ़ निकाली, जो उस समय तक हिन्दी संकलनों में प्रकाशित नहीं हुई थीं। इनकी चर्चा आगामी पृष्ठों में की जायेगी। इस संदर्भ में विचारणीय है कि अमृतराय द्वारा तलाश की गयी अनेक कहानियों के विषय में मदन गोपाल का दावा है कि उन्होंने तलाश की हैं।[1] चूंकि उन्होंने किसी विशेष कहानी का उल्लेख नाम देकर नहीं किया है, इसलिए हमें मदन गोपाल के दावे को स्वीकार करने में संकोच है।

डॉ० मस्ऊद हुसैन ख़ाँ ने प्रेमचन्द की कहानियों का काल निर्धारण करने का प्रयत्न किया है और उनके कुछेक संकलनों के प्रकाशनों का संकेत किया है किन्तु उन्होंने किसी अप्राप्य कहानी की चर्चा नहीं की।[2]

डॉ० क़मर रईस ने भी प्रेमचन्द की कहानियों के विषय में बुनियादी तथ्यों के नाम असत्य बातें बड़ी सरलता से लिख दी हैं। विशेषकर कहानियों की सामूहिक संख्या बताने में उन्होंने बिना किसी शोध एवं विश्लेषण के प्रेमचन्द की कहानियों के प्रसिद्ध संकलनों से उनमें शामिल कहानियों के आँकड़े लेकर योग कर दिया और उन्होंने प्रेमचन्द की कहानियों की संख्या दो सौ छियासठ (266) निश्चित की है। जिनमें से दो सौ तीन (203) 'मानसरोवर' के आठ भागों में, सात (7) क़फ़न में और छप्पन (56) गुप्तधन के दो खण्डों में सम्मिलित हैं। डॉ० क़मर रईस के द्वारा दी गयी उपर्युक्त सूचना में अनेक त्रुटिया हैं। इन संकलनों में कई कहानियाँ ऐसी हैं, जो एक से अधिक संकलनों में सम्मिलित हैं। क़फ़न में सात (7) कहानियाँ नहीं चौदह (14) कहानियाँ सम्मिलित हैं। इसी प्रकार उर्दू कहानियों की संख्या बताने में ज़बरदस्त भूल हुई है। 'क़फ़न' की कहानियों को सम्मिलित

---

1 **मदन गोपाल : मुंशी प्रेमचन्द, पृ० 459-61**

2. **मस्ऊद हुसन ख़ाँ : प्रेमचन्द की अफ़साना निगारी के दौर : प्रेमचन्द, शख़्सियत और कारनामे (सं० डॉ० क़मर रईस, पृ० 432-421)**

करके डॉ० क़मर रईस द्वारा दी गयी संख्या दो सौ तिहत्तर (273) होती है। उन्होंने कहानियों के संकलनों से आँकड़े लेकर उनकी संख्या एक सौ चौरानवे (194) बना दी है। इसी प्रकार प्रेमचन्द की कुछ कहानियों का योग दो सौ चार (204) कहना भी सही नहीं है। प्रेमचन्द की कहानियों के पहले प्रकाशन का काल निश्चित करने में भी डॉ० क़मर रईस ने अनेक अवसरों पर भूल की है, जिसका विस्तार प्रस्तुत करना यहाँ संभव नहीं है। आगामी पृष्ठों में प्रेमचन्द की कहानियों की जो सूची प्रस्तुत की जा रही है; उसका तुलनात्मक अध्ययन सभी तथ्यों को स्पष्ट कर देगा। प्रेमचन्द के अब तक चौदह (14) प्रमाणिक उर्दू कहानी संग्रह प्रकाशित हुए हैं, जिनकी सूची प्रकाशन काल के साथ निम्नलिखित है :

(1)	सोज़े-वतन		: जून 1908 ई०
(2)	प्रेम पचीसी	: हिस्सा अव्वल	: अक्टूबर 1914 ई०
(3)	प्रेम पचीसी	: हिस्सा दोयम	: मार्च 1918 ई०
(4)	प्रेम बतीसी	: हिस्सा अव्वल	: दिसम्बर 1920 ई०
(5)	प्रेम बतीसी	: हिस्सा दोयम	: सितम्बर 1920 ई०
(6)	ख़ाके-परवाना		: अप्रैल 1928 ई०
(7)	ख़ाबो-ख़याल		: मई 1928 ई०
(8)	फ़िरदौसे-ख़याल		: 1929 ई०
(9)	प्रेम चालिसी	: हिस्सा अव्वल	: 1930 ई०
(10)	प्रेम चालिसी	: हिस्सा दोयम	: 1930 ई०
(11)	आख़िरी तोहफ़ा		: 1934 ई०
(12)	ज़ादे-राह		: 1936 ई०
(13)	दूध की क़ीमत		: 1937 ई०
(14)	वारदात		: फ़रवरी 1937 ई०

यद्यपि अंतिम दो उर्दू कहानी संग्रह प्रेमचन्द की मृत्यु के पश्चात उर्दू में प्रकाशित हुए लेकिन इनका संपादन स्वयं प्रेमचन्द ने ही किया था।

हिन्दी में प्रेमचन्द के कहानी-संकलनों का प्रकाशन-काल निश्चित करने का कार्य सर्वप्रथम प्रो० प्रकाशचंद्र गुप्त ने किया।[1] किन्तु उनका प्रयास कुछेक संकलनों तक ही सीमित था इस महत्वपूर्ण कार्य को डॉ० गीतालाल ने किया

---

1. प्रकाशचंद्र गुप्त : कहानीकार, प्रेमचन्द : चिंतन और कला।

है प्रेमचन्द की कहानियों के हिन्दी संकलनों का प्रकाशन क्रमानुसार निम्नलिखित है—

(1) सप्तसरोज : 1917 ई०
(2) नवनिधि : 1918 ई०
(3) प्रेमपूर्णिमा : 1920 ई०
(4) प्रेम पचीसी : 1923 ई०
(5) प्रेम प्रसून : जुलाई 1924 ई०
(6) प्रेम प्रमोद : 1926 ई०
(7) प्रेम प्रतिमा : 1926 ई०
(8) प्रेम द्वाद्वशी : 1926 ई०
(9) प्रेम तीर्थ : 1928 ई०
(10) गल्प समुच्चय : 1928 ई०
(11) प्रेम चतुर्थी : मार्च 1929 ई०
(12) अग्नि समाधि तथा अन्य कहानियाँ : अगस्त 1929 ई०
(13) पाँच फूल : नवम्बर 1929 ई०
(14) गल्प रत्न : दिसम्बर 1929 ई०
(15) प्रेम प्रतिज्ञा : दिसम्बर 1929 ई०
(16) समरयात्रा और ग्यारह अन्य राजनीतिक कहानियाँ : 1930 ई०
(17) सप्त सुमन : 1930 ई०
(18) प्रेम कुंज : 1930 ई०
(19) प्रेम पंचमी : 1930 ई०
(20) प्रेरणा और अन्य कहानियाँ : 1932 ई०
(21) प्रेमचन्द की सर्वश्रेष्ठ कहानियाँ : 1933 ई०
(22) पंच प्रसून : दिसम्बर 1934 ई०
(23) बड़े भाई साहब : दिसम्बर 1934 ई०
(24) नवजीवन-दिसम्बर : 1935 ई०
(25) प्रेमपीयूष : दिसम्बर 1935 ई०
(26) मानसरोवर, भाग एक : जनवरी 1936 ई०

इन संकलनों के बाद 'मानसरोवर भाग 2 भी प्रेमचन्द के जीवन काल में ही प्रकाशित हो गया था, किन्तु मात्र इन संकलनों के आधार पर प्रेमचन्द की हिन्दी कहानियों का प्रकाशन काल के निर्धारण में अनेक भ्रांतियाँ होने की संभावना है, क्योंकि इनमें कहानियाँ एक से अधिक संकलनों में स्थान पा गयी हैं। इसके कुछेक उदाहरण नीचे प्रस्तुत हैं—

(1) 'बैंक का दिवाला' (प्रेम द्वादशी, प्रेम चतुर्थी)

(2) 'लाग-डाट' (प्रेम प्रसून, प्रेम चतुर्थी)

(3) 'गृह दाह' (प्रेम प्रसून, सप्तसुमन, प्रेम द्वादशी)

(4) 'बैर का अन्त' (सप्तसुमन, प्रेम पचीसी)

(5) 'मंदिर' (प्रेमतीर्थ, प्रेम पीयूष, सप्तसुमन)

(6) 'ईमान का फ़ैसला' (प्रेम पूर्णिमा, सप्तसुमन)

(7) 'सुजान भगत' (प्रेम पीयूष, सप्तसुमन)

(8) 'ममता' (नवनिधि, सप्त सुमन)

(9) 'आत्माराम' (प्रेमपचीसी, प्रेम द्वादशी)

(10) 'दुर्गा का मन्दिर' (प्रेम पूर्णिमा, प्रेम द्वादशी) आदि।

उपर्युक्त कहानी संकलनों की सारी कहानियाँ मानसरोवर के आठ भागों तथा 'क़फ़न' में प्रकाशित हो गयी हैं, जिनकी कुल संख्या दो सौ सत्रह (217) हैं। इनके अतिरिक्त अमृतराय की खोजी हुई छप्पन (56) कहानियाँ हैं, जो 'गुप्तधन' के दो खण्डों में प्रकाशित हो गयी हैं। इस प्रकार प्रेमचन्द की कहानियों की कुल संख्या दो सौ तिहत्तर (273) निश्चित होती है। इन संकलनों में कहानियाँ बिना किसी क्रम अथवा चयन के प्रकाशित की गयी हैं, जिनसे पाठक उनके प्रकाशन काल के निर्धारण में असमर्थ रहता है। इन कहानियों के अतिरिक्त अमृतराय ने प्रेमचन्द के एक अन्य लेख 'हज़रत अली' की चर्चा की है, जो किसी संकलन में सम्मिलित नहीं है।[1] इस प्रकार कहानियों की संख्या दो सौ चौहत्तर (274) हो जाती है।

अमृतराय ने प्रेमचन्द की समस्त कहानियों में दो सौ चौबीस (224) कहानियों के प्रथम प्रकाशन का काल एवं स्थान निश्चित करने का सराहनीय कार्य किया है,किन्तु उसमें अनेक भ्रांतियाँ एवं त्रुटियाँ हैं जो इन पंक्तियों के लेखक द्वारा प्रस्तुत तालिका के तुलनात्मक अध्ययन से स्पष्ट रूप में सामने आ जायेंगी, क्योंकि हमारी तालिका में अमृतराय की खोजी हुई तिथियों से

---

1. अमृतराय : प्रेमचन्द, क़लम का सिपाही, पृ० 664

पहले की तिथियाँ दी गयी हैं तथा ऐसी कहानियाँ भी सम्मिलित की गयी हैं, जिनकी चर्चा उन्होंने नहीं की, जिनमें कुछेक उदाहरण निम्नलिखित हैं:

कहानी	**अमृतराय द्वारा निर्दिष्ट**	**प्रस्तुत शोध**
'अमृत'	1914 ई० के पूर्व	मार्च, 1913 ई०
'आत्मसंगीत'	अगस्त, 1927 ई०	मार्च-अप्रैल, 1927ई०
'इज्जत का ख़ून'	अप्रैल, 1920 ई०	सितम्बर, 1919 ई०
'कफ़न'	1936 ई०	दिसम्बर, 1935 ई०
'कर्मों का फल'	1914 ई० से पूर्व	7 अगस्त 1915 ई०
'दफ़्तरी'	जनवरी, 1920 ई०	अक्टूबर, 1919 ई०
'दुनियाँ का सबसे अनमोल रतन'	1907 ई०	जून, 1908 ई० से पहले
'नमक का दरोग़ा'	1914 ई० से पूर्व	अक्टूबर, 1913 ई०
'नेकी' (बेग़रज़ मुहसिन)	1914 ई० से पूर्व	सितम्बर, 1910 ई०
'परीक्षा' (हुस्ने-इन्तेख़ाब)		दिसम्बर, 1914 ई०
'प्रारब्ध'	अक्टूबर, 1921 ई०	अप्रैल, 1921 ई०
'बूढ़ी काकी'	1921 ई०	मई, 1918 ई०

हमारे विचार में अमृत राय द्वारा दी गयी प्रेमचन्द की कहानियों की कुल संख्या दो सौ चौहत्तर (274) भी सही नहीं है, क्योंकि इसमें तीन ऐसी रचनाएँ सम्मिलित कर लीं गयी हैं, जो किसी प्रकार भी कहानी नहीं कही जा सकतीं। उनका संक्षिप्त लेख 'हज़रत अली' जीवनी सम्बंधी लेखों में ही सम्मिलित किया जा सकता है। इसी प्रकार उनके संकलन 'कफ़न' में सम्मिलित दो रचनाएँ 'मेरी पहली रचना' और 'जीवनसार' भी जीवनियाँ ही हैं। इनमें अन्तिम रचना 'हंस' के आत्मकथा विशेषांक में इसी रूप में सम्मिलित एवं प्रकाशित भी हुई थी। उनके सकंलनों में दो कहानियाँ 'विषम समस्या' (मुअम्मा) और 'न्याय' की दो अलग नामों से पुनरावृत्ति हो गयी है। 'विषम समस्या' मानसरोवर आठ में इसी नाम से तथा मानसरोवर चार में 'समस्या' के नाम से प्रकाशित हुई है। इसी प्रकार 'न्याय' नाम से कहानी मानसरोवर दो में सम्मिलित है और यही कहानी 'नबी की नीति निर्वाह' नाम से गुप्तधन भाग दो में सम्मिलित है। इसके अतिरिक्त एक और कहानी

'लैला' दो भिन्न-भिन्न कहानियों के नाम से मानसरोवर तीन और चार में सम्मिलित है, यद्यपि दोनों एक ही है। इस प्रकार अमृतराय द्वारा निश्चित की गयी संख्या में तीन लेखों (हज़रत अली, मेरी पहली रचना, एवं जीवनसार) और तीन कहानियों (समस्या, न्याय और लैला) को निकाल देने पर उनकी संख्या 268 (दो सौ अड़सठ) ही रह जाती है।

अमृतराय द्वारा दी गयी सूचनाओं को कभी उनका सन्दर्भ देकर और कभी उनका सन्दर्भ दिये बिना दोहरा दिया जाता है। जैसाकि सुरेन्द्र आनन्द ने किया है, बल्कि उन्होंने तो और आगे बढ़कर निश्चित आँकड़ा पाने के लिए कुछ कहानियों के अलग-अलग नाम लिख दिये हैं जिससे कहानियों की संख्या निर्धारण में कठिनाइयाँ बढ़ जाती हैं।

जैंसा कि कहा जा चुका है कि प्रेमचन्द की कहानियों के मूलाधार प्रकाशनकाल निर्धारण आदि पर विशेष रूप में ध्यान देने की आवश्यकता है। संपूर्ण कार्य किसी एक व्यक्ति के बूते का है भी नहीं बल्कि विभिन्न दृष्टियों से अलग-अलग व्यक्तियों के ध्यान देने की आवश्यकता है। प्रेमचन्द की अनेक कहानियाँ कई-कई हिन्दी पत्र-पत्रिकाओं में समय-समय पर प्रकाशित होती रही हैं। इसलिए किसी एक पत्र-पत्रिका में प्रकाशन देखकर सुविधापूर्वक प्रथम प्रकाशन नहीं मान लेना चाहिए। वर्तमान जानकारी आगामी शोध के आधार पर बदलने की संभावना रखती है।

प्रेमचन्द द्वारा लिखी गयी विभिन्न जीवनियों का संकलन 'बा-कमालों के दर्शन', नवीं एवं दसवीं कक्षा के पाठ्यक्रम के आधार पर रामनरायन बुकसेलर, इलाहाबाद ने 1929 ई० में प्रकाशित किया था। इसके प्रथम संस्करण में 13 (तेरह) लेख सम्मिलित थे, जो उर्दू-मासिक 'ज़माना' में अक्टूबर 1905 ई० से जुलाई 1917 ई० के बीच प्रकाशित हुए थे, उनके नाम हैं - राणा प्रताप, राजा टोडरमल, राजामानसिंह, बिहारी, केशव, रंजीत सिंह, राजा जंगबहादुर, रीनाल्डस, टॉमस गेंन्स ब्रो, स्वामी विवेकानन्द, गेरी बाल्डी, बालकृष्ण भण्डारकर, और आनरेबुल गोपाल कृष्ण गोखले। शिक्षा विभाग ने इस संकलन को स्वीकार नहीं किया। प्रेमचन्द ने मुंशी दयानरायन निगम को लिखा - **''पहले इस मजमूए में मुस्लिम मशाहीर न थे शायद इसी बिना पर कमेटी ने इस पर इल्तिफ़ात न किया था, अब वह कमी पूरी कर दी गयी है।''**[1] इस प्रकार 'बा-कमालों के दर्शन' का दूसरा संस्करण परिवर्तन-परिवर्धन के पश्चात् प्रकाशित किया गया, जिसमें प्रथम संस्करण में सम्मिलित लेखों में से बिहारी, केशव, राना जंगबहादुर, रीनाल्डस, टॉमस

1. **प्रेमचन्द : प्रेमचन्द के ख़ुतूत, पृ० 244**

गेन्स ब्रो, रामकृष्ण भण्डारकर और आनरेबुल गोपाल कृष्ण गोखले को निरस्त कर दिया गया और उनके स्थान पर पाँच नये लेख 'अकबर' मौलाना बहीदुद्दीन सलीम, बदरुद्दीन तैयब जी, सर सैय्यद अहमद ख़ाँ और मौलवी अब्दुल हलीम शरर सम्मिलित किये गये। इनमें से अनेक लेख जैसे रानाप्रताप, राजा टोडरमल, राजा मानसिंह आदि हिन्दी में कहानियों के रूप में प्रकाशित हो गये हैं। यद्यपि इनको कहानी कहना सही नहीं है, यह जीवनियाँ हैं। 'बा-कमालों के दर्शन' के लेखों पर आधारित हिन्दी संकलन 'क़लम तलवार और त्याग' के नाम से प्रकाशित हो गया है।

प्रेमचन्द की कहानियों पर विचार करते हुए एक अन्य छद्म नाम 'पलशम' को भी दृष्टि में रखना चाहिए, जो 1912-17 ई० के विभिन्न उर्दू-पत्र पत्रिकाओं में दिखाई पड़ता है और जिसकी कहानियाँ प्रेमचन्द के इस काल की कहानियों से बड़ी समानता रखती हैं। उदाहरणार्थ, इसी नाम से प्रकाशित कहानी 'मज़मून-निगार की बीवी' (अलअस्त्र, फ़रवरी 1917 ई०) कहानी की बनावट, विचारों का क्रम और लेखन शैली में प्रेमचन्द की कहानियों का चर्बा मालूम होती है। यह बात इसलिए भी विश्वसनीय प्रतीत होती है कि प्रेमचन्द ने प्रारम्भ में अपने नये नाम को 'ज़माना' के लिए सुरक्षित रखा था। प्यारे लाल 'शाकिर' का कथन है : **''उनके अफ़साने नवाब राय के नाम से 'अदीब' में शाया होते रहते थे। मैंने एक बार लिखा कि 'अदीब' के लिए जो अफ़साने आप भेजते हैं, उनमें अपना नाम प्रेमचन्द क्यों नहीं लिखते? उन्होंने उत्तर दिया कि मैं मुंशी दयानरायन निगम से वादा कर चुका हूँ कि प्रेमचन्द के नाम से किसी और पर्चे में न लिखूँगा।''**[1]

मुंशी प्यारेलाल शाकिर ही 'अलअस्त्र' के संपादक भी थे। इसलिए संभव है कि बज़ादारी में उन्होंने उपर्युक्त कहानी भी 'पलशम' के छद्मनाम से प्रकाशित की हों। कुछ लोगों का अनुमान है कि 'पलशम' प्यारे लाल शाकिर मेरठी का संक्षिप्त नाम है। यदि ऐसा है तो स्थिति और भी जटिल हो जाती है। क्या यह कहानियाँ प्रेमचन्द ने प्यारे लाल शाकिर को लिख कर देदीं या प्रेमचन्द ने स्वयं लिखीं। हमारे विचार में इन्हें प्रेमचन्द की कहानियों में सम्मिलित करना सही न होगा। इस विषय पर जानकार विद्वानों को पुनः विचार करने की आवश्यकता है किन्तु वर्तमान स्थिति में 'पलशम' नाम से प्रकाशित कहानियों को प्रेमचन्द की कहानियों में सम्मिलित करना भ्रामक ही है।

---

1. **प्यारे लाल शाकिर : मुंशी प्रेमचन्द की याद में, 'ज़माना' प्रेमचन्द विशेषांक 1937 ई०**

प्रेमचन्द की ख्यातिप्राप्ति के बाद उनके नाम से लिखने वाले अनेक जाली कथाकार पैदा हो गए थे, जिनमें एक पंजाबी प्रेमचन्द की चर्चा पिछले पृष्ठों में आ चुकी है। प्रेमचन्द के स्वर्गवास के बाद 'श्रीयुत प्रेमचन्द एम० ए०' की एक कहानी 'प्रेम का बलिदान' ('सुधा' लखनऊ मार्च 1936 ई०) इन पंक्तियों के लेखक को देखने को मिली, जिसे सरसरी तौर देखने के बाद ही निश्चित रूप में कहा जा सकता है कि यह प्रेमचन्द की कहानी नहीं हो सकती।

इसी प्रकार की एक मनोरंजक घटना की चर्चा प्रेमचन्द के मित्र प्रो० 'फ़िराक़' ग़ोरखपुरी ने इन पंक्तियों के लेखक से की। एक बार उन्होंने थामस हार्डी के प्रसिद्ध उपन्यास 'टीस' से उद्घटित एक कथानक की चर्चा प्रेमचन्द तथा दोनों मित्रों के मित्र प्रो० 'मजनूँ' गोरखपुरी से की। निश्चय हुआ कि तीनों मित्र अलग-अलग इसी कथानक पर कहानियाँ लिखेंगे। प्रेमचन्द की कहानी 'आभूषण' 'माधुरी' अगस्त 1923 ई० में और 'मजनूँ' की कहानी 'गहना' उर्दू मासिक 'निगार' जून 1926 ई० में प्रकाशित हुई। 'फ़िराक़' की कहानी उपलब्ध नहीं है। मैंने किसी हिन्दी मासिक में यह कहानी पढ़ी थी परन्तु उस समय उसका सन्दर्भ नोट न कर सका। बाद में इस घटना की चर्चा स्वयं 'फ़िराक़' की ज़बानी 'अरमुग़ाने-मजनूँ' भाग एक' में भी पढ़ा। इसमें 'फ़िराक़' साहब ने इसे 1925 ई० की घटना लिखा है। इस सन के बताने में 'फ़िराक़ से निश्चय ही भूल हुई है, क्योंकि प्रेमचन्द की कहानी 1923 ई० में प्रकाशित हो चुकी थी। यह घटना 1923 ई० की हो सकती हैं। प्रो० 'मजनूँ' गोरखपूरी की कहानी से तुलनात्मक अध्ययन किया जाय, तो स्पष्ट होता है कि एक ही कथानक दो विभिन्न कहानीकारों के बौद्धिक स्तर और रचना-प्रकिया को किस प्रकार प्रभावित करता है।

इस संदर्भ में एक अन्य रोचक संयोग की चर्चा आवश्यक प्रतीत होती है। प्रेमचन्द के नाम से उर्दू में प्रकाशित दो कहानियाँ 'बरात' और 'क़ातिल की माँ' हिन्दी में शिवरानी देवी के कहानी संकलन 'नारी हृदय' में सम्मिलित हैं। इन कहानियों को स्वयं प्रेमचन्द ने शिवरानी देवी के नाम से 'हंस' में भी प्रकाशित किया था। इस पहेली के लिए उचित था कि इसे स्वयं शिवरानी देवी ही बूझ देतीं। किन्तु जिस समय इन पक्तियों के लेखक को उनके दर्शन का सौभाग्य प्राप्त हुआ, वे अपनी आयु की उस सीमा पर थीं, जिनमें उनसे कोई वाद-विवाद संभव ही नहीं था। अब उनका स्वर्गवास भी हो गया है। अत: अब किसी नयी जानकारी की संभावना भी नहीं। इन दो कहानियों के विषय में अमृतराय लिखते हैं : **''मुंशी जी के नाम से ये कहानियाँ कब और कैसे उर्दू में छपने लगीं, इस रहस्य का उद्घाटन हुए बिना उन कहानियों को**

इस संग्रह में शामिल करना ठीक नहीं जान पड़ा । हो सकता है कि वे संग्रह मुंशी जी के देहांत के बाद प्रकाशकों ने अपने मन से तैयार कर लिए हों ।''[1] लेकिन अमृतराय का यह विचार उचित प्रतीत नहीं होता, क्योंकि उपर्युक्त दोनों कहानियों में 'बरात' उर्दू संकलन 'आख़िरी तोहफ़ा, (1934 ई०) और 'क़ातिल की माँ' उर्दू संकलन 'वारदात' (1938 ई०) में सम्मिलित हुईं। इन दोनों संकलनों का सम्पादन स्वयं प्रेमचन्द ने किया था। हमारे विचार में यह दोनों प्रेमचन्द की ही कहानियाँ हैं, जिन्हें उन्होंने पहले किसी कारणवश अपनी धर्मपत्नी के नाम से प्रकाशित कर दिया था,किन्तु बाद में अपने कहानी संकलनों में सम्मिलित कर लिया। प्रस्तुत अध्ययन में ये दोनों कहानियाँ 'बरात' और 'क़ातिल की माँ' प्रेमचन्द की कहानियों की सूची में सम्मिलित की गयी हैं।

इसी प्रकार दो और कहानियों 'ताँगे वाले की बड़' (ज़माना सितम्बर 1977 ई०) और 'शादी की वजह' ('ज़माना' मार्च 1927 ई०) को इन पंक्तियों का लेखक अपनी सूचियों में प्रेमचन्द की कहानियों में सम्मिलित करने से पूर्व संकोच करता रहा है, क्योंकि ये कहानियाँ एक छद्म नाम 'बम्बूक़' से प्रकाशित हुई हैं। अमृतराय ने इनको प्रेमचन्द की कहानियों में सम्मिलित किया है। उन्होंने 'बम्बूक़' को प्रेमचन्द का एक हास्यनाम माना है, क्योंकि 'ज़माना' समूह की मित्र-मण्डली प्रेमचन्द को विनोद में बम्बूक़ कहती थी।[2] लेखक ने अत्यधिक सोच विचार के पश्चात् यह निश्चय किया कि अमृतराय के विचार को अस्वीकार करने का क़ोई ठोस आधार नहीं है। शैली में भी यह प्रेमचन्द की रचना दिखायी देती हैं, इसलिए अबकी बार उन्हें प्रेमचन्द की कहानियों में सम्मिलित कर लिया गया है।

प्रेमचन्द की उर्दू कहानियों की पहचान करने में एक कठिनाई यह है कि उनकी कहानियाँ उर्दू से हिन्दी और हिन्दी से उर्दू में अनूदित होकर लगातार प्रकाशित होती रही हैं। प्रेमचन्द के मृत्योपरान्त भी यह सिलसिला जारी रहा है। यहाँ वहाँ दो एक कहानियों की बात नहीं, अमृतराय ने 1962 ई० में प्रेमचन्द की छप्पन (56) कहानियाँ गुप्तधन की दो जिल्दों में प्रकाशित की जिनमें चवालीस (44) कहानियाँ उर्दू से हिन्दी में अनुवाद की। मात्र बारह (12) कहानियाँ हिन्दी में हैं। उसके बाद श्रीपतराय ने प्रेमचन्द की सोलह (16) अप्राप्य कहानियाँ प्रकाशित की हैं (ये सारी कहानियाँ मेरी ढूढ़ी हुई हैं

---

1. **अमृतराय : गुप्तधन, भाग 1 व 2, पृ० 6**
2. **अमृतराय : गुप्तधन, भाग 1, 2, पृ० 6**

किन्तु कहीं इसे स्वीकार करने का प्रयास नहीं किया गया है) इनमें तेरह (13) कहानियाँ उर्दू से ली गयी हैं।

इन पंक्तियों के लेखक को अपने शोध कार्य के बीच उर्दू तथा हिन्दी के विभिन्न पत्र पत्रिकाओं से पच्चीस ऐसी कहानियाँ प्राप्त हुईं, जो अब तक सर्वथा अज्ञात थीं। ये कहानियाँ अमृतराय के अनुरोध पर 1980 ई० में ही गुप्तधन खण्ड 3 के नाम से प्रकाशन हेतु हंस प्रकाशन इलाहाबाद को देदी गयी थीं, जो किसी कारणवश प्रकाशित न हो सकी। जैसा ऊपर दिया जा चुका है उनमें से 16 कहानियाँ श्रीपतराय द्वारा 'अप्राप्य कहानियाँ' के नाम से सरस्वती प्रकाशन से प्रकाशित हो गयी है। अमृतराय का स्वर्गवास हो चुका है अब मेरे संकलन के प्रकाशन का कोई योग नहीं दीखता। इन कहानियों के नाम निम्नलिखित हैं— (1) आबे-हयात (2) अश्के-नदामत (3) बाँसुरी (4) बरात (5) बड़ी-बहन (6) दोनों तरफ़ से (7) दाराशुकोह का दरबार (8) रूहे-हयात (9) रौशनी (10) रूहे-स्याह (11) दारू-ए-तल्ख़ (12) सगे-लीली (13) शुद्धि (14) सौदा-ए-ख़ाम (15) संपादक मोटेराम शास्त्री (16) स्वप्न (17) ख़ौफ़े-रुस्वाई (18) क़ातिल की माँ (19) करिश्मा-ए-इंतेक़ाम (20) कैफ़िरे किरदार (21) ग़मी (22) वतन की क़ीमत (23) वफ़ा की देवी (24) वैराग्य और (25) धोके की टट्टी। इनमें मात्र तीन (3) हिन्दी कहानियाँ हैं। इन समस्त अनूदित रचनाओं को प्रेमचन्द की हिन्दी रचनाओं में क्योंकर सम्मिलित किया जा सकता है। इस प्रकार के और भी उदाहरण हैं। यह सम्भव है कि प्रेमचन्द की मृत्योपरान्त (1936 ई०) के दो एक वर्ष पश्चात् तक प्रेमचन्द की रचनाएँ प्रकाशित होती रही हों, जो उन्होंने अपने जीवनकाल में प्रकाशकों को भेजी हों, ऐसा हुआ भी। मृत्यु के एक वर्ष पश्चात 1937 ई० में उनकी कई रचनाएँ उर्दू और हिन्दी में प्रकाशित हुईं। दूसरे वर्ष 1938 ई० में 'वारदात' और 1939 ई० में 'गऊदान' जामिआ-मिल्लिया से प्रकाशित हुआ। 1938-39 ई० के मध्य हमें प्रेमचन्द की किसी नई हिन्दी-रचना का प्रकाशन नहीं दीखता। यद्यपि कि उर्दू रचनाएँ अनूदित होकर हिन्दी में प्रकाशित हुईं, जिनके सम्पादक प्रेमचन्द के बड़े सुपुत्र श्रीपतराय हैं। इसलिए हमने उर्दू-हिन्दी कहानी की पहचान के लिए 1939 ई० को आख़िरी वर्ष निश्चित किया है। 1939 ई० के पूर्व की रचनाओं से सम्बंधित शोध एवं विश्लेषण की आवश्यकता है कि उनमें कौन-सी उर्दू रचना है, कौन-सी हिन्दी वर्तमान में 1939 ई० के पश्चात् की सारी रचनाओं को उनसे पूर्व के प्रकाशन के अनुसार उर्दू या हिन्दी रचना मान लेना ही उचित होगा।

यहाँ आगामी पृष्ठ से प्रेमचन्द की कहानियों की तालिका प्रस्तुत की जाती है। इनमें सभी कहानियों के प्रथम प्रकाशन और हिन्दी और उर्दू के

नाम के अतिरिक्त कहानियों के उर्दू-हिन्दी शीर्षक भी पहली बार दिये जा रहे हैं, जिन कहानियों के नाम बाद में बदले गये उन पर टिप्पणी भी दे दी गयी है।

हमारे विचार में प्रेमचन्द की अब तक प्राप्त की गई समस्त कहानियों की संख्या 314 हैं जिनमें अमृतराय द्वारा प्रस्तुत तालिका की सात कहानियाँ सम्मिलित नहीं हैं। इनमें उर्दू और हिन्दी की कहानियाँ अलग-अलग की गयी हैं। चौहत्तर (74) कहानियाँ केवल उर्दू में प्रकाशित हुईं, इकहत्तर (71) पहले उर्दू में, बानबे (92) पहले हिन्दी में बाद में उर्दू में और चौसठ कहानियाँ अब तक हिन्दी से उर्दू में प्रकाशित नहीं हो सकी हैं। इसके अलावा तेरह (13) बच्चों की कहानियाँ हिन्दी में हैं जो उर्दू में प्रकाशित नहीं हुईं।

केवल उर्दू में प्रकाशित कहानियाँ

क्रम	कहानी का नाम	प्रथम प्रकाशन	संकलन का नाम
1.	अंधेर	ज़माना, जुलाई 1913 ई०	प्रेम पचीसी-2
2.	अनाथ लड़की	ज़माना, जून 1914 ई०	प्रेम बत्तीसी-1
3.	अपने फ़न का उस्ताद	ज़माना, सितम्बर 1916 ई०	—
4.	अमृत	ज़माना, मार्च 1913 ई०	प्रेम पचीसी-2
5.	अश्के-निदामत	अलअस्र 1917 ई०	प्रेम पचीसी-1
6.	आख़िरी तोहफ़ा	चन्दन, अगस्त 1931 ई०	आखिरी तोहफा
7.	आबे-हयात	हमदर्द 1-3जून 1913 ई०	—
8.	आल्हा	ज़माना, जनवरी 1912 ई०	प्रेम पचीसी-1
9.	आलमे-बेअमल	ज़माना, जून 1912 ई०	—
10.	इन्तेक़ाम	ज़माना, अक्टूबर 1923 ई०	प्रेम चालीसी-1
11.	इश्क़े-दुनिया व हुब्बे-वतन	ज़माना, अप्रैल 1908 ई०	सोज़े-वतन
12.	कर्मों का फल	ख़तीब, 7 अगस्त 1915 ई०	प्रेम पचीसी-2
13.	करिश्मा-ए-इन्तेक़ाम	ज़माना, फरवरी 1911 ई०	—
14.	क़ातिल	आख़िरी तोहफ़ा 1934 ई०	आख़िरी तोहफ़ा
15.	क़ातिल की माँ	वारदात, 1937 ई०	वारदात

16.	क्रिकेट मैच	ज़माना, जुलाई 1937 ई०	—
17.	कैफ़िरे किरदार[1]	अदीब, जुलाई 1912 ई०	—
18.	क़ौम का ख़ादिम	प्रेम चालीसी, 1930 ई०	प्रेम चालीसी-1
19.	ख़ंजरे-वफ़ा	ज़माना, नवम्बर 1918 ई०	प्रेम बत्तीसी-2
20.	ख़ाके-परवाना[2]	ज़माना, अक्टूबर 1914 ई०	ख़ाके-परवाना-
21.	ख़ुदी	ख़ाके-परवाना, अप्रैल 1928 ई०	ख़ाके-परवाना
22.	ख़ूने-हुरमत	सुबहे-उम्मीद, सितम्बर 1919 ई०	प्रेम बत्तीसी-2
23.	ख़ौफ़े-रुसवाई	अदीब, सितम्बर 1911 ई०	—
24.	ग़म न दारी बुज़ बख़ुर	वारदात, 1937 ई०	वारदात
25.	ग़ैरत की कटारी	ज़माना, जुलाई, 1915 ई०	प्रेम पचीसी-2
26.	ज़ंजीरे-हवस	कहकशाँ, अक्टूबर 1918 ई०	प्रेम बत्तीसी-2
27.	जंजाल	ज़हज़ीबे-निसवाँ, 3-8 अगस्त 1918 ई०।	—
28.	ताँगेवाले की बड़	ज़माना, सितम्बर, 1917 ई०	—
29.	तिरसूल	प्रेम चालीसी-1, 1930 ई०	प्रेम चालीसी-1
30.	त्रिया चरित्र	ज़माना, जनवरी 1913 ई०	प्रेम पचीसी-2
31.	दरवाज़ा	अन-नाज़िर, जनवरी 1917 ई०	—
32.	दाराशुकोह का दरबार	आज़ाद, सितम्बर 1908 ई०	—
33.	दारू-ए-तल्ख़	हमदर्द, 17-19 जुलाई 1933 ई०	—
34.	दुनिया का सबसे अनमोल रतन	सोज़े-वतन, जून 1908 ई०	सोज़े-वतन
35.	दूसरी शादी	चन्दन, सितम्बर 1931 ई०	—
36.	देवी	प्रेम चालीसी-1, 1930 ई०	प्रेम चालीसी-1
37.	दैर-ओ-हरम	आज़ाद, 1925 ई०	—
38.	दोनों तरफ़ से	ज़माना, मार्च, 1911 ई०	—

1. **पहली बार 'अफ़साना-ए-कुहन' के फ़र्ज़ी नाम से प्रकाशित।**
2. **प्रथम प्रकाशन में शीर्षक 'शामते-आमाल' था।**

39.	धोके की टट्टी[1]	अदीब, नवम्बर 1912 ई०	—
40.	नादान दोस्त	ख़ाके-परवाना, अप्रैल 1928 ई०	ख़ाके-परवाना
41.	फ़तह	ज़माना, अप्रैल 1918 ई०	प्रेम बत्तीसी-2
42.	बड़ी बहन	अदीब, जुलाई 1911 ई०	—
43.	बड़े बाबू	बहरिस्तान, फ़रवरी 1927 ई०	ख़ाके-परवाना
44.	बंद दरवाज़ा	प्रेम चालीसी-2, 1930 ई०	प्रेम-चालीसी-2
45.	बरात	आख़िरी तोहफ़ा, मार्च 1934 ई०	आख़िरी तोहफ़ा
46.	बाँका ज़मींदार	ज़माना, अक्टूबर, 1913 ई०	देहात के अफ़साने
47.	बाँसुरी	कहकशाँ, जनवरी 1920 ई०	—
48.	बेग़रज़ मुहसिन	अदीब, सितम्बर 1910 ई०	प्रेम पचीसी-1
49.	बोहनी	नैरंगे ख़याल, दिसम्बर 1928 ई०	—
50.	भरत	अन-नाज़िर, जून 1916 ई०	—
51.	मनावन	ज़माना, जुलाई 1912 ई०	प्रेम पचीसी-2
52.	मंज़िले-मक़सूद	ज़माना, अगस्त-सितम्बर 1911 ई०	—
53.	मरज़े-मुबारक	प्रेम बत्तीसी, दिसम्बर 1920 ई०	प्रेम बत्तीसी
54.	ममता	फ़रवरी 1912 ई०	प्रेम बत्तीसी-1
55.	मिलाप	ज़माना, जून 1913 ई०	ज़ादे-राह
56.	मेहरे-पिदर[2]	ज़माना, जुलाई 1920 ई०	—
57.	मुअम्मा[3]	ज़माना, मार्च 1921 ई०	—
58.	राजहठ	ज़माना, दिसम्बर 1912 ई०	प्रेम पचीसी-1
59.	रू-ए-स्याह	सुबहे-उम्मीद, नवम्बर 1920 ई०	—
60.	रूहे-हयात	ज़माना, जनवरी 1921 ई०	—
61.	रौशनी	अदबी दुनिया, नवम्बर 1932 ई०	वारदात
62.	वतन की क़ीमत	नैरंगे-ख़्याल, जनवरी 1931 ई०	—
63.	वफ़ा की देवी[4]	—	—

1. लेखक का नाम 'दाल'-'रे' (धनपतराय) दर्ज है।
2. यह कहानी एक मास पूर्व 'सरस्वती' जून 1920 में प्रकाशित हुई, सम्भवतः उर्दू और हिन्दी में साथ-साथ भेजी गयी।
3. 'कहकशाँ' में भी प्रकाशित हुई।
4. प्रेमचन्द के जीवन में कब और कहाँ प्रकाशित हुई ज्ञात नहीं हुआ, 1940 में नरायण दत्त सहगल लाहौर के संकलन 'वफ़ा की देवी' में सम्मिलित है।

64.	विक्रमादित्य का तेंग़ा	ज़माना, जनवरी 1911 ई०	प्रेम पचीसी-1
65.	होली की छुट्टी	ज़ादे-राह, जुलाई 1936 ई०	ज़ादे-राह
66.	शादी की वजह	ज़माना, मार्च 1927 ई०	—
67.	शुद्धि	ख़्वाबो-ख़याल, मई 1928 ई०	ख़्वाबो-ख़याल
68.	शैख़ मख़मूर	सोज़े-वतन, जून 1908 ई०	सोज़े-वतन
69.	सगे-लैली[1]	अदीब, अप्रैल 1913 ई०	—
70.	सरे-पुर-ग़ुरूर	ज़माना, अगस्त 1916 ई०	प्रेम पचीसी-1
71.	स्वाँग	ज़ामिआ, जनवरी 1935 ई०	वारदात
72.	सिर्फ़ एक आवाज़	ज़माना, अगस्त 1913 ई०	प्रेम पचीसी-2
73.	सिला-ए-मातम	सोज़े-वतन, जून 1908 ई०	सोज़े-वतन
74.	सौदा-ए-ख़ाम	हमदर्द, अगस्त 1914 ई०	—

मात्र हिन्दी में प्रकाशित कहानियाँ

क्रम सं	हिन्दी नाम	प्रथम प्रकाशन	हिन्दी संकलन
1.	अनुभव	माधुरी, नवम्बर 1928 ई०	मानसरोवर-1
2.	अभिलाषा	माधुरी, अक्टूबर 1928 ई०	—
3.	आधार	प्रेम-प्रमोद, 1924 ई०	—
4.	आपबीती	माधुरी, जुलाई 1923 ई०	—
5.	आभूषण	,, अगस्त 1923 ई०	—
6.	उन्माद	,, जनवरी 1931 ई०	मानसरोवर-2
7.	उद्धार	चाँद, सितम्बर 1924 ई०	मानसरोवर-1
8.	एक आँच की कसर	अगस्त 1924 ई०	—
9.	ऐक्ट्रेस	माधुरी, अक्टूबर 1927 ई०	—

1. लेखक का नाम 'दाल'-'रे' (धनपत राय) दर्ज है।

10.	काश्मीरी सेब	हंस, अक्टूबर 1936 ई०	क़फ़न
11.	क़ानूनी कुमार	माधुरी, अगस्त 1929 ई०	मानसरोवर-2
12.	कायर	विशाल भारत, जनवरी 1933 ई०	मानसरोवर-1
13.	कुत्सा	जागरण, जुलाई 1933 ई०	मानसरोवर-2
14.	क़ैदी	हंस, जुलाई 1923 ई०	मानसरोवर-2
15.	ग़मी	मतवाला, 31 अगस्त 1931ई०	—
16.	गृहदाह	श्री शारदा, जून 1923 ई०	—
17.	चकमा	प्रभा, नवम्बर 1922 ई०	—
18.	जादू	हंस, मई 1934 ई०	—
19.	जुर्माना	कफ़न, मार्च 1937 ई०	कफ़न
20.	झाँकी	जागरण, अगस्त 1932 ई०	मानसरोवर-1
21.	ठाकुर का कुआँ	जागरण, अगस्त 1932 ई०	मानसरोवर-1
22.	तगादा	जागरण, अगस्त 1932 ई०	मानसरोवर
23.	तावान	हंस, सितम्बर 1931 ई०	मानसरोवर-1
24.	तेंतर	चाँद, दिसम्बर 1924 ई०	मानसरोवर-3
25.	दिल की रानी	चाँद, नवम्बर 1933 ई०	मानसरोवर-1
26.	धिक्कार-1	चाँद, फ़रवरी 1925 ई०	मानसरोवर-1
27.	धिक्कार-2	माधुरी, फ़रवरी 1930 ई०	—
28.	नबी की नीति निर्वाह[1]	सरस्वती, मार्च 1924 ई०	—
29.	नैराश्य	चाँद, जुलाई 1924 ई०	—
30.	पर्वत यात्रा[2]	माधुरी, अप्रैल 1929 ई०	—
31.	पंडित मोटेराम की डायरी	जागरण, जुलाई 1934 ई०	कफ़न

1. यह कहानी 'न्याय' के नाम से 'माधुरी' मार्च 1929 ई० में प्रकाशित हुई।
2. पंडित रतन नाथ 'शरसार' के 'सैरे-कुहसार' से प्रेरित है।

32.	पिसनहारी का कुआँ	माधुरी, जनवरी 1928 ई०	—
33.	पूर्व संस्कार	माधुरी, दिसम्बर 1922 ई०	—
34.	प्रेम की होली	मतवाला, 23 मार्च 1929 ई०	कफ़न
35.	प्रेमसूत्र	सरस्वती, जनवरी 1926 ई०	—
36.	पैपुजी	माधुरी, अक्टूबर 1935 ई०	—
37.	फ़ातिहा	विशाल भारत, मार्च 1929 ई०	—
38.	बहिष्कार	चाँद, दिसम्बर 1926 ई०	—
39.	बाबा जी का भोज	प्रेम प्रतिमा, जुलाई 1927 ई०	—
40.	बौड़म	प्रेम पचीसी, 1923 ई०	—
41.	मनोवृत्ति	हंस, मार्च 1934 ई०	मानसरोवर-1
42.	मुक्तिधन	माधुरी, मई 1924 ई०	—
43.	मैकू	हंस, जून 1930 ई०	—
44.	मोटर की छीटें	मानसरोवर-2, मार्च 1936 ई०	मानसरोवर
45.	मोटेराम जी शास्त्री	माधुरी, जनवरी 1928 ई०	—
46.	मोटेराम शास्त्री का नैराश्य	समालोचना, मार्च-अप्रैल 1928 ई०	—
47.	यह भी नशा वह भी नशा	—	कफ़न
48.	रहस्य	हंस, सितम्बर 1936 ई०	कफ़न
49.	रसिक सम्पादक	जागरण, मार्च 1933 ई०	मानसरोवर
50.	राज भक्त	माधुरी, फ़रवरी 1923 ई०	—
51.	वियोग और मिलाप	प्रताप, नवम्बर 1917 ई०	—
52.	विश्वास[1]	चाँद, अप्रैल 1925 ई०	—
53.	वेश्या	चाँद, फ़रवरी 1933 ई०	मानसरोवर
54.	वैराग्य	स्वाधीनता, 1933 ई०	—

---

1. **इस कहानी पर आरोप लगाया गया कि Eternal City पर आधारित है।**

55.	वैर का अन्त	सरस्वती, अप्रैल 1923 ई०	—
56.	होली का उपहार	माधुरी, अप्रैल 1931 ई०	कफ़न
57.	सच्चाई का उपहार	प्रेम पूर्णिमा, दिसम्बर 1918 ई०	—
58.	सम्पादक मोटेराम शास्त्री	माधुरी, सितम्बर 1926 ई०	—
59.	समरयात्रा	हंस, अप्रैल 1930 ई०	—
60.	सुभागी	माधुरी, मार्च 1930 ई०	मानसरोवर-1
61.	सुहाग की साड़ी	प्रभा, जनवरी 1922 ई०	—
62.	स्वप्न	वीणा, जुलाई 1930 ई०	—
63.	सैलानी बन्दर	माधुरी, फरवरी 1924 ई०	—
64.	सौत	विशाल भारत, दिसम्बर 1931 ई०	—

मात्र हिन्दी में प्रकाशित बच्चों की कहानियाँ

1.	कुत्ते की कहानी	जुलाई 1936 ई०	कुत्ते की कहानी
2.	गुब्बारे का चीता	फरवरी 1936 ई०	जंगल की कहानियाँ
3.	जुड़वाँ भाई	,,	,,
4.	दक्षिणी अफ्रीका में शेर का शिकार	,,	,,
5.	पागल हाथी	,,	,,
6.	पालतू भालू	,,	,,
7.	बनमानुष की दर्दनाक कहानी	,,	,,
8.	बनमानुष खाबसामाँ	,,	,,
9.	बाघ की खाल	,,	,,
10.	मगर का शिकार	,,	,,
11.	मिट्ठू	,,	,,
12.	शेर और लड़का	,,	,,
13.	साँप की मणि	,,	,,

पहले उर्दू में फिर हिन्दी में प्रकाशित कहानियाँ

1	अकसीर	ज्योति	इस्मत, मई 1933 ई०	दूध की क़ीमत	मानसरोवर -1
2	अदीब की इज़्ज़त[1]	लेखक	चन्दन, दिसम्बर 1931 ई०	आख़िरी तोहफ़ा	कफ़न
3	अमावस की रात	अमावस्या की रात्रि	ज़माना, अप्रैल 1913 ई०	प्रेमपचीसी	नवनिधि
4	अलाहदगी	अलग्योझा	ज़माना, फ़रवरी 1929 ई०	ख़ाके-परवाना	ग्राम्य जीवन
5	आख़िरी सिला	आख़िरी सिला	चन्दन, फ़रवरी 1931 ई०	आख़िरी तोहफ़ा	मानसरोवर -1
6	आत्माराम	आत्माराम	ज़माना, जनवरी 1920 ई०	प्रेम बत्तीसी-2	प्रेम पचीसी
7	आहे-बेकस	ग़रीब की हाय	ज़माना, अक्टूबर 1911 ई०	प्रेम पचीसी-1	प्रेम पूर्णिमा
8	आशियाँ बर्बाद	ज़ेल	चन्दन, जनवरी 1930 ई०	ज़ादेराह	समर मात्र
9	इस्लाह	पशु से मनुष्य	कहकशाँ, अप्रैल 1920 ई०	प्रेम बत्तीसी-2	प्रेम पचीसी
10	ईदगाह	ईदगाह	इस्मत वार्षिकी, 1933 ई०	दूध की क़ीमत	सर्वश्रेष्ठ कहानियाँ
11	ईमान का फ़ैसला	ईश्वरीय न्याय	आज़ाद, ज़ुलाई 1917 ई०	प्रेम बत्तीसी-2	प्रेम पूर्णिमा
12	कप्तान[2]	कप्तान साहब	ज़माना, दिसम्बर 1917 ई०	ख़ाके-परवाना	पाँच फूल
13	कफ़न	कफ़न	ज़ामिआ, दिसम्बर 1935 ई०	—	कफ़न
14	कुसुम	कुसुम	इस्मत वार्षिकी विशेषांक, 1932 ई०	दूध की क़ीमत	मानसरोवर -2

---

1. 'चन्दन' की कहानी का नाम 'परवीन' था किन्तु उर्दू-संकलनों में 'अदीब की इज़्ज़त' है। उर्दू से एक मास पूर्व हिन्दी में प्रकाशित हुई। सम्भवतः दोनों स्थान पर साथ प्रकाशन के लिए भेजी गयी।
2. प्रथम प्रकाशन में कहानी का नाम 'दवा और दारू' था।

15	ख़ूने-सफ़ेद	ख़ून सफ़ेद	ज़माना, जुलाई 1914 ई०	प्रेम पचीसी-2	प्रेम पूर्णिमा
16	ख़्वाबे-परीशाँ	अनिष्ट शंका	कहकशाँ अगस्त 1919 ई०	प्रेम बतीसी-2	प्रेम पचीसी
17	गुनाह का अग्निकुंड	पाप का अग्निकुंड	ज़माना, मार्च 1910 ई०	प्रेम पचीसी-1	नवनिधि
18	जुगनू की चमक	जुगनू की चमक	ज़माना, अक्टूबर 1916 ई०	—	—
19	तहरीक	प्रेरणा	अप्रैल 1928 ई०	ख़ाके-परवाना	सर्वश्रेष्ठ कहानियाँ
20	तुलू-ए-मुहब्बत	प्रेम का उदय	प्रकाश, 16-23 अगस्त 1929 ई०	आख़िरी तोहफ़ा	—
21	दफ़्तरी	दफ़्तरी	कहकशाँ, अक्टूबर 1919 ई०	प्रेम बत्तीसी-1	प्रेम पचीसी
22	दस्ते-ग़ैब	प्रारब्ध	ज़माना, अप्रैल 1921 ई०	ख्वाबो-ख़याल	,,
23	दावते-शीराज़	दुराशा	हज़ार दास्तान, अक्टूबर 1922 ई०	,,	प्रेम प्रसून
24	दुर्गा का मंदिर	दुर्गा का मंदिर	नवम्बर 1917 ई०	प्रेम बत्तीसी-2	प्रेम पूर्णिमा
25	दो भाई	दो भाई	ज़माना, जनवरी 1916 ई०	प्रेम बत्तीसी-1	,,
26	धोका	धोखा	ज़माना, नवम्बर 1916 ई०	,,	नवनिधि
27	नग़मा-ए-रूह	आत्म संगीत	नैरंगे-ख़याल मार्च 1-अप्रैल 1927 ई०	ख़ाके-परवाना	अधिसमाधि
28	नमक का दरोग़ा	नमक का दरोग़ा	हमदर्द, 10 अक्टूबर 1913 ई०	प्रेम पचीसी-1	सप्त सरोज
29	नशा	नशा	रहनुमा-ए- तालीम, जनवरी 1934 ई०	—	सर्वश्रेष्ठ कहानियाँ
30	निगाहे-नाज़	धर्मसकंट	ज़माना, मई 1913 ई०	प्रेम बतीसी-1	प्रेम पूर्णिमा
31	नीचज़ात की लड़की	शुद्रा	दिसम्बर 1925 ई०	—	मानसरोवर -2

32	नोंक-झोंक	ब्रह्म का स्वाँग	दिसम्बर, 1920 ई०	ख़्वाबो-ख़याल	प्रेम पचीसी
33	पछतावा	पछतावा	ज़माना, नवम्बर 1914 ई०	प्रेम बतीसी-2	प्रेम पचीसी
34	पंचायत	पंच परमेश्वर	मई जून 1916 ई०	,,	सप्त सरोज
35	पूस की रात	पूस की रात	प्रेम चालीसी—2	प्रेम चालीसी-2	ग्राम्य जीवन
36	फ़लसफ़ी की मुहब्बत	त्यागी का प्रेम	हज़ार दस्तान, नवम्बर 1921 ई०	ख़्वाबो-ख़्याल	प्रेम प्रसून
37	बड़े घर की बेटी	बड़े घर की बेटी	ज़माना, दिसम्बर 1910 ई०	प्रेम पचीसी-1	सप्त सरोज
38	बाज़यागफत	शांति	तहज़ीबे-निसवाँ, 20 मई 1918 ई०	प्रेम बतीसी -2	प्रेम चतुर्थी
39	बाँगे-सहर	शंखनाद	हमदर्द, 11-13 जून 1913 ई०	,, ,, 1	प्रेम पूर्णिमा
40	बाद-अज़-मर्ग	मृत्यु के पीछे	सुबहे-उम्मीद, सितम्बर 1920 ई०	,,	प्रेम प्रसून
41	बूढ़ी काकी	बूढ़ी काकी	तहज़ीबे-निसवाँ, 25 मई 1918 ई०	प्रेम बतीसी-2	प्रेम पचीसी
42	बेटी का धन	बेटी का धन	ज़माना, नवम्बर 1915 ई०	,,	प्रेम पूर्णिमा
43	बैंक का दिवाला	बैंक का दिवाला	कहकशाँ, फ़रवरी 1921 ई०	प्रेम बत्तीसी-2	प्रेम द्वादशी
44	मज़ारे-आतिशीं	अग्नि समाधि	मुरक़्क़ा, जनवरी 1928 ई०	ख़ाके-परवाना	अग्नि समाधि
45	मरहम	विस्मृति	ज़माना, जनवरी फ़रवरी 1915 ई०	प्रेम पचीसी-2	प्रेम पचीसी
46	मंतर	मंत्र	ज़माना फ़रवरी 1928 ई०	प्रेम चालीसी-1	पाँचफूल
47	मिशअले हिदायत	उपदेश	ज़माना, मई 1917 ई०	देहात के अफ़साने	सप्त सरोज
48	माया-ए-तफ़रीह	विनोद	ज़माना, फ़रवरी 1925 ई०	ख़्वाबो-ख़याल	मानसरोवर 3

49	मिस पद्मा	मिस पद्मा	ज़ादे-राह, 1936 ई०	ज़ादे-राह	मानसरोवर 2
50	मोठ	मोठ	ज़माना, जनवरी 1922 ई०	ख़्वाबो-ख़याल	प्रेम पचीसी
51	यही मेरा वतन है	यही मेरी मातृ भूमि है	सोज़े-वतन, जून 1908 ई०	सोज़ेवतन	प्रेम प्रसून
52	राजपूत की बेटी	मर्यादा की वेदी	ज़माना, जनवरी 1917 ई०	प्रेम बत्तीसी-1	नवनिधि
53	राजा हरदौल	राजा हरदोल	ज़माना, अप्रैल 1911 ई०	प्रेम पचीसी-1	नवनिधि
54	रानी सारंधा	रानी सारंधा	सितम्बर 1910 ई०	,,	,,
55	राहे-ख़िदमत	सेवा मार्ग	ज़माना, जून 1918 ई०	प्रेम बतीसी-2	प्रेम पूर्णिमा
56	लाल-फ़ीता	लाल-फ़ीता	जुलाई 1921 ई०	ख़्वाबो-ख़याल	प्रेम चतुर्थी
57	वफ़ा का देवता	स्मृति का पुजारी	इस्मत, वार्षिकी विशेषांक 1932 ई०	दूध की क़ीमत	,,
58	हक़ीक़त	तथ्य	अदबी दुनिया, सितम्बर 1935 ई०	ज़ादेराह	कफ़न
59	हज़्ज़े अकबर	महातीर्थ	ज़माना, सितम्बर 1916 ई०	प्रेम बत्तीसी-2	प्रेमपूर्णिमा
60	हुस्ने इब्तेखाब	परीक्षा	अलअस्र, दिसम्बर 1914 ई०	,,	सप्तसरोज
61	हुस्ने-ज़न	लोकमत का सम्मान	ज़माना अक्टूबर 1922 ई०	,,	प्रेम पचीसी
62	शतरंज की बाज़ी	शतरंज के खिलाड़ी	ज़माना, दिसम्बर 1924 ई०	ख़्वाबो-ख़याल	प्रेम द्वादशी
63	शिकार	शिकार	ज़माना, जून 1910 ई०	आख़िरी तोहफ़ा	मानसरोवर -1
64	शिकारी राजकुमार	शिकारी राजकुमार	ज़माना, अगस्त 1914 ई०	प्रेम पचीसी-2	प्रेम पूर्णिमा
65	शिकस्त की फ़तह	हार की जीत	हज़ार दास्तान जुलाई 1922 ई०	प्रेम पचीसी-2	प्रेम पचीसी

66	शोला-ए-हुस्न	ज्वालामुखी	ज़माना, मार्च 1917 ई०	,,	प्रेम पूर्णिमा
67	सती	सती	चन्दन, मई 1932 ई०	आख़िरी तोहफ़ा	प्रेमतीर्थ
68	साँप की माशूक़ा[1]	नाग पूजा	हज़ार दास्तान, जुलाई 1922 ई०	प्रेम बत्तीसी-2	प्रेम पचीसी
69	सुकूने-क़ल्ब[2]	शांति	इस्मत, 1934 ई०	वारदात	प्रेम द्वादशी
70	सैरे-दरवेश	शाप	ज़माना, अप्रैल- जून 1910 ई०	सोजे वतन	प्रेम प्रसून
71	सौतेली माँ	विमाता	कहकशाँ, जून 1919 ई०	प्रेम बत्तीसी	प्रेम पचीसी

पहले हिन्दी में फिर उर्दू में प्रकाशित कहानियाँ

1.	अजीब होली	विचित्र होली	स्वदेश, मार्च 1921 ई०	ख़ाके परवाना	—
2.	अफ़्व	क्षमा	माधुरी, जून 1924 ई०	प्रेम पचीसी-2	प्रेम पियूष
3.	अभागन	निर्वासन	चाँद, जून 1924 ई०	प्रेम चालीसी-2	—
4.	आँसुओं की होली	आँसुओं की होली	मतवाला, 6 मई, 1928 ई०	,,	प्रेमतीर्थ
5.	इंसान का मुक़द्दस फ़र्ज़	मनुष्य का परम धर्म	स्वदेश, मार्च 1920 ई०	,, —1	,,
6.	इंसाफ़ की पुलिस	ख़ुदाई फ़ौजदार	चाँद, नवम्बर 1934 ई०	वारदात	मानसरोवर -2
7.	इबरत	बोध	प्रेमपूर्णिमा, दिसम्बर 1918 ई०	ख़्वाबो-ख़याल	प्रेम पूर्णिमा
8.	इम्तेहान	परीक्षा	चाँद, जनवरी 1923 ई०	प्रेम चालीसी-2	सप्तसरोज

1. 'नाग जी' शीर्षक से तहज़ीब-निसवाँ में 5 एवं 22 अगस्त को क़िस्तवार प्रकाशित हुई।
2. 'वारदात' में शीर्षक 'शांति' है।

9.	इल्ज़ाम	लाँछन	माधुरी, फरवरी 1931 ई०	प्रेम चालीसी-1	समरयात्रा
10.	इस्तीफ़ा	इस्तीफ़ा	भारतेन्दु, दिसम्बर 1928 ई०	—1	पाँच फूल
11.	कज़्ज़ाक़ी	कज़ाकी	माधुरी, अप्रैल 1926 ई०	—1	प्रेम तीर्थ
12.	कफ़्फ़ारा	प्रायश्चित	सरस्वती, जनवरी 1929 ई०	,,	प्रेम कुंज
13.	क़हर ख़ुदा का	बासी भात में ख़ुदा का साझा	हंस, अक्टूबर 1934 ई०	ज़ादेराह	मानसरोवर -2
14.	कशमकश[1]	आगापीछा	माधुरी, दिसम्बर 1928 ई०	प्रेम चालीसी-1	,,
15.	क़ुर्बानी	बलिदान	सरस्वती, मई 1918 ई०	प्रेम बत्तीसी-1	प्रेम पूर्णिमा
16.	ख़ाना दामाद	घर जमाई	माधुरी, नवम्बर 1929 ई०	ऱ्जादेराह	प्रेमकुंज
17.	ख़ाना-बर्बाद	विद्रोही	माधुरी, नवम्बर 1928 ई०	प्रेम चालीसी-1	मानसरोवर -2
18.	गुल्ली डंडा	गुल्ली डंडा	हंस, फ़रवरी 1929 ई०	वारदात	सर्वश्रेष्ठ कहानियाँ
19.	घास वाली	घास वाली	माधुरी, दिसम्बर 1929 ई०	प्रेम चालीसी-1	मानसरोवर -1
20.	चकमा	कौशल	चाँद, अगस्त 1923 ई०	प्रेम चालीसी-2	—
21.	चोरी	चोरी	माधुरी, सितम्बर 1925 ई०	प्रेम चालीसी-1	प्रेमतीर्थ
22.	जन्नत की देवी	स्वर्ग की देवी	चाँद, सितम्बर 1925 ई०	प्रेम चालीसी-2	मानसरोवर -3
23.	ज़ादे-राह	मृतक भोज	मृतक भोज, जनवरी 1932 ई०	ज़ादे-राह	—
24.	ज़ाविया-ए-निगाह	गृहनीति	चाँद, अगस्त 1935 ई०	दूध की कीमत	मानसरोवर -2

---

1. **कुछ संस्करणों में कहानी का शीर्षक 'हुस्नो-शबाब' है।**

25.	जुलूस	जुलूस	हंस, मार्च 1930 ई०	ज़ादे-राह—2	समरयात्रा
26.	जेल	आहुति	हंस, नवम्बर 1930 ई०	आख़िरी तोहफ़ा	समरयात्रा
27.	ज़ेवर का डिब्बा	चमत्कार	माधुरी, मार्च 1932 ई०	न्दन, अगस्त 1932 ई०	मानसरोवर -2
28.	जेहाद	जेहाद	पाँच फूल, 1929 ई०	प्रेम चालीसी-2	पाँच फूल
29.	ज़िल्लत	खुचड़	माधुरी, फ़रवरी 1929 ई०	़स्थ नवम्बर 931 ई०	—
30.	डामुल का क़ैदी	डामुल का क़ैदी	हंस, नवम्बर 1932 ई०	ज़ादे-राह	मानसरोवर -2
31.	डिग्री के रुपये	डिग्री के रुपये	माधुरी, जनवरी 1926 ई०	फ़िरदौसे-ख़याल	प्रेम द्वादशी
32.	डिमांसट्रेशन	डिमांसट्रेशन	प्रेमा, अप्रैल 1931 ई०	आख़िरी तोहफ़ा	प्रेम पियूष
33.	ढपोरशंख	ढपोरशंख	हंस, जनवरी 1931 ई०	चंदन, 1921 ई०	—
34.	तहज़ीब का राज़	सभ्यता का रहस्य	माधुरी, मार्च 1925 ई०	फ़िरदौसे-ख़याल	प्रेम पचीसी
35.	तहफ़्फ़ुज़े-हुक़ूक़	स्वत्व रक्षा	माधुरी, जुलाई 1922 ई०	—	प्रेम पचीसी
36.	तहरीके-ख़ैर	विध्वंस	आज, 25 जुलाई 1921 ई०	—	,,
37.	तालीफ़	मंत्र	माधुरी फ़रवरी 1926 ई०	ख़ाके-परवाना	प्रेमतीर्थ
38.	तालीफ़े-क़ल्ब	आदर्श निरोध	श्री शारदा, 6 जुलाई 1921 ई०	—	प्रेमपचीसी
39.	तौबा	दीक्षा	माधुरी, सितम्बर 1924 ई०	फिरदौसे-ख़याल	—
40	दफ़ीना	गुप्तधन	श्री शारदा, अगस्त 1922 ई०	अदबे-लतीफ़ वार्षिकी 1939	—
41	दारोग़ा की सरगुज़श्त	दारोग़ाजी	माधुरी, अगस्त 1928 ई०	प्रेम चालीसी-1	—
42	दावत	निमंत्रण	सरस्वती, नवम्बर 1926 ई०	ख़ाके-परवाना	प्रेमतीर्थ

43.	दूध की क़ीमत	दूध का दाम	हंस, जुलाई 1934 ई०	दूध की कीमत	मानसरोवर -2
44.	देनदारी	हिंसा परमो धर्माः	माधुरी, दिसम्बर 1926 ई०	प्रेम चालीसी-1	प्रेमतीर्थ
45.	देवी	स्त्री और पुरुष	चाँद, मई 1- जून 1925 ई०	प्रेम चालीसी-2	—
46.	दो बहनें	दो बहनें	माधुरी, अगस्त 1936 ई०	दूध की क़ीमत	कफ़न
47.	दो बैल	दो बैलों की कथा	हंस, अक्टूबर 1931 ई०	आख़िरी तोहफ़ा	सर्वश्रेष्ठ कहानियाँ
48.	दो सखियाँ	दो सखियाँ	माधुरी, फ़रवरी-मई 1928 ई०	प्रेम चालीसी-2	अग्नि समाधि
49.	नयी बीवी	नया विवाह	सरस्वती, मई 1932 ई०	वारदात	मानसरोवर -2
50.	नख़्ले-उम्मीद	कामनातरु	माधुरी, अप्रैल 1927 ई०	ख़्वाबो-ख़याल	प्रेम तीर्थ
51.	नुज़ूले-बर्क़	बज्रपात	माधुरी, मार्च 1924 ई०	फ़िरदौसे-ख़याल	—
52.	निजात	सद्गति	विशाल भारत, अक्टूबर 1931 ई०	आख़िरी तोहफ़ा	प्रेम कुंज
53.	नेऊर	नेऊर	हंस, जनवरी 1933 ई०	ज़ादेराह	मानसरोवर -2
54.	नेकी की सज़ा	सज्जनता का दंड	सरस्वती, मार्च 1916 ई०[1]	—	सप्त सरोज
55.	नेक-बख़्ती के ताज़ियाने	सौभाग्य के कोड़े	प्रभा, जून 1924 ई०	फ़िरदौसे-ख़य़ाल	—
56.	फ़रेब	लाँछन	माधुरी, अगस्त 1926 ई०	ज़ादे-राह	समरयात्रा
57.	फ़िक्रे-दुनिया	अधिकार चिंता	माधुरी, 1922 ई०	ख़ाके-परवाना	प्रेम प्रसून
58.	बज़्मे-परीशाँ	दुस्साहस	आज, 18 जून 1921 ई०	—	प्रेम पचीसी

1. **इम्तियाज़ अली 'ताज' के नाम प्रेमचन्द के पत्र दिनाँक 11 फ़रवरी 1920 ई० में चर्चित है, (चिट्ठी पत्री, भाग-2 पृ० 111) सम्भवतः 'कहकशाँ' में प्रकाशित हुई।**

59.	बड़े भाई साहब	बड़े भाई साहब	हंस, नवम्बर 1934 ई०	ज़ादे-राह	कहानियाँ
60.	बदनसीब माँ	बेटों वाली विधवा	चाँद, नवम्बर 1933 ई०	वारदात	ग्राम्य जीवन
61.	बीवी से शौहर	पत्नी से पति	माधुरी, अप्रैल 1930 ई०	प्रेम चालीसी-2	समरयात्रा
62.	भाड़े का टट्टू	भाड़े का टट्टू	माधुरी, जुलाई 1925 ई०	फ़िरदौसे-ख़याल	मानसरोवर -3
63.	भूत	भूत	माधुरी, अगस्त, 1924 ई०	,,	,, 4
64.	मजबूरी	नैराश्य लीला	चाँद, अप्रैल 1923 ई०	प्रेम चालीसी-2	प्रेम पचीसी
65.	मंदिर	मंदिर	चाँद, मई 1927 ई०	प्रेम चालीसी-1	प्रेम तीर्थ
66.	मज़ारे-उलफ़त	दो कब्रें	माया, जनवरी 1930 ई०	,, 2	—
67.	माँ	माँ	माधुरी, जुलाई 1929 ई०	,, 2	ग्राम्य जीवन की कहानी
68.	माँ का दिल	माता का हृदय	चाँद, जुलाई 1925 ई०	चन्दन मार्च 1931 ई०	—
69.	मालिकिन	स्वामिनी	विशाल भारत, सितम्बर 1931 ई०	वारदात	ग्राम्य जीवन की कहानी
70.	मासूम बच्चा	बालक	हंस, अप्रैल 1933 ई०	,,	मानसरोवर -2
71.	मुफ़त करम दाशतन	मुफ़्त का यश	हंस, अगस्त 1934 ई०	,,	,,
72.	मुरीदी	गुरु मंत्र	प्रेम पूर्णिमा 1926 ई०	फ़िरदौसे-ख़याल	—
73.	मुस्तार घड़ी	माँगे की घड़ी	माधुरी, जुलाई 1927 ई०	ख़ाके-परवाना	अग्नि समाधि
74.	राम लीला	राम लीला	माधुरी, अक्टूबर 1926 ई०	प्रेम चालीसी-1	प्रेम तीर्थ
75.	राहे-निजात	मुक्ति मार्ग	विशाल भारत, अप्रैल 1924 ई०	फिरदौसे-ख़याल	प्रेम द्वादशी
76.	रियासत का दीवान	रियासत का दीवान	हंस, मई 1934 ई०	दूध की क़ीमत	मानसरोवर -2

77.	लाग डाट	लाग डाट	प्रभा, जुलाई 1921 ई०	—	प्रेम प्रसून
78.	लाटरी	लाटरी	हंस, अक्टूबर 1935 ई०	ज़ादे-राह	सर्वश्रेष्ठ कहानियाँ
79.	लानत	जीवन का शाप	हंस, जून 1935 ई०	ज़ादे-राह	मानसरोवर -2
80.	लैला	लैला	सरस्वती, जनवरी 1926 ई०	फिरदौसे-ख़याल	—
81.	वफ़ा की देवी	देवी	चाँद, अप्रैल 1935 ई०	वफ़ा की देवी	—
82.	हसरत	नरक का मार्ग	चाँद, मार्च 1925 ई०	प्रेम चालीसी-2	—
83.	हिरज़े-जाँ	कूच	विशालभारत, दिसम्बर 1919 ई०	प्रेमचालीसी-2	—
84.	शराब की दुकान	शराब की दुकान	हंस, मई 1930 ई०	नैरगे-ख़याल 1931 ई०	समरयात्रा
85.	शिकवा-शिकायत	गिला	ज़ामिआ जनवरी 1932 ई०	वारदात	—
86.	सज़ा	दण्ड	चाँद, अक्टूबर 1925 ई०	प्रेम चालीसी-2	—
87.	सत्याग्रह	सत्याग्रह	माधुरी, दिसम्बर 1923 ई०	ख़ाके-परवाना	प्रेम द्वादशी
88.	सती	सती	माधुरी, मार्च 1927 ई०	ख़्वाबो-ख़याल	—
89.	सवा-सेर गेहूँ	सवा-सेर गेहूँ	चाँद, नवम्बर 1924 ई०	फ़िरदौसे-ख़याल	कहानियाँ
90.	सुजान भगत	सुजान भगत	माधुरी, मई 1927 ई०	—	अग्निसमाधि एवं अन्य कहानियाँ
91.	सुहाग का ज़नाज़ा	सुहाग का शव	माधुरी, जुलाई 1928 ई०	प्रेम चालीसी-1	—
92.	सौत	सौत	सरस्वती, दिसम्बर 1935 ई०	प्रेम बत्तीसी-1	सप्त सरोज

गतपृष्ठों में प्रेमचन्द के द्विभाषी उर्दू हिन्दी लेखक होने के विभिन्न आयामों पर सविस्तार चर्चा की जा चुकी है और उनकी रचनाओं से सम्बंधित बुनियादी तथ्यों एवं समस्याओं का विश्लेषण किया जा चुका है। इस सम्बंध में किसी शंका और आशंका की सम्भावना शेष नहीं रहती कि प्रेमचन्द को हिन्दुस्तानी साहित्य के इतिहास में विद्यापति की भाँति द्विभाषी होने की श्रेष्ठता प्राप्त रही। उन्होंने उर्दू में लिखने पढ़ने का आरम्भ तेरह (13) वर्ष की आयु (1893 ई०) में एक सत्य प्रेमकथा को नाटक के रूप में लिखकर किया था जो प्रकाशित नहीं हुआ। यद्यपि प्रेमचन्द का कथन है : "1901 **ई० से लिटरेरी ज़िन्दगी शुरू की।**"[1] किन्तु हमें निरन्तर प्रयास के बावजूद 1901 ई० में प्रकाशित प्रेमचन्द की कोई कहानी प्राप्त न हो सकी। परन्तु बनारस के उर्दू साप्ताहिक 'आवाज़ा-ए-ख़ल्क़' के अंक एक (1) मार्च एवं 24 सितम्बर 1903 ई० में प्रेमचन्द का पहला उर्दू लेख 'ओलिवर कामवल' मिलता है। इसी साप्ताहिक में उनके पहले उपन्यास 'असरारे-मआबिद' की पहली क़िस्त 8 अक्टूबर 1903 ई० को प्रकाशित हुई। उसके पश्चात् जून 1908 ई० में प्रेमचन्द की कहानियों का पहला संकलन 'सोज़े-वतन' प्रकाशित हुआ, जिसमें उपर्युक्त कहानियों के अतिरिक्त 'दुनिया का सबसे अनमोल रतन' तथा अन्य कहानियाँ भी सम्मिलित थीं। सम्भावना है कि इससे पूर्व यह कहानियाँ कहीं और प्रकाशित हुई हों किन्तु उनका पता न चल सका।

प्रेमचन्द के उपन्यासों और कहानियों से सम्बंधित इस विस्तृत अध्ययन से स्पष्ट होता है कि प्रेमचन्द ने 1915 ई० तक मात्र उर्दू में लिखा, जिनके हिन्दी अनुवाद दूसरों ने किये और उन अनुवादों का प्रेमचन्द ने कोई संशोधन एवं परिवर्द्धन नहीं किया। 1915 ई० तक प्रेमचन्द के पाँच उपन्यास 'असरारे-मआबिद' (1903-1905 ई०) 'हमख़ुरमा-ओ-हमसवाब' (1906 ई०) 'किशना' (1907 ई०) 'रूठी रानी' (1907 ई०) और 'जलवा-ए-ईसार' (1912 ई०) में प्रकाशित होकर सर्वप्रिय हो चुके थे। इनमें मात्र एक उपन्यास 'हमख़ुरमा-ओ-हमसवाब' का हिन्दी अनुवाद 'प्रेमा' नाम से प्रकाशित हुआ था। प्रेमचन्द की कहानियों की उपर्युक्त तालिका से स्पष्ट है कि 1908 ई० से 1914 ई० तक प्रेमचन्द की कोई भी कहानी हिन्दी में प्रकाशित नहीं

---

1. **प्रेमचन्द-चिट्ठी पत्री, भाग 2 पृ०** 129

हुई, जबकि उसी काल में (1908 ई० से 1914 ई० तक) उर्दू में बावन (52) कहानियाँ प्रकाशित हो चुकी थीं। हिन्दी में पहली कहानी 'सौत' सरस्वती, दिसम्बर 1915 ई० में प्रकाशित हुई। इन तथ्यों से स्पष्ट है कि 1915 ई० तक की प्रेमचन्द की रचनाओं को हिन्दी-साहित्य के इतिहास में उसी सीमा तक महत्त्व दिया जा सकता है कि उसकी पृष्ठभूमि में आगामी दौर के प्रेमचन्द का निर्माण होता है।

❑❑❑

अध्याय : तीन

निर्माण-काल

प्रेमचन्द की रचनाओं का पहला काल 1900 ई० से प्रारम्भ होकर 1915 ई० तक रखा जा सकता है। प्रेमचन्द ने अपनी रचनाशीलता का प्रारम्भ 1900 ई० से बताया है तथा 1916 ई० में हिन्दी लिखने के अभ्यास की चर्चा की है। इस पर गत पृष्ठों में प्रकाश डाला जा चुका है। यद्यपि 1903 ई० के पूर्व उनके किसी कथा-साहित्य का पता नहीं लग सका है, परन्तु इस काल में उनकी लेख, समीक्षाएँ तथा निबन्ध अवश्य ही मिलते हैं। 1900 ई० का वर्ष इस प्रकार से भी महत्वपूर्ण है कि उसी वर्ष की 2 जुलाई को प्रेमचन्द की प्रथम नियुक्ति बहराइच के ज़िला स्कूल में पाचवें मास्टर के रूप में हुई। यह विचित्र संयोग है कि प्रेमचन्द ने जिस वर्ष से सरकारी नौकरी की, उसी वर्ष से क्रमबद्ध रूप से साहित्य-रचना भी प्रारम्भ की। 1904 ई० में उन्होंने प्रशिक्षण-परीक्षा प्रथम श्रेणी में उत्तीर्ण की, परन्तु गणित पढ़ाने में असमर्थता भी प्रमाण पत्र पर ही अंकित कर दी गयी! इसी वर्ष उन्होंने उर्दू तथा हिन्दी में स्पेशल वर्नाक्यूलर परीक्षा भी उत्तीर्ण की। उस समय तक उपन्यासकार 'नवाब राय' अस्तित्व में आ चुके थे, जो उपन्यासकार प्रेमचन्द के लिए पीठिका तैयार करते हैं। यही उनके लेखन का पहला सक्रिय काल है, जो प्रतापगढ़, इलाहाबाद, हमीरपुर के प्रवास में बीता। इस बीच उनका परिचय उर्दू-मासिक 'ज़माना' के सम्पादक मुंशी दयानरायन निगम से हुआ, जिन्होंने उर्दू में नयी-नयी पत्रिका निकाली थी। उन्हें नियमित रूप में लिखने वाले साहित्यकार की आवश्यकता थी और प्रेमचन्द को अपनी रचनाओं के प्रकाशन के लिए किसी अच्छी पत्रिका की। परिणामस्वरूप प्रारम्भ का औपचारिक परिचय दोनों की आत्मीयता में परिणत हो गया। फिर जब प्रेमचन्द मई 1905 ई० से जून 1929 ई० के बीच सवा-चार वर्षों के बीच

कानपुर में रहे, तो यह औपचारिक सम्बन्ध दो सगे भाइयों के स्नेहपूर्ण सम्बन्ध का रूप धारण कर चुका था, जो दोनों के जीवन के अंतिम क्षणों तक अक्षुण्ण बना रहा।

प्रेमचन्द की प्रारम्भिक रचनाओं में प्रारम्भ से ही देश-प्रेम, देश-भक्ति, त्याग, बलिदान और विद्रोही भावनाओं को प्रधानता प्राप्त रही। इसका आधार समझने के लिए तत्कालीन राजनीतिक परिस्थिति को भी ध्यान में रखना चाहिए, जिसमें भारतीय राजनीति के बदलते हुए स्वर विद्रोह का रूप धारण कर रहे थे। दूसरी ओर अंग्रेज़ सरकार की दमन-नीति भी प्रखर होती जा रही थी और नये-नये क़ानून बनाकर भारतीयों को जकड़बंद किया जा रहा था। 1907 ई० में, 'प्रिवेंशन आफ़ सेडीशन मीटिंग ऐक्ट' तथा 1918 ई० के 'रूल III' को पुनर्जीवित किया गया, जिसके अन्तर्गत तत्कालीन राजनीतिक एवं समाज-सुधारक नेता पकड़ लिये गये और बिना किसी तरह का मुक़द्दमा चलाये जेल में डाल दिये गये। 1907 ई० और 1910 ई० के बीच देश भर में क्रांतिकारी सरगर्मियाँ अपने चरम उत्कर्ष को पहुँच गयीं। 1908 ई० में कलकत्ता में 'अलीपुर षड़यंत्र काण्ड' हुआ। बंगाल के तत्कालीन गर्वनर तथा कलकत्ता के तत्कालीन पुलिस मजिस्ट्रेट किंग्सफ़र्ड और चंद्रनगर के तत्कालीन मेयर आदि की हत्या की असफल चेष्टा हुई। इस बीच अन्य घटनाओं में राजनीतिक डकैतियाँ की गयीं। जब कलकत्ता का किंगसफ़र्ड तब्दील होकर मुज़फ़्फ़रपुर आ गया, तो 30 अप्रैल, 1908 ई० को खुदीराम बोस (15 वर्ष) और प्रफुल्ल चाकी (17 वर्ष) ने मिलकर उसकी हत्या करने की योजना बनायी, परन्तु वह बच गया। उसके स्थान पर उसकी पत्नी तथा अन्य कई लोग मारे गये। प्रफुल्ल चाकी ने तो गोली मारकर आत्महत्या कर ली, परन्तु खुदीराम बोस भाग निकले। बाद में उन्हें पकड़ लिया गया और 11 अगस्त, 1908 ई० को फाँसी दे दी गयी। खुदीराम बोस को वीरगति प्राप्त हुई, तो घर-घर में उनकी पूजा हुई। राष्ट्रीय समाचार-पत्रों में तिलक के 'केशरी', विवेकानंद के 'अनुज', अरविन्द बोस के 'बन्दे मातरम्' को विशिष्ट स्थान प्राप्त है। इस बीच सरकारी दमन-नीति और भी बढ़ी। 1908 ई० में 'एक्सप्लोसिव सब्सट्रैसेज़ ऐक्ट' तथा 'न्यूज़पेपर ऐक्ट' लागू किये गये। विशेषकर 'प्रेस-ऐक्ट' का प्रभाव व्यापक था। 1910-1911 ई० के बीच साढ़े तीन सौ प्रेस, तीन सौ पत्र-पत्रिकाओं तथा पांच सौ से अधिक पुस्तकें ज़ब्त कर ली गयीं। इस बीच 1905 ई० और 1908 ई० के बीच 'बंग-भंग' और स्वेदशी आंदोलन की पृष्ठभूमि में राष्ट्रीय आंदोलन प्रारम्भ हुआ, जिसके विषय में गत पृष्ठों में चर्चा हो चुकी है। इस पृष्टभूमि को भुलाकर प्रेमचन्द को नहीं समझा जा सकता, क्योंकि प्रेमचन्द की पहली प्रकाशित कहानी 'इश्क़े-दुनिया और हुब्बे-वतन' 'ज़माना' के अप्रैल 1908 ई० के अंक में

प्रकाशित हुई, जो 'सोज़े-वतन' की अन्य कहानियों के साथ उसी वर्ष ज़ब्त कर ली गयी।

प्रेमचन्द के प्रथम रचना-काल में उन पर आर्य-समाजी प्रभाव स्पष्ट हैं। इस बीच बंगला-साहित्य का भी प्रभाव दिखलायी पड़ता है। इसकी चर्चा यथास्थान की जायेगी। यहाँ इतना कहना ही पर्याप्त है कि प्रेमचन्द अन्य भाषाओं विशेष कर बंगला से कथानक लेकर अपनी कहानियाँ तैयार करते थे। 7 जून 1913 ई० को महोबा से प्रेमपचीसी-उर्दू के संदर्भ में मुंशी दया नरायन निगम को लिखते हैं: "**ओरीजिनल कोई क़िस्सा नहीं। एक है, सो वह अधूरा पड़ा हुआ है। हाँ, एक क़िस्सा मैंने बंगाली से अख़्ज़ किया था, वह अगर आप पसंद करें तो मैं भेज दूँ। हाँ, उस पर अपना नाम न दूँगा**"[1] तथा इस बीच यदा-कदा हिन्दी से अनुवाद भी कर रहे थे। 22 मार्च 1913 ई० को लिखते हैं: "**रणथम्भौर के क़िले पर एक छोटा-सा मजमून 'क्षत्रिय मित्र' से अख़्ज़ करके रवाना करता हूँ।**"[2] पुन: 22 मई, 1924 ई० को लिखते हैं: "**एक और क़िस्सा भी भेजता हूँ। यह कुछ अर्सा हुआ बंगला से तर्जुमा होकर 'मर्यादा' में निकला था। क़िस्सा निहायत दिलचस्प है, वरना मैं तर्जुमा क्यों करता।**"[3]

प्रेमचन्द के उर्दू-हिन्दी कथा साहित्य के तुलनात्मक अध्ययन की पृष्ठभूमि में उनका अनुवाद-कार्य विशेष है। इस बीच उन्होंने नियमित रूप में 'ज़माना' के लिए हिन्दी से अनुवाद कार्य प्रारम्भ कर दिया था। 13 मई, 1910 ई० के पत्र से संकेत मिलता है कि सम्भवत: मुंशी दयानरायन निगम ने किसी हिन्दी पत्र के निकालने की भी योजना बनायी थी, क्योंकि प्रेमचन्द ने उन्हें लिखा था: "**हिन्दी पर्चे का क्या हश्र हुआ? यानी उसकी तजवीज़ खटाई में पड़ गयी या बाक़ी है? निकलने वाला हो तो हिन्दी लिखने की आदत डालूँ।**"[4] यहाँ प्रबुद्ध पाठकों का ध्यान उद्धरण के अंतिम शब्दों की ओर आकृष्ट करना चाहता हूँ, जो स्पष्ट रूप में घोषित करते हैं कि प्रेमचन्द को यही नहीं कि हिन्दी में लिखने की आदत नहीं थी, अपितु उसमें अभ्यास करने की आवश्यकता अनुभव करते थे। मुंशी दयानरायन निगम के हिन्दी-पत्र के विषय में अधिक ज्ञात नहीं, परन्तु इसमें भ्रम नहीं कि प्रेमचन्द ने 'ज़माना' के लिए 'रफ़्तारे-ज़माना' शीर्षक से नियमित रूप में लिखना प्रारम्भ कर दिया था, जो हिन्दी तथा अंग्रेज़ी से अनुवाद पर आधारित होता था। 6 फ़रवरी, 1913 ई० को मुंशी दयानरायन निगम को लिखते हैं: "**अब रह गये हिन्दी रिसाले। आप मुझे अपने हिन्दी डिपार्टमेंट का**

1. प्रेमचन्द चिट्ठी-पत्री, भाग 1, पृ० 22
2. वही, पृ० 20
3. वही, पृ० 30
4. वही, पृ० 9

एडीटर समझिए। मैं अख़बारात और रिसालों से मुनासिब और दिलचस्प तर्जुमे कर दिया करूँगा। कहीं-कहीं उन पर नोट और तनक़ीद लिखूँगा। हिन्दी-शोअरा की दिलचस्प और मुख़्तसर सवानेह-उम्रियों का सिलसिला भी दूँगा।''[1] परन्तु 10 नवम्बर, 1914 ई० को लिखते हैं: ''मैं अपनी मौजूदा हालत के एतबार से रोज़ाना अख़बार के लायक़ किसी तरह नहीं हूँ। फ़िर उर्दू और हिन्दी दोनों का भार मुझसे क्यों कर चलेगा।''[2] ऐसा लगता है कि इस बीच प्रेमचन्द ने हिन्दी में लिखने का क्रम प्रारम्भ कर दिया था, परन्तु उर्दू का कार्य भी साथ-साथ चल रहा था। 2 अक्टूबर, 1915 ई० को बस्ती से लिखते हैं: '' 'ज़माना' के लिए एक और क़िस्सा लिखा है। मैं हिन्दी में भी लिख रहा हूँ। 'सरस्वती' को भी एक मज़मून दिया है। 'प्रताप' के लिए लिखा। इसलिए ज़्यादा काम करने से माज़ूर हूँ।''[3] अत: स्पष्ट है कि हिन्दी में अनुवाद का क्रम चल रहा था। नागरी प्रचारिणी सभा से प्रकाशित एक लेख के विषय में 16 दिसम्बर, 1915 ई० को लिखते हैं: ''नागरी प्रचारिणी में ज़राफ़त पर बहुत आलिमाना मज़मून छपा है। तर्जुमा है। कहिए तो 'ज़माना' के लिए कुछ नये उनवान से इसी पर लिख दूँ। सरक़ा-बिलजब्र हो या बाइजाज़त? जबाव से बहुत जल्द मुतेला कीजिए। क्योंकि मज़मून लम्बा है।''[4] इसी प्रकार हिन्दी में उर्दू से लेकर अनुवाद की चर्चा भी मिलती है। 24 नवम्बर 1915 ई० को लिखते हैं: ''अभी तक हिन्दी-मजमूआ तैयार नहीं हुआ है। यह क़िस्से पहले-पहल हिन्दी में निकलेंगे, इसके बाद उर्दू में भी। अभी इन्हें छाप देने से इनका नयापन जाता रहेगा। कोशिश कर रहा हूँ कि अपनी कहानियाँ भी तर्जुमा कराकर छापूँ।''[5] इससे संकेत मिलता है कि प्रेमचन्द हिन्दी में अपनी कहानियाँ किसी अन्य व्यक्ति से अनुवाद कराकर प्रकाशित करना चाहते थे। विचित्र ही है कि हिन्दी-उर्दू दोनों में एक दूसरे से लगातार अनुवाद कार्य करने के बाद भी अपनी कहानियाँ किसी और से हिन्दी से अनूदित कराना चाहते थे। इसका स्पष्ट कारण यह है कि हिन्दी में अपनी रचनाओं को भाषा-परिपक्वता के साथ प्रस्तुत करना चाहते थे, जो उस समय तक उन्हें प्राप्त नहीं थी।

प्रेमचन्द की रचनाओं के प्रथम-काल की 52 (बावन) कहानियाँ तथा 5 (पाँच) उपन्यास 'असरारे-मआविन्द', 'हमख़ुर्मा-ओ-हमसवाब', 'किशना', 'रूठी रानी' तथा 'जलवा-ए-ईसार' उपलब्ध हैं। इनके विषय में समुचित

---

1. प्रेमचन्द: चिट्ठी-पत्री, भाग 1, पृ० 17
2. प्रेमचन्द: चिट्ठी-पत्री, भाग 1, पृ० 36
3. वही, पृ० 51
4. वही पृ० 51
5. वही, पृ० 50

जानकारी प्रस्तुत करने की चेष्टा की जायेगी। जैसा कि गत अध्याय में चर्चा हो चुकी है, इस युग की रचनाएँ उर्दू-शब्द एवं संस्कार से ओतप्रोत हैं। इनमें कलात्मक दृष्टि से अनेक त्रुटियाँ और भूलें भी हैं, जिनमें अधिकांश पर प्रेमचन्द ने बाद में क़ाबू पा लिया था। आगामी पंक्तियों में इन रचनाओं की चर्चा की जायेगी।

कहानियाँ

प्रेमचन्द के प्रथम-काल की क़हानियों की सम्पूर्ण संख्या 52(बावन) है, जिनमें 51 (इक्यावन) कहानियाँ उर्दू में प्रकाशित हुई। सिर्फ़ एक कहानी हिन्दी में प्रकाशित हुई।

1. इश्क़े दुनिया और हुब्बे-वतन 2. दुनिया का सबसे अनमोल रतन 3. यही मेरा वतन है 4. शैख़ मख़मूर 5. सिला-ए-मातम 6. दाराशुकोह का दरबार 7. गुनाह का अग्निकुंड 8. सैरे-दरवेश 9. शिकार 10. रानी सारंधा 11. बेग़रज़ मुहसिन 12. बड़े घर की बेटी 13. विक्रमादित्य का तेग़ा 14. करिश्मा-ए-इन्तेक़ाम 15. दोनों तरफ़ से 16. राजा हरदोल 17. बड़ी बहन 18. मंज़िले-मक़सूद' 19. ख़ौफ़े-रुसवाई 20. आहे-बेकस 21. आलहा 22. ममता 23. आलिमे-बेअमल 24 मनावन 25. कैफ़िरे-किरदार 26. धोके की टट्टी 27. राजहठ 28. त्रिया चरितर 29. अमृत 30. अमावस की रात 31 सगे-लैली 32. निगाहे-वाज़ 33. आबे-हयात 34. बांगे-सहर 35. मिलाप 36. अंधेर 37. दारूए-तल्ख 38. सिर्फ़ एक आवाज़ 39. बांका ज़मींदार 40. नमक का दरोग़ा 41. अनाथ लड़की 42. ख़ूने-सफ़ेद 43. शिकारी राजकुमार 44. सौदा-ए-खाम 45. खाके-परवाना 46. पछतावा 47. हुस्ने-इन्तेख़ाब 48. मरहम 49. ग़ैरत की कटारी 50. कर्मों का फल 51. बेटी का धन हैं।

इनमें सिर्फ़ 19 कहानियाँ हिन्दी में परिवर्तित हो सकीं जिनके नाम हैं : 1. यही मेरा वतन है 2. पाप का अग्निकुंड 3. शाप 4. शिकार 5. रानी सारंधा 61 बड़े घर की बेटी 7. राजा हरदोल 8. ग़रीब की आह 9. ममता 10. अमावस की रात 11. धर्म संकट 12. शिकारी राजकुमार 13. सफ़ेद ख़ून 14. पछतावा 15. परीक्षा 16. नमक का दरोग़ा 7. विस्मृति 18. बेटी का धन 19. कप्तान साहब।

उपर्युक्त कहानियों के विषय में तो किसी प्रकार का भ्रम नहीं कि यह कहानियाँ बाद में अमृतराय ने अनूदित कीं, लिखते हैं: **''उर्दू से प्राप्त कहानियों को ज्यों का त्यों छाप देना हिन्दी पाठकों के प्रति अन्याय समझकर मैंने उनको हिन्दी का जामा पहनाया है। मुंशी जी की अपनी हिन्दी का, यानी कि जहाँ तक मुझसे हो सका।''**[1]

---

1. अमृतराय: गुप्त धन, भाग 1 भूमिका, पृ० 6

उपर्युक्त कहानियों में मात्र एक कहानी 'सौत' ऐसी है, जो सर्वप्रथम हिन्दी में मासिक 'सरस्वती' के दिसम्बर 1915 ई० के अंक में प्रकाशित हुई। फ़िर उर्दू में प्रेम बतीसी' भाग 1 में सम्मिलित हुई। इस मात्र एक कहानी के अतिरिक्त अन्य सभी कहानियाँ पहले उर्दू में प्रकाशित हुईं, बाद में कभी हिन्दी में। इन कहानियों का हिन्दी अनुवाद किसने किया, अब इस रहस्य का उद्घाटन होना असम्भव दीखता है। परन्तु इतना निश्चित है कि इस काल तक प्रेमचन्द ने हिन्दी में रचना-क्षमता प्राप्त नहीं की थी अथवा स्वयं हिन्दी में अनुवाद नहीं कर सकते।

वर्तमान स्थिति में प्रेमचन्द के जीवन-काल में ही प्रकाशित कहानियों को प्रस्तुत रूप में लेकर ही उनका विश्लेषण किया जा सकता है। सभी कहानियों का तुलनात्मक अध्ययन विस्तार चाहता है। यहाँ उनकी दो चुनी हुई कहानियों का विवेचन किया जाता है, जिनमें अन्य कहानियों के अनुपात में परिवर्तन भी अधिक हैं।

बड़े घर की बेटी:

प्रेमचन्द नाम से दिसम्बर 1910 ई० में सर्वप्रथम उर्दू में प्रकाशित बहुचर्चित कहानी 'बड़े घर की बेटी' उर्दू तथा हिन्दी में एक ही नाम से प्रकाशित है। इसके उर्दू-कहानी होने में कोई भ्रम नहीं है, परन्तु हिन्दी अनुवाद में अनेक स्थानों पर संशोधन एवं परिवर्धन दीखता है। उदाहरणार्थ:

(1) श्रीकंठ के बारे में उर्दू में है:

''पुराने रस्मो-रिवाज का उनमें ज़्यादा पुरजोश वकील मुश्किल से कोई होगा।''

लेकिन हिन्दी में '**पुराने रस्मो-रिवाज़**' का अर्थ '**प्राचीन हिंन्दू सभ्यता**' बताया गया है। हिन्दी-वाक्य इस प्रकार है:

''प्राचीन हिंदू सभ्यता का गुणगान, उनकी धार्मिकता का प्रधान अंग था।''

इसी प्रकार एक दूसरी जगह उर्दू में है:

''यह और इसी मानी के दूसरे जुम्ले ज़बान से निकलाने के लिए श्रीकंठ ने अपने कई हमजोलियों को बारहा आड़े हाथों लिया था।''

जिसका हिन्दी अनुवाद शब्द परिवर्तन तथा विस्तार देकर किया गया है:

''इस तरह की विद्रोहपूर्ण बातें कहने पर श्रीकंठ ने कितनी ही बार अपने मित्रों को आड़े हाथों लिया था।''

(2) श्रीकंठ की पत्नी आनंदी अपने देवर के लिए '**गोश्त पकाने बैठी,**' इसको हिन्दी में '**अब वह नया व्यंजन बनाने बैठी**' लिया गया है। इसी प्रकार

वाक्यों में बहुत से हेर-फेर के उदाहरण ढूँढे जा सकते हैं, बल्कि कुछेक स्थानों पर अनुवादक ने अपनी ओर से बढ़ा भी दिया है। उर्दू में है:

''सिलसिला-ए-तकरीर दस बजे रात तक रहा। दो-तीन घण्टे आनंदी ने बेइंतहा इज़्तेराब के आलम में काटे।''

इसको हिन्दी में इस प्रकार लिखा गया है:

''यह वार्तालाप दस बजे रात तक होता रहा। गाँव के भद्र-पुरुषों को इन बातों में ऐसा आनंद मिलता था कि खाने-पीने की सुध न रहती थी। श्रीकंठ को पिंड छुड़ाना मुश्किल हो जाता। यह दो तीन घण्टे आनंदी ने बड़े कष्ट से काटे।''

(3) अनेक स्थानों पर अनुवाद करते समय संक्षेप कर दिया गया है। उर्दू में आनंदी का सम्वाद है:

''मुझे खड़ाऊँ से मारकर यूँ न अकड़ता फ़िरता। बोटियाँ नुचवा लेती। इस पर तुम पूछते हो कि घर में तूफ़ान क्यों मचा रखा है।''

इसका अनुवाद हिन्दी में मात्र इतना ही है:

''मुझे खड़ाऊँ से मारकर यूँ न अकड़ता।''

इस कहानी के अनुवादक ने शब्दों के पर्याय तलाश करने में भी भूलें की हैं। उसने '**नेमुलबदल**' को हिन्दी में '**जगह**', '**ज़ाहिरी ख़ूबियों**' को '**नेत्र-प्रिय गुणों**' और '**ख़तो-किताबत**' का अनुवाद '**लिखा पढ़ी**' किया है।

श्रीकंठ के उत्तेजनापूर्ण सम्वाद के लिए उर्दू में है:

''बेनी माधो यह कुफ्र ज़्यादा न सुन सके।''

इसका हिन्दी में यह अनुवाद किया गया:

''ऐसी बातें और न सुन सके।''

इस प्रकार के अनुवाद से अनेक स्थानों पर कहानी का प्रभाव खंडित हो गया है। एक स्थान पर उर्दू में है:

''जिसे चपरासी-गीरी करने की भी तमीज़ नहीं है।''

इसका अनुवाद हिन्दी में करते समय '**तमीज़**' के बजाय '**सऊर**' कर दिया गया। 'सऊर' अरबी शब्द 'शऊर' है। साधारणजन 'सहूर' बोलते हैं; देखिए :

''जिनको चपरासी-गिरी करने का भी सऊर नहीं।''

मरहम : विस्मृति

यह कहानी पहली बार उर्दू मासिक 'ज़माना' के जनवरी-फ़रवरी, 1915 ई० के अंक में प्रकाशित हुई। अनुवादक ने कहानी को हिन्दी में ढालते हुए

अनेक स्थलों पर संक्षेप कर दिया है। निम्नलिखित पंक्तियों में उर्दू और हिन्दी संस्करणों का तुलनात्मक अध्ययन प्रस्तुत किया जाता है:

1. शान सिंह और गुमान सिंह के विवाह के बारे में उर्दू में है:

''मगर दूसरे लगन के मौक़े तक उनकी सूरत नज़र न आती। गांव के मनचले लोग यह तमाशा देखने के लिए आये दिन एक न एक स्वाँग रचाया करते थे, मगर किसी न किसी सबब से यह तमाम सरगर्मियाँ अकारत और बे-असर होतीं।''

इसका अनुवाद है:

''किन्तु दूसरे लगन तक वह अपना दर्शन न देती। किसी न किसी कारण इन भाइयों का यह परिश्रम निष्फल हो जाता था।''

2. उर्दू में एक स्थान पर है:

''जब कोई शख़्स हमारे साथ ख़ामख़ाह ख़ुलूसो-यगानगी के रिश्ते क़ायम करने लगे, तो हमें सोचना चाहिए कि इसमें उसकी कोई ग़रज़ तो मख़फ़ी नहीं है। मुमकिन है वह शख़्स बज़ातेही नेक और हमदर्द वाक़ेअ हुआ हो, तो दूरबीनी का तक़ाज़ा यह होना चाहिए कि देखें उसका दूसरों के साथ कैसा सुलूक है। अगर हम अपनी सादगी से इस वहम में पड़ जायें कि कोई शख़्स महज़ हमको ज़ेरबारे-एहसान करने के लिए हमारी हिमायतो-ग़ुमगुसारी पर आमादा है, तो यक़ीनी अम्र है कि हमको दग़ाबाज़ का शिकार बनना पड़ेगा, क्योंकि ख़ालिस एहसान पर भी ज़्यादा एतमाद करना अंदेशे से ख़ाली नहीं।''

इसका हिन्दी अनुवाद यह है:

''जब कोई पुरुष अकारण हमारे साथ मित्रता का व्यवहार करने लगे, तो हमको सोचना चाहिए कि इसमें कोई स्वार्थ तो नहीं छिपा है। यदि हम अपने सीधे पन से इस भ्रम में पड़ जायें कि कोई मनुष्य हमको केवल अनुगृहीत करने के लिए हमारी सहायता पर तत्पर है, तो हमें धोखा खाना पड़ेगा।''

3. लल्लन सिंह और दूजी की प्रेम-लीला उर्दू में इस प्रकार है:

''दिल आँखों से बातें कर लेते। जिनमें जितना एख़्तिसार है, उतनी ही बलाग़त है और जिसे दीवार का भी ख़ौफ़ नहीं।''

हिंदी में अंतिम पंक्तियाँ नहीं है, मात्र '**हृदय नेत्र द्वारा बात कर लेते**' लिखा है।

4. मुकद्दमे की कार्यवाही के विषय में उर्दू में है:

''मुलज़िमों को सेशन सिपुर्द किया और वादा-ए-माशूक़ की तरह मुक़द्दमे की पेशियाँ होने लगीं।''

हिन्दी में '**वादा-ए-माशूक़**' के अनवुाद से बचने के लिए यह वाक्य ही उड़ा दिया गया है।

5. दूजी के व्यवहार का विश्लेषण उर्दू में इस प्रकार है:

"**भाइयों का फ़र्ज़ था दोनों की शादी कर देते। रंगीन मिज़ाज हज़रात को इश्क़-ख़ानाख़राब की याद आयी। 'अमीर' और 'दाग़' के अशआर पढ़ने लगे।**"

यह ध्यान देने योग्य है कि उपर्युक्त उद्धरण में उर्दू के प्रसिद्ध कवियों 'अमीर' मीनाई तथा 'दाग़' देलहवी का नाम आ गया है, जो अनुवादक के लिए कठिन प्रतीत हुआ। उससे बचते हुए निम्नलिखित अनुवाद किया गया:

"**भाइयों का धर्म था कि दोनों का विवाह कर देते!**"

6. इसी प्रकार एक स्थान पर उर्दू-मूल में दोनों भाइयों के लज्जित होने का वर्णन है:

"**दिल अपनी ज़िल्लतो-बदनामी से बैठे और शर्म से झुके हुए थे। जिस तरह नदी की लहर जोश में मतवाली-गरजती हुई किनारे से टकराकर फिर नीचे की तरफ़ आती है, उसी तरह दोनों भाइयों का जोश एक बार ज़ोर से भभक कर ठण्डा हो गया था। मालूम होता था कि गोया, सारी दुनिया हमारे ऊपर हँस रही है। आफ़ताब की ज़र्रीं किरने सामने के दरख़्तों से गले मिल रही थी। उन पर चिड़िया बैठी हुई, वही करती थीं जो आसूदगी महलों में करती है। क्या वह भी देखकर हँसती थी? दोनों भाई उसी तरह सर झुकाये उस दरख़्त के नीचे से गुज़रे।**"

इसका संक्षिप्त अनुवाद हिन्दी में निम्नलिखित रूप में किया गया:

"**हृदय अपमान से संकुचित और सर लज्जा के बोझ से झुके हुए थे। मालूम होता था कि सारी पृथ्वी हम पर हंस रही है।**"

7. उर्दू में जगत्‌जननी सीता जी को स्वप्न में देखने का विस्तारपूर्वक उल्लेख है:

"**सीता ने उसकी तरफ़ प्यार से देखकर कहा—नादान, सागर का किनारा और घने दरख़्तों की छाँव, धीमी हवा के झोंके और सागर की मद्धिम लहरें, क्या तू इन्हें ख़ुशी का सामान समझती है। इन्होंने मुझे बहुत रुलाया है, तुझे भी बहुत रुलायेंगी।**

दूजी ने मायूसाना अंदाज़ से पूछा—तो मैं कहाँ जाऊँ?

सीता बोलीं—तू वहाँ जा, जहाँ दुःख है, जहाँ तकलीफ़ है। सूरज की रौशनी कमल के लिए है, जिसका खुलना आँखों को लुभाता है। तेरे लिए अंधेरी डरावनी रात है। तू वहाँ जा, जहाँ ढारस की आवाज़ और मुहब्बत की

ख़ातिरदारियाँ और ख़ुशी का ख़याल में के एक भी न हो। हवा से पानी में तरंगे उठने लगती हैं। चंचल मन का भी यही हाल है।

सुबह उठते ही दूजी ने कैलाशी से कहा—अम्मा, मैं वहाँ जाऊँगी, जहाँ दु:ख है और तक्लीफ़ है, जहाँ मुझे किसी आदमी की आवाज़ भी सुनायी न दे, जहाँ जंगल के डरावने जानवर और पहाड़ों की अंधेरी गुफाएँ हों। ख़ुशी और मुहब्बत मेरी तक़दीर में नहीं है। मुझे उनसे दूर भागना चाहिए।

कैलाशी ने तअज्जुब से उसकी तरफ़ देखा और बोली—क्यों बेटी, तुम ऐसा क्यों सोचती हो?

दूजी की आँखों में आँसू भर आये, उसने जवाब दिया—सीता महारानी का यही हुक्म है। आज मुझे उनके दर्शन हुए। उन्होंने मुझसे कहा, तू वहाँ जा, जहां दु:ख और तकलीफ़ हो, क्योंकि मुहब्बत की ख़ातिरदारियाँ मन को चंचल कर देती है?

कैलाशी सहम गयी। दूजी को समझाकर बोली—बेटी तूने सपना देखा है, सपनों की बातों का कौन ठिकाना। मुसीबत का ज़माना बरसात की रात है, ऊपर काली घनघोर घटा, नीचे उमड़ी हुई नदी! नदी को देखो, तो वार-पार नहीं—घटा को देखो, तो ऐसा मालूम होता है, अंदर के समुंदर को ऊपर लटका दिया है। मगर दो ही चार दिन में सूरज की चमक आती है और सर पर चढ़ने वाली पैरों को चूमती है। इस तरह दिल मत छोटा करो। यह दिन कट जायेंगे। मैं इन हाथों में सुहानी चूड़ियाँ पहनाऊँगी। मैं इस माँग को मोतियों से भरूँगी। तुम्हारा व्याह रचाऊँगी और ऐसा वर ढूँढूँगी, जिसकी चेरी बनने के लिए बड़े बड़े रईसों की बेटियाँ तरसती हैं। वह तुम्हें आँखों की पुतली बना कर रखेगा, अपने भाग सराहेगा।''

उपर्युक्त उद्धरण को हिन्दी में अनुवाद करते समय अत्यंत संक्षिप्त कर दिया गया है, जिससे कहानी का प्रभाव एवं क्रियाशीलता दोनों खंडित हो गयी है। स्वप्न में सीताजी द्वारा इस प्रकार की चेतावनी दी गयी है कि घटना क्रम परिवर्तित हो गया है। हिन्दी रूप इस प्रकार :

''सीता ने उसको तिरस्कार से देखकर कहा—तू कलंकिनी है, मैं तुझे स्पर्श नहीं कर सकती, तपस्या की आंच में अपने को पवित्र कर।

दूजी की आँखे खुल गयीं। उसने निश्चय किया—मैं इस कलंक को मिटाऊँगी।''

(8) दूजी के विदा होने का उर्दू में इस प्रकार वर्णन है :

''वह भूखी-प्यासी एक आलमे-वहशत में चली जाती, मालूम नहीं कहाँ? शायद उस जगह जहाँ हमदर्दी की आवाज़ और ख़ुशी का ख़याल भी न हो।''

इसका अनुवाद हिन्दी में करते समय अंतिम वाक्य उड़ा दिये गये तथा मात्र '**वह भूखी प्यासी उन्माद की दशा में चली जाती थी।**' रह गया।

(9) मैदान में चट्टान पर बैठे हुए अवचेतन की स्थिति में दूजी की आँखें बंद हो गयीं, तो उसने सीता जी को पुनः स्वप्न में देखा। हिन्दी रूपान्तर में इस स्वप्न का कोई उल्लेख नहीं है। उर्दू में इस स्वप्न का वर्णन विस्तार से है:

''उसने देखा कि सीता सामने खड़ी उसकी तरफ़ मादराना शफ़क़त से ताक रही है। उसने क़दमों को चूमा और बोली-माता, मेरे लिए क्या हुक्म है?

सीता ने तशफ़्फ़ी-आमेज़ लहजे में जवाब दिया—बेटी, तुम इस नदी के किनारे इन्हीं पहाड़ों के बीच में अपनी मुसीबत के दिन काटो। बेशक यहाँ दुःख और तकलीफ़ है। यहाँ तुम्हें किसी की हमदर्दी की आवाज़ न सुनायी देगी। यहाँ तुम्हें ख़ुशी के सामान न मिलेंगे, मगर क्या तुमने नहीं देखा कि हमदर्दियाँ गरज्ज से ख़ाली नहीं होतीं और ख़ुशी के सामान दिल को डांवाडोल कर देते हैं। आज तुम इसी नदी और इन्हीं पहाड़ों को अपना हमदर्द और इन्हीं कुदरत के करिश्मों को अपनी ख़ुशी के सामान समझो। दूजी की आँख खुल गयी, उसने देखा कि नदी का पानी कैसा शफ़फ़ाफ़ है; क्या हमदर्दी के दिल भी ऐसे साफ़ होते हैं।''

(10) कहानी का अंतिम वाक्य भी हिन्दी अनुवाद में नहीं:

''मगर इस सच्चे जज़्बात वाली औरत की तस्वीर कभी आँखों के नहीं मिट सकती।''

इसी प्रकार उर्दू-शब्दों के हिन्दी पर्यायों का चयन करने में भी अनुवादक अथवा अनुवादकों की सादगी के अनगिनत उदाहरण मिलते हैं। उदाहरणार्थ, '**शख़्स**' और '**कसो-नाकस**' के बजाय '**पुरुष**', '**शीरो-शकर**' का अनुवाद '**दूध**', '**हिमायतो-ग़मगुसार**' के स्थान पर '**सहायता**', '**इंतेक़ाम**' को '**क्रोध**', '**मंज़िले-मक़सूद**' के माने '**अनिष्ट साधन के मार्ग**' आदि लिखे गये हैं।

'**बादह-परस्तों की रात हुई बला-कशाने-मुहब्बत जागे**' का अनुवाद: '**विलासियों की रात हुई, संयोगी जागे**' और ''**जहाज़ से उतरते ही रस्मे-वफ़ा और आदाबे-मुहब्बत का सैलाब-सा उमड़ा**' के स्थान पर हिन्दी में: '**जहाज़ के उतरते ही प्रेम की बाढ़-सी**' लिख देने पर संतोष कर लिया गया है।

कुछेक स्थानों पर शुद्ध हिन्दी शब्दों का भी तत्सम अनुवाद कर दिया गया है—'**जेवनार**' के बजाय '**भोजन**' और '**सावन**' को '**श्रावण**' लिखा गया है।

प्रस्तुत अध्ययन में समस्त कहानियों का तुलनात्मक अध्ययन प्रस्तुत करना न तो उचित है और न सम्भव ही। उपर्युक्त दो कहानियों के आधार पर आसानी से निष्कर्ष निकाला जा सकता है।

इस काल में प्रेमचन्द के अनेक उपन्यास प्रकाशित हुए, जिनका विश्लेषण प्रस्तुत किया जाता है:

असरारे-मआबिद : देवस्थान-रहस्य

'असरारे-मआबिद' ही प्रेमचन्द की पहली प्राप्त कथात्मक रचना है। इसके लेखक के रूप 'मुंशी धनपत राय साहब उर्फ़ नवाब राय इलाहाबादी' का नाम प्रक़ाशित हुआ। उस समय तक प्रेमचन्द नाम नहीं आया था। धनपत राय अथवा नवाब राय के नाम से रचना करते थे। अपने नाम के साथ 'इलाहाबादी' जोड़ना विचित्र-सा ही है, विशेषकर ऐसी रचना में जो उनकी जन्मभूमि बनारस से प्रकाशित हो रही हो। लगता है कि उन दिनों प्रेमचन्द का प्रवास इलाहाबाद में था। यहीं पर उन्होंने 'असरारे-मआबिद' लिखा और प्रकाशनार्थ बनारस के उर्दू-साप्ताहिक 'आवाज़ा-ए-ख़ल्क' को भेजा, जिसमें उसे 8 अक्टूबर, 1903 ई० से 1 फ़रवरी, 1905 ई० तक धारावाहिक रूप में प्रकाशित किया गया। अमृतराय को बीच का 1 सितम्बर 1904 ई० का अंक प्राप्त न हो सका, अत: प्रस्तुत रूप हिन्दी में अपूर्ण ही प्रकाशित है।

'असरारे-मआबिद' पुस्तक-रूप में पहली बार 'कल्लिमाते-प्रेमचद' भाग-1 में मदन गोपाल द्वारा सम्पादित 2000 ई० में उर्दू में प्रकाशित हो गया है। उर्दू में इसके पहले भी 'असरारे-मआबिद' की चर्चा तो कुछेक आलोचकों ने की है किन्तु उन्होंने इस विषय में खोजपूर्ण दृष्टि नहीं अपनायी। बस इतना कहा जाता रहा है कि कथित 'असरारे-मुहब्बत' या 'इसरारे-मुहब्बत' नाम की प्रेमचन्द की पहली रचना 'आवाज़ा-ए-ख़ल्क़' में छपी। इस उपन्यास को ढूँढ निकालने का श्रेय अमृतराय को है, जिसे उन्होंने 'मंगलाचरण' संग्रह में सम्मिलित किया है। इस उपन्यास के मिलने की कहानी अमृतराय की ज़बान से सुनिए: "**असरारे-मआबिद (देवस्थान-रहस्य) का हवाला मुझको-दो-एक उर्दू आलोचना-ग्रंथों में देखने को मिला, लेकिन बस इतना ही कि 'इसरारे-मुहब्बत' (!) नाम का एक क़िस्सा मुंशी जी का बनारस से निकलने वाले उर्दू साप्ताहिक 'आवाज़-ए-ख़ल्क' में सिलसिलेवार निकला। इतना ही सूत्र काफ़ी था और इसे बहुत बड़ा शुभ संयोग मानना चाहिए था कि उस पर्चे की फ़ाइल मिल गयी। यह एक निहायत गुमनाम-सा पर्चा था, जिसकी फ़ाइल ख़ुद उनके दफ़्तर में ही मिल सकती थी, अगर मिलती। दूसरी किसी जगह उसके मिलने की क़तई उम्मीद नहीं थी। नसीब अच्छा था, जो यह फ़ाइल अब तक वहाँ सुरक्षित रहती आयी— बीच का एक अंक गुम हो गया है, जिसका संकेत यथास्थान दे दिया गया है?**"[1]

---

1. अमृतराय: मंगलाचरण, पृ० 9

'असरारे-मआबिद' का हिन्दी संस्करण पहली बार प्रेमचन्द स्मृति-दिवस के अवसर पर 1962 ई० में प्रकाशित हुआ। इस उपन्यास का हिन्दी-अनुवाद इसके पूर्व नहीं हो सका था। वह कार्य भी अमृतराय द्वारा ही संपन्न हुआ। अमृतराय इसके अनुवाद के विषय में लिखते हैं: **''इस क़िस्से को बिलकुल ज्यों का त्यों न छापकर मैंने हिन्दी रूपांतर करना ठीक समझा, क्योंकि भाषा जहाँ तहाँ हिन्दी पाठक के लिए बहुत किलिष्ट हो गयी है। लेकिन इतना और भी कह देना ज़रूरी है कि यह रूपान्तर बहुत हल्का रूपान्तर है। कम से कम शब्दों और वाक्यांशों को बदला गया है और वह भी इस तरह कि न केवल अर्थ की या भाव की रक्षा हो, बल्कि मुंशी जी की शैली की भी पूरी-पूरी रक्षा हो।''**[1]

'असरारे-मआबिद' का कथानक ढीला-ढाला है। कथानक एक बिंदु के चारों ओर निर्जीव ढंग से घूमता रहता है। यदाकदा घटनाओं से कहानी आगे बढ़ती है। वैसे ही जैसे उस समय के उर्दू दास्तानों का दस्तूर था। विशेषकर पण्डित रतननाथ 'सरशार' के 'फ़साना-ए-आज़ाद' की शैली में। प्रेमचन्द पर उन दिनों 'सरशार' का विशेष प्रभाव था।

'असरारे-मआबिद' का कथानक भी उन्होंनें 'सरशार' के ढंग पर बुना है। उसी तरह नाच-गाने की महफ़िलें सजायी है और उसी प्रकार व्यंग्यवाण भी छोड़े हैं। अंतर है तो केवल यह कि 'सरशार' के व्यंग्यों के पीछे सामाजिक दायित्व बोध नहीं है। प्रेमचन्द की इस पहली रचना में ही उनकी पैनी सामाजिक दृष्टि स्पष्ट देखी जा सकती है। प्रेमचन्द ने कर्मकाण्डी पुरोहितों-पण्डों के रहस्यों का उद्घाटन 'असरारे-मआबिद' में किया है। विचित्र बात है कि प्रेमचन्द अपने पहले उपन्यास में ही ब्राह्मण-विरोधी दृष्टिकोण के साथ सामने आते हैं। उनका यह दृष्टिकोण अंत तक बना रहा। कहानियों में पंडित मोटेराम शास्त्री की कल्पना का आधार भी यही है। इसका क्रम 'गोदान' के मातादीन तक चलता है, जिसके कुकर्मों के फलस्वरूप प्रेमचन्द उसके मुंह में हड्डी का टुकड़ा तक डलवा देते हैं।

प्रेमचन्द के दृष्टिकोण के अध्ययन में योरोपीय-कलीसायी व्यवस्था और पापावाद के प्रतीक में यहाँ के ब्राह्मणवाद को देखा जा सकता है। धर्म के नाम पर शोषण यूरोप की तरह भारत में भी होता रहा है। प्रेमचन्द के समाजबोध ने इसके विरुद्ध विद्रोह कर आकृष्ट किया। पंडित मोटेराम शास्त्री से लेकर 'गोदान' के मातादीन तक उनका तीव्र विरोध देखा जा सकता है। मातादीन के मुँह में हड्डी का टुकड़ा डालकर मानों उन्होंने ब्राह्मणवाद को अपमानित एवं खंडित करके उसे मृत घोषित कर दिया है। उनके इस दृष्टिकोण को ध्यान में

---

1. अमृतराय: मंगलाचरण, पृ० 91

रखकर 'असरारे-मआबिद' और 'फ़साना-ए-आज़ाद' की व्यंगात्मक शैलियों को स्पष्ट समझा जा सकता है। 'असरारे-मआबिद' की भाषा-शैली भी 'सरशार' की भाषाशैली का प्रतिरूप मात्र दीखती है, जिसमें भारी भरकम फ़ारसी-अरबी शब्द-विन्यास, मुहावरे इत्यादि हैं, जिन्हें पढ़ने के बाद कौन कल्पना कर सकता है कि यही प्रेमचन्द कभी 'गोदान' की तरह की भाषा लिख सकेंगे। उदाहरण के लिए एक उद्धरण प्रस्तुत है:

''अलग़रज़ शिव जी की रसाई-ए-ज़कावत की ख़ूब ही तारीफ़ हुई। भंग की मंजूरी हो जाने से लोगों ने ख़ूब जश्न मनाया, तमाम देवताओं ने इज़हारे-मसर्रत किया, मलायक ने गुलफ़िशानी की, फूलों की बरखा हुई, गंधर्व-अप्सरा आये और यह लावनी अलापना शुरु किया.......अलग़रज़ इस लावनी के बाद तमाम देवता मुआबिद-फ़र्मा हुए और जलसा बरख़ास्त हुआ।''[1]

'असरारे-मआबिद' की भाषा शैली पर विचार करने के लिए उचित होगा कि प्रस्तुत हिन्दी-रूपांतर के कुछेक उद्धरण सामने रखे जायें। नीचे उपन्यास की प्रारम्भिक पंक्तियाँ उद्धृत हैं:

''रात का वक़्त! अभी इस काली बला की पहली मंज़िल है। दूर से मीठे सुरों की आवाज़ सुनायी पड़ती है। मालूम होता है कि कोई कोकिल-कण्ठी, गौरवर्णी, सुंदरी प्रेमिका ख़ूब दिल तोड़-तोड़कर गा रही है, दर्शकों को भाव बता-बताकर लुभा रही है। तारीफ़ों की बौछार हो रही है। सदक़ों की भरमार हो रही है। वाह-वाह की सदा बुलंद है। हर शख़्त का दिल ख़ुरसंद है। महफ़िल के लोग संगीत की शराब से मख़मूर हैं। जलसे के श्रीमंत अंगूरी शराब से चूर हैं। महफ़िल का चिराग़ दिल की तड़प के मारे बेक़रार है, परवाना उस पर जान से निसार है। तमाम नेचर मदहोश है। दीवान भी हमातन-गोश है।''[2]

तीसरे अध्याय की प्रारम्भिक पंक्तियाँ इस प्रकार हैं :

''रामकली जब सैर-सपाटे करती मकान पर पहुँची, तो वहाँ एक नया-नया तमाशा देखा। उसका शौहर डोली-कहार लेकर उसे रुख़सत करा ले जाने को आया हुआ था। यह देखकर रामकली का तो कलेजा सुन्न-सा हो गया। लगी दिल में सोचने कि यह निखट्टू, तूफ़ाने-बेतमीज़ी की तरह बीच में कहाँ से कूद पड़ा। उसका तो कुछ सान-गुमान भी न था। आख़िर कुछ पहले से लिखा पढ़ी तो की होती। बुरा हुआ। कुछ दिन और भी चैन से कटते, फिर देखा जाता।''[3]

प्रस्तुत उपन्यास की अंतिम पंक्तियाँ इस प्रकार हैं :

---

1. प्रेमचन्द:असरारे-मआबिद पृ० 40
2. प्रेमचन्द: वही पृ० 3
3. प्रेमचन्द: वही पृष्ठ 54

"जुमेराती भाई, यह तो बड़ा बेढ़ब हुआ। हम लोगों ने तो अपनी-अपनी फ़िक्र कर ली, मगर उस बेचारी के वास्ते कुछ भी न छोड़ा। अब यह डेढ़ आने पैसे बच रहे हैं, थोड़ा-सा सत्तू और गुड़ ले लो, इस वक़्त गुज़र-बसर हो जायेगी, सुब्ह को अल्लाह मालिक है, कहीं ठिकाना लग ही रहेगा।"[1] .

उपर्युक्त तीनों उद्धरणों में जो बात विशेषकर खटकती है वह यह है कि उर्दू तथा हिन्दी के तत्सम-शब्दों का असंगत प्रयोग किया गया है।

अनुवाद करने में अनेक स्थलों पर उर्दू शब्द एवं संस्कार को हिन्दी रूप देने की कठिनाई को हिन्दी में रूपांतरित करते समय सम्भाला नहीं जा सका है, जिससे हिन्दी-मूल में कृत्रिमता आ गयी है। उपर्युक्त उद्धरणों से निम्नलिखित उदाहरण प्रस्तुत किये जा सकते हैं:

"महफ़िल का चिराग़ दिल की तड़प के मारे बेक़रार है।"

" रामकली का कलेजा सुन्न-सा हो गया।"

"तूफ़ाने-बेतमीज़ी की तरह।"

सामूहिक रूप में इतना कहा जा सकता है कि 'देवस्थान-रहस्य' अमृतराय द्वारा किया गया 'असरारे-मआबिद' का हिन्दी अनुवाद मात्र है, जिसे प्रेमचन्द के मौलिक उपन्यासों में स्थान न देकर अनूदित उपन्यासों में रखना चाहिए।

हमख़ुर्मा-ओ-हमसवाबः प्रेमा

गत पृष्ठों में प्रेमचन्द की प्रारम्भिक रचनाओं के प्रकाशन एवं लेखन-काल के निर्धारण में 'हमख़ुर्मा-ओ-हमसवाब' तथा 'प्रेमा' की चर्चा हो चुकी है। जैसा कि गत अध्याय में स्पष्ट किया जा चुका है कि डॉ० रामरतन भटनागर ने इसे 1902 ई० की रचना बताया है[2] जो सही नहीं है। इस संदर्भ में सर्वाधिक भ्रामक कथन स्वयं प्रेमचन्द का है, जिन्होंने 'हमख़ुर्मा-ओ-हमसवाब' को अपनी 'इब्तदाई तस्नीफ़' बताया है और 1900 ई० की रचना घोषित किया है। परन्तु यह सत्य है कि यह प्रेमचन्द का दूसरा उपन्यास है। मुंशी दयानरायन निगम के नाम 30 जनवरी, 1905 ई० को लिखते हैं: **"मैं बड़े इश्तेयाक़ से मुनतज़िर हूँ कि आपने मेरा नॉवेल पढ़ा या नहीं?"**[3] और फ़िर 20 दिन बाद ही इलाहाबाद से पुनः अंग्रेज़ी में पत्र लिखा, जिसका अनुवाद प्रस्तुत है: **"दो महीना से ज़्यादा हुआ कि मुझे अपने उपन्यास की पाण्डुलिपि आपके पास अवलोकनार्थ भेजने का सौभाग्य हुआ था, इस आशा में कि आप मेरे लिए एक प्रकाशक**

1. प्रेमचन्दः असरारे-मआबिद पृ० 99
2. रामरतन भटनागरः प्रेमचन्द, पृ० 14
3. प्रेमचन्दःचिट्ठी-पत्री, भाग 1 पृ० 1

जुटाने की कृपा करेंगे; मुझे अच्छी तरह याद है कि वह दिसम्बर की 8 तारीख़ थी, जब मैंने आपको किताब भेजी थी।''[1]

यही समय है, जब 'असरारे-मआबिद' उर्दू साप्ताहिक 'आवाज़ा-ए-ख़ल्क़' में धारावाहिक प्रकाशित हो रहा था। इसलिए कोई भ्रम नहीं रह जाता कि उपर्युक्त पत्र में 'हमख़ुर्मा-ओ-हमसवाब' की ही चर्चा की गयी है।

'हमख़ुर्मा-ओ-हमसवाब' का हिन्दी रूपान्तर 'प्रेमा' के नाम से 1907 ई० में इंडियन प्रेस इलाहाबाद से प्रकाशित हुआ। इससे डॉ० मस्ऊद हुसैन ख़ाँ को भ्रम हुआ कि शायद प्रेमचन्द प्रारम्भ से ही हिन्दी तथा उर्दू लिखना जानते थे तथा दोनों में ही रचना करते थे।[2] इस समस्या पर गत पृष्ठों में विस्तारपूर्वक विचार किया गया है। यहाँ उसकी पुनरावृत्ति असंगत है। 'प्रेमा' के हिन्दी में लिखे जाने के संदर्भ में अमृतराय का वक्तव्य सही है: **''जिस आदमी को 1914 ई० में एक मुख़्तसर-सा क़िस्सा लिखने भर की हिन्दी नहीं आती, उसने 1907 ई० में पूरा एक नॉवेल हिन्दी में कैसे लिखा? अंदाज़ा यही होता है कि मुंशी जी ने अपने उर्दू क़िस्से 'हमख़ुर्मा-ओ-हमसवाब' का हिन्दी अनुवाद अपने किसी दोस्त से करवा लिया होगा और शायद ख़ुद भी एक नज़र डाल ली हो।''**[3]

यह बात विचित्र ही है कि जब प्रेमचन्द 1914 ई० तक हिन्दी जानते ही नहीं थे और यदि जानते भी थे, तो केवल इतनी कि एक छोटी-सी कहानी भी नहीं लिख सकते थे, तो उन्होंने अपने उपन्यास 'प्रेमा' पर संशोधन-दृष्टि कैसी डाली होगी? हमारे विचार में इसे प्रेमचन्द के उर्दू से अनूदित उपन्यासों की श्रृंखला में ही रखना उचित होगा। ऐसे अनूदित उपन्यास, जिनसे लेखक का रचनात्मक सम्बन्ध केवल इतना ही है कि उसकी मूल रचना लेखक द्वारा की गयी है।

'हमख़ुर्मा-ओ-हम सवाब' का शिल्प 'असरारे-मआबिद' के शिल्प से अधिक भिन्न नहीं है। फ़िर भी पहले उपन्यास से अधिक चुस्त है। घटनाक्रम पहले उपन्यास के ही क्रम में है। सामाजिक दृष्टि पहले उपन्यास के समान है। इसमें विधवा-विवाह की समस्या उठायी गयी है। इसमें एक विधवा-बहू रामकली है, जो 'असरारे-मआबिद' से आयी है।

'हमख़ुर्मा-ओ-हमसवाब' की शैली पर पंडित रतननाथ 'सरशार' का प्रभाव 'असरारे-मआबिद' की तरह ही है। फ़ारसी-अरबी शब्द-विन्यासों तथा

---

1. प्रेमचन्द : चिट्ठी-पत्री, भाग-1, पृ० 1
2. मस्ऊद हुसैन ख़ाँ : गऊदान—तहनीफ़ या तर्जुमा: 'फ़िक्रो-नज़र', खण्ड 11 अंक 2, 1971 ई०
3. अमृतराय: संगलाचरण, भूमिका पृ० 8

अलंकारों से ओतप्रोत भाषा है। इस उपन्यास में रचना-क्रम अधिक कलात्मक रूप धारण करता है। 'सरशार' की तरह पैनी व्यंग्य दृष्टि प्रेमचन्द की भी है।

इस उपन्यास को गत उपन्यास से इसलिए भी वरीयता प्राप्त है कि इसमें प्रेमचन्द के देशप्रेम में निखार पैदा हुआ है। लेकिन वह भारतीय अतीतवादिता का विस्तार है। इस दौर के प्रेमचन्द में भावुक अतिवाद भी स्पष्ट दीखता है। इसी अतिवाद में पड़कर उन्होंने इलाहाबाद से चलते-चलते ख़ान बहादुर शम्सुल उलमा मौलाना ज़काउल्लाह साहब देलहवी की ख़बर ले डाली। मौलाना साहब इलाहाबाद के म्योर सेंट्रल कालेज में उर्दू (वर्नाक्योलर) तथा गणित के प्राध्यापक थे। उर्दू में लगभग 150 पुस्तकों के लेखक हैं। अंग्रेज़ी सरकार की खाते थे और उसी के गुणों का गान करते थे? मुंशी प्रेमचन्द उनकी किसी रचना को पढ़कर तड़प उठे थे। कांग्रेस की सभाओं के वाद-विवाद को छात्रों के स्तर का कहना तथा ख़ुद-बख़ुद आंदोलन के मुर्दा हो जाने की भविष्यवाणी उनके कलेजे में तीर की तरह चुभ गयी थी। प्रेमचन्द ने पहले तो 'ज़माना' के अप्रैल, 1905 ई० के अंक में ईंट का जबाब पत्थर से दिया। जन-जागरण और समाज-सेवा का भाव 'हमख़ुर्मा-ओ-हमसवाब' या 'प्रेमा' के नायक अमृतराय के रूप में विद्यमान है।

'हमख़ुर्मा-ओ-हमसवाब' और उसके अनुवाद 'प्रेमा' का अध्ययन करने के लिए उचित दीखता है कि कुछेक स्थल दोनों से ही प्रस्तुत किये जायें:

1. उर्दू मूल द्वारा प्रस्तुत कथानक में एक स्थान पर लाला जी के इंकार पर बल दिया गया है तथा हिन्दी में प्रेमा की माता के अमृतराय के हाथों बिके होने की चर्चा है। कथानक का परिणाम दोनों रूपों में एक समान ही रखा गया है। मात्र घटनाओं को क्रमबद्ध करने में अंतर आ गया है । उर्दू तथा हिन्दी उद्धरण प्रस्तुत है:

"लाला साहब ने तौअन-ओ-करहन इस बात को भी मंजूर कर लिया था। तैयारियाँ हो रही थी। दफ़अतन् आज लाला साहब को मोतबर ख़बर मिली, कि अमृतराय ईसाई हो गया है और किसी मेम से शादी किया चाहता है।"[1]

"अब दोनों तरफ़ तैयारियाँ हो रही थीं। प्रेमा की माँ अमृतराय के नाम पर बिकी हुई थी और लड़की के लिए अभी से गहने-पाते बनवाने लगी थी कि निदान आज महाभयानक ख़बर पहुँची कि अमृतराय ईसाई हो गया है और उसका किसी मेम से विवाह हो रहा है।"[2]

---

1. प्रेमचन्दः हमख़ुर्मा-ओ-हमसवाब, 113
2. प्रेमचन्दः प्रेमा, पृ० 231

उपर्युक्त रूप में ही अन्य स्थानों पर भी परिवर्तन किया गया है। उदाहरणार्थ उर्दू-मूल में पूर्णा की चर्चा है, तो हिन्दी में उसके साथ रामकली और लक्ष्मी को भी सम्मिलित कर लिया गया है:

''हम पहले कह चुके हैं कि तमाम तरद्‌दुदात से आज़ादी पाने के बाद एक माह तक पूर्ना ने बड़े चैन से बसर की। रात दिन चले जाते थे। किसी क़िस्म की फ़िक्र की परछाईं भी न दिखाई देती थी।[1]

''पूर्ना, रामकली व लक्ष्मी तीनों बड़े आनंद से हिलमिल कर रहने लगीं। उनका समय अब बातचीत, हँसी-दिल्लगी में कट जाता। चिंता की परिछाईं भी न दिखायी देती।''[2]

(2) अनुवादक ने मूल-रचना की भाषा के सुबोध एवं प्रभावशाली होने के बावजूद अनेक स्थानों पर भाषिक परिवर्तन कर दिये हैं, जिससे रचना की भाषा एवं भाव पर समान रूप में प्रभाव पड़ा है। एक उंदाहरण प्रस्तुत है:

''बाबू अमृतराय रात भर करवटें बदलते रहे। ज्यूं-ज्यूं वह अपने नये नये इरादों और नये हौसलों पर ग़ौर करते त्यूँ-त्यूँ उनका दिल और मज़बूत होता जाता। रौशन पहलुओं पर ग़ौर करने के बाद जब उन्होंने तारीक पहलुओं को सोचना शुरू किया, तो तबीयत ज़रा हिचकी। प्रेमा से तअल्लुक़ टूट जाने का अंदेशा हुआ, मगर जब उन्होनें सोचा कि मैं अपनी क़ौम के लिए अपने अरमानों का ख़ून नहीं कर सकता, तो ये अंदेशा भी रफ़ा हो गया। रात तो किसी तरह काटी, सुबह होते ही हाज़िरी का कपड़े पहन और बाइसिकिल पर सवार हो कर अपने दोस्तों की तरफ़ रुख़ किया।''[3]

''बाबू अमृतराय रात भर करवटें बदलते रहे। ज्यों-ज्यों उन्होंने अपने नये इरादों और नयी उमंगों पर विचार किया त्यों-त्यों उनका दिल और भी दृढ़ होता गया और भोर होते देशभक्ति का जोश उनके दिल में लहरें मारने लगा। पहले कुछ देर तक प्रेम से नाता टूट जाने की चिंता इस लहर पर बांध का काम करती रही। मगर अंत में लहरें ऐसी उठीं कि यह बांध भी टूट गया। सुबह होते ही मुंह-हाथ धो, कपड़े पहिन और बाइसिकिल पर सवार होकर, अपने दोस्तों की तरफ़ चले।''[4]

3. उर्दू-भाषा एवं संस्कार के अनुरूप हिन्दी-भाषा एवं संस्कार को ढालने के यत्न में आमफ़हम बामहाविरा ज़बान भी बदल जाती है:

---

1. प्रेमचन्दःहमख़ुर्मा-ओ-हमसवाब, पृ० 210
2. प्रेमचन्दः प्रेमा, पृ० 331
3. प्रेमचन्दः हमख़ुर्मा-ओ-हमसवाब, पृ० 122
4. प्रेमचन्दः प्रेमा, पृ० 240

''ख़त पढ़ते ही पूर्नां का चेहरा ज़र्द हो गया। उसको इस ख़त की मुख़्तसर इबारत नहीं मालूम क्यों खटकने लगी। फ़ौरन बिल्लो को बुलाया और प्रेमा के ख़त का जवाब देकर उधर रवाना किया और उसके वापस आने में आध घण्टा जो लगा वो पूर्नां ने निहायत बेचैनी से काटा। नौ बजते-बजते बिल्लो वापस आयी।''[1]

''ख़त पढ़ते ही पूर्णा का चित्त व्याकुल हो गया। चेहरे का रंग उड़ गया और अनेक प्रकार की शंकाएँ होने लगीं। या नारायण! अब क्या होने वाला है। लिखती है, देखो देर मत करना। नहीं तो अनर्थ हो जायेगा। क्या बात है।''[2]

एक अन्य स्थान पर भी स्पष्ट प्रतीत होता है कि उर्दू-शैली को हिन्दी रूप देने की चेष्टा की गयी है तथा अनुवाद में कुछेक अवसरों पर तत्सम उर्दू शब्दों के स्थान पर सुबोध एवं सुगम हिन्दी शब्द अधिक स्वाभाविक हो गये हैं:

''बाबू अमृतराय शहर के मुअज़्ज़िज़ रऊसा में समझे जाते थे। आबाई पेशा वकालत था। ख़ुद भी वकालत पास कर चुके थे और गो अभी वकालत ज़ोरों पर न थी मगर ख़ानदानी इक़्तेदार ऐसा जमा था कि शहर के बड़े-से-बड़े रऊसा भी उनके सामने सरे-नियाज़ ख़म करते थे।''[3]

''बाबू अमृतराय शहर के प्रतिष्ठित रईसों में समझे जाते थे। वकालत का पेशा कई पुश्तों से चला आता था। ख़ुद भी वकालत पास कर चुके थे और यद्यपि अभी तक चमकी न थी, मगर बाप-दादे के नाम ऐसा कमाया था कि शहर के बड़े-बड़े रईस भी उनका दाब मानते थे।''[4]

4. अनुवादक ने इस उर्दू-उपन्यास का हिन्दी-रूपांतर करते हुए एक स्थान पर उर्दू-भाषा का संदर्भ छोड़ दिया है। एक अन्य स्थान पर अंग्रेज़ी आशुलिपि तथा उर्दू-लिपिक की चर्चा आ गयी है। अनुवादक ने उर्दू को हटाकर अनुवाद कर दिया है। उर्दू शब्दों को त्यागने के यत्न में अंग्रेज़ी शब्द भी स्वीकार कर लेता है। उदाहरण प्रस्तुत है:

''जनाबे-मन, मुझको सख़्त अफ़सोस है कि मैंने सारी तक़रीर क्यों न नक़ल कर ली। उर्दू-जबान पर ऐसे ही वक़्त ग़ुस्सा आता है। काश अंग्रेज़ी तक़रीर होती, तो सुबह होते ही तमाम रोज़ाना अख़बारों में शाया हो जाती। नहीं तो शायद कहीं ख़ुलासा रिपोर्ट, छपे, तो छपे।''[5]

---

1. प्रेमचन्द: हमख़ुर्मा-ओ-हमसवाब, पृ० 212
2. प्रेमचन्द: प्रेमा, पृ० 339
3. प्रेमचन्द: हम-ख़ुर्मा-ओ-हमसवाब, पृ०109
4. प्रेमचन्द: प्रेमा, पृ० 220
5. प्रेमचन्द: हमख़ुर्मा-ओ-हमसवाब, पृ० 105

''मुझको रह-रहकर अपने ऊपर क्रोध आता है कि मैंने सारी स्पीच क्यों न नक़ल कर ली। अगर कहीं अंग्रेज़ी स्पीच होती, तो सबेरा होते ही सारे समाचार पत्रों में छप जाती। नहीं तो शायद कहीं ख़ुलासा रिपोर्ट छपे तो छपे।''[1]

प्रस्तुत उपन्यास के उर्दू-मूल तथा हिन्दी रूपांतर में अनेक स्थानों पर असाधारण अंतर है। उर्दू-मूल संक्षिप्त है परन्तु हिन्दी में अनुवादक ने अपने तौर पर परिवर्तन कर दिया है। कुछेक उदाहरण निम्नलिखित हैं:

1. हिन्दी रूपान्तर का नवाँ अध्याय उर्दू के अनुपात में असाधारण रूप में विस्तृत है।

2. उर्दू में अमृतराय का संक्षिप्त पत्र है, जिसके अंत में लिखा है '**तुम्हारा शैदाई अमृतराय**' हिन्दी में 'यह **शैदाई**' '**तुम्हारी सेवा का अभिलाषी**' हो गया और पत्र में विस्तार आ गया है।

3. हिन्दी तथा उर्दू रूपों के कथानक में अंतर नहीं है, परन्तु सम्वाद अथवा कथोपकथन में बहुत परिवर्तन आ गया है।

4. हिन्दी-अनुवाद में कथोपकथन के बीच-बीच में कविता की पंक्तियाँ रखी गयी हैं जो उर्दू में नहीं है।

5. 'हमख़ुर्मा-ओ-हमसवाब, के अध्याय आठ तथा बारह में शीर्षक उर्दू अशआर से लिखे गये हैं, जिन्हें हिन्दी अनुवाद में छोड़ दिया गया है।

6. 'प्रेमा' के तेरहवें अध्याय में प्रेमा के पत्र के बाद से हिन्दी तथा उर्दू मूल में बहुत अंतर आ गया है। ऐसा लगता है कि अनुवाद में 'प्रेमा' के अंतिम अध्याय का अनुवाद करते-करते अपना विचार बदल दिया गया और अनुवाद का विचार छोड़कर स्वतः रचना कर दी है।

'प्रेमा' में उर्दू शब्दों के प्रयोग तथा वर्तनी पर विशेष ध्यान रखा गया है। इसमें उर्दू के तद्भव तथा तत्सम शब्द का प्रयोग अधिक हुआ है। अनुवादक ने तत्सम् शब्दों पर विशेष रूप में ध्यान रखा है। कुछेक स्थानों पर बिना बिंदी के परन्तु अधिकांशतः बिंदी के साथ विशिष्ट उर्दू-ध्वनियों की ओर संकेत है। 'प्रेमा' के अनुवाद पर उर्दू प्रभाव असाधारण रूप से दिखाई पड़ता है। व्याकरण, वर्तनी तथा प्रयोग के उर्दू प्रभाव के कुछेक उदाहरण निम्नलिखित हैं, जिनका हिन्दी अनुवाद खटकता है :

''प्रेमा घण्टों तक उस संदूक़ को देख-देखकर रोया की।''[2]

---

1. **प्रेमचन्दः प्रेमा, 223**
2. **प्रेमचन्दः प्रेमा (मंगलाचरण) पृ० 246**

"प्रेमा एक ही मास में गलकर काँटा हो गयी।"[1]

"हमको अंग्रेज़ मेम्बरों से कोई आशा नहीं रखना चाहिए।"[2]

"बिल्लो ने आकर सुखई से हुक्म लगाया।"[3]

"अगर कभी सास के कहने-सुनने से कुछ सजावट करती भी है, तो उस पर नहीं खुलता है।"[4]

उपरोक्त तथ्यों के आधार पर सिद्ध है कि हिन्दी रूप किसी अन्य व्यक्ति ने ही प्रस्तुत किया है। 'हमख़ुर्मा-ओ-हमसवाब' के लेखक ने न तो स्वयं अनुवाद किया है और न उस समय तक उनमें हिन्दी में अनुवाद कर सकने की क्षमता थी। अतः 'प्रेमा' को हिन्दी उपन्यास-साहित्य में एक अनूदित उपन्यास की स्थिति प्राप्त है। इसे हिन्दी उपन्यासों की शृंखला में नहीं रखनी चाहिए।

किशना

प्रेमचन्द के उपन्यास साहित्य में 'किशना' ही एक मात्र रचना है,जो अब तक अप्राप्य है, परन्तु जिसकी चर्चा निरंतर होती रहती है। 'किशना' सर्वथा अप्राप्य है। इसकी उर्दू प्रति भी नहीं मिलती, हिन्दी अनुवाद को तो प्रश्न ही नहीं उठता।

पं० जनार्दन प्रसाद झा 'द्विज' के विचार में प्रेमचन्द ने 'प्रेमा' से पूर्व एक लघु उपन्यास 'कृष्ण' लिखा था,[5] परन्तु उन्होंने इसके विषय में अन्य प्रमाण नहीं दिये हैं। मुंशी प्यारे लाल शाकिर ने 'किशना' को प्रेमचन्द का दूसरा उपन्यास माना है।[6]

डॉ० रामरतन भटनागर लिखते हैं: **"परवर्ती उपन्यासों में ग़बन से पहले 'कृष्णा' (1905 ई०) नाम से इंडियन प्रेस इलाहाबाद से उर्दू में प्रकाशित हुआ।"**[7] पंडित जनार्दन प्रसाद झा द्विज और डा० भटनागर से उपन्यास का नाम बतलाने में भूल हुई। उपन्यास का सही नाम 'कृष्णा' नहीं 'किशना' है। डॉ० भटनागर के कथन का दूसरा अंश भी सही नहीं है। उन्होंने अपनी सूचना का आधार भी प्रस्तुत नहीं किया है। शिवरानी देवी ने 'किशना' को प्रेमचन्द का

---

1. प्रेमचन्द : प्रेमा (मंगलाचरण) पृ० 246
2. प्रेमचन्दः प्रेमा (मंगलाचरण) पृ० 275
3. वही,पृ० 325
4. वही, पृ० 333
5. जनार्दन प्रसाद झा 'द्विज' : प्रेमचन्द की उपन्यास कला पृ० 14
6. प्यारेलाल शाकिरः ज़माना प्रेमचन्द विशेषांक
7. रामरतन भटनागरः कलाकार प्रेमचन्द पृ० 175

प्रारम्भिक उपन्यास बताया है।[1] प्रेमचन्द ने 29 जनवरी, 1921 ई० के पत्र में इम्तियाज़ अली 'ताज' के नाम 'किशना' की चर्चा करते हुए इसे प्रारम्भिक रचना मात्र बताया है। प्रेमचन्द ने इस उपन्यास के विषय में अन्य कोई सूचना नहीं दी है, जिससे 'किशना' के विषय में समुचित जानकारी नहीं मिलती।[2]

सत्य यह है कि प्रेमचन्द का तीसरा प्रकाशित उर्दू उपन्यास 'किशना' है, जो 1907 ई० में बनारस के मेडिकल हाल प्रेस में मुद्रित हुआ। 'किशना' का पहला विज्ञापन अगस्त 1907 ई० के 'ज़माना' में प्रकाशित हुआ। इससे निश्चित हो जाता है कि इसके पूर्व उपन्यास प्रकाशित हो चुका था। मंगलाचरण में प्रेमचन्द के प्रारम्भिक उपन्यासों को प्रकाशित करते समय अमृतराय ने लिखा है: **"अब बस एक उपन्यास बचता है—'किशना' जो बहुत तलाश करने पर भी अब तक कहीं नहीं मिला। बहरहाल, तलाश अब भी जारी है...उम्मीद है कि अगले दो वर्षों में वह भी कहीं न कहीं मिल ही जायेगी।"**[3] ,,

यह कहना अनुचित न होगा कि 'मंगलाचरण' आदि के प्रकाशन के बाद से अमृतराय की प्रेमचन्द सम्बन्धी साहित्य को खोजने की प्रक्रिया में ढिलाई आ गयी है। अन्य लोगों ने भी इस ओर ध्यान नहीं दिया और यदि प्रयत्न किया भी तो उनके प्रयत्नों का कोई परिणाम सामने नहीं आया।

'किशना' के विषय में समस्त जानकारी का आधार मुंशी नौबतराय 'नज़र' की 'किशना' पर की गयी समालोचना है, जो अक्टूबर, 1907 ई० के 'ज़माना' में प्रकाशित हुई, जिसमें मुंशी नौबतराय लिखते हैं: **"यह एक नॉवेल है और हमारे सोशल रिफ़ार्म से तअल्लुक़ रखता है।......उन्होंने औरतों में ज़ेवर के फ़ुज़ूल शौक़ की अच्छी चिथाड़ की है। गोया यह एक ऐसी औरत की लाइफ़ है, जिसे ज़ेवरों का शौक़ नहीं बल्कि सनक थी।.....शादी-ब्याह की कुछ रस्मों का ख़ाका उड़ाया गया है। ख़ासकर क़रारदाद और उसका सख़्ती से वसूल करना।..किताब में जो जबान इस्तेमाल की गयी है, वह मुंशी साहब से पुरफ़साहत तर्ज़े-तहरीर से बहुत कम मेल खाती है। ग़ालबन यह ज़बान इसलिए इस्तेमाल की गयी है कि जिन लोगों की इस्लाह मक़सूद है, उनके लिए दिलचस्प हो...यह एक ऐसा नॉवेल है जिसमें कोई हीरो या हिरोइन नहीं है और इसे नॉवेल कहना दुशवार है। दरअसल यह नॉवेल है भी नहीं, बल्कि औरतों की एक मज़मूम ज़हनियत का ख़ाका उड़ाया गया है, जिसे अंग्रेज़ी में कैरीकेचर कहते हैं।"**[4]

---

1. शिवरानी देवी: प्रेमचन्द घर में, पृ० 50
2. प्रेमचन्द: चिट्ठी-पत्री, भाग 2, पृ० 129
3. अमृतराय: मंगलाचरण, पृ० 10
4. नौबतराय 'नजर': 'ज़माना', अक्टूबर, 1907 ई०

प्रस्तुत स्थिति में 'किशना' के विषय में इससे अधिक लिखना सम्भव नहीं। 'किशना' प्रेमचन्द का प्रारम्भिक उर्दू उपन्यास है और बस।

रूठीरानी

प्रेमचन्द ने कानपुर-प्रवास के बीच 'किशना' के साथ ही साथ 'रूठीरानी' नामक लघु-उपन्यास 'ज़माना' में अप्रैल, 1907 ई० से अगस्त 1907 ई० तक धारावाहिक प्रकाशित हुआ। इस बीच प्रेमचन्द बंधकर 'ज़माना' के लिए लिख रहे थे, जिनमें कहानी, उपन्यास और लेख सभी सम्मिलित थे। इसी बीच प्रेमचन्द ने हकीम बरहम के उपन्यास 'किशनाकुंवर' पर प्रसिद्ध समालोचना लिखी, जिससे उपन्यास-कला के विषय में उनका दृष्टिकोण स्पष्ट होता है। प्रेमचन्द लिखते हैं: "**नॉवेल अंग्रेज़ी अदब के तनक़ीद-निगारों की राय में सदियों का एक मअमूआ होता है...नॉवेल का मैदान बहुत वसीअ हो गया है। कहीं तो उसमें ज़िंदगी के किसी अहम मस्अले पर बहस की जाती है, जिसकी मुहम्मद अली साहब ने बड़ी कामयाबी से कोशिश की है। कहीं उसमें इंसानी नफ़सियात का तजज़िया किया जाता है। दिल के जज़वात, उम्मीदों और नाकामयाबियों की नक़्लें उतारी जाती हैं। कहीं इख़लाक़ी बुराइयों को दूर करने की कोशिश की जाती हैं। नॉवेलगिनार कभी दोस्त का काम करता है और कभी नासेह का, कभी फ़लसफ़ी बनता है और कभी इल्मो-हिकमत का माहिर।**"[1]

'रूठीरानी' को प्रेमचन्द के मौलिक उपन्यास के रूप में ख्याति प्राप्त है। यद्यपि 'ज़माना' में इसके धारावाहिक प्रकाशन में 'उद्धृत' लिखा था, किन्तु बाद में पुस्तक रूप में लाने में 'उद्धृत' होने का संदर्भ हट गया। यह लघु-उपन्यांस मुंशीदेवी प्रसाद लिखित उपन्यास 'रूठी रानी' का रूपांतर है, जो 1906 ई० में भारतमित्र प्रेस, कलकत्ता से प्रकाशित हुआ।[2] इसका तत्कालीन संदर्भों में प्रमाण मिल जाता है, मुंशी प्यारे 'शाकिर' लिखते हैं: "**एक दिन फिरता-फिरता मैं मुंशी प्रेमचन्द के मकान की तरफ़ जा निकला। सोचा इधर आया हूँ तो उनसे मिल लेना चाहिए। डयोढ़ी में दाख़िल हुआ, तो उन्हें तख़्त पर अजब शान से देखा। पेट के बल औंधे पड़े हैं। दोनों टाँगे घुटनों से ऊपर उठी हुई हैं। सामने एक हिन्दी किताब खुली हुई है। क़लम तेज़ी से चल रहा है, और क़लम की रफ़्तार के साथ-साथ टांगें भी बराबर हिल रही है। फ़ौरन ख़याल हुआ है कि इस वक़्त किसी किताब की आलोचना लिखी जा रही है। अंदर पहुँचते ही मैने दरियाफ़्त किया, कहिए किस की तवाज़ो हो रही है? हँस कर जबाब दिया, तवाज़ो तो किसी की नहीं हो रही, आज ज़रा रूठीरानी को मना रहा हूँ। 'रूठी रानी' हिन्दी**

1. प्रेमचन्द: 'ज़माना', फ़रवरी, 1905 ई०
2. गोपाल राय: हिन्दी उपन्यास कोश, खण्ड1 पृष्ठ 141

की एक छोटी-सी किताब थी, जो उन्हीं दिनों प्रकाशित हुई थी, उसी को उर्दू में लिखा था। फ़िर वह क़िस्सा 'ज़माना' में क्रमशः प्रकाशित हुआ।''[1]

डॉ० गोवर्द्धन शर्मा ने मुंशी देवी प्रसाद लिखित 'रूठीरानी' तथा प्रेमचन्द के उपन्यास 'रूठीरानी' के हिन्दी-संस्करण का तुलनात्मक अध्ययन प्रस्तुत करके लिखा है: **''प्रेमचन्द ने कहीं उर्दू-पाठक को ध्यान में रखकर एक-दो शेर समाविष्ट कर दिये हैं। लिपि-अंतर के कारण गूंदोज—गोंडौज (पृ० 398) भारमाली-भारीली (पृ० 354) और भटियाणी-भट्टानी (पृ० 403) हो गये हैं, बाक़ी मूल रचना प्रेमचन्द की न होकर मुंशी देवी प्रसाद की है।''**[2]

उपन्यास का कथानक कहानी जैसा है, जिसमें एक राजपूत रानी अपने पति से रूठकर जीवन भर उससे विरक्त रहती है, परन्तु पति के साथ चिता में जलकर भस्म हो जाती है।

'रूठीरानी' का हिन्दी-रूपांतर प्रेमचन्द के जीवनकाल में प्रकाशित नहीं हुआ। प्रो० 'फ़िराक़' गोरखपुरी ने इन पंक्तियों के लेखक को बताया कि प्रेमचन्द इसे अंग्रेज़ी में अनूदित कराना चाहते थे और उन्होंने इसके लिए 'फ़िराक़' साहब से अनुरोध किया था, जिसे उन्होंने स्वीकार कर लिया था, किन्तु किसी कारण वश यह अनुवाद न हो सका और वादा वादा ही रहा। 'रूठीरानी' का हिन्दी-रूप पहली बार अमृतराय द्वारा सम्पादित एवं अनूदित होकर 'मंगलाचरण' में प्रकाशित हुआ। अमृतराय लिखते हैं: **''रूठीरानी' नाम का क़िस्सा भी, जो अप्रैल से लेकर अगस्त 1907 ई० तक 'ज़माना' में निकला था, हिन्दी के लिए बिलकुल नया है। लिहाज़ा वह भी पेश किया जा रहा है। बहुत कुछ ज्यों का त्यों है।''**[3]

इस 'ज्यों का त्यों' के प्रस्तुत करने में अनेक स्थलों पर उर्दू-शब्दों एवं संस्कारों को बदल दिया गया है तथा मुहावरों का हिन्दीकरण करने की चेष्टा की गयी है। उर्दू-मूल में यदा-कदा काव्य पंक्तियाँ भी हैं, जिनका सारांश भी दिया गया है। कुछेक स्थलों पर अनुवाद अधिक स्पष्ट हो गया है, उदाहरणार्थ:

''सन् 1586 ई० में फ़रमारवाए की गद्दी पर जलवा-अफ़रोज़ था।''[4]

---

1. प्यारे लाल 'शाकिर': मुंशी प्रेमचन्द की याद में, 'ज़माना' प्रेमचन्द विशेषांक 1937 ई०
2. गोवर्द्धन शर्मा: 'रूठी रानी' प्रेमचन्द की प्रारभिक रचना, आकार,, व 1. अं 4, 1980 पृ० 61
3. अमृतराय: मंगलाचरण, पृ० 10
4. प्रेमचन्द: रूठीरानी, पृ० 5

उर्दू में इज़ाफ़त के बाद इस्मे-सिफ़त न होना किताबत की ग़लती है। इसका अनुवाद हिन्दी में इस प्रकार किया गया :

'1586 ई० में राजगद्दी पर सुशोभित था।[1]

''और सिर्फ़ औसाफ़े-ज़ाहीरी पर उसे नाज़ न था।''[2]

''और सिर्फ़ बाहरी गुणों पर उसे गर्व न था।''[3]

''कितनी ही हूरवश माहपारा नाज़नीन सुहाग के गीत अलाप रही थीं।''

''कितनी ही चंद्रबदनी सुंदरियाँ सुहाग के गीत अलाप रही थीं।''[4]

''इस गाने-बजाने और ज़ुह्द-फ़रेब औरतों को लुभाने-रिझाने में राव जी का दिल छीन लिया।''[5]

''इस गाने-बजाने और तपस्वियों का व्रत छीन भंग करने वाली स्त्रियों के लुभाने रिझाने ने राव जी का दिल छीन लिया।[6]

इसी प्रकार **'हुस्नो-जमाल'** के स्थान पर **'सौंदर्य'**, **'नाज़नीन'**, के स्थान पर **'युवती'**, **'हुस्ने-जहाँसोज़'** के स्थान पर **'संसार-दाहक सौंदर्य**, **'अग़ोशे-नाज़'** के स्थान पर **'बाहें'** आदि का अनुवाद 'रूठीरानी' के प्रत्येक पाठक को खटकेगा।

'रंग में भंग' शीर्षक अध्ययन में गीतों के विभिन्न बोल भी उर्दू-हिन्दी में दिये गये हैं। उर्दू में इन बोलों का सारांश मूल में तथा मूल पंक्तियाँ पाद टिप्पणी में दिये गये हैं। हिन्दी में केवल मूल पंक्तियाँ ही दी गयी है। उन पर पाद-टिप्पणी नहीं है।

उर्दू में अनेक स्थलों पर पाठकों की सुविधा के लिए अपरिचित शब्दों, संस्कारों एवं रीति-रिवाजों पर पाद-टिप्पणियाँ दी गयी है। हिन्दी में कुछेक स्थानों पर अनुवादक ने पादटिप्पणियाँ रहने दी हैं परन्तु अधिकतर निकाल दी गयी हैं। कुछेक पादटिप्पणियाँ जो हिन्दी में नहीं है, परन्तु उर्दू में है, उनका विवरण प्रस्तुत किया जाता है :

'राजा मालदेव के विषय में सूचना का दिया जाना।'

'चांदी के नारियल भेजने की प्रथा का परिचय।'

'तोरण बांधने की रीति के विषय में बताना।'

---

1. प्रेमचन्द : रूठीरानी, पृ० 351
2. प्रेमचन्द: रूठीरानी, पृ० 6
3. प्रेमचन्द: रूठीरानी (मंगलाचरण) पृ० 359
4. प्रेमचन्द: रूठीरानी पृ० 25
5. प्रेमचन्द: रूठीरानी पृ० 25
6. प्रेमचन्द: रूठीरानी (मंगलाचरण) पृ० 351

'चवंरी का अर्थ।'

'त्याग-बलिदान की घटनाओं के विषय में उल्लेख।'

'ज्योतिष के परिभाषिक शब्दों 'चौथे चंद्रमा' और आठवें सूर्य की व्याख्या।'

'रानी संयोगिता व पृथ्वीराज के स्वयंवर की कथा को उल्लेख।'

'रूठीरानी' के बुर्ज की ख्याति का वर्णन।'

'बैरम जी राव का परिचय।'

'जीता और कोंपा का परिचय।'

'राजस्थान की मुख्य पैदावार का वर्णन।'

'शोक में जाजिम बिछाकर बैठने की रिवाज।'

उर्दू में 'रूठीरानी' धारावाहिक रूप से 1907 ई० में 'ज़माना' में प्रकाशित होने के पश्चात् पुस्तक रूप में ज़माना प्रेस कानपुर के 'सिलसिला अफ़साना-ए-दिलपज़ीर नं० 2, द्वारा प्रकाशित हुआ। इसके लेखक के रूप में नवाबराय मुद्रित है, जो प्रेमचन्द का पहले का लेखकीय नाम था। पुस्तक पर 'जुमला-हूक़ूफ़ महफ़ूज़ है' भी मुद्रित है। नहीं कहा जा सकता कि 'रूठीरानी' का सर्वाधिकार प्रेमचन्द ने मुंशी दयानरायन निगम को दे दिया या अपने नाम सुरक्षित रखा था। उर्दू में 'रूठीरानी' के अच्छे-बुरे अनेक संस्करण हुए और हो रहे हैं।

हमारे विचार में 'रूठीरानी' के विषय में कोई भी विवाद नहीं है कि यह उर्दू-उपन्यास नहीं है। हिन्दी में यह अनूदित उपन्यासों की शृंखला में रखा जाना चाहिए।

जलवा-ए-ईसार : वरदान

प्रस्तुत उपन्यास के रचनाकाल एवं प्रकाशन वर्ष के विषय में अनेकानेक मत प्रकट किये गये हैं। यदि एक ओर डॉ० रामरतन भटनागर ने इसे 'प्रेमा' के साथ की 1902 ई० की रचना बताया है।[1] तो दूसरी ओर हंसराज 'रहबर' के अनुसार: 'जलवा-ए-ईसार' 1905-6 ई० के बीच लिखा गया।[2]

पं० जर्नादन प्रसाद झा द्विज ने 'वरदान' को हिन्दी रचना सिद्ध करने की धुन में एक निराधार कहानी गढ़ी है, जो रोचक और मनोरंजक है: **''सेवासदन' के पहले ही उर्दू में उन्होंने एक बहुत बड़ा परिहास प्रधान उपन्यास लिखा था—जो कहीं छप न सका और अब जिसकी पाण्डुलिपि का भी पता नहीं है।**

1. रामरतन भटनागर: प्रेमचन्द, पृ० 14
2. हंसराज 'रहबर' : प्रेमचन्द जीवन, कला और कृतित्व, पृ० 166

उसी की कथावस्तु को लेकर इन्होंने इस उपन्यास की रचना की।''[1]

डॉ० इंदनाथ मदान ने 'जलब-ए-इसार' और 'वरदान' को अलग-अलग उपन्यास घोषित किया है।[2] और 'वरदान' का प्रकाशन वर्ष 1923 ई० बताया है।[3] तथा डॉ० प्रताप नारायण टण्डन ने रचनाकाल के विषय में कोई निर्णय नहीं दिया है। उन्होंने इसका प्रकाशन वर्ष 1920 ई० घोषित करके छुट्टी पा ली है।[4]

उपर्युक्त सूचनाएँ किस प्रकार से परस्पर विरोधी हैं। इस विषय में अधिक कहने की आवश्यकता नहीं। इन सूचनाओं के आधार के विषय में भी पता नहीं चलता। ऐसी भ्रामक स्थिति में प्रेमचन्द साहित्य का अध्ययनकर्ता भटकने के अतिरिक्त क्या कर सकता है।

मुंशी दयानरायन निगम के नाम 17 जुलाई, 1926 ई० के पत्र में 'जलवा-ए-ईसार' की चर्चा मात्र इतनी है: ''**सन् 12 ई० में, जलवा-ए-ईसार'..लिखा।**''[5] सच तो यह है कि 'जलवा-ए-ईसार' का लेखन प्रेमचन्द ने अपने कानपुर प्रवास के समय प्रारम्भ किया था। इसका प्रकाशन उर्दू में 1912 ई० इंडियन प्रेस, इलाहाबाद से उस समय हुआ जब प्रेमचन्द हमीरपुर में थे। हिन्दी रूपांतर लगभग 9 वर्ष बाद 1921 ई० में 'ग्रंथ भण्डार बम्बई' से प्रकाशित हुआ।

''जलवा-ए-ईसार' में प्रेमचन्द पर बंकिम का प्रभाव स्पष्ट है किन्तु इसके साथ ही साथ उसकी अपनी विशिष्टता भी है। इसी काल में प्रेमचन्द ने बंकिम के प्रभाव की चर्चा भी की है। 4 मार्च, 1914 ई० को मुंशी दयानरायन निगम को लिखते हैं: ''**मुझे अभी तक यह इत्मीनान नहीं हुआ कि कौन-सा तर्ज़े-तहरीर इख़्तियार करूँ, कभी तो बंकिम की नक़्ल करता हूँ, कभी 'आज़ाद' के पीछे चलता हूँ। आजकल काउण्ट टॉलस्टॉय के क़िस्से पढ़ चुका हूँ। तब से कुछ उसी रंग की तरफ़ तबीअत मायल है। यह अपनी कमज़ोरी है और क्या?**''[6] लेकिन सत्य यह है कि बंगला और रूसी प्रभाव मात्र कथानक के चयन के संदर्भ में कहा जा सकता है, परन्तु बात कहने की शैली प्रेमचन्द की अपनी है जो धीरे-धीरे अपना एक रूप धारण करती जा रही थी। उर्दू के सुप्रसिद्ध कथाकार पंडित रतननाथ 'सरशार' का प्रभाव प्रेमचन्द ने अवश्य ग्रहण किया था, जिसके कई

---

1. जनार्दन प्रसाद 'द्विज': प्रेमचन्द की उपन्यास कला, पृ० 11
2. इंद्रनाथ मदानः प्रेमचन्द एक विवेचन, पृ० 180
3. वही, पृ० 26
4. प्रताप नारायण टण्डनः हिन्दी उपन्यास उद्भव और विकास, पृ० 167
5. प्रेमचन्दः चिट्ठी-पत्री, भाग 1 पृ० 162
6. प्रेमचन्दः चिट्ठी-पत्री, भाग 1, पृ० 29

कारण थे। एक तो प्रेमचन्द की अपनी सुरुचि, जिसने 'सरशार' के 'फ़साना-ए-आज़ाद' को हिन्दी में 'आज़ाद कथा' के नाम से रूपांतरित करने के लिए विवश किया था। दूसरे प्रेमचन्द पर उस समय के आर्य समाज तथा हिन्दू राष्ट्रीयता का प्रभाव था, जिसमें मुसलमानों की ओर से मौलाना अब्दुल हलीम 'शरर' की श्रेष्ठ कथाकारिता तथा हिन्दुओं की ओर से 'सरशार' की वरीयता पर अन्य भावुकतापूर्वक बल दिया जाता था। प्रेमचन्द 'सरशार' की ओर थे। उन्होंने 1906 ई० में अपना लेख 'शरर और सरशार' 'लिखा। 'सरशार' के व्यंग्यों की भूरि-भूरि प्रशंसा की। प्रेमचन्द 'सरशार' को 'शरर' से बेहतर मानते, तो इसमें किसी पढ़े-लिखे व्यक्ति को आपत्ति नहीं हो सकती थी, परन्तु उनकी 'सरशार' भक्ति ने उन्हें 'सरशार' को सर्वोत्कृष्ठ व्यंग्यकार के रूप में स्थापित करने पर विवश कर दिया : ''**सरशार' तो डिकेंन से भी कहीं आगे हैं।**'' आज कहने की आवश्यकता नहीं कि उस काल के मुस्लिम-कठमुल्लापन ने चाहे जो भी वक्तव्य दिया हो परन्तु वर्तमान उर्दू-आलोचक 'सरशार' को तत्कालीन अवध सभ्यता भाषा, संस्कृति और परम्पराओं का प्रतीक मानता है। प्रेमचन्द ने 'जलवा-ए-ईसार' में अनेक स्थानों पर 'फ़साना-ए-आज़ाद' की तरह के समाज का चित्रण किया है। एक अवसर पर शाहज़ादे के बटेर की लड़ाई का दृश्य भी प्रस्तुत कर दिया है। 'फ़साना-ए-आज़ाद' के मशहूर बटेर की तरह यहाँ बटेर, बटेर नहीं है, बल्कि शेरे-नर है। प्रेमचन्द कमला द्वारा निम्नलिखित सम्वाद प्रस्तुत करते हैं:

''इस पट्ठे ने आज नाक रख ली। सारा नगर दंग रह गया। नवाब मुन्ने ख़ाँ बहुत दिनों से मेरी आँख पर चढ़े हुए थे। एक मास होता है, मैं उधर से निकला, तो आप कहने लगे—मियाँ, कोई पट्ठा तैयार हो तो लाओ, दो-दो चोंचें हो जायँ। यह कहकर आपने पुराना बुलबुल दिखाया। मैंने कहा—कृपानिधान! अभी तो नहीं परन्तु एक मास में यदि ईश्वर चाहेगा तो आपसे अवश्य एक जोड़ होगी और बद-बदाकर। आज आग़ा शेर अली के अखाड़े में बदान ठहरी। पचास-पचास रुपये की बाज़ी थी। लाखों मनुष्य जमा थे। उनका पुराना बुलबुल विश्वास मानो, सेवती, कबूतर के बराबर था, परन्तु जिस समय यह पट्ठा चला है, तो उसकी उठी हुई गर्दन, मतवाली चाल और गठीलेपन पर लोग धन्य-धन्य करने लगे। जाते ही इसने उसका टेटवा लिया। परन्तु वह भी केवल फूला हुआ न था। सारे नगर के बुलबुलों को पराजित किये बैठा था।''[1]

दूसरा प्रभाव राष्ट्रीयता का है। 'दुनियाँ का सबसे अनमोल रतन' की गूंज सुवामा की महरानी के 'वरदान' में है:

---

1. प्रेमचन्दः वरदान, पृ० 26

"फिर क्या लेगी? संसार का सबसे उत्तम पदार्थ। वह क्या है? सपूत बेटा!...जो अपने देश का उपकार करे?"[1]

'जलवा-ए-ईसार' की राष्ट्रीयता का विश्लेषण करते समय 'दुनिया का सबसे अनमोल रतन' और 'जलवा-ए-ईसार' के बीच के राजनीति इतिहास को दृष्टि में रखना चाहिए। इस बीच पृथकतावादिता का विशेष बल रहा। 'मिण्टो-मारले रिफ़ार्म्स' ने हिन्दुओं तथा मुसलमानों को दो शिविरों में बाँट दिया था। कांग्रेस नरम-दल और गरम-दल के बीच बँट गयी थी और तिलक को 1908 ई० में बंदी बनाकर बर्मा भेज दिया गया था, जिससे प्रेमचन्द भी प्रभावित हुए थे। इसी काल में प्रेमचन्द पर आर्य-समाजी प्रभाव अधिक रहा। अमृतराय लिखते हैं: **"1912 ई० में 'जल्वा-ए-ईसार' आया, जबकि मुंशी जी हमीरपुर में थे और बाक़ायदा आर्य-समाज के सदस्य थे। राष्ट्रीयता की भावना उनमें भी लहरें मार रही हैं पर वह हिन्दू राष्ट्रीयता है। तब तक के विकास की शायद वही सीमा रेखा है। बहुत से लोग अंत तक इस रेखा को नहीं लांघ सके। मुंशी जी ने लांघा और अच्छी तरह से लांघा लेकिन आगे चलकर। अभी तो 'जलवा-ए-ईसार' के बालाजी की पूरी कल्पना एक हिन्दू-सन्यासी की है, जिसका समस्त संस्कार, आचार-विचार हिन्दू हैं, यहाँ तक कि गोरक्षा भी मौजूद है—वैसे ही जैसे तिलक भी गो-हत्या निरोधिनी-सभा बनाना नहीं भूले।"**[2]

विरजन की शिक्षा-दीक्षा भी धार्मिकता के साथ हुई। वेद-पुराण, माहात्म्य तथा सिद्धांत-कौमुदी के अध्ययन द्वारा प्रेमचन्द उसके व्यक्तित्व का विकास करते हैं। इसी प्रकार बालाजी के रूप में प्रेमचन्द ने महात्मा गांधी, तिलक, गोखले सभी की एक साथ कल्पना की है, जो मानव-जीवन में संघर्ष के बजाय पलायन मार्ग धारण करता है।

'जलवा-ए-ईसार' का हिन्दी रूपान्तर किसने किया तथा प्रेमचन्द ने उसकी पांडुलिपि को एक-बार आद्योपांत देखा भी था या नहीं, इसके विषय में निश्चित सूचना नहीं मिलती। प्रस्तुत उपन्यास के हिन्दी और उर्दू संस्करणों में अनेक स्थानों पर घोर अंतर है। इस अंतर का क्रम आधे उपन्यास के बाद बढ़ गया है और फ़िर तो अध्याय के अध्याय ही छोड़ दिये गये हैं, जिनसे यह अनुमान करना अनुचित न होगा कि प्रेमचन्द ने इस उपन्यास को हिन्दी रूपांतर के रूप में दोहराया भी नहीं था। नीचे उर्दू तथा हिन्दी रूपों के कुछेक अंतर स्पष्ट किये जाते हैं:

---

1. प्रेमचन्द : वरदान, पृ० 5
2. अमृतराय: क़लम का सिपाही, पृ० 152

1.—'जलवा-ए-ईसार' तथा 'वरदान' के मूल में कई स्थानों पर अंतर आ गया है। उर्दू में विस्तार तथा हिन्दी में संक्षेप की प्रवृत्ति दीखती है। इससे कथानक में अंतर नहीं आया है परन्तु भाव अवश्य ही प्रभावित हुआ है। एक उदाहरण प्रस्तुत है:

''आपस में कोई पर्दा न रहे दुई का मस्अला ही अल्क़त हो जाये।''[1]

''आपस में कोई पर्दा न रहे।''[2]

2. हिन्दी अनुवाद में सारांश कर देने की प्रवृत्ति का विश्लेषण करने में स्पष्ट होता है कि इसका मूल-कारण अनुवाद की कठिनाई मात्र है। उदाहरणार्थ:

''घर में उसके कभी शौहर का ज़िक्र न आता या अगर आता तो नाख़ुशगवार तरीक़े पर...मगर उनका कोई देरपा और मुतहर्रिक असर उस पर न हुआ था।''[3]

''घर में कभी पति सम्बंधिनी चर्चा न होती थी...परन्तु उनका कोई चिरस्थायी प्रभाव उस पर न हुआ था।''[4]

5. अनुवाद करने में यदा-कदा मूल के विपरीत विस्तार भी आ गया है, जो उर्दू के हिन्दी पर्याय न मिलने के कारण है, जैसे:

''अगर मेरे नफ़्स की सरकशियों की बू निकली...''[5]

''यदि मेरी किसी बात या किसी व्यवहार से मेरे मन की दुष्चेष्टा की गंध निकली...''[6]

4. उर्दू-मूल में भाषा प्रभावपूर्ण एवं आकर्षक है, जिसे हिन्दी में अनुवाद करते समय भाषा-शैथिल्य आ गया है। उदाहरणार्थ:

''प्यारे, यह ख़फ़गी किस पर है, क्या मुझे पर? और महज़ इसलिए कि मैंने उजलत करके दो तीन कनकौव्वे फाड़ डाले...''[7]

''प्रियतम, यह कोप किस पर है? केवल इसलिए कि मैंने दो तीन कनकौए फाड़ डाले....''[8]

---

1. प्रेमचन्दः जलवा-ए-ईसार, पृ० 75
2. प्रेमचन्दः वरदान, पृ० 46
3. प्रेमचन्दः जलवा-ए-ईसार, पृ० 96
4. प्रेमचन्दः वरदान,पृ० 57
5. प्रेमचन्दः जलवा-ए-ईसार, पृ० 156
6. प्रेमचन्दः वरदान, पृ० 93
7. प्रेमचन्दः जलवा-ए-ईसार,पृ० 87
8. प्रेममंदः वरदान, पृ० 52

5. परन्तु कुछेक स्थानों पर मूल रचना की भाषा से हिन्दी अनुवाद की भाषा अधिक सजीव एवं प्रभावपूर्ण हो गयी है:

''अलावा इसके चूँकि वह मज़हबियत की तरफ़ ज़्यादा मायल था। कमला की मौत ने यह ख़याल पैदा किया कि ईश्वर ने मेरी मुहब्बत की क़द्र की और कमलाचरन को मेरे रास्ते से हटा दिया।''[1]

''इसके अतिरिक्त उसकी धार्मिक प्रवृत्ति ने विकृत रूप धारण करके उसके मन में यह मिथ्या-विचार उत्पन्न किया कि ईश्वर ने मेरे प्रेम की प्रतिष्ठा की ओर कमलाचरण को मेरे मार्ग से हटा दिया ।''[2]

6. उर्दू तथा हिन्दी के बोलचाल की भाषा में अधिक अंतर नहीं है. वरन् प्रेमचन्द ने अनेक अवसरों पर उर्दू में अव्यवहृत तत्सम फ़ारसी-अरबी शब्दों का प्रयोग व्यापक रूप में किया है जिसका अनुवाद करने में उनके संस्कृत पर्याय का प्रयोग हुआ जिनसे हिन्दी में अनुवाद में कृत्रिमता आ गयी है, जैसे:

''विरजन की नीम दिलाना ख़ातिरदारियाँ और बेरहमाना मसलहत आमेज़ियाँ..।''[3]

'विरजन की उदासीन सेवा और निर्दयतापूर्ण अभ्यर्थना....''[4]

7. उर्दू मूल में कमला के क्रोधित होने पर विरजन द्वारा एक पत्र लिखने की चर्चा है—जिस पर साधारण ढंग का एक शेर अंकित था।

'ख़ता मैंने की है ख़तावार हूँ।
सज़ा दीजिए जो सज़ावार हूँ।'

हिन्दी अनुवाद में कमला के क्रोध की तो चर्चा है, परन्तु उर्दू-शेर के स्थान पर उसका भावार्थ लिख दिया गया है।

8. अनुवादक को सर्वाधिक कठिनाई उर्दू के संस्कारगत पारिभाषिक शब्दों के अनुवाद में होती है। उदाहरणार्थ—उर्दू-काव्य, भाषा एवं साहित्य की समीक्षा में 'फ़साहत' या 'बलाग़त' का विशेष संदर्भ है। इनके लिए अब तक हिन्दी पर्याय नहीं बन सके हैं। 'वरदान' में एक स्थान पर 'फ़साहत' और 'बलाग़त' ने अनुवादक को कठिनाई में डाला है, देखिए:

''अलग़रज़ मोटेराम ने बहुत-कुछ जाल फैलाया। बहुत फ़साहतो-बलाग़त सर्फ़ की...।''[5]

---

1. प्रेमचन्द: जलवा-ए-ईसार, पृ० 156
2. प्रेमचन्द : वरदान पृष्ठ 93
3. प्रेमचन्द: जलवा-ए-ईसार, पृ० 144
4. प्रेमचन्द: वरदान, पृ० 85
5. प्रेमचन्द: जलवा-ए-ईसार, पृ० 11

"अभिप्राय यह कि मोटेराम ने बहुत जाल फैलाया। विविध प्रकार का वाक्य-चातुर्य दिखलाया..."[1]

अधिक विस्तार में जाकर शेष में उन अध्यायों की चर्चा की जाती है, जो हिन्दी संस्करण में है ही नहीं:

1. प्रतापचंद्र का संन्यास धारण करके हरिद्वार के निकट रहना, वहाँ का जीवन। उर्दू संस्कारण में इस अध्याय का शीर्षक नहीं है। इसके प्रारम्भ तथा अंत का उद्धरण निम्नलिखित है:

"हरद्वार से बहुत दूर शिमाल की तरफ़ पेचदार पहाड़ियों में एक नौजवान बैठा हुआ नज़र आता था..मुंशी संजीवन लाल ने पिदराना शफ़क़त से उसके सर पर हाथ फेरा और आँसू पोंछे।"[2]

2. प्रतापचंद का बालाजी-रूप धारण करके ज्ञान योगदीक्षा प्राप्त करना— उर्दू संस्करण में इस अध्याय का शीर्षक 'तैयारी' है। प्रारम्भ तथा अंत का उद्धरण प्रस्तुत है:

"जैसे कोई मझधार में पड़ी किश्ती तूफ़ान के थपेड़ों और तलातुम के झकोलों से अपनी जान बचाकर किसी बंदरगाह के आगोश में जा पहुँचती है...उनका चेहरा ऐसा पुर्जलाल हो, गोया आफ़ताब अभी-अभी ज्ञान-सरोवर की आगोश से निकल आया है।"[3]

3. हिन्दी संस्करण में **'मानव का प्राबल्य'** के बाद **'विदुषी बृजरानी'** है। इसी तरह उपरोक्त दो अध्याय छोड़ दिये गये हैं। इस अध्याय का नाम उर्दू में **'विरजन शायरा हो गयी'** है। हिन्दी तथा उर्दू संस्करण में कई स्थानों पर अंतर है तथा सार करने की दृष्टि से हिन्दी संस्करण में निम्नलिखित अंश निकाल दिया गया है:

"लल्लू ने बहुत हीला-ओ-हुज्जत की कि मुझसे जवाब-तलब हो जायेगा..आज उनकी क़िस्मतें भी खुली उजड़ा आशियाना बसा।"[4]

4. हिन्दी-संस्करण में उर्दू-संस्करण का 'इम्तेहान' शीर्षक अध्याय नहीं है, जिसमें प्रतापचंद तथा मुंशी संजीवनलाल, स्वामी ब्रह्मानंद जी से भेंट करते हैं। प्रारम्भ और अंत का उद्धरण इस प्रकार है:

---

1. प्रेमचन्द: वरदान, पृ० 22
2. प्रेमचन्द: जलवा-ए-ईसार, पृ० 165
3. प्रेमचन्द: जलवा-ए-ईसार, पृ० 169
4. प्रेमचन्द: जलवा-ए-ईसार, पृ० 171

''मुंशी संजीवनलाल और प्रतापचंद जो ही स्वामी ब्रह्मानंद जी के रूबरू, पहुँचे, उन्होंने चौंककर देखा.....प्रताप दौड़ा पैर लड़खड़ाये और बेहोश होकर ज़मीन पर गिर पड़ा।''[1]

(5) हिन्दी-संस्करण के 'माधवी' अध्याय का उर्दू 'गंगा-जमना का मिलाप' में निम्नलिखित प्रारम्भिक पंक्तियाँ नहीं हैं—

''हमारे नाज़रीन माधवी के नाम से ग़ैरमानूस न होंगे.....उसने मजगाँव के कमलाचरन मरहूम के नाम लिखे थे।''[2]

(6) उर्दू संस्करण का अध्याय 'तारीख़ का एक वरक़' हिन्दी में नहीं है, जिसमें लेखक बालाजी की उपलब्धियों का अभिनंदन करता है :

''नाज़रीन बालाजी के क़ौमी कारनामे आपको तारीख़ के सफ़हों में आबे-ज़र से लिखे हुए मिलेंगे.... वह क़ौम के सरताज और क़ौम के चाकर दोनों ही थे।''[3]

प्रस्तुत उपन्यास में पात्रों के नाम उर्दू हिन्दी में एक ही समान हैं किन्तु उनके प्रयोग में कहीं-कहीं अंतर हो गया है। उदाहरणार्थ, उर्दू में '**सुबामा**', '**सरयूदई**' तथा '**सईद**' को हिन्दी में '**सुबामा**', '**सरयूदेवी**' तथा '**सैय्यद**' लिखा गया है। कुछेक स्थानों पर अनुमान होता है कि अनुवादक उस उर्दू-शब्द से परिचित नहीं हैं, जैसे उर्दू-शब्द '**बाज़ीचा**' का हास्यापद अनुवाद '**बाचा चिड़िया**' किया गया है, जबकि उसका अर्थ '**खिलौना**' होता है। उर्दू में एक स्थान पर महिलाओं के अधिक बोलने पर व्यंग्य है :

''दोनों औरतों में शिकवा-शिकायत होने लगी।''[4]

इसमें व्यंग्य पर ध्यान दिये बिना हिन्दी अनुवाद में '**शिष्टाचार**' कर दिया गया है :

''दोनों स्त्रियों में शिष्टाचार की बातें होने लगी।''[5]

उर्दू में कुछ पहले तक 'आपकी ख़ैरियत ख़ुदावंदे-करीम से हमेशा नेक चाहता हूँ।' का गोट पत्रों में लगा रहता था। इस उपन्यास से उसका अनुवाद मिलता है :

---

1. प्रेमचन्द : जलवा-ए-ईसार, पृ० 188
2. वही, पृ० 189
3. वही, पृ० 201
4. प्रेमचन्द : जलवा-ए-ईसार, पृ० 21
5. प्रेमचन्द : वरदान, पृ० 15

'आपका कुशल श्री विश्वनाथ जी से सदा मनाया करती हूँ।'[1]

अनेक स्थानों पर उर्दू मुहावरों का भी अनुवाद कर दिया गया है, उदाहरणार्थ :

(1) चराग़ गलना—संध्या होना। प्रेमचन्द

''बातों-बातों में चराग़ जल गया।''[2]

''बातों-बातों में दीपक जल उठा।''[3]

(2) क़सम खाना—विश्वास दिलाना अडिग होना।

''डिप्टी साहब ने घर छोड़कर हिलने की क़सम खा ली।''[4]

''डिप्टी साहब ने घर छोड़कर हिलने की शपथ कर ली।''[5]

(3) क़यामत ढाना—उपद्रव करना।

''मेरी ज़रा-सी ग़लती ने यह क़यामत ढा दी।''[6]

''मेरी तनिक सी चूक ने यह प्रलय कर लिया।''[7]

(4) सूरत आँखों में फिरना—हरेक समय स्मरण आते रहना।

''हरदम मरने वाले की सूरत उसकी आँखों में फिरा करती थी॥''[8]

''प्रतिक्षण मृत कमलाचरण का चित्र उसके नेत्रों में भ्रमण करता रहा।''[9]

पूर्वोक्त उदाहरणों से स्पष्ट हो जाता है कि अनुवादक ने मात्र अनुवाद के लिए अनुवाद किया है, जिससे प्रेमचन्द की भाषा-शैली दूषित हो गयी है। उसमें कृत्रिमता एवं अस्वाभाविकता उत्पन्न हो गयी है, उदाहरणार्थ :

''यकायक उसके दिल पर बेख़बर कर देनेवाली महवियत का ग़लबा हुआ।''[10]

---

1. प्रेमचन्द : वरदान, पृ० 18
2. प्रेमचन्द : जलवा-ए-ईसार, पृ० 21
3. प्रेमचन्द : वरदान, पृ० 15
4. प्रेमचन्द : जलवा-ए-ईसार, पृ० 30
5. प्रेमचन्द : वरदान, पृ० 21
6. प्रेमचन्द : जलवा-ए-ईसार, पृ० 105
7. प्रेमचन्द : वरदान, पृ० 87
8. प्रेमचन्द : जलवा-ए-ईसार, पृ० 147
9. प्रेमचन्द : वरदान, पृ० 87
10. प्रेमचन्द : जलवा-ए-ईसार, पृ० 4

"अकस्मात् उसके चित्त पर अचेत करने वाले अनुराग का आक्रमण हुआ।"[1]

एक स्थान पर 'सफ़ाया' का अनुवाद 'इति श्री' कर देने से रचना शक्ति ही समाप्त हो गयी है :

"आख़िर दोनों आदमी रसोई का सफ़ाया करके उठे।"[2]

"निदान दोनों रसाई की इति श्री करके उठे।"[3]

इसी प्रकार :

"मगर मुश्किल तो यह थी कि वह विरजन के ख़याल को भी अशिक़ाना जज़्बात की आलाइश से पाक रखना चाहता था।"[4]

"पर कठिनता तो यह थी कि विरजन के ध्यान को भी कुत्सित वासनाओं से पवित्र रखना चाहता था।"[5]

उर्दू-मूल में तत्सम हिन्दी शब्दों का अधिक प्रयोग है, जैसे : **'विद्या', 'बुद्धि', 'उपकार', 'ईश्वर की महिमा-अपरम्पार', 'कुशल-मंगल', 'अष्टभुजी'** आदि।

उपर्युक्त तथ्यों के आधार पर यह मानना उचित ही होगा कि 'वरदान' प्रेमचन्द का मौलिक हिन्दी उपन्यास नहीं है वरन् उनके उर्दू उपन्यास 'जलवा-ए-ईसार' का हिन्दी रूपांतर मात्र है।

स्पष्ट ही है कि प्रेमचन्द ने 1915 ई० तक मात्र उर्दू में लिखा। अतः इस युग में उनकी मान्यता उर्दू लेखक के रूप में ही हुई। निश्चित रूप में नहीं कहा जा सकता कि हिन्दी-रूपांतर प्रेमचन्द ने स्वयं एक बार पढ़ भी लिया था अथवा नहीं। यदि यह प्रमाणित हो जाय कि प्रेमचन्द ने एक बार इस पर नज़र डाली थी, तो भी यह समस्या बनी रहेगी कि इस युग के हिन्दी रूपांतर में जो परिवर्तन आ गया है, उसका दायित्व किसके सिर पर होगा। निश्चित है कि इस युग तक प्रेमचन्द हिन्दी में अभिव्यक्त करने की क्षमता नहीं रखते थे। इसे प्रेमचन्द साहित्य के सभी जानकारों ने स्वीकार भी किया है, जिसका उल्लेख यथास्थान किया जा चुका है।

---

1. प्रेमचन्द : वरदान, पृ० 5
2. प्रेमचन्द : जलवा-ए-ईसार, पृ० 24
3. प्रेमचन्द : वरदान, पृ० 18
4. प्रेमचन्द : जलवा-ए-ईसार, पृ० 91
5. वही, पृ० 54

हमारे विचार में इस युग के प्रेमचन्द को हिन्दी साहित्य में उसी सीमा तक महत्त्व दिया जा सकता है कि उनके इस युग की रचनाओं की पृष्ठभूमि से ही आगामी युगों की रचनाओं की पीठिका तैयार होती है। वह पीठिका मंज़रनामा उर्दू-संस्कारों के आधार पर निर्मित हुआ है परन्तु उसमें कलाकार की आन्तरिक पीड़ा मात्र सौन्दर्यवाद तक सीमित नहीं है परन्तु उसकी गहराइयों में उर्दू-भाषा की बहुआयामी इन्द्रधनुष रूपी सातों रंगों का समावेश दीख पड़ता है।

❑❑❑

अध्याय : चार

विकास-काल

प्रेमचन्द की रचना-प्रक्रिया का दूसरा काल 1916 ई० से प्रारम्भ होकर 1930 ई० तक रखा गया है। वर्ष 1916 ई० इसलिए महत्त्वपूर्ण है कि इसके बाद से प्रेमचन्द ने हिन्दी लेखन की ओर ध्यान देना प्रारम्भ कर दिया। प्रेमचन्द की दूसरी हिन्दी कहानी 'पंचपरमेश्वर' है, जो जून 1916 ई० की 'सरस्वती' में प्रकाशित हुई। यद्यपि यह कहानी इसी बीच मई-जून 1916 ई० के 'ज़माना' में भी प्रकाशित हुई। परन्तु हिन्दी में प्रकाशन के बाद से प्रेमचन्द को अत्यंत प्रोत्साहन मिला और वह हिन्दी कथाकार के रूप में धीरे-धीरे अपना स्थान बनाने लगे।

यह काल राजनीतिक दृष्टिकोण से भी अत्यंत महत्वपूर्ण है। इस बीच उर्दू पत्र 'ज़माना' ऐसे पक्ष की ओर मुड़ता है, जिससे प्रेमचन्द को घोर विरोध था। उन्होंने 21 दिसंबर, 1919 ई० को मुंशी दयानरायन निगम को लिखा : "**मैंने अभी तक करेण्ट पॉलिटिक्स पर कुछ नहीं लिखा। मुझे 'ज़माना' की पॉलिसी पर नज़र डालते हुए कुछ लिखना मुनासिब नहीं मालूम होता। मैं पीस-डिक्लरेशन का अमदन ज़िक्र न करूँगा। लेकिन रिफ़ार्म स्कीम का ज़िक्र न करना ग़ैर-मुमकिन है और स्कीम या ऐक्ट के मुताल्लिक़ मैं मिस्टर चिंतामणि बग़ैर-हुम से मुत्तफ़िक़ नहीं हूँ। मेरे ख़याल में 'मोतदिल पार्टी' इस वक़्त ज़रूरत से ज़्यादा मग़रूर और नाज़ाँ है। हालांकि इसलाहों में अगर कोई ख़ूबी है तो सिर्फ़ यह कि तालीमयाफ़्ता जमाअत को कुछ आसनियाँ ज़्यादा मिल जायंगी और जिस तरह यह जमाअत वकील बनकर रिआया का ख़ून पी रही है, उसी तरह आइंदा यह हाकिम होकर रिआया का गला काटेगी।**"[1] इस काल में 1920 ई० से 1927 ई०

---

1. प्रेमचन्द : चिट्ठी पत्री, भाग 1, पृ० 93

तक कांग्रेस स्वराज-आंदोलन का आधार बनती है, जिसकी पृष्ठभूमि में 13 अप्रैल, 1919 ई० का जलियांवाला बाग़ का हत्याकाण्ड है तथा 31 दिसंबर, 1929 ई० का ऐतिहासिक अधिवेशन है, जिसने भारतीय राष्ट्रीय आंदोलन का आधार ही बदल दिया। इन सब का प्रेमचन्द की रचनाओं पर प्रभाव स्पष्ट है, जिनकी व्याख्या आगामी पृष्ठों पर की जायेगी।

इसी काल में प्रेमचन्द हिन्दी पत्रकार एवं संपादक के रूप में उभर कर सामने आते हैं। हिन्दी में प्रेमचन्द को सर्वप्रथम संपादन का अवसर उस समय मिला, जब उन्हें ज्ञान मण्डल, वाराणसी की साहित्यिक पत्रिका 'मर्यादा' में 1922 ई० में कुछ समय तक कार्यवाहक संपादक के रूप में कार्य करना पड़ा। इस पत्रिका के संपादक डॉ० संपूर्णानंद थे, जो राष्ट्रीय आंदोलन के सिलसिले में गिरफ़्तार कर लिये गये थे। यह पत्रिका देश के राष्ट्रीय आंदोलन की समर्थक थी और प्रेमचन्द के अपने विचारों से मेल खाती थी परन्तु इस पत्रिका में प्रेमचन्द को बहुत थोड़े समय तक कार्य करने का अवसर मिला। इसके बाद 15 फ़रवरी, 1927 ई० से 9 अक्टूबर, 1931 ई० तक प्रेमचन्द ने नवलकिशोर प्रेस, लखनऊ के हिन्दी मासिक 'माधुरी' का सम्पादन किया। प्रेमचन्द की पत्रकारिता एवं संपादकीय कार्यकुशलता की असली जौहर 'हंस' और 'जागरण' में खुलता है जो बहुत दिनों तक उनके स्वामित्व एवं संपादन में प्रकाशित होते रहे और अपने युग की राजनीतिक, सामाजिक एवं साहित्यिक चेतना के प्रतीक हैं।

'हंस' के प्रकाशन का उद्देश्य हिन्दी-क्षेत्र में साहित्यिक एवं राजनीतिक गतिविधियों को उभारना था, क्योंकि प्रेमचन्द काफ़ी अर्से से महसूस कर रहे थे कि साहित्यकार एवं बुद्धिजीवी के रूप में उन्हें उस समय तक जितना योगदान राष्ट्रीय आंदोलन को देना था, नहीं दे पाये थे।[1] 'हंस' के पहले संपादकीय में ही उन्होंने राष्ट्रीय आंदोलन के विषय में अपने विचार प्रभावपूर्ण शब्दों में प्रस्तुत किये। इसके बाद के युग में उन्होंने उसे उन्नति और स्वतंत्रता का प्रतीक एवं प्रेरक बनाये रखा। 'हंस' की प्रकाशन योजना के विषय में मुंशी दयानरायन

---

1. शिवरानी देवी के गिरफ़्तार होने पर राजेश्वर बाबू को एक पत्र में लिखते हैं : "तुम्हारी मौसी नौ तारीख़ को एक विदेशी कपड़े की दुकान पर पिकैटिंग करते हुए पकड़ ली गयीं। मैं कल उनसे जेल में मिला और हमेशा की तरह ख़ुश पाया। उन्होंने हम लोगों को पछाड़ दिया और मैं अपनी आँखों में छोटा लग रहा हूँ।" 'प्रेमचन्द : क़लम का सिपाही पृ० 462, शिवरानी देवी ने अपनी गिरफ़्तारी की तारीख़ 11 नवंबर, 1931 ई० लिखी है। (प्रेमचन्द घर में पृ० 127) चूँकि प्रेमचन्द ने उपरोक्त पत्र 11, नवंबर, 1931 ई० को लिखा था अतः 9 नवंबर, 1931 ई० ही शिवरानी देवी की गिरफ़्तारी की तारीख़ मालूम होती है।

निगम को 12 फ़रवरी, 1930 ई० के पत्र में लिखते हैं : "**मैं फागुन यानी नये साल से एक हिन्दी रिसाला 'हंस' निकालने जा रहा हूँ। 64 सफ़ाहात का होगा और ज़्यादातर अफ़सानों से तअल्लुक़ रखेगा। है तो हिमाक़त ही, दर्दे-सर बहुत और नफ़ा कुछ नहीं, लेकिन हिमाक़त करने को जी चाहता है। ज़िन्दगी हिमाक़तों में गुज़र गयी और सही!**"[1] 'हंस' के प्रकाशन ने हिन्दी साहित्य में नये अध्याय जोड़े और अनेक नये साहित्यिक आंदोलनों को जन्म दिया। साथ ही साथ देश के राजनीतिक आंदोलन का भी आह्वान किया। इसी बीच उन्होंने एक अन्य हिन्दी साप्ताहिक 'जागरण' का भी प्रकाशन शुरू किया। उसकी नीति भी वही थी, जो 'हंस' की थी।

हिन्दी-पत्रिकाओं का संपादन एवं प्रकाशन, उपन्यासों के छपने की तुरंत व्यवस्था तथा दूसरी पत्र-पत्रिकाओं द्वारा रचनाओं के लिए परस्पर आग्रह ने प्रेमचन्द को इस युग में हिन्दी में रचना की और आकृष्ट कर लिया था। 17 फ़रवरी, 1924 ई० को मुंशी दयानरायन निगम को लिखते हैं : "**मज़ामीन लिखने की बार-बार कोशिश करता हूँ मगर यक़ीन मानिये, हिन्दी-रसायल इस क़दर दिक़ करते हैं कि कुछ किये नहीं बन पड़ता। जब मैं कहानियाँ उर्दू में नहीं हिन्दी में लिखकर भेज दिया करता हूँ।**"[2] साथ ही साथ इसी युग में मुंशी दयानरायन निगम के लिए 'जस्टिस' का उर्दू अनुवाद भी किया। 28 फ़रवरी, 1929 ई० के पत्र में लिखते हैं : "**हाँ, 'जस्टिस' मैंने शुरू कर दिया। 16-17 सफ़ाहत कर भी डाले...दूसरी किताबों के मुतअल्लिक़ मैं यही कहूँगा कि एक नशिस्त में 7-8 सफ़ाहात हो जायेंगे। पर अब देखता हूँ तो मुश्किल से चार सफ़ाहात होते हैं और मेरे पास एक नशिस्त से ज़्यादा वक़्त नहीं है। अगर इसे करता हूँ तो मेरा 'पर्दा-ए-मजाज़' रहा जाता है। सुबह को करता हूँ तो 'कर्मभूमि' में हर्ज होता है और दूसरा कौन-सा वक़्त है? 'जस्टिस' तो मैं किसी न किसी तरह कर ही डालूँगा, लेकिन बाक़ी दोनों को मेरा इस्तीफ़ा है। इतने ही वक़्त में ज़्यादा फ़ायदे का काम कर सकता हूँ।**"[3]

इस युग में प्रेमचन्द की कहानियों तथा उपन्यासों के रचना की लम्बी शृंखला है, जिसका तुलनात्मक अध्ययन आगामी पृष्ठों में किया जायेगा। हिन्दी और उर्दू में एक साथ प्रकाशन से उन्हें असाधारण बल मिला। एक पत्र में प्रेमचन्द ने स्वयं लिखा है : "**सरस्वती ज़बान पर नहीं खोपड़ी पर सवार है। लक्ष्मी दरवाज़े पर नहीं, बाला-ए-बाम बैठी हुई हैं। दाना दिखाता हूँ, बुलाता हूँ,**

---

1. प्रेमचन्द : चिट्ठी-पत्री, भाग 1, पृ० 176
2. प्रेमचन्द : चिट्ठी-पत्री, भाग-1, , पृ० 141
3. वही, 1, 171

पर उतरने का नाम नहीं लेती। क़िस्से मैं शायद लिखूँ या न लिखूँ, आज कल 'बाज़ारे-हुस्न' की सफ़ाई और नये नॉवेल की तसनीफ़ में बेहद मसरूफ़ हूँ।'[1]

इसी बीच प्रेमचन्द की कहानियों में एक सौ तिरसठ (163) प्राप्त हो चुकी हैं। इनके अतिरिक्त उनके छह (6) उपन्यास—'सेवा सदन', 'प्रेमाश्रय', 'रंगभूमि', 'कायाकल्प', 'निर्मला' तथा 'प्रतिज्ञा' प्रकाशित हुए। इनका तुलनात्मक अध्ययन आगामी पृष्ठों में किया जायेगा।

कहानियाँ

प्रेमचन्द के द्वितीय काल की कहानियों की सम्पूर्ण संख्या 177 (एक सौ सतहत्तर) है जिनमें 85 (पचासी) कहानियाँ पहले उर्दू में और 92 (बानवे) पहले हिन्दी में प्रकाशित हुईं। उनमें 110 (एक सौ दस) कहानियाँ प्रेमचन्द के जीवनकाल में ही उर्दू हिन्दी दोनों में प्रकाशित हो गयी थी। उनके नाम निम्नलिखित हैं—

(1) दो भाई (2) सज्जनता का दण्ड (3) पंच परमेश्वर (4) घमण्ड का पुतला (5) जुगनू की चमक (6) धोखा (7) मर्यादा की बेदी (8) ज्वालामुखी (9) उपदेश (10) ईश्वरीय न्याय (11) महातीर्थ (12) दुर्गा का मंदिर (13) बलिदान (14) सेवामार्ग (15) बैंक का दीवाला (16) विमाता (17) अनिष्ट शंका (18) इज़्ज़त का ख़ून (19) दफ़तरी (20) बोध (21) शंखनाद (22) आत्माराम (23) मनुष्य का परम धर्म (24) पशु से मनुष्य (25) बूढ़ी काकी (26) शांति (27) मृत्यु के पीछे (28) ब्रह्म का स्वांग (29) विषम समस्या (30) विचित्र होली (31) प्रारब्ध (32) लाल फ़ीता (33) त्यागी का प्रेम (34) मूठ (35) हार की जीत (36) अधिकार चिंता (37) नैराश्य-लीला (38) कौशल (39) सत्याग्रह (40) वज्रपात (41) मुक्तिमार्ग (42) क्षमा (43) निर्वासन (44) भूत (45) दीक्षा (46) शतरंज की बाज़ी (47) विनोद (48) सवा सेर गेहूँ (49) डिग्री के रुपए (50) सभ्यता का रहस्य (51) नरक का मार्ग (52) स्त्री और पुरुष (53) भाड़े का टट्टू (54) चोरी (55) स्वर्ग की देवी (56) लाटरी (57) दण्ड (58) शूद्रा (59) परीक्षा (60) लैला (61) मंत्र-1 (62) मंत्र-2 (63) कप्तान साहब (64) रामलीला (65) निमंत्रण (66) हिंसा परमोधर्म: (67) पुत्र-प्रेम (68) सती (69) आत्मसंगीत (70) कामनातरु (71) मंदिर (72) मांगे की घड़ी (73) दुराशा (74) अग्नि-समाधि (75) क़ज़ाक़ी (76) प्रेरणा (77) दो सखियाँ (78) सुहाग का

---

1. प्रेमचन्द : चिट्ठी-पत्री, भाग-1, पृ० 89

शव (79) दरोग़ा जी (80) विद्रोही (81) इस्तीफ़ा (82) सौभाग्य के कीड़े (83) गुरु-मंत्र (84) जिहाद (85) आसुओं की होली (86) प्रायश्चित (87) गुल्ली-डंडा (88) आगा-पीछा (89) माँ (90) अलग्योझा (91) घर-जमायी (92) घास वाली (93) दो क़बरें (94) जुलूस (95) पति से पत्नी (96) पूस की रात (97) शराब की दुकान (98) आहुति (99) नाग पूजा (100) आदर्श विरोध (101) विध्वंस (102) माता का हृदय (103) खुचड़ (104) आदर्श विरोध (105) दुस्साहस (106) जेल (107) लोक मत का सम्मान (108) स्वत्व रक्षा (109) लांछन (110) मंदिर और मस्जिद।

इसके अतिरिक्त उर्दू में प्रकाशित निम्नलिखित 12 (बारह) कहानियाँ भी अमृतराय ने उर्दू से हिन्दी में अनुवाद करके 'गुप्तधन' में प्रकाशित कर दी है, प्रेमचन्द की हिन्दी रचना नहीं अनूदित रचना ही कहा जा सकता है।

(1) कर्मों का फल (2) फ़तह (3) ज़ंजीरे-हवस (4) इन्तेक़ाम (5) ख़जरे -वफ़ा (6) बड़े बाबू (7) नादान दोस्त (8) ख़ुदी (9) क़ौम का ख़ादिम (10) बन्द दरवाज़ा (11) त्रिशूल (12) देवी।

प्रेमचन्द के जीवन में निम्नलिखित 23 (तेईस) उर्दू कहानियों का हिन्दी अनुवाद न हो सका जो उर्दू कहानी की हैसियत से बाकी रह गयी थीं :

(1) भरत (2) अपने फ़न का उस्ताद (3) दरवाज़ा (4) अश्के-निदामत (5) ताँने वाले की बड़ (6) फ़तह (7) जंजाल (8) ज़ंजीरे-हवस (9) ख़ंजरे-वफ़ा (10) बाँसुरी (11) मेह्रे-पिदर (12) रू-ए-सियाह (13) मरज़े-मुंबारक (14) रूहे हयात (15) इन्तेक़ाम (16) बड़े बाबू (17) शादी की वजह (18) नादान दोस्त (19) शुद्धि (20) बोहनी (21) ख़ुदी (22) क़ौम का खादिम (23) बन्द दरवाज़ा।

इसी प्रकार हिन्दी में प्रकाशित निम्नलिखित 44 (चौवालीस) कहानियाँ उर्दू में प्रकाशित नहीं हुईं:

(1) देवी (2) सच्चाई का अहार (3) चकमा (4) पूर्व संस्कार (5) त्रिशूल (6) बौड़म (7) राजभक्त (8) वैर का अन्त (9) गृहदाह (10) आप बीती (11) आभूषण (12) सैलानी बन्दर (13) नबी की नीति-निर्वाह (14) मुक्तिधन (15) वैराग्य (16) उद्धार (17) तेंतर (18) विश्वास (19) स्वप्न (20) समरयात्रा (21) आधार (22) प्रेमसूत्र (23) सम्पादक मोटेराम शास्त्री (23) बहिष्कार (25) सुजानभगत (26) एक्ट्रेस (27) मोटेराम शास्त्री (28) पिसवहारी का कुआँ (29) अभिलाषा (30) अनुभव (31) फ़ातिहा (32) पर्वत यात्रा (33) क़ानूनी कुमार (34) ग़मी (35) धिक्कार (36) सुभागी (37) प्रेम की होली (38) सुहाग की साड़ी (30) मैकू (4) वियोग और

मिलाप (41) धिक्कार (42) बाबाजी का भोग (43) मोटेराम शास्त्री का नैराश्य (44) मोटेराम जी शास्त्री।

उपर्युक्त सभी कहानियों के हिन्दी तथा उर्दू संस्करणों का तुलनात्मक अध्ययन अति विस्तार की अपेक्षा करता है। इस अवसर पर ऐसा करना न तो सम्भव ही है और न उचित। उदाहरणार्थ उर्दू पत्र-पत्रिकाओं में सर्वप्रथम प्रकाशित तथा प्रेमचन्द के जीवन-काल में ही हिन्दी में प्रकाशित दो कहानियों का तुलनात्मक विश्लेषण प्रस्तुत किया जाता है—

कप्तान साहब : कप्तान

इसका प्रथम प्रकाशन 'ज़माना', के दिसंबर 1917 ई० के अंक में हुआ। कहानी का कथानक यह है कि जगतसिंह घुमक्कड़, सैलानी और आवारागर्द युवक है, उसके पिता ठाकुर भगतसिंह डाकख़ाने के मुंशी हैं। उनकी जेब से जगतसिंह ने दो सौ रुपये के बीमे की रजिस्ट्री निकाल ली और बम्बई चल दिया, वहाँ उसे सेना में नौकरी मिल गयी और अपने परिश्रम एवं संघर्ष के बल पर उन्नति करके कप्तान हो गया। भगतसिंह को, ग़बन के अपराध में सज़ा हो गयी। वह अपनी सज़ा की मीआद पूरी करके बाहर आया, तो उसकी मुलाक़ात बेटे से हुई। दोनों हँसी-ख़ुशी अपने घर को वापस आ गये। उन्होंने घर पहुँचने पर देखा कि सब कुछ नष्ट-भ्रष्ट हो चुका है लेकिन फ़िर भी बूढ़ा बाप प्रसन्न था कि उसका बेटा सेना में कप्तान है। यही कथानक उर्दू-हिन्दी दोनों में है। लेकिन उनके घटनाक्रम में अंतर आ गया है। उर्दू-संस्करण के अनुपात में हिन्दी संस्करण में कई स्थानो पर बढ़ा दिया गया है। उर्दू में कहानी का प्रारम्भिक वाक्य है—

''जगतसिंह की किताबों से नफ़रत थी।''

जिसे हिन्दी में इस प्रकार लिखा गया है :

''जगत सिंह का स्कूल जाना कुनैन खाने या मछली का तेल पीने से कम अप्रिय न था।''

उसके बचपन के स्वभाव के विषय में हिन्दी में यह पंक्तियाँ बढ़ी हुई मिलती हैं :

''सवार के पीछे ताली बजाना, एक्कों को पीछे से पकड़कर अपनी ओर खींचना, बूढ़ों की चाल की नक़ल करना, उसके मनोरंजन के विषय थे।''

इसी प्रकार भगत सिंह के गाँव में नियुक्त होने के सन्दर्भ में भी हिन्दी में बढ़ी हुई पंक्तियाँ मिलती हैं :

''उल्टी हानि यह हुई कि देहातों में, जो भाजी-साग, उपले-ईंधन मुफ़्त में मिल जाते थे, वह सब बंद हो गये।''

जगत सिंह के बाल्यकाल से ही हृष्ट-पुष्ट होने के बारे में भी हिन्दी में बढ़ाया गया है :

''अगर वह अपने पिता के हाथ पकड़ लेता, तो वह हिल भी न सकते, पर जगतसिंह इतना सीनाज़ोर न था।''

जगत सिंह का अपने पिता की जेब से रुपये उड़ाना जिसने उसके जीवन को दूसरी डगर पर डाल दिया, उर्दू में संक्षेप में उल्लेख है, हिन्दी में इसे विस्तारपूर्वक लिखा गया है :

''चट लिफ़ाफ़ा उड़ा दिया, यदि उसे मालूम होता कि इसमें नोट हैं, तो कदाचित वह न छूता लेकिन जब उसने लिफ़ाफ़ा फाड़ डाला और उसमें से नोट निकल पड़े, तो वह बड़े संकट में पड़ गया।....जैसे प्रवाह में किसी के पाँव उखड़ जायँ और वह लहरों में बह जाय।''

इसी प्रकार जगत सिंह के सेना में नियुक्ति हो जाने के विषय में निम्नलिखित पंक्तियाँ हिन्दी में मिलती है जो उर्दू में नहीं है :

''कप्तान ने देखा, बला का हाज़िर-जवाब, मनचला, हिम्मत का धनी जवान है।.....तुम्हारी माता इस शोक में मरणासन्न है। चिट्ठी मिले, तो घर चले आओ।''

इसके बाद चिट्ठी लेकर भगतसिंह छुट्टी के लिए अपने कप्तान के पास गया। उर्दू-मूल में उपर्युक्त भावपूर्ण उल्लेख नहीं है। अतः छुट्टी लेने की इच्छा को संयोगवश रखा गया है। यहाँ दोनों के कथानक में अंतर आ गया है, परन्तु दोनों में अंत एक समान है—अर्थात् जगतसिंह को छुट्टी नहीं मिलती। इस स्थान पर हिन्दी के विपरीत उर्दू-मूल में अधिक विस्तार है। मुक्ति की रात के विषय में निम्नलिखित पंक्तियाँ उर्दू में हैं जो हिन्दी में नहीं मिलतीं :

''आज क़ैदियों की शबे-ईद थी। मुहाफ़िज़े-जेल ने उन्हें आज़ाद कर दिया था। यहीं कहीं डूब मरूँ। क़िस्सा तमाम हो जाय।''

इसी प्रकार हिन्दी में कहानी का जिस स्थान पर अंत होता है, उर्दू में उसके बाद की भी घटनाएँ विस्तार से लिखी गयी हैं। एक उद्धरण प्रस्तुत है :

''भगतसिंह एक लमहे तक ख़ामोश रहे, जज़्बात हवास पर ग़ालिब आ गये। उनकी आँखों से आँसू बहने लगे।....भगतसिंह ने जवाब दिया :

हाँ भाई, सचमुच जाग गयी। यह मुबारक दिन देखने के लिए मैं ऐसी कई-कई मियादें काट सकता था।''

स्वर्ग की देवी : जन्नत की देवी

इसका प्रथम प्रकाशन उर्दू मासिक 'ज़माना' के सितंबर 1925 ई० के अंक में हुआ, परन्तु पहली बार संकलन रूप में हिन्दी में ही प्रकाशित हुई। कहानी के उर्दू तथा हिन्दी संस्करणों में अनेक स्थलों पर घोर अंतर आ गया है। हिन्दी कहानी उर्दू के अनुपात में अधिक विस्तार से है। निम्नलिखित पंक्तियों में हिन्दी मूल से उद्धरण दिये जा रहे हैं, जो उर्दू में नहीं हैं :

''भाग्य की बात! शादी-विवाह में आदमी का क्या इख़्तियार।....

बुद्धि की मंदता बहुधा सामाजिक अनुदारता के रूप में प्रगट होती।'

''घर में अहिंसा, क्षमा और दया ईश्वरी गुण बताये गये थे।....

उनकी पत्नी उनसे भी दो अंगुल ऊँची थी।''

''अब काहे का आबरू रहेगी। मुंडेर पर खड़ी होकर झांकती है।

मेरी लड़की ऐसी दीदा-दिलेर होती तो गला घोंट देती।''

''सीता सरन : तो मैं भी तो उसकी बातों का जवाब नहीं दे पाता....।

सीता सरन को देखकर लीला का संतप्त हृदय एक क्षण के लिए शांत हो जाता था।''

''वह जो कुछ कहती सुनती है, अपनी समझ से मेरे भले के लिए कहती सुनती है, उन्हें मुझसे कुछ दुश्मनी थोड़े ही है।.....वह इस पैसठ वर्ष की उम्र में मुझसे कहीं टाठी हैं, फ़िर उन्हें कैसे मालूम हों कि इन कष्टों से स्वास्थ्य बिगड़ सकता है।''

उठने-बैठने की शक्ति भी न रही......सिर में तेल न डालती।''

''औ रोने वाली आँखें आओ और आँसुओं को अपनी विहंसित छटा में छिपा लो।.....मगर, देखो अब दग़ा न करना। मेरे भेदों को छिपाये रखना।''

''और मन को शांत करके सोचने लगी.....तृष्णा ही नहीं बल्कि ज्वाला।''

''बाग़ की बहार का आनंद उठा चुके......वह प्रेम का मान सरोवर है।''

''मैं जानता हूँ वह बड़े से बड़ा कष्ट सह सकती हैं।.....आत्मा पुलकित हो उठी।''

उपर्युक्त विस्तृत उद्धरणों को देखकर किंचित् लगेगा कि अपनी बात को अनावश्यक रूप में विस्तार दिया गया है। किन्तु ऐसा करना इसलिए अनिवार्य था कि हिन्दी तथा उर्दू संस्करणों का अंतर भलीभाँति स्पष्ट हो जाय।

इन उद्धरणों को देखकर आसानी से कहा जा सकता है कि उर्दू में कहानी संक्षिप्त है और हिन्दी में विस्तार से। परन्तु उर्दू-मूल में कुछेक टुकड़े ऐसे भी हैं

जो हिन्दी में नहीं है। सीता सरन की अपनी माता के विषय में निम्नलिखित टिप्पणी हिन्दी में नहीं है :

''सीता सरन मुस्कुराया—शायद अम्मा का बस होता, तो वह मरने के बाद भी बहू को मालकन न होने देती। मरतीं ही क्यों?''

और लीला के रुष्ट होने के संदर्भ का यह टुकड़ा भी हिन्दी में नहीं है :

''लीला ने मैके की तैयारी शुरू की। माँ-बाप क्या एक टुकड़ा रोटी न देंगे। लेकिन ज़रा ही देर में उसका ख्याल पलट गया।''

'स्वर्ग की देवी' कहानी का हिन्दी में अनुवाद करते समय बड़ी असावधानी बर्ती गयी है।

''उनके सर पर राग-रंग का भूत सवार है। इधर मैं गयी, उधर यह घर मिट्टी में मिला। मुफ़्त-ख़ोरे पीछे पड़े ही हुए हैं। दो-चार महीने में वारा-नियारा हो जायेगा।''

इसका अनुवाद हिन्दी में इस प्रकार से किया गया :

''उन पर विषय का भूत सवार हो गया। मैं क्या करूँ। अगर मैं चली जाती हूँ तो थोड़े ही दिनों में सारा घर मिट्टी में मिल जायेगा। और उनका वही हाल होगा जो स्वार्थी मित्रों के चुंगुल में फँसे हुए नव-जवान रईसों का होता है। कोई कुलटा घर में आ जायेगी और उनका सर्वनाश कर देगी।''

बाज़ारे-हुस्न : सेवासदन

नारी जगत माता है, सुपुत्री है, अनुजा है, प्रेमिका है, नायिका है तथा अर्धांगिनी है। कहने-सुनने को वह सब की जननी है, परन्तु उसे सामाजिक जीवन में दलित एवं शोषित वर्ग का सुंदर प्रतीक ही कहा जा सकता है। पुरुष उसे समान अधिकार देने का मौखिक दावा अवश्य करता है, परन्तु दलित बनाये रखने तथा शोषण करने में ही तृप्ति अनुभव करता है। पुरुष जितना भी पाप करे, धूर्त हो, अन्याय का मार्ग अपनाये, उसे सभी प्रकार की छूट है। नारी एक बार भी किसी भूल-चूक के कारण अथवा पुरुष के बल प्रयोग अथवा अत्याचार का शिकार होकर अपनी मर्यादा से नीचे आ जाय, तो भारतीय समाज में उसके लिए स्थान नहीं है। किंचित बनारस में रहते हुए प्रेमचन्द दालमण्डी से गुज़रे होंगे, जहाँ तबले की थाप और पायल की छनाहट के पीछे नारी के हृदय की विवशता, सिसकन और तड़पन का अनुभव किया होगा। इसलिए जब वह 'बाज़ारे-हुस्न' लिखने लगे, तो उनके दिल में समाज का पर्दाफ़ाश करने की लालसा उभर

आयी। यद्यपि सामाजिकता पर आधारित उपन्यास पहले भी लिख चुके थे, परन्तु विषय-वस्तु को निज व्यक्तित्व का अंश मानकर लिखने के कारण ही प्रेमचन्द ने 'सेवा सदन' को उपन्यास-क्षेत्र में अपना पहला प्रयास माना है।[1] इससे डॉ० रामविलास शर्मा के प्रारम्भिक उपन्यासों के प्रथम प्रकाशन के विषय पर यथास्थान प्रकाश डाला जा चुका है। अतः उसकी पुनरावृत्ति अनावश्यक है। 'सेवासदन' की प्रशंसा करते हुए डॉ० रामविलास शर्मा लिखते हैं : "**'सरशार' और मिर्ज़ा 'रुसवा' को काले कोसों पीछे छोड़ते हुए प्रेमचन्द ने यह उपन्यास (बाज़ारे-हुस्न) उर्दू में लिखा।**"[2]

उपर्युक्त धारणा अत्यंत भ्रामक एवं अतिशयोक्तिपूर्ण है कि वेश्यावृत्ति पर प्रेमचन्द का यह उपन्यास अन्य उर्दू-उपन्यासों से अधिक कलात्मक एवं प्रभावशाली है। वेश्यावृत्ति पर उर्दू में क़ारी सरफ़राज़ हुसैन के 'शाहिदो-राना' उससे कहीं बढ़कर और मिर्ज़ा हादी 'रुसवा' के 'उमराव जान अदा' को उर्दू-उपन्यास साहित्य में अद्वितीय स्थान प्राप्त है। विशेषकर 'रुसवा' ने इस विषय पर इस तरह डूब कर लिखा है कि उससे बेहतर उपन्यास आज भी न लिखा जा सका। 'रुसवा' ने उमराव जान की आप-बीती ही नहीं लिखी है बल्कि अवध के पतनोन्मुख समाज की जीती-जागती तस्वीर उतार दी है।[3] डॉ० मसीहुज़्ज़माँ ने 'उमराव जान अदा' और 'बाज़ारे-हुस्न' का तुलनात्मक अध्ययन प्रस्तुत करते हुए लिखा है : "**प्रेमचन्द के यहाँ वक़्त गुज़र जाने की वजह से हमें यह तवक़्क़ो थी कि हक़ीक़त-निगारी ज़्यादा कामयाब और ज़िन्दगी की तफ़सीर ज़्यादा सच्ची होगी, लेकिन प्रेमचन्द के ज़ेहन पर उनके इख़लाक़ का जज़्बा इस क़दर मुसल्लत था और इस्लाह की क़ूवत ऐसी हावी थी कि आख़िर वह अपने किरदार को ज़िंदगी से दूर कर देते हैं।**"[4] अमृतराय भी इसी मत की पुष्टि करते हैं : "**वेश्याओं की समस्या 'सेवासदन' में ज़रूर उठायी, लेकिन बिल्कुल बाहर से,**

1. अमृतराय : प्रेमचन्द, क़लम का सिपाही, पृ० 486
2. रामविलास शर्मा : प्रेमचन्द और उनका युग, पृ० 22
3. "उमराव जान' में 'रुसवा' ग़दर के पहले की मुआशरत का जायज़ा लेते और यह दिखाते हैं कि उसका ख़त्म हो जाना फ़ितरत की तारीख़ का तक़ाज़ा था।" ख़र्शीदुल इस्लाम : तनक़ीदें पृ० 252
   "उमराव जान अदा' का मौज़ूअ उन्नीसवीं सदी की ज़वाल-आमदा ज़िंदगी है, जिसे 'रुसवा' ने मुख़्तलिफ़ पहलुओं से पेश किया है। ख़ानम का मकान उस तहज़ीब की अलामत है और नॉवेल के आख़िरी हिस्से में उसकी वीरानी और उजाड़पन ग़दर के बाद उस दौर के ख़ात्मे की निशानी है।"—मसीहुज़्ज़माँ : मेआरो-मीज़ान, पृ० 177
4. मसीहुज़्ज़माँ : मेआरो-मीज़ान, पृ० 176

रूखे-सूखे समाज सुधारक की तरह। कुप्रिन उन्हें उन अभागिनों के दिल की गहराइयों में लगेगा—और मुंशी जी का मन भीग गया और बस।''[1] डॉ० यूसुफ़ सरमस्त लिखते हैं : **''बाज़ारे-हुस्न' का मौजूद बज़ाहिर तवायफ़ की जिनदगी है, लेकिन प्रेमचन्द तवायफ़ की ज़िंदगी को पेश करने में क़तई नाकाम हुए हैं। 'शहिदे-राना' और 'उमराव जान अदा' ऐसे नॉवेल हैं, जिनसे 'बाज़ारे-हुस्न' का कोई मुक़ाबिला नहीं किया जा सकता।''**[2]

'बाज़ारे-हुस्न' के विषय-वस्तु पर विचार करते हुए इस तथ्य पर भी ध्यान रखना चाहिए कि प्रेमचन्द ने प्रस्तुत उपन्यास की रचना के पूर्व उक्त उपन्यासों के अतिरिक्त विक्टर ह्यूगो की रचना 'लॉ मिज़राब्ल' का अध्ययन किया था, जिससे उन्हें प्रेरणा मिली थी। इसकी चर्चा मुंशी दयानरायण निगम के नाम 2 जनवरी, 1917 ई० के पत्र में मिलती है। लिखते हैं : **''पहले यह बताइये कि विक्टर ह्यूगो की मशहूर किताब 'ले मिज़राब्ल' का उर्दू-तर्जुमा हुआ है या नहीं। अगर हुआ है तो कहाँ से मिल सकता है। अगर नहीं हुआ है तो मैं इस काम में जुटना चाहता हूँ। साल भर का काम है। किसी तरह से पता लगाइये।''**[3]

'बाज़ारे-हुस्न' की रचना एवं प्रकाशन-काल के विषय में प्रेमचन्द साहित्य के अध्येता-विद्वानों ने परस्पर विरोधी मत प्रकट किये हैं। प्रेमचन्द के अभिन्न मित्र मुंशी दयानरायन निगम लिखते हैं : **''जब उन्होंने अपना दूसरा नॉवेल 'सेवासदन' लिखा, तो कलकत्ता एजेंसी ने पहले एडीशन के लिए एकमुश्त साढ़े चार सौ रुपये दिये। ग़ालबन 1914 ई० की बात है।''**[4] सम्भवत: डॉ० इंद्रनाथ मदान ने इसी कथन के आधार पर 'बाज़ारे-हुस्न' का प्रकाशन वर्ष 1914 ई० लिखा गया था,[5] जिसका संशोधन करके बाद में उन्होंने उर्दू पाण्डुलिपि का लेखन-काल जनवरी 1917 ई० से जनवरी 1918 ई० के बीच निश्चित किया।[6]

आचार्य नन्ददुलारे वाजपेयी के मतानुसार 'सेवासदन' का प्रकाशन 1916 ई० में हुआ।[7] यही मत डॉ० रामरतन भटनागर[8] तथा डॉ० क़मर रईस के

---

1. अमृतराय : प्रेमचन्द, क़लम का सिपाही, पृ० 518
2. यूसुफ़ सरमस्त : बीसवीं सदी में उर्दू नॉवेल, पृ० 173
3. प्रेमचन्द : चिट्ठी-पत्री, भाग 1, पृ० 56
4. दयानरायन निगम : प्रेमचन्द साहब की बाज़ तसनीफ़ का हाल, 'ज़माना', प्रेमचन्द विशेषांक, 1937
5. इंद्रनाथ मदान : प्रेमचन्द, एक विवेचन, पृ० 40
6. इंद्रनाथ मदान : निबंध और निबंध, पृ० 167
7. नंददुलारे वाजपेयी : प्रेमचन्द, साहित्यिक विवेचन, पृ० 17
8. रामरतन भटनागर : प्रेमचन्द, पृ० 82

हैं[1] परन्तु डॉ० राजेश्वर गुरु ने 'सेवासदन' का प्रकाशन 1916–17 ई० के बीच कहा है।[2] इसके विपरीत अमृतराय के विचार में 'सेवासदन' 1919 ई० के मध्य में प्रकाशित हुआ।[3] तथा डॉ० शिवनारायण श्रीवास्तव ने 1914 ई० और 1918 ई० की व्याख्या करते हुए सिद्ध किया है कि इस उपन्यास का उर्दू रूप 'बाज़ारे-हुस्न' के नाम से 1914 ई० में लिखा गया और उसका हिन्दी अनुवाद 1918 ई० के आस-पास मुद्रित हुआ।[4] इसी प्रकार डॉ० यूसुफ़ सरमस्त के मतानुसार : **''प्रेमचन्द ने 1916 ई० से बाज़ारे-हुस्न लिखना शुरू किया।''**[5]

अमृतराय ने 'बाज़ारे-हुस्न' की रचना 1917 ई० के पहले महीने में लिखा है, जब प्रेमचन्द गोरखपुर में थे।[6] इसकी पुष्टि मुंशी दयानरायन निगम के नाम प्रेमचन्द के 24 जनवरी, 1917 ई० के पत्र से होती है जिसमें उन्होंने लिखा : **''मैं आजकल एक क़िस्सा लिखते-लिखते नॉवेल लिख चला। कोई सौ सफ़हे पहुँच चुका है। इसी वजह से छोटा क़िस्सा न लिख सका। अब इस नॉवेल में ऐसी जी लग गया है कि दूसरा काम करने की जी ही नहीं चाहता।....क़िस्सा दिलचस्प है और मुझे ऐसा ख़याल होता है कि मैं अब की बार नॉवेल-नवीसी में भी कामयाब हो सकूँगा।''**[7] फिर 2 मार्च, 1911 ई० को उन्होंने इलाहाबाद से पुनः सूचना दी : **''आजकल अपना नॉवेल लिखने में मह्व हूँ। यह ख़त्म हो जाय तो कुछ और करूं,''**[8] इसके दस दिन बाद इलाहाबाद से फिर लिखा : **''नॉवेल ग़ालबन एक माह में पूरा होगा और उम्मीद करता हूँ कि मई में उसे आपके मुआइने** (मुलाहिज़े।) **के लिए हाज़िर कर सकूँगा।''**[9] इसकी पुनरावृत्ति पुनः 23 मार्च 1917 ई० के पत्र में है : **''मेरा नॉवेल चल रहा है। अब ज़रा इत्मीनान हो जाय तो खत्म करूं। तूल हो रहा है, चाहता हूँ कि जल्द अंजाम की तरफ़ चलूँ।''**[10] और हुआ भी यही कि बहुत जल्द उपन्यास के अंजाम तक पहुँच गये। 8 अगस्त, 1917 ई० को मुंशी जी को उपन्यास के समाप्त होने की सूचना दे

---

1. क़मर रईस : प्रेमचन्द का तनक़ीदी मुतालिआ, पृ० 181
2. राजेश्वर गुरु : प्रेमचन्द एक अध्ययन, पृ० 140
3. अमृतराय : प्रेमचन्द, क़लम का सिपाही, पृ० 140
4. शिवनरायण श्रीवास्तव : हिन्दी उपन्यास, पृ० 79
5. यूसुफ़ सरमस्त : बीसवीं सदी में उर्दू नॉवेल, पृ० 172
6. अमृतराय : प्रेमचन्द क़लम की सिपाही, पृ० 179
7. प्रेमचन्द : चिट्ठी-पत्री, भाग 1, पृ० 57
8. प्रेमचन्द : चिट्ठी-पत्री, भाग 1, पृ० 59
9. वही, पृ० 60
10. वही, पृ० 62

दी : "**अपना नॉवेल ख़त्म कर रहा हूँ। इसे पहले हिन्दी में तबा कराने का क़स्द है। उर्दू में तो पब्लिशर अनक़ा है।**"[1]

उपर्युक्त पत्रों से सिद्ध हो जाता है कि "बाज़ारे-हुस्न" का लेखन एक वर्ष के भीतर ही समाप्त हो गया था। उर्दू-मूल तैयार होने के बावजूद प्रकाशक न मिल पाया और प्रेमचन्द को निश्चय करना पड़ा कि इसे उर्दू के पूर्व हिन्दी में प्रकाशित किया जाय, जहाँ प्रकाशक सुविधा से उपलब्ध थे और उनके उपन्यासों को छापने के लिए तत्पर थे। अमृतराय लिखते हैं : "**पोद्दार इसी दम उपन्यास की पाण्डुलिपि माँग रहे थे, जितनी जल्दी मिले वह छपायी शुरू करें। यह एक जी को अच्छी लगने वाली बात थी। लिहाजा जिस रब में किताब लिखी गयी, उसी तेज़ी से उसका हिन्दीकरण शुरू हुआ।**"[2] ऐसा लगता है कि प्रेमचन्द ने 'बाज़ारे-हुस्न' का हिन्दीकरण करने में पूरी तत्परता से कार्य किया था, क्योंकि 29 जनवरी, 1918 ई० को मुंशी दयानरायन निगम को लिखते हैं : "**मज़मून अभी साफ़ नहीं हो सका। अपना नॉवेल हिन्दी में लिख रहा हूँ। फ़ुरसत नहीं मिलती।**"[3] और फिर कुछेक पारिवारिक व्यस्तताओं के बावजूद शीघ्र ही उपन्यास का हिन्दीकरण समाप्त कर दिया। 2 जून, 1918 ई० को मुंशी दयानरायन निगम को सूचना दी : "**मैं 29 मई तक शादी से फ़राग़त पा गया। अभी दो-एक रोज़ की झंझट और बाक़ी है। इसके बाद कलकत्ता जाने का क़स्द है अपने हिन्दी नॉवेल को प्रेस में देना है।**"[4] फिर प्रेमचन्द 'सेवासदन' के प्रकाशन व्यवस्था के लिए 11 जून 1918 ई० को कलकत्ता गये और वहाँ से 30 जून को वापस हुए।[5] कलकत्ता से ही 23 सितम्बर, 1918 ई० को मुंशी दयानरायन निगम को लिखा : "**बाज़ारे-हुस्न के मुतअल्लिक़ भी गुफ़्तगू हो रही है। इसका हिन्दी एडीशन दस फ़ार्म छप चुका है।**"[6]

'सेवासदन' का प्रथम संस्करण हिन्दी पुस्तक एजेंसी, कलकत्ता' से निकला। इस पर कोई मतभेद नहीं है, परन्तु जैसा कि ऊपर चर्चा हो चुकी है, प्रकाशन वर्ष के विषय में अनेक मत प्रकट किये गये हैं। हमारे विचार में 'सेवासदन' का प्रकाशन वर्ष दिसंबर 1918 ई० स्वीकार किया जाना चाहिए। इसके निम्नलिखित प्रमाण हैं :

(1) डॉ० गोपाल राय की सूचनानुसार पटना के चैतन्य पुस्तकालय में

1. प्रेमचन्द : चिट्ठी-पत्री, भाग-1, पृ० 65
2. अमृतराय : प्रेमचन्द, क़लम का सिपाही, पृ० 181
3. प्रेमचन्द : चिट्ठी-पत्री, भाग 1, पृ० 67
4. वही, पृ० 69
5. प्रेमचन्द : चिट्ठी-पत्री, भाग 1, पृ० 70
6. वही, पृ० 73

'सेवासदन' का पहला संस्करण उपलब्ध है। उस पर संवत् 1975 ई० अंकित है।[1]

(2) डॉ० माता प्रसाद गुप्त के अनुसार इसकी प्रकाशन तिथि 15 दिसंबर, 1918 ई० है, जिसे उन्होंने बंगाल के गज़ट में प्रकाशित प्रथम त्रैमासिक सूची के आधार पर प्रमाणित किया है।

(3) 'सेवासदन' का एक परिचय 'सरस्वती' के 1918 ई० के अंक में प्रकाशित हुआ, जिससे उपन्यास के फ़रवरी 1919 ई० के पूर्व प्रकाशित हो जाने की पुष्टि होती है।

(4) प्रेमचन्द ने मुंशी दयानरायन निगम को 24 अप्रैल, 1919 ई० के पत्र में 'सेवा-सदन' के हिन्दी में ख्याति प्राप्ति की चर्चा की है, जिससे प्रमाणित हो जाता है कि उस समय तक हिन्दी पत्र-पत्रिकाओं में 'सेवासदन' का स्वागत किया जा चुका था। उक्त पत्र में प्रेमचन्द लिखते हैं : "**आप यह सुनकर ख़ुश होंगे कि मेरे हिन्दी नॉवेल ने ख़ूब शुहरत हासिल की और अक्सर नक़्क़ादों ने उसे हिन्द ज़बान का बेहतरीन नॉवेल कहा। यह 'बाज़ारे-हुस्न' का तर्जुमा है।**"[2]

'बाज़ारे-हुस्न' की रचना उर्दू में हुई थी, परन्तु उर्दू में प्रकाशन बहुत बाद में हुआ और बड़ी कठिनाइयों के बाद। उर्दू में प्रकाशक 'अनक़ा' थे ही, पर मुंशी जी के नये मित्र इम्तयाज़ अली 'ताज' से जो 'कहकशाँ' के संपादक थे और राष्ट्रीय विचारधारा रखते थे 'बाज़ारे-हुस्न' छापने की बात हुई। पुस्तक रूप में छपने में कठिनाई है, तो क्रमशः पत्रिका में ही प्रकाशित हो जाय। किसी प्रकार पाठकों तक तो पहुँचे और लेखक का परिश्रम सफ़ल हो सके। 27 जुलाई, 1918 ई० को 'ताज' के नाम पत्र में लिखते हैं : "**क्या यह मुमकिन हो कि 'कहकशाँ' में मेहा नॉवेल 'बाज़ारे-हुस्न' बित्तरतीब निकल सके। मुमकिन है कि इसके निकलने से पर्चे की इशाअत पर कुछ असर पड़े। यह नॉवेल कोई तीन सौ सफ़हात का है। इसके लिखने में मैंने अपनी कोई कोशिश उठा नहीं रखी। किताब की सूरत में अब तक इसलिए नहीं निकाल सका कि मुझे फ़ुरसत ही नहीं मिलती कि तमाम-ओ-कमाल एक बार साफ़ कर सकूँ। माहवार दस-बीस सफ़हे तो मुमकिन हैं, मगर इकबारगी 300 सफ़हात का ख़याल करके हौसला छूट जाता है। मगर जब तक 'कहकशाँ' की इशाअत माक़ूल न हो जाय, नॉवेल निकालने का ख़याल क़ब्ल-अज़-वक़्त मालूम होता है।**"[3]

---

1. गोपाल राय : उपन्यासकार प्रेमचन्द पृ० 38
2. प्रेमचन्द : चिट्ठी-पत्री, भाग 1, पृ० 84
3. प्रेमचन्द : चिट्ठी-पत्री, भाग 2, पृ० 97

ऐसा लगता है कि 'ताज' ने प्रेमचन्द का प्रस्ताव स्वीकार कर लिया था। क्योंकि 20 मार्च के पत्र में पुनः प्रेमचन्द लिखते हैं : **''सख़्त नादिम हूँ कि अब तक 'बाज़ारे-हुस्न' के मुतअल्लिक ईफ़ा-ए-वादा न कर सका। बार-बार कोशिश की कि मुस्तक़िल तौर पर साफ़ कर डालूँ लेकिन एक न एक रुकावट आ जाती है। किताब एक चौथाई साफ़ करके पड़ी हुई है। अब तो 15 अप्रैल तक मुझे मरने की भी फ़ुरसत नहीं है। इंशा-अल्लाह 1 मई तक।''**[1] और 2 अप्रैल, 1919 ई० को 'बाज़ारे-हुस्न' की पहली किस्त 'मरने की फ़ुरसत' न होने के बावजूद भेज ही दी : **''कल की डाक से 'बाज़ारे-हुस्न' बजरीए रजिस्टर्ड पैकेट ख़िदमत में पहुँचेगा। ख़त्म हो गया। पैकेट बाँधा हुआ तैयार है। आज डाकख़ाना बंद है। आप इसे एक बार सरसरी तौर पर देख जायँ और इसके मुतअल्लिक़ अपनी राय से मुत्तला.फ़रमावें।''**[2] तथा पहली क़िस्त भेजने के बाद ही प्रेमचन्द 'बाज़ारे-हुस्न' की पाण्डुलिपि की सफ़ाई में जी जान से लग गये। 19 अप्रैल, 1919 ई० के पत्र में सूचना देते हैं : **''अब मज़ामीन और बाज़ारे-हुस्न में लिपटा हूँ। ख़ुदा करे लाहौर में अम्न हो।''**[3] इसी को कहते हैं काज़ी जी दुबले क्यों, शहर के अंदेशे से!

जो भी हो उपर्युक्त पंक्तियाँ देश की उस दुर्भाग्यपूर्ण स्थिति की ओर संकेत कर रही हैं, जिसमें देश के विभिन्न भागों में हिन्दू-मुसलमानों के बीच सांप्रदायिक दंगों की आग में मानवता झुलस रही थी। इसे प्रेमचन्द ने 'बाज़ारे-हुस्न' में विषय-वस्तु भी बनाया। अब उर्दू में भी छपेगी, तो उर्दू-पाठकों को प्रेमचन्द का दृष्टिकोण ज्ञात होगा। इसलिए चाहते हैं कि किसी प्रकार 'बाज़ारे-हुस्न' उर्दू में प्रकाशित हो जाय। 'ताज' ने जो भी शर्तें रखी हैं, सभी स्वीकार हैं। 27 मई, 1919 ई० को लिखते हैं : **''बाज़ारे-हुस्न' के मुतअल्लिक़ : आप इसे अगर हमेशा के लिए चाहते हैं, तो मुझे कोई उज्र नहीं है। मैं उर्दू पब्लिक से वाक़िफ़ हूँ। यहाँ हमेशा के माने हैं ज़्यादा से ज़्यादा तीन एडीशन और वह भी दस सालों में या इससे ज़्यादा। इसलिए मैं ऐसी शर्तें हरगिज़ पेश नहीं कर सकता, जो नामाक़ूल हों। मेरे ख़याल में पहले एडीशन के लिए आप बीस फ़ीसदी रक्खें और बक़िया दो एडीशनों के लिए दस फ़ीसदी। यानी कुल रक़म तीन सौ पचास रुपये होती है। यह हिसाब मैंने कुल उमूर को मद्दे-नज़र रखकर पेश किया है और मुझे यक़ीन है कि आपको नागवार न होगा।''**[4] तथा 30 जुलाई, 1919 ई० के पत्र में संकेत है कि 'ताज' ने प्रेमचन्द की सभी शर्तें कदाचित स्वीकार न की। यद्यपि

1. प्रेमचन्द : चिट्ठी-पत्री, भाग-2, पृ० 98
2. वही, पृ० 99
3. वही, पृ० 99
4. प्रेमचन्द : चिट्ठी-पत्री, भाग 2, पृ० 100

'बाज़ारे-हुस्न' के विषय में विलंब पर प्रेमचन्द ने खेद व्यक्त किया है; परन्तु इसमें टालने की वृत्ति है : "**'बाज़ारे-हुस्न' का ज़िक्र करते हुए ख़ौफ़ मालूम होता है। इसलिए अब वादे न करूँगा।**"[1] यह वृत्ति 11 अगस्त, 1919 ई० के पत्र में अधिक स्पष्ट है : "**'बाज़ारे-हुस्न' तो मालूम नहीं कब तक तैयार हो, इस असना में अगर 'बत्तीस हिस्सा दोयम' आप शाया कर सकें, तो ख़ूब हो।**"[2] जिसके उत्तर में 'ताज' ने क्या लिखा, इस का पता नहीं। सम्भवतः उन्होंने उर्दू पाण्डुलिपि देखने की इच्छा प्रकट की थी, क्योंकि 30 सितंबर, 1919 ई० को प्रेमचन्द पुनः लिखते हैं : "**जब 'बाज़ारे-हुस्न" के मुतअल्लिक़, यह नॉवेल तक़रीबन तीन सौ सफ़हात का हो। लिखा हुआ तैयार है, मगर महज़ अदीमुल-फ़ुर्सती के बाइस साफ़ न कर सका। अगर आप इतनी बड़ी किताब छाप सकें, तो मैं साफ़ करना शुरू करूँ, वरना अभी गर्मी की तातील तक मुल्तवी रखूँ। आप को साफ़ करने की तकलीफ़ न दूँगा, क्योंकि साफ़ करने में अक्सर क़िस्से के सीन के सीन पलट जाते हैं। इस क़िस्से में मैंने एक अख़लाक़ी बेशर्मी, यानी बाज़ारे-इस्मतफ़रोशी पर चोट की है। अगर आप यूँ ही देखना चाहें, तो इसके मुताफ़र्रिक़ अजज़ा आपके पास भेज दूँ। मुआवज़े के मुतअल्लिक़, क़िस्सा जब आप देख लेंगे, तब। 'कहकशाँ' के लिए मैंने पहले अर्ज़ की थी कि मैं आइन्दा कई माह तक बहुत कम लिख सकूँगा। मगर इंशा-अल्लाह कोई मौक़ा निकाल कर आपके इर्शाद की तामील करूँगा।**"[3] परन्तु लगता है कि 'ताज' ने फिर कोई तक़ाज़ा किया, क्योंकि 25 सितंबर, 1919 ई० को लिखते हैं : '**बाज़ारे-हुस्न' में ताख़ीर हुई। यह ख़याल हुआ कि इस दिन की तातील हो रही है। मुमकिन है सफ़हात और नक़्ल हो जाये, तो इकट्ठे भेजूँ, इसलिए रोक लिया है।**"[4] परन्तु उपन्यास का फिर से साफ़ करना कठिन बनता गया। 12 अक्टूबर, 1919 ई० के पत्र में लिखते हैं : "**बाज़ारे-हुस्न रफ़्ता-रफ़्ता साफ़ हो रहा है। इरादा है कि एक मुहर्रिर रखकर काम जल्दी ख़त्म कर डालूँ।**"[5] फिर 19 दिसम्बर, 1919 ई० को लिखा : "**बत्तीसी का काम जारी रखियेगा, ताकि हिस्सा अव्वलो-दोम साथ-साथ निकले। बाज़ारे-हुस्न की कापी भी क़िस्सा-ए-मौऊदा के साथ रवाना-ए-ख़िदमत होगी।**"[6] और फिर 11 फ़रवरी, 1920 ई० को लिखा : "**बाज़ारे-हुस्न का गुजराती एडीशन निकल रहा है। ख़ूब-ख़ूब तस्वीरें**

---

1. प्रेमचन्द : चिट्ठी-पत्री, भाग-2, पृ० 103
2. वही, पृ० 104
3. प्रेमचन्द : चिट्ठी-पत्री, भाग 2, पृ० 105
4. वही, पृ० 107
5. वही, पृ० 108
6. वही, पृ० 110

निकल रही हैं। आप चाहेंगे तो ब्लाक दिलवा दूँगा। मुसव्वर एडीशन निकल जायेगा और अर्ज़ां।''[1] इस प्रकार किसी न किसी प्रकार 'बाज़ारे-हुस्न' की पाण्डुलिपि उर्दू में दोबारा साफ़ हो ही गयी। 24 मार्च, 1920 ई० को सूचना देते हैं : ''बाज़ारे-हुस्न के अब कुछ अड़तीस सफ़हात बाक़ी हैं। पहली अप्रैल को आपके पास रजिस्टर्ड पहुँच जायेगी।''[2] और फिर 14 अप्रैल, 1920 ई० लिखा : ''मुफ़स्सल ख़त मिला, लेकिन मुफ़स्सल जवाब उस वक़्त दूंगा जब आप 'बाज़ारे-हुस्न' तमामे-कमाल पढ़ चुकेंगे। उसके मुतअल्लिक़ आपने, जो कुछ फ़रमाया, वह सब आपको क़द्र-अफ़जाई है। मैं बहुत ममनून हूँगा अगर जनाब उस पर अपनी मुफ़स्सल तबसराना राय से मुझे मुत्तला फ़रमाएँ। इसमें नाराज़ होने की कौन-सी बात है? नक़्क़ाद हैं कहाँ? मुझे तो इसकी आरज़ू रहती है कि कोई मुझे ख़ूब नेको-बद समझाए। इसकी तबाअत, हक़्क़-उल-ख़िदमत वग़ैरह के मुताल्लिक़ आप मुझसे कहीं बेहतर फ़ैसला कर सकते हैं।''[3] फिर 'ताज' को उर्दू पाण्डुलिपि उनकी फ़रमाइश पर भेज दी। उन्होंने देख ली और पसंद कर ली। तो प्रेमचन्द ने खुलकर रायल्टी की समस्या पर 22 अप्रैल, 1920 ई० के पत्र में लिखा : ''बाज़ारे-हुस्न आप शाया करें। शरायत के मुतअल्लिक़ यह अर्ज़ है कि आप पहले एडीशन के लिए मुझे बीस फ़ीसदी रायल्टी अता फ़रमावें । पहला एडीशन बारह सौ नुस्ख़ों का हो। ग़ालिबन सवा रुपये क़ीमत रखी जाय। मुझे 240 जिल्दें मिलेंगी। यह जिल्दें ख़ाह मुझे जिल्दों की सूरत में देदें या रुपये की सूरत में। रुपये की सूरत में देने से वही कमीशन, जो मैं किसी दूसरे बुक्सेलर, मसलन रिसाल 'ज़माना' को दूँगा, आपसो वज़ा कर दूँगा। अगर आप इसे पसंद न फ़रमावें, तो आप मुझे जिल्दें ही दे दें। मैं किसी तरह बेच या बिकवा लूँगा। अगर इन सूरतों में कोई पसंद न हो, तो मुझे एडीशन के लिए दो सौ पचास रुपये अता फ़रमावें। हिन्दी में मुझे पाँच सौ रुपये मिले थे। गुजराती एडीशन में मुझे सौ रुपये मिले। आप जिस तरह चाहें फैसला करें। दो सौ पचास रुपये ग़ालिबन ज़रूरत से ज़्यादा मुतालबा नहीं है। मेरी डेढ़-साल की मेहनत और ख़ामाफ़ारसाई का नतीजा यह किताब है। अगर यह सब शर्तें आपको नागवार मालूम हों, तो अपनी मर्ज़ी के मुताबिक़ किताब शाया करके मुझे जो चाहे देदें। मैं आपका मशकूर हूँगा। मुझे यह सख़्त ज़िल्लत मालूम होती है कि अपनी किताब के लिए पब्लिशरों की ख़ुशामद करता फिरूँ।''[4] और पुनः 15 जून, 1920 ई० को लिखा : ''बाज़ारे-हुस्न के मुतअल्लिक़ अगर आपको

1. प्रेमचन्द : चिट्ठी-पत्री, भाग-2, पृ० 110
2. वही, पृ० 111
3. वही, पृ० 112
4. प्रेमचन्द : चिट्ठी-पत्री, भाग 2, पृ० 112

मेरी शर्तें मंजूर हैं, तो रुपये के लिए फ़िक्र न कीजिए। मुझे सिफ़लहाल अशद ज़रूरत नहीं। आख़िर अगस्त तक भेज दें, तब भी कोई हर्ज नहीं।''[1] साथ ही साथ पाण्डुलिपि की स्थूलता को ध्यान में रखते हुए 25 जून, 1920 ई० के पत्र में 'ताज' के दो भागों में प्रकाशित करने के सुझाव को स्वीकार करते हुए लिखा : **''बेहतर है 'बाज़ारे-हुस्न' दो हिस्सों में शाया हो। मेरे ख़याल में भी यही तजवीज़ थी।''**[2] परन्तु सम्भवत: किसी कारणवश 'बाज़ारे-हुस्न' के प्रकाशन में 'ताज' और प्रेमचन्द के बीच हुए मुआहदे में असाधारण विलम्ब हुआ, क्योंकि 28 अगस्त, 1920 ई० के पत्र में प्रेमचन्द की यह पंक्तियाँ महत्वपूर्ण हैं : **''मालूम नहीं 'प्रेम बत्तीसी' इस ज़िंदगी में शाया होगी या नहीं। 'बाज़ारे-हुस्न' का अल्लाह ही हाफ़िज़ है और 'नाकाम' का तो अभी ज़िक्र ही क्या। न 'ज़माना प्रेस' को फ़ुरसत, न दारुल-इशाअत को मुहलत!''**[3] और यह सुनकर कि 'बाज़ारे-हुस्न' का प्रकाशन कार्य प्रारम्भ हो गया है, 26 अगस्त, 1920 ई० को प्रसन्न होकर लिखा : **''बाज़ारे-हुस्न की किताबत होने लगी, बड़ी ख़ुशी की बात है। हिस्सा अव्वल अभी तक मुंशी दयानरायन साहब की बेतवज्जुही के सबब मुआरिज़े-इल्तवा में पड़ा हुआ है। मगर उम्मीद है कि हिस्सा-ए-दोम का शाया होना ताज़ियाने का काम देगा और यही मेरी गरज़ थी।''**[4] और जैसे-जैसे 'बाज़ारे-हुस्न' की कितावत होती जाती थी, प्रेमचन्द का उत्साह बढ़ता जाता था। 29 अक्टूबर, 1920 ई० को पाण्डुलिपि में शांता के पत्र का एक हिस्से का मुसव्वदा भेजते हुए प्रसन्नतापूर्वक लिखा : **''ईश्वर मरीज़ को जल्द शिफ़ा और आपको तीमरदारी की मुसीबत से निजात दे। बहुत ख़ुश हूँ कि 'बाज़ारे-हुस्न' की किताबत अनक़रीब ख़त्म है।''**[5] इससे स्पष्ट है कि प्रेमचन्द की दिली ख़ाहिश थी कि 'बाज़ारे-हुस्न' छपे और तस्वीरों के साथ बहुत अच्छी छपे। लेकिन कहीं से कोई न कोई रुकावट आ जाती। तभी तो 10 नवंबर, 1920 ई० के पत्र में यह पंक्तियाँ मिलती हैं : **''नॉवेल के मुतअल्लिक़ तस्वीरों की राय फ़िस्ख़ हो गयी। हिन्दी का पब्लिशर इसे जल्द निकालना चाहता है। दूसरे एडीशन में तस्वीरें दी जायेंगी। इसलिए फ़िलहाल उनका ज़िक्र फ़ुज़ूल। रहा मुआवज़ा, वह क़िस्सा पढ़ लेने पर आप ख़ुद तय कर लेंगे। हिन्दी वालों ने मुझे चार सौ रुपये दिये हैं। उर्दू में इतनी उम्मीद नहीं। मगर इक्कीस सतरी सफ़हे के बारह आने के हिसाब से क़बूल कर लेने में मुझे तअम्मुल न होगा। यह मेरा पहला ज़ख़ीम नॉवेल है।....मुझे इसकी**

1. प्रेमचन्द : चिट्ठी-पत्री, भाग 2, पृ० 114
2. वही, पृ० 115
3. वही, पृ० 117
4. प्रेमचन्द : चिट्ठी-पत्री, भाग 2, पृ० 194
5. वही, पृ० 124

इशाअत की फ़िक्र है।''[1]

उपर्युक्त पत्र में हिन्दी प्रकाशकों से 'सेवासदन' के पारिश्रमिक के रूप में चार सौ रुपये मिलने का उल्लेख है परन्तु इसी संदर्भ में उद्धरित 22 अप्रैल, 1920 ई० के पत्र में पाँच सौ रुपये मिलने की चर्चा हो चुकी है। इन दोनों कथनों में क्या सत्य है और क्या नहीं, अब इसका निर्णय करना सम्भव नहीं। यह भी हो सकता है कि उर्दू प्रकाशक से सौदाबाज़ी करने में रक़म बढ़ाकर बतायी गयी हो और वास्तविक रूप में हिन्दी प्रकाशकों से चार सौ रुपये से भी कम प्राप्त हुए हों!

उर्दू में आज भी किसी किताब का छपवाना जू-ए-शीर लाने से कम नहीं। उस समय तो और भी कठिनाई थी। आज की स्थिति में पहले कातिब साहब की ख़ुशामद-बरामद कीजिए। फिर प्रेस वालों के पास दौड़िये। उस समय तो मात्र लेथू द्वारा ही मुद्रण सम्भव था। कापियाँ पत्थर पर जमवाइये। अगर कापियाँ जमने में कोई गड़बड़ी हो जाय, तो संग-साज़ के नख़रे उठाइए। फिर भी ख़ुदा ही हाफ़िज़ है, जो किताब छप जाय। लेखक इन कठिनाइयों को क्या समझें। उसे तो बस प्रकाशक की लापरवाही दिखायी पड़ती है। प्रेमचन्द के तक़ाज़ों से 'ताज' पर क्या बीती होगी, इसकी कल्पना ही की जा सकती है। हमारे सामने उनका कोई बयान नहीं है। प्रेमचन्द के तक़ाज़े ही तक़ाज़े हैं। 26 जून, 1921 ई० को 'ताज' को लिखते हैं : **''मुझे मुतलक़ ख़बर नहीं कि 'बाज़ारे-हुस्न' की इशाअत का काम कितना हुआ है और इसमें कितनी देर है......लेकिन आपके किसी रिसाले में उसका इश्तेहार तक नज़र नहीं आता। कुछ राज़ समझ में नहीं आता। बराहे-करम मुफ़स्सल हालात से सरफ़राज़ फ़रमायें।''**[2] और फिर 19 दिसंबर, 1921 ई० को पूरे आक्रोश के साथ लिखा : **''बाज़ारे-हुस्न' की बाक़ी किताबत अभी ख़त्म हुई या नहीं। किताब का शाया होने का कब तक इंतेज़ार करूँ।''**[3] इसी प्रकार 16 फ़रवरी, 1922 ई० को लिखते हैं : **''मेरा हिन्दी नॉवेल ख़त्म हो गया, अब उर्दू काम जल्द होगा, जब तक 'बाज़ारे-हुस्न' प्रेस से निकलेगा, शायद नये नॉवेल का हिस्सा-ए-अव्वल आपकी ख़िदमत में हाज़िर हो जाय।''**[4]

उपर्युक्त पत्र से स्पष्ट हो जाता है कि फ़रवरी, 1922 ई० तक 'बाज़ारे-हुस्न' का उर्दू में प्रकाशन नहीं हुआ था और उसके पहले संस्करण के विषय में डॉ०

---

1. प्रेमचंद : चिट्ठी-पत्री, भाग 2, पृ० 126
2. वही, 131
3. वही, पृ० 135
4. वही, पृ० 135

कमल किशोर गोयनका का मन्तव्य कि 'सेवासदन' का उर्दू-रूप 'बाज़ारे-हुस्न' लाहौर से सन् 1911 ई० के मध्य में दो क़िस्तों में प्रकाशित हुआ।[1] कितना निराधार और भ्रामक है, कहने की आवश्यकता नहीं।

हमें 'बाज़ारे-हुस्न' का प्रथम संस्करण प्राप्त हो गया है, जिसका 'हिस्सा अव्वल' सिलसिला-ए-कहकशाँ नं० 6 में **'अदीबे-फ़ितरतनिगार मुंशी प्रेमचन्द'** के नाम से 'दारुल-इशाअत, पंजाब, लाहौर' ने प्रकाशित किया। इस पर प्रकाशन वर्ष 1921 ई० मुद्रित है। इससे अनुमान किया जा सकता है कि 'बाज़ारे-हुस्न' का प्रथम भाग 1921 ई० में ही प्रकाशित हो गया था और उपर्युक्त 16 फ़रवरी, 1922 ई० के पत्र में द्वितीय भाग के प्रकाशन के विषय में लिखा गया है। इसकी पुष्टि इससे भी होती है कि उक्त पत्र में उपन्यास के प्रकाशन के समाप्त होने पर एक नये उपन्यास के देने की भी चर्चा है, जो निश्चय ही 'गोशा-ए-आफ़ियत' है।

'बाज़ारे-हुस्न' और 'सेवासदन' के तुलनात्मक अध्ययन में अनेक निष्कर्ष युक्त बातें सामने आती हैं। यद्यपि 'सेवासदन', 'बाज़ारे-हुस्न' का अनुवाद ही है परन्तु अनेक प्रकार के महत्वपूर्ण परिवर्तनों के कारण इसे पृथक मान्यता मिल सकती है। यदि 'सेवासदन' की 'बाज़ारे-हुस्न' के प्रथम भाग के अध्यायों से तुलना की जाय, जो निम्नलिखित अंतर पाये जाते हैं :

(1) उर्दू के चौथे अध्याय में हिन्दी का चौथा और पाँचवा दोनों अध्याय सम्मिलित हैं।

(2) हिन्दी के पाँचवें अध्याय में उर्दू के चार और पाँच दोनों अध्यायों के अंश सम्मिलित किये गये हैं।

(3) उपर्युक्त परिवर्तन हिन्दी के अध्याय दस में भी है, जिसमें उर्दू के अध्याय दस और ग्यारह सम्मिलित किये गये हैं।

(4) हिन्दी और उर्दू अध्यायों में ग्यारह अध्याय से एक अध्याय का अंतर आ गया है। हिन्दी अध्याय ग्यारह उर्दू में बारह है और यह क्रम उन्नीसवें अध्याय तक चलता है।

(5) हिन्दी के अध्याय अठारह में उर्दू के अध्याय उन्नीस और बीस दोनों सम्मिलित कर लिये गये हैं। इस प्रकार इस अध्याय में उर्दू और हिन्दी के अध्यायों के क्रम में दो अध्यायों का अंतर हो जाता है और हिन्दी का उन्नीसवाँ अध्याय उर्दू का इक्कीसवाँ अध्याय है।

---

1. कमल किशोर गोयनका : प्रेमचन्द के उपन्यासों का शिल्प-विधान, पृ० 61

(6) हिन्दी के अध्याय उन्नीस के बाद क्रम बीस न होकर बाईस मुद्रित है, जो उर्दू संस्करण में भी बाईसवाँ अध्याय है। इस प्रकार इस अध्याय में उर्दू-हिन्दी दोनों संकलनों में समानता है।

(7) हिन्दी में अध्याय बाईस के बाद क्रम पच्चीस मुद्रित है, जो उर्दू में अध्याय तेईस है।

(8) हिन्दी में अध्याय छब्बीस के स्थान पर बाईस मुद्रित है, इस अध्याय में उर्दू के अध्याय चौबीस और पच्चीस के अंश सम्मिलित किये गये हैं।

'बाज़ारे-हुस्न' के कुछेक अंश हिन्दी संस्करण में नहीं हैं। ऐसा लगता है कि अनुवादक ने उनकी उपेक्षा कर दिया है। ऐसा नहीं कि यह अंश कथानक से अलग से हो। ऐसा क्यों हुआ, कहना कठिन है। उदाहरणार्थ 'बाज़ारे-हुस्न' भाग 1 से कुछेक उद्धरण प्रस्तुत किये जाते हैं :

"कृश्न चन्दर से उनके महेकमेवाले बदज़न थे।"[1]

"साज़िन्दे वाह-वा की हाँक लगा रहे थे और सारा मकान नाग़मों से गूँज रहा था।.....वह अपनी क़ौम पर जान देते हैं।"[2]

"क़ौमी ख़ादिमों को क़तई कामयाबियाँ बहुत कम नसीब होती हैं, वक़्ती कामयाबियाँ ही उनकी मसर्रत के लिए काफ़ी होती हैं।"[3]

'बाज़ारे-हुस्न' को 'सेवासदन' करने में प्रेमचन्द के अन्य उपन्यासों की भाँति अनुवादक ने अनुवाद-प्रयोग किये हैं, जिससे अनेक स्थानों पर दोनों मूल में अंतर आ गया है। तुलनात्मक अध्ययन के लिए निम्नलिखित बिन्दुओं पर विचार कर लेना उचित होगा, समान उद्धरण प्रस्तुत किये जाते हैं :

(1) प्रेमचन्द के उर्दू से अनूदित अन्य उपन्यासों के विपरीत 'सेवासदन' में अनेक स्थानों पर अनुवाद में मूल से अधिक प्रवाह, बल एवं स्वाभाविकता है तथा उसमें मौलिक रचना का-सा रस मिलता है।

(2) उर्दू-मूल को हिन्दी रूप देने में अनेक स्थानों पर विस्तार कर दिया गया है जिससे यद्यपि रचना की मौलिक वृत्ति की हानि पहुँची है किन्तु अनुवाद में मूल से अधिक रचना-शक्ति प्रतीत होती है, जैसे :

"रात हो रही थी, चूल्हे की सूरत देखकर सुमन की रूह काँप रही थी, पर तौअन-करहन उठी।"[4]

---

1. प्रेमचन्द : बाज़ारे-हुस्न, भाग 1, पृ० 216
2. प्रेमचन्द : बाज़ारे-हुस्न, भाग 1, पृ० 46-48
3. वही, पृ० 117
4. प्रेमचन्द : बाज़ारे-हुस्न, भाग 1, पृ० 27

''रात हो रही थी, सुमन का चूल्हे के सामने जाने की जी न चाहता था। बदन में यूँ ही आग लगी हुई है। आँच कैसे सही जायेगी। पर सोच-विचार कर उठी।''[1]

(3) अनेक स्थानों पर अनुवाद हास्यास्पद हो गया है, उदाहरणार्थ उर्दू में एक स्थान पर महंत जी के भ्रष्ट कारोबार को व्यंग्यात्मक रूप में चित्रित किया गया है, जिसे हिन्दी में '**श्री बांके बिहारी जी**',[2] की कृपा बताने से व्यंग्य प्रभाव कम हो गया है।

''**हाकिम ने उन्हें दौरे सिपुर्द कर दिया।**''[3] सरीखे अप्रचलित शब्दों का प्रयोग तथा '**गव्वासी के उसूलों का माहिर**'[4] के स्थान पर हिन्दी में '**जिसने कभी मदिरा का सेवन न किया हो**'[5] आदि-आदि।

इसी प्रकार उर्दू में '**दिल की रानी**' तथा '**हिमाक़त**'[6] लिखा गया है तो हिन्दी में '**सर्वगुण संपन्ना**' तथा '**अन्याय**'[7] कर दिया गया, जिससे अनुमान होता है कि अनुवादक मात्र ख़ानापुरी के लिए ही अनुवाद कर रहा है।

'**सेवासदन**' पर उर्दू प्रभाव स्पष्ट है, जिससे अनुवादक मुक्त नहीं हो सका है। प्रेमचन्द के जीवनकाल में प्रकाशित प्रस्तुत इस हिन्दी-संस्करण में अरबी-फ़ारसी शब्दों के उच्चारण को ध्यान में रखते हुए उन पर अधिकांश आवश्यक उर्दू अक्षरों पर नुक़ते लगाये गये हैं। कुछेक उर्दू-हिन्दी मिश्रित भी हैं, जो आज के पाठक को खटकते हैं। उदाहरणार्थ—'**निकाह बंधन**', '**प्रफुल्ल बदन**', '**निरर्थक बकवास**' आदि। कहीं-कहीं उर्दू-मुहावरों का असंगत प्रयोग भी है जैसे:

''यह सब के सब फ़ैशन के गुलाम हैं, जिनकी शिक्षा ने उन्हें अंग्रेज़ी का मुँह चिढ़ाना सिखा दिया है।''[8]

'अंतिम लेख को पढ़कर उसका धैर्य हाथ से जाता रहा।''[9]

---

1. प्रेमचन्द : सेवासदन, पृ० 24
2. प्रेमचन्द : सेवासदन, पृ० 5
3. वही, पृ० 15
4. प्रेमचन्द, बाज़ारे-हुस्न, भाग 1, पृ० 125
5. प्रेमचन्द : सेवासदन, पृ० 105
6. प्रेमचन्द : बाज़ारे-हुस्न, भाग 2, पृ० 118
7. प्रेमचन्द : सेवासदन, पृ० 248
8. वही, पृ० 237
9. वही, पृ० 231

इसी प्रकार '**उसका ख़ून खौलने लगा**' को '**रक्त खौलने लगता है**''[1] लिखा गया है।

'बाज़ारे-हुस्न' में राष्ट्रीय भाषा समस्या पर भी प्रेमचन्द ने प्रकाश डाला है। उन्होंने अंग्रेज़ी भाषा एवं संस्कृति के आसाधारण प्रभुत्व पर भी प्रहार किया है और अंग्रेज़ी पढ़ने-बोलने का दासता का लक्षण कहा है। एक स्थान पर कहते हैं :

''जब तक हमारा तालिबे-इल्म तबक़ा अंग्रेज़ी ज़बान का शैदा बना रहेगा किसी क़ौमी ज़बान का ईजाद होना मुहाल है।''

फिर कहते हैं :

'मेरी समझ में नहीं आता कि अंग्रेज़ी ज़बान में बोलना और लिखना लोग क्यों इस क़दर बाइसे-फ़ख़्र समझते हैं। मैंने भी अंग्रेज़ी पढ़ी है।''[2]

सामूहिक रूप से कहा जा सकता है कि 'सेवासदन' प्रेमचन्द के उर्दू उपन्यास 'बाज़ारे-हुस्न' का अनुवाद मात्र है। हिन्दी कथा साहित्य में इसे मौलिक उपन्यास के रूप में मान्यता देना असंगत है।

गोशा-ए-आफ़ियत : प्रेमाश्रम

प्रेमचन्द ने अपना उपन्यास 'बाज़ारे-हुस्न' समाप्त करने के तीन महीने के भीतर ही 2 मई, 1918 ई० से 'गोशा-ए-आफ़ियत' की रचना प्रारम्भ कर दी थी।[3] 28 नवंबर, 1919 ई० को मुंशी दयानरायन निगम को लिखते हैं : **''....अब कुछ दिनों के लिए छोटे क़िस्से लिखना बंद करके इल्मी मज़ामीन लिखने की कोशिश करूँगा। दिमाग़ एक साथ दो मुख़्तलिफ़ प्लाट नहीं संभाल सकता। तजरुबा कर चुका हूँ कि एक ही काम एक वक़्त हो सकता है। या तो नॉवेल लिखूँ या कहानियाँ; नॉवेल के लिए एक ही प्लाट काफ़ी है और उसका लिखना इतना मुश्किल नहीं है, जितना हर माह में दो-तीन कहानियों का।''**[4]

इस बीच प्रेमचन्द ने कहानियाँ कम ही लिखीं और जो लिखीं भी उन पर 'गोशा-ए-आफ़ियत' का स्पष्ट प्रभाव दिखायी पड़ता है। 'कहकशाँ' के अप्रैल 1920 ई० के अंक में प्रकाशित कहानी 'इसलाह' (पशु से मनुष्य) तो 'गोशा-ए-आफ़ियात' का एक अंश मात्र प्रतीत होती है।

'गोशा-ए-आफ़ियत' के लेखन तथा प्रकाशन के विषय में भी प्रेमचन्द साहित्य के अधिकारी विद्वान एक मत नहीं हैं, जिससे भ्रम उत्पन्न हो गया है :

---

1. प्रेमचन्द : सेवासदन, पृ० 237
2. प्रेमचन्द : बाज़ारे-हुस्न, भाग 2, पृ० 144
3. अमृतराय : प्रेमचन्द, क़लम का सिपाही, पृ० 203
4. प्रेमचन्द : चिट्ठी-पत्री, भाग 1, पृ० 91

डॉ० रामरतन भटनागर[1], डॉ० इन्द्रनाथ मदान[2] , डॉ० शिव नारायण श्रीवास्तव[3] तथा हंसराज 'रहबर'[4] के कथनानुसार 'प्रेमाश्रम' का प्रकाशन 1922 ई० में हुआ परन्तु डॉ० प्रताप नारायण टण्डन उसका प्रकाशन 1921 ई० में मानते हैं।[5] इसी प्रकार आचार्य नंददुलारे बाजपेयी के विचार में 'प्रेमाश्रम' का प्रकाशन काल 1922–23 ई० है[6] और प्रो० फ़िराक़ गोरखपुरी के कथनानुसार : **"1919 ई० में जब वह अपना हौसलाख़ेज़ नॉवेल प्रेमाश्रम लिखने में मशग़ूल थे, तो मुद्दरिसी और सुपरिन्टेण्डटेंट बोर्डिंग हाउस की ख़िदमतें अंजाम देते थे।"**[7] परन्तु अमृतराय का मंतव्य है कि 'प्रेमाश्रम' का प्रकाशन 1921 ई० के पूर्वार्द्ध में हुआ[8] परन्तु डॉ० कमलकिशोर गोयनका ने 1921 ई० का अंत अथवा जनवरी 1922 ई० में उसका प्रकाशन माना है।[9] तथा डॉ० यूसुफ़ सरमस्त ने बिना संदर्भ दिये अमृतराय के मत की पुनरावृत्ति कर दी है।[10]

उपर्युक्त विरोधाभासी तथ्यों के आधार पर निष्कर्ष निकालना असम्भव होना परन्तु संयोगवश 'गोशा–ए–आफ़ियत' की मूल–पाण्डुलिपि ही सुरक्षित रह गयी है, जिस पर 2 मई, 1918 ई० को 'गोशा–ए–आफ़ियत' का लेखन काल प्रारम्भ करने तथा 25 फ़रवरी, 1920 ई० को समाप्त करने की सूचना अंकित है।

प्रेमचन्द के पत्रों में भी इसके लेखन के विषय में कई स्थानों पर संकेत किये गये हैं। 28 अक्टूबर, 1918 ई० को मुंशी दयानरायन निगम को लिखते हैं : **"नॉवेल शुरू कर रखा है, जो शायद महीने में 4–5 सफ़हात से ज़्यादा नहीं चलता।"**[11] इससे अनुमान होता है कि प्रारम्भ में लेखन गति अत्यंत धीमी चल रही थी, परन्तु 25 अक्टूबर, 1919 ई० के पत्र में मुंशी दयानरायन निगम को दी गयी सूचना से स्पष्ट हो जाता है कि 'प्रेमाश्रम' के लेखन में प्रेमचन्द अत्यंत व्यस्त हो गये थे : **"नये नॉविल की तसनीफ़ में बेहद मसरूफ़ हूँ।"**[12] इसी

1. रामरतन भटनागर : प्रेमचन्द, पृ० 82
2. इन्द्रनाथ मदान : प्रेमचन्द एक विवेचन, पृ० 63
3. शिवनारायण श्रीवास्तव : हिन्दी उपन्यास, पृ० 84
4. हंसराज 'रहबर': प्रेमचन्द, जीवन कला और कृतित्व, पृ० 178
5. प्रताप नारायण टण्डन : हिन्दी उपन्यास का उद्‌भव और विकास, पृ० 177
6. नंददुलारे बाजपेयी :प्रेमचन्द साहित्यिक विवेचन, पृ० 37
7. 'फ़िराक़' गोरखपुरी : 'ज़माना' प्रेमचन्द विशेषांक।
8. अमृतराय : प्रेमचन्द, क़लम का सिपाही, पृ० 654
9. कमलकिशोर गोयनका : प्रेमचन्द के उपन्यासों का शिल्प–विधान, पृ० 64
10. यूसुफ़ सरमस्त : बीसवीं सदी में उर्दू नॉवेल, पृ० 175
11. प्रेमचन्द : चिट्ठी–पत्री, भाग 1, पृ० 76
12. वही, पृ० 89

प्रकार की एक सूचना मुंशी दयानरायन निगम के नाम 5 सितंबर, 1919 ई० के पत्र में भी है : "**नया नॉवेल ख़ूब ताबील हो रहा है, इसका नाम अभी 'नेकनाम' रखा है। ग़ालबन दिसंबर तक ख़त्म हो जायेगा।**"[1] फिर 18 फ़रवरी, 1920 ई० को मुंशी दयानरायन निगम को लिखा : "**मेरा दूसरा नॉवेल 'नाकाम' अनक़रीबे-इख़्तेताम है। वह पूरा हो जावे तो नौबतराय की तरफ़ मुतवज्जोह हूँ और क़िस्से भी लिक्खूँ। हिन्दी का आजकल बहुत काम करना पड़ता है। यह नॉवेल ही हिन्दी में छपेगा। उर्दू में इसका क्या हश्र होगा, मालूम नहीं।**"[2] पुन: 11 मार्च, 1920 ई० के पत्र में भी एक संकेत है : "**अभी तक 'नाकाम' में 'मसरूफ़ था।**'[3] इसी प्रकार 28 अगस्त, 1920 ई० को इम्तियाज़ अली 'ताज' को लिखते हैं : "**कई काम छेड़ रक्खे थे। सभी अधूरे पड़े हुए हैं। 'नाकाम' नामुकम्मल है। उसका हिन्दी तर्जुमा नामुकम्मल है।**"[4] फिर 16 फ़रवरी, 1922 ई० को इम्तियाज़ अली 'ताज' को सूचना दी : "**मेरा हिन्दी नॉवेल ख़त्म हो गया। अब उर्दू का काम जल्द होगा।**"[5]

उपर्युक्त पत्रों से उर्दू-पाण्डुलिपि पर अंकित लेखन प्रारम्भ करने की तिथि 2 मई, 1918 ई० तथा समाप्त करने की तिथि 25 फ़रवरी, 1920 ई० के सही होने में कोई भ्रम नहीं रहता। ऐसा लगता है कि प्रेमचन्द ने उपन्यास को प्रारम्भ करने के पहले ही उसका नामकरण कर दिया था। पहले 'नेकनाम' फिर बाद में 'नाकाम' रखने का विचार था। परन्तु प्रकाशन के समय उन्हें यह दोनों नाम अस्वीकार कर दिये। उर्दू में इस उपन्यास का प्रकाशन हिन्दी संस्करण के छ: वर्षों के बाद हुआ। हिन्दी प्रकाशन के विषय में मुंशी दयानरायन निगम के नाम पत्र 23 मई, 1922 ई० में उल्लेख है : "**मेरा नया नॉवेल भी शाया हो गया, बड़े अच्छे रिव्यू हो रहे हैं।**"[6] इससे स्पष्ट हो जाता है कि मई 1922 ई० तक 'प्रेमाश्रम' का प्रकाशन हो चुका था, जिसकी पुष्टि रामदास गौड़ द्वारा लिखित 'अनुवचन' की तिथि से भी होती है, जो 'प्रेमाश्रम' के प्रथम संस्करण के साथ प्रकाशित हुआ। डॉ० गोपालराय के अनुसार भी यही तिथि प्रमाणित होती है।[7]

हिन्दी में 'प्रेमाश्रम' का प्रकाशन उत्साहजनक रहा। प्रेमचन्द ने 14 जुलाई, 1922 ई० को मुंशी दयानरायन निगम को सूचना दी : "**नया नॉवेल एक हज़ार**

---

1. प्रेमचन्द : चिट्ठी-पत्री, भाग 1, पृ० 87
2. वही, पृ० 97
3. वही, पृ० 98
4. वही, भाग-2, पृ० 117
5. प्रेमचन्द : चिट्ठी-पत्री, भाग 2, पृ० 135
6. वही, भाग 1, पृ० 121
7. गोपालराय : साप्ताहिक हिन्दुस्तान, 17 फ़रवरी, 1963 ई० पृ० 13

निकल गया।"[1] हिन्दी में प्रथम संस्करण का प्रकाशन 'हिन्दी पुस्तक एजेंसी, कलकत्ता' द्वारा 1922 ई० में हुआ, जिससे प्रेमचन्द को तीन हज़ार रुपये का पारिश्रमिक मिला। परन्तु उर्दू में स्थिति ख़राब ही रही, जिसके कारण प्रकाशन में विलंब होता गया। उन्हें कोई ढंग का प्रकाशन न मिल सका, जो उर्दू में लिखे गये इस उपन्यास को प्रकाशित करता। 22 अप्रैल, 1923 ई० को मुंशी दयानरायन निगम को लिखते हैं : **"मेरी कई किताबें निकलने के लिए तैयार हो रही हैं। 'प्रेम पचीसी' ख़त्म हो गयी। 'गोशा-ए-आफ़ियत' महज़ इसलिए नातमाम है कि कोई पब्लिशर नहीं है।"**[2] बड़ी कठिनाइयों के बाद किसी तरह 'गोशा-ए-आफ़ियत' का प्रथम संस्करण-उर्दू में 'दारुल इशाअत, लाहौर' से 1928 ई० में हुआ, जब हिन्दी में 'प्रेमाश्रम' असाधारण रूप में प्रसिद्ध हो चुका था।

'गोशा-ए-आफ़ियत' की मूल उर्दू पाण्डुलिपि का एक अंश वाराणसी के 'रामरतन पुस्तक भवन' में संग्रहीत है। यह 15वें अध्याय के पृष्ठ 4 तथा 11वें अंतिम अंश से 38वें अध्याय पर आधारित है। यह अपूर्ण पाण्डुलिपि नीली रौशनाई से लिखी गयी है। 'प्रेमाश्रम' का 'गोशा-ए-आफ़ियत' से तुलनात्क अध्ययन किया जाय, तो उर्दू प्रभाव स्पष्ट है :

"मुझे इस दर्दे-सर की फ़ुरसत नहीं।"[3]

"अब तो हमारा गुज़र हो चुका।"[4]

"उनकी आँखें अमेरिका की गगन स्पर्शी अट्टालिकाओं के देखने की आदी हो गयी थीं।"[5]

"लोगों की आँखों से गौरव की किरणें निकल रही थीं।"[6]

"घर में बैठना नितांत दुरूह था।"[7]

"दोनों ने कई दिनों तक मंत्र को कण्ठ किया, उसके मुखाग्र हो जाने पर सलाह होने लगी।"[8]

---

1. प्रेमचन्द : चिट्ठी-पत्री, भाग 1, पृ० 126
2. प्रेमचन्द : चिट्ठी-पत्री, भाग 1, पृ० 131
3. प्रेमचन्द : प्रेमाश्रम, पृ० 63
4. प्रेमाश्रम, पृ० 89
5. वही, पृ० 111
6. वही, पृ० 259
7. वही, पृ० 117
8. वही, पृ० 370

"मेरी आत्मा विद्युत की भण्डार हो गयी।"[1]

प्रेमाश्रम में तत्सम उर्दू-शब्दों का अधिकता से प्रयोग किया गया है। कुछेक उदाहरण निम्नलिखित हैं :

मुआज़-अल्लाह, मकरूह, इत्तेहादी, उलूहियात, मसावात, मरदुम-शिनास, मज़लूमा, लस्सान, तशबीह, लक़ब, बरअक्स इत्यादि।

प्रेमचन्द के अन्य उपन्यासों के समान ही उक्त उपन्यास के विषय में अनेक महत्वपूर्ण प्रश्न उठते हैं, जिनमें सर्वप्रथम यह है कि हिन्दी पाण्डुलिपि किसने तैयार की? प्रेमचन्द ने अथवा किसी अनुवादक ने। इसका सही पता नहीं लगता। 17 जुलाई, 1926 ई० को मुंशी दयानरायण निगम के नाम पत्र में, जिसकी चर्चा 'सेवासदन' के संदर्भ में हो चुकी है, प्रेमाश्रम के हिन्दी में लिखने तथा उर्दू में अनुवाद करने की चर्चा है। जैसाकि पहले कहा जा चुका है कि प्रेमचन्द का उक्त कथन सही नहीं है। अतः यह कहना कठिन है कि 'गोशा-ए-आफ़ियत' का अनुवाद किसने किया।

प्रेमाश्रम का हिन्दी संस्करण प्रकाशित होते ही विवाद-ग्रस्त हो गया। इलाहाबाद के पंडित अवध नरायन उपाध्याय ने इसे टॉल्सटाय के 'रिज़ेरेक्शन' का हिन्दी रूपांतर बताया। पंडित उपाध्याय गणित के अध्यापक थे। उन्होंने बीजगणित के अनुरूप ही समीक्षा भी कर दी, जो अत्यंत हास्यास्पद है, निम्न में एक उद्धरण प्रस्तुत किया जाता है :

$$\text{नेहलूडफ़} = (\text{ज्ञानशंकर} + \text{प्रेमशंकर} + \text{मायाशंकर}) \times \frac{1}{\text{अ}}$$

$$\text{परन्तु अधिकतर} = \text{नेहलूडफ़ का कुछ हिस्सा} = \text{ज्ञानशंकर}$$

$$\text{ज्ञानशंकर} = (\text{नेहलूडफ़} + \text{कीज़ेवेटर} + \text{शोनबुक} + \text{नोवोदरीफ़} + \text{सिमसन}) \times \frac{1}{\text{ब}}$$

$$\text{प्रेमशंकर} = (\text{नेहलूडफ़} + \text{क्रिस्टसाफ} + \text{नवातफ़}) \times \frac{1}{\text{अ}}$$

$$\text{मायाशंकर} = (\text{नेहलूडफ़} + \text{एक विद्यार्थी}) \times \frac{1}{\text{अ}}$$ ।[2]

उपर्युक्त प्रकार की समीक्षाओं से प्रेमचन्द को हानि पहुँचने के बजाय लाभ ही हुआ। 'प्रेमाश्रम' के प्रति साधारण पाठक की उत्सुकता चरम सीमा को पहुँच गयी, जिससे पुस्तक की असाधारण बिक्री हुई। एक वर्ष के भीतर ही हज़ार

---

1. प्रेमचन्द : प्रेमाश्रम, पृ० 349
2. अमृतराय : प्रेमचन्द, क़लम का सिपाही, पृ० 382

प्रतियाँ निकल गयीं। मुंशी दयानरायन निगम को लिखते हैं : "**नया नॉविल एक हज़ार निकल गया। अब क़िस्सों का मजमूआ निकलने वाला है। मुझे मालूम होता है शायद इक नॉवेल और अच्छा लिखकर मैं ख़ाना-नशीन हो सकता हूँ। हस्बे-ज़रूरत घर बैठे मिल जायेगा।**"[1] और फिर कुछ दिनों बाद मुंशी दयानरायन निगम को शुभ समाचार दिया : "**आपको यह सुनकर ख़ुशी होगी कि 'प्रेमाश्रम' की 1200 जिल्दें निकल गयीं। जब दूसरे एडीशन की तैयारी है।**"[2]

'गोशा-ए-आफ़ियत' का उर्दू-जगत ने किस रूप में स्वागत किया और उसका प्रथम संस्करण कितने दिनों में समाप्त हुआ, इसके विषय में सही सूचना उपलब्ध नहीं है। सम्भवत: स्थिति निराशाप्रद ही थी, क्योंकि यदि उर्दू-संस्करण ने प्रेमचन्द को प्रोत्साहित किया होता, तो किसी न किसी रूप में मुंशी दयानरायन निगम को सूचना अवश्य देते।

'गोशा-ए-आफ़ियत' तथा 'प्रेमाश्रम' की पाण्डुलिपि में अंतर की चर्चा करते हुए अमृतराय ने लिखा है : "**पहले उर्दू-मुसौदे से, अनुवाद करते समय मुंशी जी ने और सब कुछ तो ज्यों का त्यों रहने दिया, लेकिन जब आख़ीर के टुकड़े पर आये, तो वह बात ग़लत मालूम हुई, क्योंकि अंग्रेज़ों ने बहुतों की ज़मीनदारियाँ छीन ली थीं और फिर अपने नये ज़मीनदार पैदा किये थे— अपने पिट्ठुओं में से, जिन्होंने ग़दर में और उसके पहले भी उसकी मदद की।**"[3]

सत्य यह है कि परिवर्तन क्रम पूरे उपन्यास में फैला हुआ है। समग्र रूप में उपन्यास के अंत में तो कम; मध्य में अधिक परिवर्तन देखा जा सकता है। हिन्दी तथा उर्दू संस्करणों के अंतर के कुछेक उदाहरण प्रस्तुत किये जाते हैं :

(1) अनेक स्थान पर अनुवाद में भावार्थ ही ले लिया गया है, जिससे हिन्दी तथा उर्दू संस्करणों में अंतर आ गया है।

"**इस समय वह अलाव के पास बैठै हुए नारियल पी रहे हैं......**"[4]

"**जाड़ा अगरचे ख़म हो चुका हो लेकिन लोग इस वक्त आदतन अलाव के गिर्द बैठे हुग नारियल पी रहे हैं.........**"[5]

यही रूप अन्यत्र भी है :

"**गायत्री—नहीं......**"[6]

---

1. प्रेमचन्द : चिट्ठी-पत्री, खण्ड 1, पृ० 126
2. प्रेमचन्द : चिट्ठी-पत्री, खण्ड 1, 127
3. अमृतराय : प्रेमचन्द, क़लम का सिपाही, पृ० 223-24
4. प्रेमचन्द : प्रेमाश्रम, भाग 1, पृ० 5
5. प्रेमचन्द : गोशा-ए-आफ़ियत, भाग 1, पृ० 5
6. प्रेमचन्द : प्रेमाश्रम, पृ० 80

गायत्री थियेटर में ठहरी कहाँ.....''[1]

(2) कुछेक स्थानों पर अनावश्यक रूप से सारांश प्रस्तुत करने के कारण रचनाशक्ति एवं भाव प्रभावित हुए हैं, जैसे :

''विद्या—उस साल जब अकाल पड़ा और प्लेग भी फैला.......''[2]

''विद्यावती—एक साल तुम जब गोरखपुर में थी तो क़हर पड़ा था। यहाँ प्लेग ज़ोरों से फैला तो हम इलाक़े पर गये।''[3]

(3) अनुवाद में मूल रचना का भाव तो वही रहा है, परन्तु उसकी प्रस्तुति में अंतर है, जिससे अनुवाद तथा मूल रचना का कथ्य ही बदलता-सा मालूम होता है, उदाहरणार्थ :

''विद्या—तो फिर मैं भी न रहूँगी, तुम्हारे साथ ही चली जाऊँगी।''[4]

''विद्या—तो फिर हम दोनों साथ-साथ चलेंगे।''[5]

इसी प्रकार एक अन्य उदाहरण देखिए :

''मानवी—अगर यह विचार उनके मन में आया है तो वह किसी के रोके न रुकेंगे।.......इन निठल्लों का अत्याचार केवल इसलिए सहना पड़ता है कि यह मेरे दूर के नातेदार हैं।''[6]

''गायत्री—तो अगर उनके दिल में यह ख़याल पैदा हुआ है, तो वह किसी के रोके न रुकें।...मेरे बग़ैर सब काम बिगड़ जायेगा।''[7]

(4) एक स्थान पर अनुवाद में प्रेमचन्द का दृष्टिकोण ही बदल दिया गया है। उर्दू में बिरादरी के प्रतिबंधों पर सामूहिक रूप में चर्चा है,[8] इसके विपरीत हिन्दी में उसे हिन्दू-धर्म का समर्थक ही नहीं वरन् प्रचारक बना दिया गया है।[9]

अनुवाद में '**सिद्धान्तों को बलिदान करना**' तथा '**पुरुष**' उर्दू के '**उसूलों को कुर्बान करना**' और '**शख़्स**' का अनुवाद मात्र है, जो हिन्दी शब्द संस्कार के अनुरूप नहीं है।

---

1. प्रेमचन्द : गोशा-ए-आफ़ियत, भाग 1, पृ० 144
2. प्रेमचन्द : प्रेमाश्रम, पृ० 81
3. प्रेमचन्द : गोशा-ए-आफ़ियत, भाग 1, पृ० 144
4. प्रेमचन्द : प्रेमाश्रम, पृ० 82
5. गोशा-ए-आफ़ियत, भाग 1, पृ० 146
6. प्रेमचन्द : प्रेमाश्रम, पृ० 82
7. प्रेमचन्द : गोशा-ए-आफ़ियत, भाग 1; पृ० 147
8. वही, पृ० 204
9. प्रेमचन्द : प्रेमाश्रम, पृ० 113

(5) कुछेक स्थानों पर उर्दू में संक्षेप है, परन्तु हिन्दी में अनुवाद करते समय विस्तृत हो गया है, उदाहरणार्थ :

"विद्या—लेकिन अभी तक तो तुमने बाबूजी से इसकी चर्चा भी नहीं की।"[1]

"विद्या—तुम चली जाओगी तो दो चार दिन में मैं भी अपनी राह लूंगी, मगर तुमने अभी बाबू जी से तो पूछा ही नहीं।"[2]

(6) उर्दू में 'मैना' का पिंजड़े से उतारने का उल्लेख है[3] तो हिन्दी में 'चिड़ियों' का।[4] यद्यपि इससे भावार्थ में कोई अंतर नहीं आता। कुछेक स्थानों पर परिवर्तन से भावार्थ का उल्लेख है, जिसका हिन्दी-रूप संक्षिप्त होने पर भी अधिक स्वाभाविक एवं प्रभावपूर्ण है, उदाहरणार्थ :

"और इससे भी ज़्यादा ख़ौफ़ उसकी उज्रदारी का था। क्योंकि क़ादिर क़ानूनी मआमिलात में भी माहिर था।"[5]

"वह सदैव इसी उधेड़बुन में रहते थे कि शैतान को कैसे पंजे में लाऊँ"[6]

उपर्युक्त उदाहरणों से अनुवादक के अभिवृत्ति का विश्लेषण किया जा सकता है। ऐसा प्रतीत होता है कि अनुवादक मूलकृति के भावार्थ-संप्रेक्षण से अधिक परिवर्तन हेतु परिवर्तन की ओर अग्रसर रहता है, जिससे उचित-अनुचित का भेद भी नहीं करता। इसमें भ्रम नहीं रहना चाहिए कि अनुवाद में अपने तौर पर बहुत कुछ घटा-बढ़ा दिया गया है। घटाया तो कदाचित ही है, बढ़ाया अधिक है। हिन्दी में 'प्रेमाश्रम' एक ही भाग में प्रकाशित हुआ है। उर्दू में उसके दो भाग हैं। जैसा कि ऊपर कहा जा चुका है कि अमृतराय का यह कथन सही नहीं है कि प्रेमाश्रम का हिन्दी संस्करण तैयार करते हुए अंतिम अंश में अधिकतर परिवर्तन किया गया है। अधिकांश परिवर्तन 'गोशा-ए-आफ़ियत' हिस्सा अव्वल में ही है। हिस्सा दोम में अपेक्षाकृत कम परिवर्तन किया गया है।

हिन्दी तथा उर्दू-संस्करणों में कुछेक प्रकाशन सम्बन्धी अंतर भी हैं। हिन्दी संस्करण में 65 अध्याय हैं परन्तु उर्दू में 64। हिन्दी में एक नया अध्याय नहीं जोड़ा गया है वरन् उर्दू संस्करण के अध्याय 16 को दो अध्यायों में विभाजित

---

1. प्रेमचन्द : गोशा-ए-आफ़ियत, भाग 1, पृ० 146
2. प्रेमचन्द : प्रेमाश्रम, पृ० 82
3. प्रेमचन्द : गोशा-ए-आफ़ियत, भाग 1, पृ० 69
4. प्रेमचन्द : प्रेमाश्रम, पृ० 39
5. गोशा-ए-आफ़ियत, भाग 1, पृ० 81
6. प्रेमचन्द : प्रेमाश्रम, पृ० 46

कर दिया गया है। हिन्दी संस्करण में अध्याय 50 तथा 52 अलग नहीं किया गया है वरन् उनके बाद के अध्यायों का क्रम यथावत रहने दिया गया है। अध्याय 60 पर 30 मुद्रित है, जो सम्भवत: मुद्रण की त्रुटि है। हिन्दी संस्करण में अनेक मुद्रण त्रुटियाँ भी हैं।

मूल उर्दू-पाण्डुलिपि से हिन्दी में अनुवाद करते हुए उर्दू-शब्दों का हिन्दी पर्याय ढूंढ़ने में भी असावधानी बरती गयी है। कुछेक उदाहरण प्रस्तुत हैं—

'मुअज़ज़्ज़ीन' का अनुवाद **'नेतागण'**, **'तीरा-ओ-तारीक'** का अनुवाद **'चरित्र'**, **'शंकर रंजिओं'** का अनुवाद **'कटुवाक्यों'**, **'कमज़र्फ़ाने-कदूरत'** का अनुवाद **'दम्भ और द्वेष'**, **'सई-ए-बातिल'**; का अनुवाद **'खेद'**, **'तवक्कुल'** का अनुवाद **'मानसिक धैर्य'** का अनुवाद **'सेर'**; का अनुवाद **'विरक्त'**, **'इस्तक़लाल'** का अनुवाद **'सजीवता'**, आदि-आदि।

इतना ही नहीं अनेक अवसरों पर साधारण प्रयोग के शब्दों को भी संस्कृतनिष्ठ बनाने के प्रयास में अनुवाद अशुद्ध एवं हास्यास्पद हो गया है। उदाहरण प्रस्तुत है—

जिरह : अविश्वासूचक प्रश्न, चुटकुलों : नुस्ख़ों, सुर्ख़ : 'रक्त वर्ण', 'क़तार' : 'श्रेणी', 'ज़िंदादिली', 'गह्नता', 'नागवार' : 'अश्रद्धा', 'अफ़सर' : 'ऊपर वाले', 'मातहत' : 'नीचे वाले', 'पूंजीपसार' : 'पूंजी', 'हाकिम-परगना' : 'परगना के हाकिम', आदि-आदि।

सामूहिक रूप में कहा जा सकता है कि हिन्दी 'प्रेमाश्रम' उर्दू 'गोशा-ए-आफ़ियत' का अनुवाद मात्र है। कुछेक स्थानों पर परिवर्तन अवश्य दीखता है, जो उसके अनुवादक की देन है।

चौगाने-हस्ती : रंगभूमि

"हानि, लाभ, जीवन, मरन, जस, अपजस, विधि के हाथ है! हम तो खाली मैदान में खेलने के लिए बनाये गये हैं। सभी खिलाड़ी मन लगाकर खेलते हैं, सभी चाहते हैं कि हमारी जीत हो, लेकिन जीत एक ही की होती है, तो क्या इससे हारने वाले हिम्मत हार जाते हैं? वे फिर खेलते हैं, फिर हार जाते हैं, तो फिर खेलते हैं। कभी न कभी उनकी जीत होती ही है। जो आपको आज बुरा समझ रहे हैं, वे कल आपके सामने सर झुकायेंगे। हाँ, नीयत ठीक रहनी चाहिए।......"[1]

किन्तु, यहाँ फेर तो नीयत का ही था। प्रेमचन्द देख रहे थे कि ताहिर अली और विद्याधर निरर्थक टकरा गये हैं, जिससे मिस्टर जॉन सेवक की बन आयी

---

1. प्रेमचन्द : रंगभूमि, पृ० 549

है, जलती हुई लकड़ी पर तेल छिड़कने का काम कर रहे हैं। विनय व्याकुल हो उठा है। दोनों को समझा रहा है किन्तु उसका वश नहीं चलता। सूरदास नेत्रों से लाचार हैं लेकिन उसकी आत्मा की आँखें खुली हुई हैं। वह हिंसा, उपद्रव, ख़ून-ख़राबे को सहन नहीं कर पा रहा है। परन्तु करे भी तो क्या? परिस्थितियों की विडम्बना पर दाँत पीस कर रह जाता है। संसार खेल का मैदान है। यह खेल का मैदान ख़ून की होली से रंगा जा रहा है। प्रेमचन्द अपने गाँव लमही में बैठे हुए देश भर में व्याप्त साम्प्रदायिक दंगे देख रहे हैं। हिन्दू-मुसलमान एक-दूसरे के ख़ून के प्यासे हैं। न कोई भाई है और न कोई पड़ोसी। बस, एक-दूसरे को काट खाना चाहते हैं। प्रेमचन्द का हिन्दुत्व विचित्र रूप में सामने आ गया है। हिन्दुओं पर ही बरस रहे हैं, दाँत पीस रहे हैं : "**हक़ीकत यह है कि हिन्दुओं ने कभी ख़िलाफ़त की अहमियत को ही नहीं समझा और न समझने की कोशिश की बल्कि उसको शुबहे की नज़र से देखते रहे.....हम कहते हैं कि अगर हिन्दुओं में एक भी किचलू, मुहम्मद अली या शौकत अली होता, तो हिन्दू-संगठन और शुद्धि की इतनी गर्मबाज़ारी न होती।**"[1]

इतने उत्तेजित ढंग से प्रस्तुत विचार भला मुंशी दयानरायन निगम आसानी से कैसे छाप दें। एक ओर मित्र है, दूसरी ओर पूरा समाज। फिर, निगम साहब स्वयं भी आर्य समाजी थे। कभी प्रेमचन्द भी आर्य समाजी थे, परन्तु इस बीच तो वे उसके प्रभाव के बाहर दीखते हैं। 22 अप्रैल, 1923 ई० को मुंशी दयानरायन को लिखते हैं : "**मलकाना-शुद्धि पर एक मुख्तसर मज़मून लिख रहा हूँ। मुझे इस तहरीक से सख़्त इख़्तिलाफ़ है......आर्य-समाज वाले भिन्नायेंगे, लेकिन मुझे उम्मीद है, आप 'ज़माना' में इस मज़मून को जगह देंगे।**"[2] परन्तु प्रेमचन्द के आग्रह के बावजूद लेख के छपने की नौबत नौ महीने तक न आयी तो झल्लाकर व्यंग्य-बाण भी मुंशी दयानरायन निगम पर चलाये। 9 जनवरी, 1924 ई० को पत्र में लिखा : "**आपने मेरे मज़मून को मुस्तरद कर दिया। ख़ैर, कोई मुज़ायक़ा नहीं, मैंने लिख डाला, दिल की आरज़ू निकल गयी.....**"[3]

मुंशी दयानरायन निगम विवश हो गये और उन्हें लेख छापना ही पड़ा। लेख के छपते ही हा-हाकार हो गया। मुसलमानों ने हाथों-हाथ स्वागत किया। हिन्दू तड़प-तड़प कर रह गये। प्रेमचन्द ने इसी उत्साह में उर्दू में 'कर्बला' नाटक लिखा। विश्वास था कि मुस्लिम समाज इसका भी स्वागत करेगा। लेकिन अब की बार पाँसा उलटा पड़ गया—"**हम तो खेल के मैदान में खेलने के लिए बनाये**

1. प्रेमचन्द : क़हतुर्रिजाल, 'ज़माना', फ़रवरी, 1924 ई०
2. प्रेमचन्द : चिट्ठी-पत्री, भाग 1, पृ० 132
3. वही, पृ० 140

गये हैं!'' हिन्दू चुप रहे। मुसलमानों ने घोर विरोध किया। इससे मुंशी जी को जो आघात पहुँचा, उसकी चर्चा गत अध्याय में हो चुकी है। सत्य यह है कि प्रेमचन्द ने आदर्शवादी उदारता में मुसलमानों को निर्दोष सिद्ध करने के लिए हिन्दुओं पर आरोप लगाया था, किन्तु साम्प्रदायिक दंगे करने में मुसलमान हिन्दुओं से पीछे नहीं थे। अगर आर्य-समाज ने राष्ट्रीय आंदोलन को सिपाही देना समाप्त करके हिन्दुत्व के प्रचार एवं प्रसार का कार्यभार संभाल लिया था तो मुस्लिम साम्प्रदायिकता भी उसी प्रकार षड्यंत्र कर रही थी। उस समय प्रेमचन्द को ख़िलाफ़त आंदोलन जितना भी राष्ट्रीय दिख रहा हो, वर्तमान चिन्तन उसे राष्ट्रीय आन्दोलन का अंग बनाये जाने को राजनीतिक भूल ही मानता है, जिससे मुस्लिम दक्षिण पंथियों को संरक्षण मिला, जो राष्ट्रीय हित में नहीं था। लेकिन इससे तत्कालिक मुसलमान बहुत ख़ुश था। मुसलमानों के प्रति प्रेमचन्द का झुकाव उन्हें उत्साहित करता था। मौलाना अब्दुल माजिद दरियाबादी लिखते हैं : **''मेरी उनकी काफ़ी बेतकल्लुफ़ी हो गयी थी। जब उनका नावेल 'चौगाने-हस्ती' निकला, तो मैंने ख़ुश होकर उनसे कहा कि इसका मुसन्निफ़ मुसलमान क्यों नहीं हो जाता। इस पर वह हँसा किये और बोले—क्या हिन्दू, क्या मुसलमान, सब एक ही हैं।''**[1] इसी बीच गोवध की समस्या भी जटिल बनी हुई थी, जिससे प्रेमचन्द को घोर विरोध था।

उपर्युक्त पृष्ठभूमि में 'रंगभूमि' के रचना-क्रम का अध्ययन उचित प्रतीत होता है। राष्ट्रीय आंदोलन में भी शिथिलता आ गयी थी। देश के नेता स्वतंत्रता के समर में सिपाही बनने के बजाय कौंसिल की सदस्यता पर फिसल गये थे। इसी बीच जवाहरलाल नेहरू ने स्वतंत्रता-आंदोलन में प्रवेश किया था। प्रेमचन्द को विलायती ढंग से पढ़े-लिखे इन नवयुवक ने आकृष्ट किया था, क्योंकि इस नवयुवक ने अपना कार्य-क्षेत्र गाँव-गाँव में घूमकर किसानों के जागरण को अपनाया था, जो प्रेमचन्द के अंतरात्मा की पुकार थी। 'रंगभूमि' का विनय जवाहरलाल नेहरू का ही प्रतीक है।

प्रेमचन्द हिन्दी में 'प्रेमाश्रम' की लोकप्रियता से प्रभावित थे। मुंशी दयानरायन निगम को 1 अक्टूबर, 1922 ई० को 'प्रेमाश्रम' के हाथों-हाथ बिकने की ख़ुशख़बरी देने के बाद ठीक उसी दिन 'चौगाने-हस्ती' का लेखन-कार्य प्रारम्भ कर दिया। परन्तु 'प्रेमचन्द-साहित्य के अध्येता-विद्वानों ने यथावत 'रंगभूमि' के प्रकाशन के विषय में भी अनेकानेक मत प्रकट किये हैं। उचित ही होगा कि उनका उल्लेख कर दिया जाय।

---

1. अब्दुल माजिद दरियाबादी : मुआसरीन, पृ० 170

आचार्य नंददुलारे बाजपेयी के अनुसार 'रंगभूमि' का प्रकाशन 1923 ई० और 1924 ई० के बीच हुआ।[1] परन्तु डॉ० शिवनारायण श्रीवास्तव ने 1924 ई० को निश्चित रूप में प्रकाशन घोषित किया है[2] तथा रामरतन भटनागर ने 1925 ई० को।[3] इसी प्रकार डॉ० प्रताप नारायण टण्डन के अनुसार 'रंगभूमि' का प्रकाशन 1922 ई० में ही हो गया था।[4] लेकिन हंसराज 'रहबर' ने 1927-28 ई० के बीच प्रकाशन माना है।[5]

उपर्युक्त मंतव्यों के विश्लेषण के पूर्व उचित दीखता है कि प्रसिद्ध हिन्दी लेखक एवं पत्रकार बनारसीदास चतुर्वेदी के कथन को भी ध्यान में रखा जाय। उन्होंने प्रेमचन्द से 1924 ई० में पहली बार भेंट की थी, जिसकी चर्चा करते हुए लिखते हैं : **"सब से पहले 1924 ई० में प्रेमचन्द से लखनऊ में मिलने का इत्तेफ़ाक़ हुआ। जब मैं लेबर फ़ेडरेशन में शरीक होने वहाँ गया। उस ज़माने में वह 'रंगभूमि' नामक उपन्यास लिख रहे थे, मगर उन्होंने मुझे काफ़ी वक़्त दिया और हम लोग बहुत देर तक विभिन्न साहित्यिक समस्याओं पर विचार-विमर्श करते रहे।"**[6] इसकी पुष्टि शिवरानी देवी के कथन से भी होती है। वह लिखती हैं : **"1924 ई० का ज़माना था। आप लखनऊ में थे। चौगाने-हस्ती छप-रहा था।"**[7] प्रेमचन्द ने 2 जनवरी, 1925 ई० को शिवपूजन सहाय को इसके प्रकाशन के विषय में लिखा था : 'रंगभूमि' के 40 फ़ार्म छप चुके हैं।'[8] पुन: 22 फ़रवरी, 1925 ई० को शिवपूजन सहाय को 'रंगभूमि' की एक प्रति भेट करते हुए लिखा : **"लीजिए जिस पुस्तक पर आपने कई महीने दिमाग़-रेज़ी की थी, वह आपका एहसान अदा करती हुई आपकी ख़िदमत में जाती है और आपसे बिनती करती है कि मुझे दो-चार घण्टों के लिए एकांत का समय दीजिए और तब आप मेरी निस्बत जो राय क़ायम करें, वह अपनी मनोहर भाषा में कह दीजिए। मैं 'रंगभूमि' पर आपकी आलोचना का बड़ी बेसबरी से इंतज़ार करूँगा।"**[9].....यहाँ उर्दू-हिन्दी शब्दों के मिले-जुले प्रयोग से स्पष्ट है कि प्रेमचन्द जिस व्यक्ति को संबोधित कर रहे हैं, वह उर्दू तथा हिन्दी दोनों भाषाओं का जानकार है और

---

1. नंददुलारे वाजपेयी : प्रेमचन्द, साहित्यिक विवेचन, पृ० 61
2. शिवनारायण श्रीवास्तव : हिन्दी उपन्यास, पृ० 92
3. रामरतन भटनागर : प्रेमचन्द, पृ० 96
4. प्रताप नारायण टण्डन : हिन्दी उपन्यास का उद्‌भव और विकास, पृ० 179
5. हंसराज 'रहबर' : प्रेमचन्द जीवन कला और कृतित्व, पृ० 189
6. बनारसीदास चतुर्वेदी : 'ज़माना', प्रेमचन्द विशेषांक
7. शिवरानी देवी : प्रेमचन्द, घर में, पृ० 93
8. प्रेमचन्द : चिट्ठी-पत्री, भाग 2, पृ० 221
9. वही, पृ० 222

अंतिम पंक्तियाँ संकेत करती हैं कि वह ऐसा व्यक्ति है, जिसने इस पुस्तक पर '**कई महीने दिमाग़-रेज़ी की थी।**' इससे अनुमान करना अनुचित नहीं है कि सम्भवत् शिवपूजन सहाय द्वारा ही '**चौगाने-हस्ती**' का हिन्दी अनुवाद 'रंगभूमि' अस्तित्व में आया हो।

'रंगभूमि' का प्रथम विज्ञापन जनवरी 1925 ई० को हिन्दी मासिक 'माधुरी' में प्रेमचन्द के चित्र के साथ प्रकाशित हुआ, जिसमें अगले माह इसके प्रकाशन की सूचना दी गयी। इसके प्रथम संस्करण पर प्रकाशन तिथि वसंत पंचमी संवत् 1981 ई० वि० मुद्रित है। इस समस्या का उद्घाटन करते हुए डॉ० कमलकिशोर गोयनका ने लिखा है : "**इस प्रश्न का समाधान यह कह कर किया जा सकता है कि सम्भवतः पुस्तक के छपते समय यह अनुभव किया गया हो कि पुस्तक बसंत पंचमी तक ही प्रकाशित हो सकेगी, इस कारण उस पर 'वसंत पंचमी, 1981 ई०' छाप दिया गया हो, लेकिन पूर्वानुमान से कुछ पूर्व ही पुस्तक छपकर तथा जिल्द बंधकर तैयार हो गयी हो। दूसरा समाधान यह हो सकता है कि सम्भवतः उस वर्ष 'वसंत पंचमी' जनवरी मास में ही पड़ी हो।**"[1] अमृतराय लिखते हैं : "**रंगभूमि की छपायी भी शुरू हो गयी। लिखी पहले उर्दू में गयी, छपी पहले हिन्दी में—वैसे ही जैसे 'सेवासदन' और 'प्रेमाश्रम' के संग हुआ था।**"[2]

उपर्युक्त कथन की पुष्टि प्रेमचन्द के अपने वक्तव्य से भी होती है। उन्होंने उर्दू-संस्करण के दूसरे भाग की भूमिका में लिखा था : "**अगरचे 'रंगभूमि' पहले ऊर्द में ही लिखी गयी थी मगर उसका उर्दू एडीशन हिन्दी एडीशन हो जाने के तीसरे साल शाया हो रहा है। हिन्दी एडीशन तैयार करते वक़्त उर्दू मुसव्वदे में इतनी तरमीम हो गयी कि वह इस हालत में प्रेस के क़ाबिल न था। इसके अलावा कई अबवाब हिन्दी में और बढ़ा दिये गये। उन्हें दोबारा मुसव्वदे में शामिल करना ज़रूरी था। इसलिए सारा उर्दू मुसव्वदा हिन्दी मुसव्वदे के मुताबिक़ करके दोबारा लिखना पड़ा।**"[3]

प्रस्तुत उपन्यास के उर्दू तथा हिन्दी संस्करणों पर ध्यान देने के पूर्व इस समस्या पर दृष्टि रखने की आवश्यकता है कि प्रेमचन्द के विगत दो उपन्यासों 'सेवासदन' तथा 'प्रेमाश्रम' का उर्दू-संस्करण हिन्दी-संस्करण के काफ़ी समय बाद प्रकाशित हुआ। इसलिए यह अनुमान नहीं किया जा सकता है कि प्रेमचन्द 'चौगाने-हस्ती' को उर्दू में इसलिए लिख रहे थे कि उन्हें उर्दू में प्रकाशन की पहले आशा थी। उन्हें अच्छी तरह अनुमान था कि उर्दू-रूप बहुत बाद में छपेगा

---

1. कमलकिशोर गोयनका : प्रेमचन्द के उपन्यासों का शिल्प-विधान, पृ० 65
2. अमृतराय : प्रेमचन्द, क़लम का सिपाही, पृ० 349
3. प्रेमचन्द : चौगाने-हस्ती, भाग 2, भूमिका

तथा उर्दू-रूप को हिन्दी में अनुवाद करने में समय भी लगेगा और व्यय भी। फिर भी मूल रूप उर्दू में ही लिखना यह स्पष्ट कर देता है कि प्रेमचन्द ने 'चौगाने-हस्ती' के लेखन-काल तक हिन्दी में ऐसी निपुणता नहीं प्राप्त कर ली थी कि मूल-रचना हिन्दी में कर पाते। सभी कठिनाईयों को ध्यान में रखते हुए भी उन्होंने मूल-रचना उर्दू में ही करना उचित समझा। उन्होंने मुंशी इक़बाल वर्मा 'सहर' हतगामी की सहायता ली थी, जिनके प्रति प्रेमचन्द ने उर्दू-संस्करण के द्वितीय भाग की भूमिका में आभार भी प्रकट किया है। पारिश्रमिक को लेकर कुछ मनमुटाव भी हुआ। इसकी गंध मुंशी दयानरायन निगम के नाम 12 अगस्त, 1925 ई० के पत्र में भी मिलती है : **"रंगभूमि का तसफ़िया दो सौ पर कर दिया।"**[1]

'चौगाने-हस्ती' की मूल-पाण्डुलिपि वाराणसी के 'राम रतन पुस्तक भवन' में संगृहीत है। इसके प्रथम पृष्ठ के बाईं ओर हाशिए पर अंग्रेज़ी में अंकित है—'Commenced on 1st October, 1922' (1 अक्टूबर, 1922 ई० से प्रारम्भ किया) तथा अंत में लिखा है—'Dated 1st April 1924, 116 Pages Hindi Finished, 12 August, 1924,' (दिनांक 1 अप्रैल, 1924 ई०, 116 पृष्ठ हिन्दी समाप्त किये, 12 अगस्त, 1924 ई०) यह पंक्तियाँ काली रौशनाई से है परन्तु मूल-पाण्डुलिपि नीली रौशनाई में है। इस पाण्डुलिपि का शुभारम्भ उर्दू में 'ओम्' लिखकर किया गया है, जिससे पता लगता है कि उस समय तक प्रेमचन्द पर आर्य-समाज का प्रभाव था।

हमारे विचार से उपर्युक्त विरोधाभासी कथनों का विश्लेषण करने पर उर्दू-पाण्डुलिपि के लेखनकाल के विषय में पाण्डुलिपि पर अंकित मंतव्य सही दीखता है, क्योंकि यह सूचना मुंशी प्रेमचन्द द्वारा दी गयी है। हो सकता है कि पत्रों में दी गयी सूचना किसी असावधानी के कारण हो गयी हो, जिस पर उस समय प्रेमचन्द ने ध्यान न दिया हो। उर्दू-पाण्डुलिपि प्रेमचन्द ने 1 अक्टूबर, 1922 ई० से 1 अप्रैल, 1924 ई० के बीच तैयार किया, जिसका हिन्दी रूप 12 अगस्त, 1924 ई० को संपन्न हुआ। हिन्दी संस्करण का प्रकाशन 1925 ई० में हुआ, जिसका उल्लेख प्रेमचन्द के 22 फ़रवरी, 1925 ई० के शिवपूजन सहाय के उपरोक्त पत्र में भी है। हिन्दी-संस्करण का प्रथम प्रकाशन 'गंगा पुस्तकमाला, लखनऊ' से हुआ जिसमें उन दिनों प्रेमचन्द सेवारत थे। हिन्दी संस्करण के प्रकाशन में मुंशी दयानरायन निगम के कथनानुसार प्रेमचन्द को दो हज़ार रुपये पारिश्रमिक मिले थे।[2]

---

1. प्रेमचन्द : चिट्ठी-पत्री, भाग 1, पृ० 157
2. दयानरायन निगम : 'ज़माना', प्रेमचन्द, विशेषांक 1937 ई०

हिन्दी प्रकाशन के दो वर्ष पश्चात् उर्दू संस्करण 1927 ई० में 'दारुल इशाअत, लाहौर' से हुआ। इस प्रकाशन के पूर्व 'रंगभूमि' की ख्याति हो चुकी थी। 'हिन्दुस्तानी एकेडेमी, इलाहाबाद' में असाधारण उपन्यास के रूप में वर्ष की सर्वश्रेष्ठ कृति का पुरस्कार पाँच सौ रुपये लेखक को प्रदान किया।

'रंगभूमि' के हिन्दी संस्करण पर उर्दू-संस्कारों का गहरा प्रभाव है, जो विहंगम दृष्टि डालने पर भी स्पष्ट हो जाता है। जैसे—

"ईश्वर सेवक—बसरो-चम, मेरा टाँगा मंगवा दो।"[1]

"ईश्वर सेवक सिर और आँखों से, मेरा ताँगा मंगवा दो।"[2]

"मगर यह तआलेअ की नहूसत मुझे हमेशा जिक्र देती है।"[3]

"किन्तु यह प्रकृति विरोध मुझे हमेशा नीचा दिखता है।"[4]

हिन्दी में उर्दू-शब्द '**हत्तल-इमकान**'[5] का अनुवाद '**यथासाध्य**'[6] किया गया है। एक स्थान पर फ़ारसी की पंक्ति '**करमहाय तू मारा कर्द गुस्ताख़**'[7] का अनुवाद '**आपकी कृपा ने मुझे धृष्ट बना दिया है।**'[8]

एक अन्य स्थान पर प्रसिद्ध उर्दू कवि पंडित दयाशंकर 'नसीम' लखनवी की एक पंक्ति '**काटो तो लहू न था बदन में**'[9] का अशुद्ध प्रयोग हुआ है जिसे हिन्दी में यथावत रहने दिया गया है। 'नसीम' का पूरा शेर इस प्रकार है :

दोनों के रही न जान तन में।
काटो तो नहीं लहू बदन मे॥

उर्दू-प्रभाव के कुछेक अन्य उदाहरण भी प्रस्तुत हैं जिन्हें हिन्दी में असावधानी के साथ प्रयुक्त किया गया हैः

उर्दू मुहावरा—**"दम के दम में सैकड़ों आदमी जमा हो गये।"**[10]

"यह बेल मुढ़े चढ़ने की नहीं है।"[11]

---

1. प्रेमचन्द : चौगाने हस्ती, पृ० 67
2. प्रेमचन्द : रंगभूमि, पृ० 47
3. प्रेमचन्द : चौगाने-हस्ती, पृ० 271
4. प्रेमचन्द : रंगभूमि, पृ० 186
5. प्रेमचन्द : चौगाने-हस्ती, पृ० 171
6. प्रेमचन्द : रंगभूमि, पृ० 124
7. प्रेमचन्द : रंगभूमि, पृ० 57
8. प्रेमचन्द : चौगाने-हस्ती, पृ० 83
9. प्रेमचन्द : चौगाने-हस्ती, पृ० 83
10. प्रेमचन्द : रंगभूमि, पृ० 126
11. वही, पृ० 132

उर्दू क्रिया—"**सहसा उसे एक विशाल प्रसाद देख (नज़र) पड़ा।**"[1]

उर्दू के अनुरूप लिंग प्रयोग—"**सूरदास चल दिया।**"[2]

असंगत शब्द प्रयोग—"**आपको कुसमय (नावक़्त) कष्ट हुआ।**"[3]

परन्तु साधारण रूप में अनुवाद करते समय उर्दू से हिन्दी में यथावत बहुत कुछ रहने दिया है, जिससे दोनों संस्करणों के बीच एकरूपता स्थापित हो गयी है। तुलनात्मक अध्ययन की दृष्टि से दोनों संस्करणों के समान उदाहरण इस प्रकार है :

(1) कुछेक स्थानों पर उर्दू में संक्षेप तथा हिन्दी में विस्तर है, जैसे— "**उस समय उसका नेत्र-हीन मुख अति आनंद से प्रफुल्लित हो जाता था।**"[4]

"**उस वक़्त उसका चेहरा ख़ुशी से खिल जाता था।**"[5]

इसी प्रकार एक अन्य स्थान पर :

"**वह निर्लज्ज धूर्तता है। खुला पाखण्ड है।**"[6]

"**यह बेहयायी और दग़ाबाज़ी है।**"[7]

उपर्युक्त स्थिति के विपरीत कहीं-कहीं उर्दू में विस्तार तथा हिन्दी में संक्षेप भी दीखता है।

(4) परन्तु कहीं-कहीं उर्दू-भाषा की स्वाभाविकता हिन्दी-अनुवाद में दूषित दीखती है। अनुवादक उर्दू में बहुप्रचलित—'**धूम-धाम**', '**शहर के लोग**', '**शामिल**' आदि का भी अनुवाद कर देता है :

"**पांडेपुर में बड़ा समारोह था। नगर निवासी अपने-अपने काम छोड़कर इस उत्सव में सम्मिलित हुए थे।**"[8]

"**पांडेपुर में बड़ी धूमधाम से जलसा हो रहा था शहर के लोग अपने काम छोड़कर उसमें शामिल हुए थे।**"[9]

एक अन्य उदाहरण :

---

1. वही, पृ० 59
2. वही, पृ० 25
3. वही, पृ० 533
4. प्रेमचन्द : रंगभूमि, पृ० 12
5. प्रेमचन्द : चौगाने-हस्ती, भाग 1, पृ० 25
6. प्रेमचन्द : रंगभूमि पृ० 186
7. प्रेमचन्द : चौगाने-हस्ती भाग 1, पृ० 266
8. प्रेमचन्द : रंगभूमि, पृ० 578
9. प्रेमचन्द : चौगाने-हस्ती, भाग 2, पृ० 412

"विचार-शीलता स्वाभाविक सौंदर्य को कितना मधुर बना देती है।"[1]

"पाकीज़ा ख़याली क़ुदरती हुस्न को कितना दिलफ़रेब बना देती।"[2]

(5) उर्दू में 'क़ुलहुवल्लाह' का विशेष संदर्भ है। 'क़ुर्आन-शरीफ़' की आयत के इस अंश का प्रयोग अत्यंत भूखे होने पर व्यंग्यात्मक रूप में करते हैं। 'चौगाने-हस्ती' में एक स्थान पर इसका प्रयोग हुआ है, जिसे हिन्दी में **'आँते सिकुड़ी जाती हों'**, किया गया है :

"आँतें सिकुड़ी जाती हों, आँखों में अँधेरा छा रहा हो।"[3]

"आँतें क़ुलहुवल्लाह पढ़ रही हों। भूक से आँखों में अँधेरा छा रहा हो।"[4]

(6) गद्यांशों के साथ ही साथ पद्यांशों का भी अनुवाद किया गया है।

प्रस्तुत उद्धरणों के हिन्दी और उर्दू रूपों का तुलनात्मक अध्ययन करने पर निम्नलिखित निष्कर्ष सामने आते हैं—

1. अधिकांशत: दोनों रूपों में मौलिक अंतर नहीं है।

2. कुछ स्थलों पर उर्दू-शब्दों को उचित अनुवाद न कर पाने के कारण छोड़ दिया है अथवा स्वच्छन्दता अपनायी गयी है तथा उर्दू-शब्दों एवं संस्कारों को यथावत सम्मिलित कर लिया गया है, जो हिन्दी के अनुकूल नहीं हैं।

3. कुछेक स्थलों पर हिन्दी-रूप में उर्दू-रूप के अनुपात में अधिक विस्तार आ गया है जो उर्दू शब्दों एवं संस्कारों के अनुवाद न कर सकने की असमर्थता के कारण हुआ है।

उपर्युक्त समस्यांओं का समाधान उसी समय सम्भव है, जब यह पता लग सके कि उर्दू संस्करण किसने तैयार किया था तथा हिन्दी संस्करण किसने। प्रेमचन्द ने मुंशी इक़बाल वर्मा 'सेहर' हतगामी से उर्दू में अनुवाद करने की चर्चा तो की है, किन्तु हिन्दी अनुवादक का नाम नहीं बताया है। हमें यह स्वीकार करने में संकोच है कि 'चौगाने-हस्ती' का अनुवाद करते समय तक प्रेमचन्द सजीव एवम् सशक्त हिन्दी-भाषा लिखना सीख गये थे। 'रंगभूमि' की भाषा उनके गत उपन्यासों की भाषा से कहीं मँजी हुई है तथा संस्कृतनिष्ठ है। उर्दू-रूप में **'शीन-क़ाफ़ दुरुस्त'** तथा **'आँतों का कुलहुवल्लाह पढ़ना'** आदि का के शुद्ध प्रयोग एवं अनुवाद पूर्णतया स्पष्ट कर देता है कि अनुवादक हिन्दी शब्दों एवं संस्कारों से पूर्णतया परिचित नहीं है। वह केवल उर्दू-शब्दों की जगह पर हिन्दी

1. प्रेमचन्द : रंगभूमि पृ० 325
2. प्रेमचन्द : चौगाने-हस्ती, भाग 2, पृ० 12
3. प्रेमचन्द : रंगभूमि, पृ० 466
4. प्रेमचन्द : चौगाने-हस्ती, भाग 2, पृ० 255

शब्द रख देने का ही प्रयास करता है और जहाँ पर उसे उर्दू-संस्कार के लिए हिन्दी पर्याय नहीं मिलते, ज्यों का त्यों रख देता है, जिससे पाठक को अनुभव होने लगता है कि मूल रचना हिदी में न होकर उर्दू में हुई, जिसका अनुवाद असाधारण सावधानी से किया गया है तथा इससे भाषा कृत्रिम तथा प्रभावहीन हो गयी है।

हिन्दी में उर्दू से अनुवाद करते समय पर्यायवाची शब्दों के चुनाव में असावधानी के प्रमाण भी मिलते हैं जिससे कहीं तो उसके अर्थ ही बदल गये हैं और कहीं अर्थ का अनर्थ हुआ है। उदाहरणार्थ कुछ शब्द प्रस्तुत हैं :

'नमक हलाल'	**: 'स्वामिभक्ति',**	**'लेक्चरार'**	**: 'उपदेसकगण",**
'सैर,	**: 'विरक्ति',**	**'इस्तक़लाल'**	**: 'सजीवता',**
'आलानिया'	**: 'भयवश'**	**'बुरा**	**: 'ख़राब',**
'क़ौम'	**: 'समाज',**	**'लगन'**	**: 'अनुराग',**
'जमहूरियत'	**: 'साम्यवादी',**	**'हुक़ूक़'**	**: 'स्वत्व'**
'ख़याल'	**: 'ग़म'।**		

'चौगाने-हस्ती' का हिन्दी-रूप 'रंगभमि' पाण्डुलिपि में अमृतराय के कथनानुसार चार मास में तैयार हुआ। उन्होंने भी हिन्दी पाण्डुलिपि तैयार करने वाले का नाम नहीं बताया है। 'रंगभूमि' का प्रकाशन प्रेमचन्द के लखनऊ-प्रवास के बीच जनवरी 1925 ई० के लगभग हुआ। अमृतराय लिखते हैं : "**जनवरी आते-आते 'रंगभूमि' निकल आयी और निकलते ही चारों तरफ़ उसका शोर मच गया। ख़त आने लगे, लेख छपने लगे। इन्हीं ख़तों में एक अंग्रेज़ी ख़त देहरादून से पण्डित अमरनाथ झा का था—'मैंने उसका एक-एक शब्द पढ़ा है और आपकी विलक्षण रचनात्मक प्रतिभा का जब पहले से भी ज़्यादा प्रशंसक हो गया हूँ। सूरदास को अपना नायक बनाना अत्यंत साहस का काम था लेकिन उसका चरित्र भी आपने कैसा सुंदर खींचा है—'रंगभूमि' आधुनिक हिन्दी का एक गौरव-ग्रंथ बनेगी।**"[1]

किन्तु पण्डित अवधनरायन उपाध्याय ने '**रंगभूमि**' पढ़ा, तो उन्हें नक़ल-दर-नक़ल मालूम हुई—थेकरे के '**वैनिटी फ़ेयर**' की नक़्ल रवीन्द्रनाथ टैगोर की '**आँख की किरकिरी**' और '**रंगभूमि**' '**वैनिटीफ़ेयर**' तथा '**आँख की किरकिरी**' दोनों की नक़ल। उन्होंने अपनी '**बीजगणितीय समीकरणों**' में निम्नलिखित निष्कर्ष निकाले :

---

1. अमृतराय : प्रेमचन्द, क़लम का सिपाही, पृ० 35

"वैनिटी-फ़ेयर का जार्ज आसबर्न = रंगभूमि का विनय अर्थात् जार्ज आसबर्न =विनय और भी संक्षेप में=विनय"

या

विनय = आसबर्न + डाविन का बहुत कम भाग

सोफ़िया = अमीलिया + रेबेका का बहुत कम अंश

इन्दु = रेबेका का बहुत कम अंश

सूरदास=जान सेवक = अमीलिया का पिता

महेंद्रकुमार=राडन+जोज़ेफ़

गांगुली=सरपिट

रानी जांहवी=आसबर्न के पिता के जातीय उच्च विचारों का स्वरूप।"[1]

समय देवता भी कितने निष्ठुर हैं, जिन्होंने उपाध्याय जी को विदूषक-मात्र बनाकर प्रेमचन्द के हिन्दी उपन्यास-साहित्य के अध्येताओं के सामने प्रस्तुत कर दिया है, जिनकी समालोचना आज विनोद-दृष्टि से ही देखी जाती है!

हमारे विचार में 'रंगभूमि' को प्रेमचन्द के उर्दू-उपन्यास 'चौगाने-हस्ती' का हिन्दी अनुवाद मात्र मानना चाहिए। इसे मौलिक हिन्दी उपन्यासों की परम्परा में सम्मिलित करना असंगत ही है। हिन्दी उपन्यास-जगत में इस उपन्यास को अनूदित उपन्यासों की शृंखला में रखना ही अधिक तर्क-संगत है। उर्दू में इस उपन्यास को रचनात्मक मानकों पर एक अलग पहचान प्राप्त है, जिसमें ऐतिहासिक दृष्टि, सांस्कृतिक दृष्टि और जनसाधारण के जीवन के उतार-चढ़ाव का चित्रण किया गया है। इस उपन्यास के चिंतन पर गाँधीवादी प्रभाव प्रबल रूप में दृष्टिगोचर होता है किन्तु उन्हें वर्तमान परिप्रेक्ष्य में या तत्कालीन परिस्थितियों में सीमित करके नहीं देखना चाहिए वरन् इस उपन्यास को भारतीय जीवन के अध्याय में सामाजिक एवं सांस्कृतिक धरोहर के विश्लेषण में एक उपयोगी माध्यम समझना चाहिए।

पर्दा-ए-मजाज़ : कायाकल्प

"आगरे में हिन्दुओं और मुसलमानों में आये दिन जूतियाँ चलती रहती थीं। ज़रा-ज़रा-सी बात पर दोनों दलों के सिरफिरे जमा हो जाते हैं और दो चार के अंग-भंग हो जाते। कहीं बनिये ने डंडी मार दी और मुसलमानों ने उसकी दुकान पर धावा कर दिया। कहीं किसी जुलाहे ने किसी हिन्दू का घड़ छू लिया और मुहल्ले में फ़ौजदारी हो गयी। एक मुहल्ले में मोहन ने रहीम को कनकौआ लूट

---

1. अमृतराय : प्रेमचन्द, क़लम का सिपाही, पृ० 382

लिया और इसी बात पर मुहले भर के हिन्दुओं के घर लुट गये, दूसरे मुहल्ले में कुत्तों की लड़ाई पर सैंकड़ों आदमी घायल हुए; क्योंकि एक सोहन का कुत्ता था दूसरा सईद का।....ख़्वाजा साहब ने फ़तवा दिया जो मुसलमान किसी हिन्दू औरत को निकाल ले जाय, उसे एक हज़ार हज्जों का सवाब होगा। यशोदानंदन ने काशी के पंडितों की व्यवस्था मंगवायी कि एक मुसलमान का बध लाख गोदानों से श्रेष्ठ है।''[1]

और ख़्वाजा साहब के इस फ़तवे पर किसी और ने अमल किया हो या न किया उनके अपने बेटे ने अहल्या का अपहरण करके अमल कर दिखाया। परन्तु जब यशोदानंदन की हत्या कर दी गयी, तो ख़्वाजा साहब बिलख उठे। यशोदानंदन के शव के समीप बैठकर उन्होंने रोते हुए कहा :

''तुम समझते होगे, यह मेरा दुश्मन था। ख़ुदा जानता है, मुझे अपना भाई और बेटा भी इससे अज़ीज़ नहीं। अगर मुझ पर किसी क़ातिल का हाथ उठता, तो यशोदा उस बार को अपनी गर्दन पर रोक लेता। शायद मैं भी उसे ख़तरे में देखकर अपनी जान की परवा न करता।''[2]

और फिर बड़े निश्चित स्वर में ख्वाजा साहब ने संकल्प लिया :

''कलामे-मजीद की क़सम! जब तक अहिल्या का पता न लूँगा, मुझे दाना-पानी, हराम है। तुम लोग लाश ले जाओ, मैं अभी आता हूँ। सारे शहर की ख़ाक छाल डालूँगा, एक-एक घर में जाकर देखूँगा, अगर किसी बेदीन-बदमाश ने मार नहीं डाला, तो ज़रूर खोज निकालूँगा।''[3]

इस प्रकार की घटनाओं से प्रेमचन्द क्षीण हो उठते हैं। भारत-देश की अखण्डता के लिए हिन्दुओं तथा मुसलमानों की बीच परस्पर सहयोग अनिवार्य है। लेकिन कोई इसे माने तो! यशोदानंदन की पत्नी बागेश्वरी, जिसे प्रेमचन्द पहले हिन्दू-संगठन में डालने की सोच रहे थे, फिर विचार बदल गया, वह उपन्यास में प्रेमचन्द के अपने निजी विचारों की अभिव्यक्ति का माध्यम है। वह कहती है :

''नित्य समझाती रही, इन झगड़ों में न पड़ो। न मुसलमानों के लिए दुनिया में कोई दूसरा ठौर-ठिकाना है, न हिन्दुओं के लिए। दोनों इसी देश में रहेंगे। फिर आपस में क्यों लड़े मरते हो, क्यों एक दूसरे को निगल जाने पर तुले हुए हो? न तुम्हारे निगले वे निगले जायेंगे, न उनके निगले तुम निगले जाओगे, मिल-जुल

1. प्रेमचन्द : कायाकल्प, पृ० 205
2. वही, पृ० 208
3. वही, पृ० 209

कर रहो, उन्हें बड़े होकर रहने दो, तुम छोटे ही होकर रहो, मगर मेरी कौन सुनता है!''[1]

इसमें संदेह नहीं कि साम्प्रदायिकता के वेग में कोई किसी की नहीं सुनता। सब हिन्दू या मुसलमान बन जाते हैं, इंसान कोई नहीं रहता। यही यशोदानंदन और ख़्वाजा दोनों एक-दूसरे के लिए प्राण की आहुति देने को तैयार, एक-दूसरे के लंगोटिये, दाँन काटी रोटी, गंगा-स्नान के मेले में दोग्तों ने मिलकर अहिल्या को बचाया था। दोनों की सलाह से यशोदानंदन के घर में अहिल्या का पालन-पोषण हुआ, लेकिन फिर वह भी हुआ, जिसका कोई औचित्य न था।

यशोदानंदन के आमुख स्वामी श्रद्धानंद थे, जिसके प्रति प्रेमचन्द को अपार श्रद्धा है। उनके साहस और देश-प्रेम और आत्म-बलिदान ने उन्हें मोहित कर रक्खा है, क्योंकि स्वामी श्रद्धानंद ने ही रोलट-एक्ट के समय में अंग्रेज़ों की संगीनों के सामने अपनी छाती खोल दी थी। 1926 ई० में रशीद नाम के मुसलमान नव-युवक ने जिहाद के आवेग में उनकी हत्या कर दी तो सारा देश तड़प उठा। आर्य-समाजी पत्र 'शुद्धि-समाचार' के 'श्रद्धानंद-बलिदान अंक' में स्वामी जी के प्रति श्रद्धांजलि अर्पित करते हुए प्रेमचन्द ने लिखा : **''मेरे विचार में राष्ट्रीय शिक्षा के पुनरुत्थान में उन्होंने जो काम किया है; उसकी कोई नज़ीर नहीं मिलती। ऐसे युग में जब अन्य बाज़ारी चीज़ों की, तरह विद्या भी बिकती है, यह स्वामी जी का दिमाग़ था, जिसने प्राचीन गुरुकुल प्रथा में भात में उद्धार का तत्त्व समझा।''**[2] इसी प्रकार ख़्वाजा साहब के रूप में 'वहदत' तथा 'अलअमान' के प्रवर्तक मौलाना मज़हरुद्दीन हैं, जो स्वामी श्रद्धानंद के प्रतिद्वंद्वी क़े रूप में प्रख्यात हैं। प्रेमचन्द उनके जोश-ख़रोश को ग़लत मानते थे।

'कायाकल्प' के कथानक के विषय में अनेकानेक मत प्रकट किये गये। डॉ० रामरतन भटनागर ने इसे 'गोदान' के बाद सर्वश्रेष्ठ उपन्यास घोषित किया है तथा 'रंगभूमि' से भी श्रेष्ठ माना है।[3] परन्तु डॉ० रामविलास शर्मा[4] डॉ० सत्येंद्र,[5] डॉ० इन्द्रनाथ मदान,[6] तथा डॉ० कालिदास कपूर [7] ने 'कायाकल्प' को प्रेमचन्द के सफल उपन्यासों में तो रक्खा है परन्तु इसे इतना बड़ा स्थान देने में संकोच किया है, जिसका कारण 'कायाकल्प' के कथानक का उलझाव है, जिसमें

1. प्रेमचन्द : कायाकल्प, पृ० 208
2. प्रेमचन्द : शुद्धि समाचार, श्रद्धानंद बलिदान विशेषांक।
3. रामरतन भटनागर : प्रेमचन्द पृ० 254
4. रामविलाश शर्मा : प्रेमचन्द और उनका युग, पृ० 82
5. सत्येन्द्र : प्रेमचन्द और उनकी कहानी कला पृ० 93
6. इंद्रनाथ मदान : प्रेमचन्द एक विवेचन, पृ० 93
7. कालिदास कपूर : माधुरी पृ० 1927

उसके तात्विक दुर्बोध एवं दुरुह घटनाओं में उपन्यास के उद्देश्य की सार्थकता को भी खंडित कर दिया है। प्रेमचन्द ने उक्त उपन्यास में महेंद्रकुमार और रानी देवप्रिया के तीन अवतारों की चर्चा की है तथा कथानक को चक्रधर मनोरमा और राजा विशालसिंह की कहानियों से जोड़ दिया है, जिससे कथानक उलझ गया है। इससे साधारण पाठक ही नहीं प्रबुद्ध आलोचक भी भ्रम में पड़ जाता है। उदाहरणार्थ डॉ० रामविलास शर्मा ने 'कायाकल्प' की समीक्षा करते हुए लिखा है : **"विशाल सिंह ने तीन ब्याह किये लेकिन संतान का मुँह देखना नसीब न हुआ। चौथी बार ब्याह किया तो ऐसी लड़की से जो बाद में स्वयं उनकी लड़की साबित हुई।"**[1] अपने इन्हीं विचारों की पुनरावृत्ति एक अन्य स्थान पर भी करते हैं : **"जिससे मनोरमा का ब्याह होता है, वह आगे चलकर उसका पिता सिद्ध होता है।"**[2]

यह कहना धृष्टता न होगी कि प्रेमचन्द का आदर्शवादी स्वभाव इस तरह के कटीले व्यंग्य करने की सामर्थ नहीं रखता। सत्य यह है कि विशाल सिंह की खोयी हुई पुत्री मनोरमा नहीं अहिल्या है। मनोरमा राजा विशाल सिंह की नहीं हरिसेवक की बेटी थी। पुनर्जन्म के विषय में प्रेमचन्द के निज-विश्वास की गंध है। अमृतराय ने भी इसे स्वीकार किया है : **"लेकिन यह भी हो सकता है कि इसके पीछे पुनर्जन्म इत्यादि में मुंशी जी का विश्वास हो, क्योंकि इसका प्रमाण मिलता है कि अपने गोरखपुर प्रवास के दिनों में मुंशी जी 'फ़िराक़' के बड़े भाई गनपतिसहाय से मदाम ब्लवात्सकी, आलिवर लाज, लेडबीटर वग़ैरह की किताबें लाकर काफ़ी पढ़ा करते थे।"**[3]

'कायाकल्प' के पात्र उनके पात्र उनके गत उपन्यासों के पात्रों से अलग नहीं हैं। उनमें अनेक स्थानों पर समानता दीखती है। उनका आदर्श चक्रधर है, जो विनय के रूप में 'रंगभूमि' में भी विद्यमान है।

प्रेमचन्द ने 'कायाकल्प' की पाण्डुलिपि के पहले पृष्ठ पर विभुदा, विशालसिंह, कल्यान सिंह, चक्रधर, हरिसेवक आदि पात्रों के विषय में अंग्रेज़ी में टिप्पणी दी है, जिससे न केवल उपन्यास की रूपरेखा का पता चलता है वरन् उन पात्रों के विषय में उनका दृष्टिकोण भी स्पष्ट होता है :

"Bibhuda is Yagyanarain Upadhyaya—crafty, parsimonious, selfish, but serviceful, tactful.

---

1. रामविलास शर्मा : प्रेमचन्द और उनका युग, पृ० 82
2. वही, पृ० 83
3. अमृतराय : प्रेमचन्द, क़लम का सिपाही, पृ० 372

Vishal Singh is Bechan Lal—simple, honest, wanting in moral courage.

Kalyan Singh is Chandrika Prasad—sneaking in the presence of superiors, cannot mange household, suspicious.

Chakradhar is D. Prasad—very shy, learned, principled.

The new Rani's father is Nana—perfectly selfish, dishonest, unscrupulous, drunkard, hopes to build his fortune with his daughter.

Chakradhar's father—flatterer, kind, generous, mild, simple-hearted.

The Pandit (Vibhuda Prasad) and his wife both turn Hindu Sangathankars.

Bibhuda is a Persian-read man, Knows very little Sanskrit. His dialogue must be of an educated mussalman.

Chakradhar always seeks God in man.

Trail and troubles mould the human character, they make heroes of man. Power and authority is the curse of humanity. Even the highest fall a victim to power and lose their character. Chakradhar rose morally while struggling for existence. His fall began when he came in power.

Rani is rejuvenated. She forgets her previous birth, who she was, how she got rejuvenated. Raj Kumar begins to decline from the same day. Rani afraid to approach him. Struggle. In the end Rani loses her balance. Passion overcome her. She approaches Raj Kumar. A love scene. The next day Raj Kumar, seized by a fatal sickness dies, Rani again sinks into self-gratification, She builds her Rangshala. She again leads a life of flippancy.

Raj Kumar takes his birth is Kuar Vishal Singh's house from Ahalya. When the boy grows into a lad, he starts a tour through India. He reaches Telari, Sees the Rani, memories begin to revive. Rani making approaches.

[विभुदा नारायण उपाध्याय हैं—चतुर, कृपण, स्वार्थी परन्तु सेवा-परायण व्यवहार-कुशल।

विशाल सिंह बेचन लाल हैं—सीधे-सादे, ईमानदार परन्तु नैतिक साहस में शून्य।

कल्याणसिंह चंद्रिका प्रसाद हैं—अपने से बड़े अफ़सरों की चापलूसी में लगा हुआ। गृह-संबंध में असमर्थ, संदेही स्वभाव वाला।

नयी रानी के पिता नाना हैं—पूर्णरूपेण स्वार्थी, दुष्ट, शराबी, पुत्री के माध्यम से अपना भाग्य सुधारने की आकांक्षा करता है।

चक्रधर का पिता—चापलूस, सरल-स्वभाव, उदार, मुलायम, सीधा-सादा पं० विभुदा प्रसाद और उनकी धर्मपत्नी दोनों हिन्दू-संगठनकार बनते हैं।

विभुदा—फ़ारसी का अध्येता है, संस्कृत से बहुत कम परिचित है। उसके संवाद शिक्षित मुसलमान के समान होना चाहिए।

चक्रधर सदैव मनुष्य में ईश्वर को खोजता है।

परीक्षण, कठिनाइयाँ, मनुष्य का चरित्र-निर्माण करती हैं, इन्हीं से मनुष्य में साहस और दृढ़ता उत्पन्न होती है।

शक्ति, प्रभुत्व—मानवता के अभिशाप हैं। उच्च आदर्श के लोग भी शिकार हो जाते हैं और इससे उनके चरित्र का नाश हो जाता है।

जीवन के लिए संघर्षशील होकर चक्रधर का नैतिक उत्थान हुआ। प्रभुत्व प्राप्त करते ही उसका पतन प्रारम्भ हो गया।

रानी का कायाकल्प हो गया। वह पिछले जन्म को भूल जाती है, वह कौन थी, किस प्रकार उसका कायाकल्प हुआ। राजकुमार शारीरिक रूप से उसी दिन से गिरने लगा। उसके पास जाते हुए रानी को डर लगता है। संघर्ष अंत में रानी असंतुलित हो जाती है। उस पर वासना का पूरा अधिकार हो जाता है। वह राजकुमार के पास जाती है। प्रेम का दृश्य। दूसरे दिन राजकुमार एक प्रकार के सांघातिक रोग में ग्रस्त होकर मर जाता है। रानी पुनः भोग-विलास में फँस जाती है वह अपनी रंगशाला बनवाती है फिर से चंचलता तथा आमोद-प्रमोद का जीवन बिताने लगती है।

विशालसिंह के घर में अहिल्या के गर्भ से राजकुमार का जन्म होता है। कैशोर्यावस्था को पहुँचकर भारत भ्रमण करता है। वह तेलारी जाता है। रानी को देखता है। पुरानी स्मृतियाँ लगती हैं। रानी उसके प्रति प्रेम प्रदर्शन करती है।]

अमृतराय ने उपर्युक्त पात्रों के विषय में निम्नलिखित जानकारी दी है[1] जिससे अनुमान होता है कि प्रेमचन्द पात्रों का चयन अपने आस-पास के परिवेश में करते थे, अतः उनमें यथार्थ की झलक होती है :

---

1. अमृतराय : प्रेमचन्द, क़लम का सिपाही पृ० 370

(1) विभुदा यज्ञनारायण उपाध्याय सम्भवत: वही जिनसे मुंशी जी का परिचय काशी विद्यापीठ में हुआ।

(2) विशालसिंह बेचन लाल—सम्भवत: नार्मल स्कूल गोरखपुर के हेड मास्टर साहब।

(3) कल्याण सिंह, चंद्रिका प्रसाद—इस नाम का कोई चरित्र अब नहीं है।

(4) नयी रानी के पिता (अर्थात् मनोरमा के पिता हरसेवक) सौतेली माँ के पिता, जो काफ़ी दिनों तक ऐसे ही किसी जायदाद के सिलसिले में काफ़ी जोड़-तोड़ लगाते रहे-और शायद अंत में सफल भी हुए।

उपर्युक्त विस्तारपूर्वक प्रस्तुत कर देने से प्रेमचन्द का अभिप्राय मात्र इतना नहीं रह जाता कि बस ख़ाके के आधार पर ही उपन्यास का सृजन होगा। यह भी आवश्यक नहीं कि टिप्पणी में जिन पात्रों के नाम लिए गये हैं, उनका उपन्यास में उल्लेख किया जाय। अथवा उसी प्रकार के गुण एवं विशेषताएँ दिखलायी जायँ जो टिप्पणी में रखी गयी हैं।

उपन्यास में लेखन-प्रक्रिया के आधार पर यथोचित परिवर्तन किया जा सकता है और प्रेमचन्द ने यह परिवर्तन किया भी। उदाहरणार्थ विभुदा अथवा विभुदा प्रसाद नाम का कोई पात्र उपन्यास में नहीं है, हलाँकि विभुदा तथा उसकी पत्नी की संगठनकार बनाने की भी योजना थी। ऐसा लगता है कि शायद विभुदा प्रसाद का नाम बदल कर ही यशोदानंदन किया गया है। नाम परिवर्तन के साथ ही पात्र के गुणों में भी अंतर आ गया। कथानक और पात्रों के विषय में टिप्पणियाँ संकेत मात्र ही करती हैं। चूँकि, उपन्यास का केनवस व्यापक होता है अत: उनके विस्तार को आवश्यकतानुसार डाला जा सकता है और साथ ही उपन्यास को उसकी रचना-प्रक्रिया के साथ जोड़कर आवश्यकतानुसार परिवर्तित भी किया जा सकता है। ज़ाहिर है कि पहले से ही सब कुछ निश्चित नहीं माना जा सकता।

'कायाकल्प' को लेकर प्रेमचन्द को 'रंगभूमि' और 'प्रेमाश्रम' की तरह नक़्ल करने का इलज़ाम उठाना पड़ा। पं० अवधनारायण उपाध्याय ने इसे हॉल केन के 'इटर्नल सिटी' की नक़्ल बताया।[1] अमृतराय लिखते हैं : "**चारों तरफ़ से बौछारें पड़ रही थीं—'रंगभूमि' 'वेनिटीफ़ेयर' की नक़्ल है, 'प्रेमाश्रम' 'रिज़रेक्शन' की नक़्ल है, 'कायाकल्प' 'इटर्नल सिटी' की नक़्ल है, 'विश्वास' नाम की कहानी 'इटर्नल सिटी' की छाया है, 'आभूषण' नाम की कहानी हार्डी की एक कहानी की नक़्ल है, 'हँसी' नाम का लेख जो 'ज़माना' में मुंशी जी के**

1. अवधनारायण उपाध्याय : सरस्वती, जुलाई से दिसंबर, 1926 ई० तक

नाम से छपा था, मराठी के एक लेख का अनुवाद है।''[1]

इसी बीच किसी शिलीमुख नाम सज्जन ने अपने तौर पर सिद्ध किया कि प्रेमचन्द की 'विश्वास' कहानी हॉल केन के 'इटर्नल सिटी' की नक़्ल है। प्रेमचन्द ने इसका उत्तर दिया, जो शिलीमुख के लेख के अंत में प्रकाशित हुआ : **''इटर्नल सिटी' प्रसिद्ध पुस्तक है। हिन्दी में उसका अनुवाद हो चुका है। अनुवाद हो चुकने के बाद मैंने कहानी लिखी है। श्रीकृष्णदत्त जी पालीवाल ने ही मुझसे इस पुस्तक की प्रशंसा की थी। अपना अनुवाद भी सुनाया था। उन्हीं से पुस्तक माँगकर मैं लाया था। ऐसी दशा में मोटी बुद्धि का आदमी भी समझ सकता है कि मैं विज्ञ संसार को धोखा देना नहीं चाहता था। जिस हद तक मैं ऋणी हूँ, उस हद तक मैं लिख चुका। कौन ऐसा आदमी होगा, जो हिन्दी में छपी हुई किताब से मिलती-जुलती कहानी लिखे और यह समझे कि वह मौलिक समझी जायेगी। फिर भी मेरी कहानी में बहुत कुछ अंश मेरा है, चाहे वह रेशम में टाट का जोड़ ही क्यों न हो।''**[2]

'कायाकल्प' के लेखन तथा प्रकाशन के विषय में भी प्रेमचन्द-साहित्य के अध्येता-विद्वान एकमत नहीं हैं। उनमें कुछ एकमत निम्नलिखित हैं : आचार्य नंददुलारे वाजपेयी,[3] डॉ० रामरतन भटनागर,[4] डॉ० इंद्रनाथ मदान[5] तथा डॉ० क़मर रईस[6] के अनुसार 'कायाकल्प' का प्रकाशन 1928 ई० में हुआ। अमृतराय[7] तथा डॉ० शिवनारायण श्रीवास्तव[8] के विचार में इसका प्रकाशन वर्ष 1926 ई० है। डॉ० शिवदान सिंह चौहान[9] तथा डॉ० प्रताप नारायण टण्डन[10] के मतानुसार 'कायाकल्प' 1924 ई० में निकला।

हमारे विचार में 'कायाकल्प' का प्रकाशन वर्ष 1926 ई० मान लेने में कोई आपत्ति नहीं होनी चाहिए। क्योंकि मुंशी दयानारायन निगम के नाम 17 जुलाई, 1926 ई० के पत्र से प्रमाणित हो जाता है कि उस समय तक 'कायाकल्प' प्रकाशित हो चुका था। प्रेमचन्द उक्त पत्र में लिखते हैं : **''हिन्दी में 'सेवासदन',**

---

1. अमृतराय : प्रेमचन्द, क़लम का सिपाही, पृ० 384
2. प्रेमचन्द : सुधा, आश्विनी 305, तुलसी संवत्
3. नंददुलारे वाजपेयी : प्रेमचन्द साहित्यिक विवेचन, पृ० 84
4. रामरतन भटनागर : प्रेमचन्द, पृ० 254
5. इंद्रनाथ मदान : प्रेमचन्द एक विवेचन, पृ० 56
6. क़मर रईस : प्रेमचन्द का तनकीदी मुतालिआ, पृ० 308
7. अमृतराय : प्रेमचन्द, क़लम का सिपाही, पृ० 379
8. शिवनारायण श्रीवास्तव : हिन्दी उपन्यास, पृ० 97
9. शिवदान सिंह चौहान : हिन्दी साहित्य के अस्सी वर्ष, पृ० 174
10. प्रतापनारायण टण्डन : हिन्दी-उपन्यास का उद्भव और विकास, पृ० 180

प्रेमाश्रम', 'रंगभूमि', 'कायाकल्प'....चारों नॉवेल दो-दो साल के वक़्फ़े बाद निकले।''[1]

'कायाकल्प' की पाण्डुलिपि की वाराणसी के 'रामरतन पुस्तक भवन' में संगृहीत है जिसके प्रथम पन्ने पर अंकित है कि प्रेमचन्द ने 'रंगभूमि' के उर्दू रूप को 1 अप्रैल, 1924 ई० को समाप्त करने के पश्चात् 10 अप्रैल, 1924 ई० को 'कायाकल्प' की रचना प्रारम्भ की। मूल पाण्डुलिपि पर उपन्यास के तीन नामों का उल्लेख है—'असाध्य साधना' 'मायास्वप्न' तथा 'आर्तवाद'। ऐसा प्रतीत होता है कि प्रेमचन्द ने यह तीनों ही नाम बाद में अस्वीकृत कर दिये और इस उपन्यास का नाम 'कायाकल्प' रखा। 'कायाकल्प' के लेखन समाप्ति के काल के विषय में अमृतराय ने दो स्थानों पर दो प्रकार के मत प्रकट किये हैं। एक स्थान पर लिखते हैं : **''बहरहाल दिन अच्छे कट रहे थे यानी क़लम ख़ूब तेज़ी से चल रही थी। इतने तेज़ी से कि सितंबर 24 से 25 के एक साल में मुंशी जी ने न सिर्फ़ अधूरे 'कायाकल्प' का खत्म कर लिया था, बल्कि रामचंद्र टण्डन के कहने पर, उन्हीं की प्रति लेकर, अनातोल फ्रांस की अमर कृति 'थायस' का हिन्दी रूपांतर भी कर डाला और जैसे यह भी काफ़ी न हो, रतननाथ 'सरशार' के 'फ़साना-ए-आज़ाद' का संक्षिप्त हिन्दी रूपांतर 'आज़ाद-कथा' भी कर डाला, जो खुद एक हज़ार पन्नों का है। और छोटी कहानियाँ जो लिखीं सो सब घलुए में!''**[2] **एक दूसरे स्थान पर लिखते हैं : 'जुलाई-अगस्त' आते-जाते, डेढ़-वर्ष से कुछ कम समय में ही 'कायाकल्प' समाप्त हो गया।''**[3] इससे सिद्ध होता है कि 'कायाक़ल्प' की रचना प्रेमचन्द के द्वारा सन् 1925 ई० के उत्तरार्ध तक संपन्न हुई। इस उपन्यास को किसी अन्य हिन्दी प्रकाशक को देने के बजाय प्रेमचन्द ने अपने ही प्रेस सरस्वती प्रेस बनारस से 1928 ई० में प्रकाशित किया जिस पर नागरी प्रचारिणी सभा से मात्र दो सौ रुपये का पुरस्कार भी मिल गया।

उर्दू में 'पर्दा-ए-मजाज़' का प्रकाशन दो भागों में 'लाजपतराय एंड संस, लाहौर' ने किया। प्रथम संस्करण पर प्रकाशन वर्ष मुद्रित नहीं है। प्रेमचन्द ने मुंशी दयानरायन निगम के नाम 25 फ़रवरी, 1932 ई० के पत्र में प्रकाशक का नाम 'कृश्ना पब्लिशर्स' बताया है, जो भ्रामक है। हो सकता है कि उक्त प्रकाशक को 'लाजपतराय एंड संस' ने पुस्तक वितरण का काम दिया हो। बहरहाल, इससे इतना सिद्ध हो जाता है कि उस समय तक 'पर्दा-ए-मजाज़' प्रकाशित हो चुका था। प्रेमचन्द उक्त पत्र में लिखते हैं : **''पर्दा-ए-मजाज़' अभी**

---

1. प्रेमचन्द : चिट्ठी-पत्री, भाग 1, पृ० 162
2. अमृतराय : प्रेमचन्द, क़लम का सिपाही, पृ० 352
3. अमृतराय : प्रेमचन्द, क़लम का सिपाही, पृ० 365

तक कृश्ना पब्लिशर्स ने नहीं भेजा। कई ख़ुतूत लिख चुका। न रायलटी भेजता है न किताबें, न जवाब देता है। बीमा है क्या?''[1] और फिर 10 अप्रैल, 1932 ई० के पत्र में मुंशी दयानारायन निगम को 'पदा-ए-मजाज़' की समीक्षा न छापने पर उलाहना दिया और ताकीद की : **''हाँ 'पर्दा-ए-मजाज़' का रिव्यू अभी तक नहीं हुआ। इसका इंतेज़ार करता रहा। अब याद दिलाता हूँ। ख़ाँ साहब से रिव्यू करवायें। या आप और जिससे मुनासिब समझें। मेरे किसी नॉवेल का 'ज़माना' में रिव्यू नहीं हुआ। हालांकि 'पर्दा-ए-मजाज़' को लेकर छः हो चुके और सातवाँ भी अनक़रीब तैयार है। 'नैरंगे-ख़याल' ने 'बाज़ारे-हुस्न' का रिव्यू कर दिया और किताबें पड़ी हुई हैं। ख़ैर और किताबें तो पुरानी हो गयीं। 'पर्दा-ए-मजाज़' नयी चीज़ है और उसका एक-एक लफ़्ज़ मेरा है।''**[2]

उपर्युक्त पत्र में ख़ाँ साहब से उर्दू के सुप्रसिद्ध कवि-आलोचक जाफ़र अली ख़ाँ 'असर' से अभिप्राय है। इस पत्र की अंतिम पंक्तियाँ अत्यंत महत्त्वपूर्ण हैं, जिससे स्पष्ट हो जाता है कि 'कायाकल्प' का उर्दू-रूपांतर 'पर्दा-ए-मजाज़' प्रेमचन्द ने स्वयं किया था। तभी तो उसके एक-एक शब्द के अपने होने पर बल दिया है। यही विचार मदनगोपाल के भी हैं। उन्होंने लिखा है : **''यहीं लखनऊ में प्रेमचन्द ने अपना अगला नॉवेल शुरू किया। यह अव्वलन हिन्दी में लिखा गया। इसका नाम था 'कायाकल्प'। कुछ साल बाद यह उर्दू में 'पर्दा-ए-मजाज़' के नाम से शाया हुआ। इसका तर्जुमा प्रेमचन्द ने ख़ुद हिन्दी से उर्दू में किया।''**[3]

प्रेमचन्द 'पर्दा-ए-मजाज़' के उर्दू में समालोचना के लिए अत्यंत आतुर थे। उन्होंने अपने पत्रों में मुंशी दयानरायन निगम से अनुरोध किया है कि 'पर्दा-ए-मजाज़' की समीक्षा करा दें। 7 जून, 1932 ई० को लिखते हैं : **''पर्दा-ए-मजाज़.....का रिव्यू निकलवा दें।''**[4] फिर 27 जून, 1932 ई० को लिखते हैं : **''पर्दा-ए-मजाज़ का रिव्यू तो करा दीजिये।''**[5] और फिर कई बार-बार लिखने पर भी समीक्षा न हुई तो 25 अक्टूबर 1932 ई० के पत्र में मित्रतापूर्ण उलाहना दिया : **''पर्दा-ए-मजाज़' का भी यही हाल हुआ। आपका मुझमें इतना कम इंट्रेस्ट क्यों हो गया है? क्या 'पर्दा-ए-मजाज़' आपने पढ़ा? आपके किसी दोस्त ने पढ़ा? या इस क़दर लग़्व है कि आपने पढ़ने की तकलीफ़ गवारा नहीं की? लिटरेरी काम में सिवाय अहबाब की क़द्रदानी के और क्या रक्खा है। पब्लिशर भी किताब क्यों शाया करे। जब कोई उसका पुरसाने-हाल न हो और जब**

---

1. प्रेमचन्द : चिट्ठी-पत्री, भाग 1, पृ० 192
2. वही, पृ० 194
3. मदन गोपाल : मुंशी प्रेमचन्द पृ० 201
4. प्रेमचन्द : चिट्ठी-पत्री भाग 1, पृ० 195
5. प्रेमचन्द : चिट्ठी-पत्री भाग 1, पृ० 298

'ज़माना' जैसा रिसाला इस क़दर बेएतनाई करे, तो दूसरों पर मेरा क्या हक़ है और दावा है।''[1]

प्रेमचन्द की इस छटपटाहट में रचनाकार की वेदना निहित है। उन्होंने जिस परिश्रम और चाव के साथ 'कायाकल्प' को स्वयं उर्दू में रूपांतरित किया था, उसको ध्यान में रखते हुए, उनकी यह इच्छा कि 'पर्दा-ए-मजाज़' पूर्णरूप में उर्दू वालों से परिचित हो जाय, कुछ अस्वाभाविक भी नहीं है।

'कायाकल्प' की उपलब्ध पाण्डुलिपि दो जिल्दों में है, जिन पर क्रमश: भाग 1 तथा भाग 2 अंकित है। दोनों भाग दस-दस अध्याय पर आधारित हैं। यह क्रम प्रकाशित उपन्यास में नहीं है। अब इसके दो भाग न हो कर एक ही है। इसलिए वर्तमान स्थिति में अध्यायों की संख्या बढ़ गयी है। प्रस्तुत उपन्यास तथा उपलब्ध पाण्डुलिपि में अनेक स्थान पर महत्वपूर्ण परिवर्तन-संशोधन है। यदा-कदा घर के हिसाब भी लिखे हुए हैं।

'कायाकल्प' और 'पर्दा-ए-मजाज़' दोनों का मूल स्वयं प्रेमचन्द ने तैयार किया था, परन्तु उसमें अनेक स्थानों पर घोर अंतर आ गया है। इसे उपन्यास के दोनों संस्करणों के तुलनात्मक अध्ययन से स्पष्ट किया जा सकता है।

उदाहरणार्थ :

(1) हिन्दी संस्करण का 6वाँ अध्याय उर्दू संस्करण में नहीं है।

(2) हिन्दी संस्करण का 7वाँ अध्याय उर्दू में 6वाँ है।

(3) उर्दू का 7वाँ अध्याय हिन्दी में नहीं है।

(4) हिन्दी का 20वाँ अध्याय उर्दू में 21वाँ अध्याय है और इस प्रकार एक अध्याय का अंतर 45वें अध्याय तक बना रहता है।

(5) उर्दू के 47वें अध्याय में हिन्दी के दो अध्याय 46 और और 47-समाविष्ट हैं। इस प्रकार इसके बाद से उर्दू तथा हिन्दी अध्यायों का क्रम समान हो जाता है।

(6) उर्दू का अध्याय 20 हिन्दी में नहीं है।

प्रस्तुत उपन्यास के तुलनात्मक अध्ययन के लिए उचित दीखता है कि उसके उर्दू तथा हिन्दी संस्करणों के समान स्थलों को देख लिया जाय।

(1) 'कायाकल्प' और 'पर्दा-ए-मजाज़' के मूल में अनगिनत स्थानों पर अंतर का कारण प्रेमचन्द की अनुवाद नीति हो सकती है, क्योंकि उन्होंने अनुवाद करते समय शाब्दिक अनुवाद के बजाय उसका स्वच्छंद रूप ग्रहण किया था।

---

1. प्रेमचन्द : चिट्ठी-पत्री, भाग 1, पृ० 199

"जब बारहों मास एक वक़्त आधे पेट खाकर रहते हैं, तो यहाँ रस के लिए दंगा कर बैठना साफ़ बनता रहा है। यह दूसरों का मंत्र था। आप तो तलुवे सहलता फिरता है और आप परोपकारी बनते-फिरते हैं। पाँच साल तक चक्की न पिसवायी तो नाम नहीं।"[1]

"बाप तो तलवे सहलाता फिरता है और आप क़ौम के ख़ादिम बनते हैं।"[2]

(3) भाषा, शैली एवं प्रभाव की दृष्टि से हिन्दी-संस्करण उर्दू से कई स्थानों पर अच्छा हो गया है। परन्तु अधिकांश स्थानों पर हिन्दी तथा उर्दू-भाषा-शैली बराबर की दीखती है।

(4) हिन्दी-मूल के अध्याय 41 तथा उर्दू-मूल के अध्याय 42 में एक स्थान पर शंखधर के साधू वेश-भूषा धारण करके आने और अपनी खंजड़ी बजाकर गाने का उल्लेख है। जिसे उर्दू पाठकों के लिए दुरूह एवं असंगत मानकर उर्दू-संस्करण में इसके स्थान पर एक ग़ज़ल के कुछ शेर रखे गये हैं परन्तु कथानक को ध्यान में रखते हुए ग़ज़ल के अशआर को भक्तिभाव, प्रेम तथा सूफ़ीमत पर आधारित रक्खा गया है।

यह कहना अनुचित न होगा कि यहाँ ग़ज़ल कथानक के साथ मेल नहीं खाती। इसमें संदेह नहीं कि साधु-संतों और फ़कीरों की वेश-भूषा, ख़ान-पान और भजन-कीर्तन में अधिक अंतर न था, परन्तु जिस संदर्भ में गीत गया है। इसमें शंखधर के मुख से तत्सम फ़ारसी-अरबी शब्दों एवं संस्कारों से युक्त उर्दू ग़ज़ल के लिए कोई औचित्य नहीं। यद्यपि ग़ज़ल में कवि का उपनाम 'बासित' प्रयुक्त हुआ है, परन्तु ऐसा प्रतीत होता है कि इस ग़ज़ल का रचयिता कोई नौसिखिया ही है। ग़ज़ल में अनेक स्थानों पर काव्य-दोष भी हैं।

जैसाकि कहा जा चुका है कि हिन्दी तथा उर्दू में अनेक स्थानों पर घोर अंतर आ गया है। तुलनात्मक अध्ययन की दष्टि से सभी जगहों से उदाहरण प्रस्तुत करना न तो सम्भव ही है और न उचित ही। विस्तार से बचते हुए मात्र पहले अध्याय से ऐसे उद्धरण प्रस्तुत किये जाते हैं, जो उर्दू-संस्करण में नहीं है:

"धर्म का विकट संग्राम था। एक तो सूर्यग्रहण, उस पर यह असाधारण अद्‌भुत प्राकृतिक छटा।"

"वैज्ञानिक की बात जान दीजिए।"

"फिर भक्ति क्यों न जाग उठे! सद्‌वृत्तियाँ क्यों न आँखें खोल दें।"

"सेवा और दया का कितना अनुपम दृश्य था।"

---

1. प्रेमचन्द : कायाकल्प, पृ० 216
2. प्रेमचन्द : पर्दा-ए-मजाज़, भाग 1, पृ० 116

''रोते-रोते उसकी आँखें लाल हो गयी थी।''

''यशोदा—अभागे ज़रा-ज़रा से बच्चों को लाते हैं....

लड़की—'कुछ नहीं कलते।''

''यशोदा—अच्छा बेटी, चलो तुम्हारे बाबू जी को खोजे।''

''अलोपी देवी के मंदिर की तरफ़।''

इसी प्रकार अनेक स्थलों पर असाधारण रूप में कमी-बेशी की गयी है जिसका विस्तार प्रस्तुत करना असम्भव है।[1]

हिन्दी के प्रारम्भिक संस्करण जो प्रेमचन्द के जीवनकाल में प्रकाशित हुए, यदि उनका वर्तमान हिन्दी संस्करण से तुलनात्मक अध्ययन किया जाय, तो अनेक स्तरों पर संशोधन एवं परिवर्धन दिखायी पड़ता है। ऐसा प्रतीत होता है कि प्रेमचन्द के हिन्दी-प्रकाशक उनकी हिन्दी-शैली से संतुष्ट न थे। अत: उन्होंने किसी हिन्दी जानने वाले से मूल संस्करण में संशोधन कराया। निश्चय ही ऐसा करने में प्रेमचन्द के प्रति अति धृष्टता दिखायी गयी है तथा उनकी शैली को दूषित करने का यत्न किया है, जिससे प्रेमचन्द साहित्य के अध्ययन-कर्त्ताओं को सदैव कठिनाई होती रहेगी कि उक्त भाषा एवं शैली कहाँ पर प्रेमचन्द की है। कुछेक उदाहरण प्रस्तुत किये जाते हैं :

'**अच्छा बेटी चल तुम्हारे बाबू जी को खोजें**' यहाँ लड़की के तुतलाने का आभास देने के लिए 'बाबू जी' को 'बाबूदी'[2] कर दिया गया है।

'**बाल नेत्रों के समान विहंसते**'—तत्सम-रूप देने के विचार से '**विहंसते**' को '**विहंसित**'[3] कर दिया गया है।

'**हथियारों को दूनी ताकत से चलाये**'—यहाँ '**दूनी**' को '**दुगनी**'[4] कर दिया गया है।

'कायाकल्प' के हिन्दी-संस्करण पर उर्दू-संस्कारों का प्रभाव अनेक स्थानों पर स्पष्ट हो गया है। ऐसा लगता है कि उर्दू में सोचकर अथवा उर्दू में लिख कर उसे हिन्दी में रूपांतरित किया गया है। ऐसी स्थिति में जबकि 'कायाकल्प' की मूल-पाण्डुलिपि हिन्दी में विद्यमान है और उर्दू-हिन्दी के सभी प्रेमचन्द साहित्य समर्मज्ञ नेकमत हैं कि 'कायाकल्प' मूल रूप में हिन्दी में ही लिखा गया था,

---

1. विस्तार के लिए देखिए—प्रेमचन्द : कायाकल्प, पृ० 86-87, 125, 173-76, 192-94
2. प्रेमचन्द : कायाकल्प, द्वितीय संस्करण, पृ० 9
3. वही, पृ० 18
4. प्रेमचन्द : कायाकल्प, पृ० 32

उर्दू-शब्द और संस्कार का प्रभाव विशेष महत्व रखता है ऐसा लगता है कि नागरीलिपि में उपन्यास की मूल-पाण्डुलिपि तैयार करने के बावजूद प्रेमचन्द को रचना-प्रक्रिया में उर्दू की प्रधानता प्राप्त थी। 'कायाकल्प' की उर्दू पाण्डुलिपि अप्राप्य है। अत: यह कहना कठिन है कि उसे किस रूप में प्रेमचन्द ने तैयार किया था। उर्दू प्रभाव के कुछेक उदाहरण निम्नलिखित हैं—

'आप तो देवनी से ज़ोर आज़माने चले थे'[1] —उर्दू में 'देवनी' को भारी भरकम औरत के लिए प्रयोग करते हैं, जिसका हिन्दी में प्रयोग नहीं होता। हिन्दी व्याकरण के अनुसार यह भी शब्द-रचना ठीक नहीं है।

'आप में अमानुषीय शक्ति है''[2] —यहाँ उर्दू के 'फ़ौक़ुलबशर' का अनुवाद किया गया है, जो हिन्दी-संस्कार नहीं है।

'इतना डर तो उसे होगा कि मैंने दग़ा की तो क़लई खोल देगा'[3] —यहाँ परिणामवाचक सर्वनामिक विशेषण का पुल्लिग रूप में प्रयोग किया गया है, जो हिन्दी व्याकरण की दृष्टि से अशुद्ध है, परन्तु उर्दू में प्रचलित है।

'चक्रधर ने ग्लानि होकर कहा'[4] —यहाँ **'ग्लानि'** को **'रंजीदा'** के पर्याय रूप में प्रयोग किया गया है।

'चाहे मच्छर भले ही नोच खायें'[5]—यहाँ उर्दू में प्रचलित मूल क्रिया का प्रयोग अशुद्ध रूप में हिन्दी में प्रयुक्त हुआ है।

'अंत को इस अंतर्द्वन्द्व में उनकी आत्मा ने विजय पायी'[6]—यहाँ अंत को 'बिल आख़िर' के पर्याय के रूप में प्रयोग किया गया है।

प्रेमचन्द के अन्य उपन्यासों के समान 'कायाकल्प' में भी उर्दू-शब्दों का प्रयोग अधिक किया गया है। उदाहरणार्थ—**रब्त-जब्त, हीले-हवाले, शुद-बुद, असबाब, एहतेराम, शाहिद, विक़ार, दीनी-उमूर, मज़ाहमत, शहादत, बाइस, तौहीद,, तोशाख़ाना, कीना, अदावत, तवाज़ो, अज़ीज, इत्तेहाद, कलामे-मजीद, लख़्ते-जिगर, इस्मत, हिकमत, लक़ब, ताकीद आदि।**

सामूहिक रूप में 'कायाकल्प' के विषय में इतना कहना ही पर्याप्त है कि इसकी मूल रचना हिन्दी में हुई तथा उसका उर्दू-रूप प्रेमचन्द ने स्वयं किया था।

---

1. प्रेमचन्द : कायाकल्प, पृ० 160
2. वही, पृ० 67
3. प्रेमचन्द : कायाकल्प, पृ० 167
4. वही, पृ० 145
5. प्रेमचन्द : कायाकल्प पृ० 39
6. वही, पृ० 177

उर्दू-हिन्दी मूल का अनेक स्थानों पर घोर अंतर दोनों भाषाओं में इसे पृथक उपन्यास की मान्यता दिलाने में भी सार्थक होता है।

निर्मला

यह उपन्यास भी पहली बार हिन्दी में ही प्रकाशित हुआ। पहले 'चाँद' में धारावाहिक रूप में नवंबर, 1925 ई० से नवंबर 1926 ई० तक प्रकाशित हुआ और फिर चाँद प्रेस द्वारा ही पुस्तक रूप में भी 1927 ई० में प्रकाशित हुआ, जिसे महिलाओं में अत्यंत लोकप्रियता प्राप्त हुई। अमृतराय लिखते हैं : **''और इसमें शक नहीं कि औरत की ज़िन्दगी का दर्द जिस तरह इस किताब में निचुड़कर आ गया है, वैसा मुंशी जी की ओर किसी किताब में मुमकिन न हुआ, न आगे, न पीछे। समाज के ज़ालिम ढकोसले, लेन-देन की नहूसतें, बेवा की बेचारगी और निपट अकेलापन, अनमेल ब्याह की गुत्थियाँ दर गुत्थियाँ— सब कुछ जैसे जाग, बोल उठा इस किताब में।''**[1]

'निर्मला' का रचनाकाल प्रेमचन्द के लखनऊ-प्रवास तथा बनारस पहुँचने के बीच है। यह निश्चित है कि 1 सितम्बर, 1925 ई० को बनारस पहुँचने के पूर्व 'निर्मला' की रचना हो चुकी थी। लखनऊ-प्रवास में ही पंडित मोटेराम शास्त्री को लेकर प्रेमचन्द तथा 'माधुरी' के संपादकों पर मानहानि का दावा हो चुका था। ये वही पंडित मोटेराम शास्त्री प्रस्तुत उपन्यास में भी विद्यमान है। इस पात्र की रचना प्रेमचन्द साहित्य में विशेष महत्त्व रखती है, क्योंकि पंडित मोटेराम शास्त्री उनके साहित्य में निरंतर दर्शन देते रहते हैं। सर्वप्रथम मोटेराम शास्त्री का दर्शन 'जलवा-ए-ईसार' में हुआ। फिर उसके बाद लगातार कई कहानियों में स्वांग बदल-बदल कर, लेकिन अपनी एक मौलिक विशेषता के साथ, जो उनके पाखण्ड, द्वेष, निर्लज्जता, कर्मकाण्डीय संस्कारों की द्योतक है, प्रकट होते रहे। सन् 1920 ई० में 'मनुष्य का परमधन', 1923 ई० में 'सत्याग्रह', 1926 ई० में 'निमंत्रण', 1927 ई० में 'गुरुमंत्र' और फिर इसी शृंखला में 'निर्मला' में। लखनऊ में प्रवास के बीच जब उनकी कहानी 'मोटेराम शास्त्री' 'माधुरी' में प्रकाशित हुई, तो प्रेमचन्द पर मानहानि का दावा हो गया जिसके लिए प्रेमचन्द को विवश होकर पंडित शालिग्राम शास्त्री (पंडित मोटेराम शास्त्री) से सुलह करनी पड़ी किन्तु 'संधि' लिखते समय उनका मन फिर चुलबुलाया : **''मुलज़िमान क़तई यह नहीं समझते और न उनकी यह ख़ाहिश है कि वह (मोटेराम शास्त्री) जैसे कुछ है, इसके अलावा और किसी सूरत में उनका ख़ाका खींचा जाय....मुलज़िमान इन वाक़यात को अच्छी तरह मुश्तहिर करने को**

1. अमृतराय : प्रेमचन्द, क़लम का सिपाही, पृ० 390

तैयार हैं, जिससे मुस्तग़ीस के दिमाग़ में अगर किसी तरह का शक है, तो वह रफ़ा हो जाय।''

उपरोक्त उद्धरण है, उस विवाद सम्बन्धी प्रार्थना पत्र से—''**नक़्ल दरख़ास्त मुअर्रिख़ा 12.4.28 मिनजानिब बाबू प्रेमचन्द व पंडित कृष्ण बिहारी मिश्र मुक़द्दमा नं० 149, शालिग्राम बनाम कृष्ण बिहारी मिश्र व प्रेमचन्द हस्बे-दफ़ा 500। 109 ताज़िराते-हिन्द, मुनसफ़ला 12.4.1928 ई० पुलिस स्टेशन हज़रत गंज, बा-अदालत सिटी मजिस्ट्रेट, लखनऊ।**''[1]

'निर्मला' के लेखनकाल के विषय में निश्चित सूचनाएँ अप्राप्य हैं। उपलब्ध प्रमाण इसके प्रकाशन के विषय में ही प्रकाश डालते हैं, जिनमें अधिकांश या तो सर्वथा असत्य सूचनाओं पर आधारित हैं, अथवा अर्धसत्य सूचनाओं पर।

डॉ० रामरतन भटनागर[2] तथा डॉ० राजेश्वर गुरु[3] ने 'निर्मला' का प्रकाशन 1923 ई० माना है। डॉ० प्रताप नारायण टण्डन के विचार में निर्मला का प्रकाशन वर्ष 1929 ई० है।[4] तथा आचार्य नंददुलारे वाजपेयी[5] ने उपरोक्त कथनों के विपरीत 'निर्मला' का लेखन काल 1922 ई० और 1923 ई० के बीच बताया है। इसी की पुनरावृत्ति हंसराज रहबर[6] ने भी की है।

सत्य यह है कि इनमें से कोई जानकारी सही नहीं है। इनके आधार पर सही निष्कर्ष नहीं निकाला जा सकता। डॉ० क़मर रईस की सूचना भी सही नहीं है। 'निर्मला' पुस्तक रूप में चाँद प्रेस से 1923 ई० में नहीं वरन् 1927 ई० में प्रकाशित हुई। इस प्रकार उर्दू-संस्करण 'मुद्दत के बाद' नहीं, सिर्फ़ दो साल के बाद 1929 ई० में हुआ।[7]

उर्दू से हिन्दी में अनूदित होने के कारण अनेक स्तरों पर हिन्दी संस्करण में उर्दू-मूल की गंध मिलती है। कुछेक उदाहरण प्रस्तुत किये जाते हैं :

''**आज के महीनवे दिन।**''[8]

''**आर्त्तनाद से रुदन।**''[9]

---

1. अमृतराय : प्रेमचन्द, क़लम का सिपाही, पृ० 698॥
2. रामरतन भटनागर : प्रेमचन्द, पृ० 144
3. राजेश्वर गुरु : प्रेमचन्द, एक अध्ययन, पृ० 166
4. प्रताप नारायण टण्डन : हिन्दी उपन्यास का उद्‌भव और विकास, पृ० 181
5. नंददुलारे वाजपेयी : प्रेमचन्द, साहित्य-विवेचन, पृ० 151
6. हंसराज 'रहबर' : प्रेमचन्द, जीवन, कला और कृतित्व, पृ० 185
7. क़मर रईस : प्रेमचन्द का तनक़ीदी मुतालिआ, पृ० 251
8. प्रेमचन्द : निर्मला (हिन्दी) पृ० 33
9. वही, पृ० 95

"साल आधसाल।"[1]

"बरामदे में सुनार के हथौड़े और कमरे में दर्ज़ी की सुइयाँ चल रही है।"[2]

हिन्दी की इन अशुद्ध प्रयोगों को डॉ० कमलकिशोर गोयनका ने भी आलोचना का विषय बनाया है।[3] भाषा की त्रुटियों को सुधारने के लिए 'निर्मला' के प्रकाशक प्रेमचन्द की मृत्यु के बाद भी प्रयत्न करते रहे। उदाहरण प्रस्तुत है —

"विलाप करता है, पछाड़ें खाता है।"[4]

"विलाप करता है पछाड़ खाता है।"[5]

"जब मुसाफ़िर ने रकाब में पाँव डाल लिये थे।"[6]

"सब मुसाफ़िर ने रकाब में पाँव डाल लिया था।"[7]

"ताज़ा रक्त पड़ जाने से उसकी जान बच जाती।"[8]

"ताज़ा ख़ून पड़ जाने से उसकी जान बच जाती।"[9]

प्रस्तुत उपन्यास पर उर्दू शब्द एवं संस्कार छाया हुआ है। यद्यपि कथानक हिन्दी शब्दावली की माँग करता है परन्तु प्रेमचन्द ने उसके स्थान पर तत्सम अरबी-फ़ारसी शब्दों का ही प्रयोग किया है। जैसे—'**तरद्दुद**', '**किफ़ायत**', '**हिमाक़त**', '**तोहफ़ा**', '**ताकीद**', '**ग़ाफ़िल**', '**ताबेदार**', '**मंसूबा**', '**इल्ज़ाम**', '**ज़ख़्म**', '**बुज़ुर्ग**', '**अलबत्ता**' आदि।

यह और इसी प्रकार के उर्दू-शब्दों का पर्याय हिन्दी में प्रस्तुत करते समय कहीं-कहीं उर्दू-संस्कृत मिश्रित भाषा का प्रयोग हुआ है, जो अस्वाभाविक है जैसे—

"चाल में जवानी का ग़ुरूर था, आँखों में आत्म-गौरव।"

"वैधव्य का मज़ा।"

"मुसीबत की आकाशवाणी।"

---

1. प्रेमचन्द : निर्मला (हिन्दी) पृ० 130
2. वही, पृ० 30
3. कमलकिशोर गोयनका : प्रेमचन्द के उपन्यासों का शिल्प-विधान, पृ० 336
4. प्रेमचन्द : निर्मला (द्वितीय संस्करण) पृ० 25
5. प्रेमचन्द : निर्मला (वर्तमान संस्करण) पृ० 16
6. प्रेमचन्द : निर्मला (द्वितीय संस्करण), पृ० 158
7. प्रेमचन्द : निर्मला (वर्तमान संस्करण), पृ० 102
8. प्रेमचन्द : निर्मला (द्वितीय संस्करण), पृ० 180
9. प्रेमचन्द : निर्मला (वर्तमान सं०), पृ० 110

"प्राणियों से साबिक़ा।"

स्पष्ट रहे कि इस उपन्यास का अनुवाद शैली की दृष्टि से मूल से अधिक भिन्न नहीं है, वरन् अधिकांशत: बराबर की स्थिति है। सामूहिक रूप से 'निर्मला' को उर्दू की रचना मानना ही उचित होगा, जिसका हिन्दी अनुवाद प्रेमचन्द की अपनी देखरेख में हुआ था, अथवा उन्होंने स्वयं रूपांतरित किया था।

बेवा : प्रतिज्ञा

प्रतिज्ञा के विषय में सबसे अधिक भ्रामक सूचनाएँ उपलब्ध हैं, जिनके आधार पर कोई निर्णय देना कठिन हो जाता है। डॉ० रामरतन भटनागर के विचार में 'प्रतिज्ञा' की मूल-पाण्डुलिपि 1909 ई० में तैयार हुई।[1] परन्तु आचार्य नंददुलारे वाजपेयी ने 'प्रतिज्ञा' का प्रकाशन काल 1905-06 ई० के बीच माना है।[2] उनके विपरीत पं० विद्यानिवास मिश्र 'प्रतिज्ञा' का प्रकाशन 1904 ई० में मानते हैं।[3] और डॉ० मन्मथनाथ गुप्त के अनुसार 'प्रतिज्ञा' 1905 ई० में प्रकाशित हुआ[4] तथा डॉ० राजेश्वर गुरु[5] तथा हंसराज रहबर के अनुसार 1906 ई० में प्रकाशित हुआ।[6]

'प्रतिज्ञा' के विषय में एक महत्वपूर्ण पत्र प्रेमचन्द का भी जिसमें उन्होंने 3 सितंबर, 1929 ई० को केशवराम सब्बरवाल को लिखा : "**मैंने हाल में दो छोटे उपन्यास लिखे हैं—'निर्मला' और 'प्रतिज्ञा'। दोनों में से किसी का भी दावा कलाकृति होने का नहीं है, उनमें कमो-बेश समाज की बुराइयों का पर्दाफ़ाश किया गया है।**"[7] 'प्रतिज्ञा' के प्रकाशन के विषय में डॉ० प्रतापनारायण टण्डन ने सन् 1928 ई० का उल्लेख किया है जो उसके प्रथम संस्करण का प्रकाशन वर्ष है।[8]

डॉ० मन्मथनाथ गुप्त, डॉ० इन्द्रनाथ मदान, हंसराज 'रहबर' तथा डॉ० विद्यानिवास मिश्र 'प्रतिज्ञा' को एक पृथक उपन्यास की मान्यता देने में संकोच करते हैं। उनका विश्वास है कि 'प्रतिज्ञा' उनके पूर्ववर्ती उपन्यास 'प्रेमा' का ही

---

1. रामरतन भटनागर : प्रेमचन्द, पृ० 14
2. नंददुलारे वाजपयी : प्रेमचन्द, साहित्य-विवेचन, पृ० 150
3. विद्यानिवास मिश्र : निर्मला की भूमिका, पृ० 18
4. मंमथनाथ गुप्त : प्रेमचन्द व्यक्ति और साहित्यकार, पृ० 140
5. राजेश्वर गुरु : प्रेमचन्द, एक अध्ययन, पृ० 166
6. हंसराज 'रहबर' : प्रेमचन्द, जीवन, कला और कृतित्व, पृ० 169
7. प्रेमचन्द : चिट्ठी-पत्री, भाग 2, पृ० 207
8. प्रतापनारायण टण्डन : हिन्दी उपन्यास का उद्‌भव और विकास, पृ० 181

परिवर्धित रूप है। इन भ्रांतियों को इससे बल मिलता है कि 'प्रेमा' तथा 'प्रतिज्ञा' के कथानक एवं पात्रों में पर्याप्त सीमा तक समानता है। इसी प्रकार का विचार पं० जनार्दन प्रसाद झा द्विज का भी है, जो 'प्रेमा' को 'प्रतिज्ञा' का परिवर्धित रूप मात्र मानते हैं। 'प्रेमा' और 'प्रतिज्ञा' की समानता के कारण और उद्देश्य का विश्लेषण आगामी पंक्तियों में किया जायेगा। यहाँ इतना कहना ही पर्याप्त है कि प्रेमचन्द उपन्यास साहित्य में 'प्रतिज्ञा' को 'प्रेमा' से अलग मान्यता प्राप्त है और इसे 'प्रेमा' का परिवर्धित रूप मात्र नहीं माना जाता।

सत्य यह है कि हिन्दी में 'निर्मला' की असाधारण लोकप्रियता ने 'चाँद' के संपादकों को प्रेरित किया कि निर्मला की तरह ही प्रेमचन्द का कोई अन्य उपन्यास धारावाहिक रूप से प्रकाशित हो। उन्होंने प्रेमचन्द से अनुरोध किया। प्रेमचन्द तैयार हो गये और जनवरी 1927 ई० से 'प्रतिज्ञा' का धारावाहिक प्रकाशन प्रारम्भ हुआ—'निर्मला' के धारावाहिक प्रकाशन के एक मास के अंतराल के बाद। अमृतराय लिखते हैं : **''मुंशी जी का भी दिल बढ़ा हुआ था और जहाँ रोज़ कुआँ खोदने और पानी पीने की हालत हो, वहाँ आमदनी की यह सूरत थी, जिसे हाथ से जाने न दिया जा सकता था।''**[1]

ऐसी स्थिति में जब कि आर्थिक उद्देश्य की पूर्ति के लिए ही उपन्यास लिखा जा रहा हो, उसके कलात्मक पक्ष के विषय में अधिक विचार करना व्यर्थ ही है। इस उपन्यास के लिए प्रेमचन्द ने कोई नया कथानक भी ढूँढ़ने का कष्ट न किया। अपने पुराने उपन्यास 'हमख़ुर्मा-ओ-हमसवाब' को ही दोबारा लिखने की योजना बना ली। इस बीच में पर्याप्त समय बीत चुका था और प्रेमचन्द उपन्यास कला की अनेक बारीकियों से परिचित हो चुके थे। यद्यपि 'बेवा' का कथानक 'हमख़ुर्मा-ओ-हमसवाब' पर आधारित है, फिर भी कई स्थलों पर अंतर भी दिखायी पड़ता है। यह अंतर उस घटना चक्र के आधार पर है, जिस पर 'हमख़ुर्मा-ओ-हमसवाब' का कथानक घूमता है। इसमें पूर्णा और दाननाथ के मारे जाने की भी चर्चा नहीं है, क्योंकि अब प्रेमचन्द उन दोनों को रास्ते से हटाकर 'अमृतराय' तथा 'प्रेमा' का विवाह कराने का आदर्श भी नहीं रखते। इस उपन्यास पर गाँधीवादी प्रभाव बढ़ता गया है। यद्यपि, प्रेमा दाननाथ के साथ सुखद दाम्पत्य-जीवन का निर्वाह करती है, किन्तु महात्मा गांधी की सुधारात्मक दृष्टि से प्रभावित होकर प्रेमचन्द ने विधवा-आश्रम की भी रचना कर दी।

हिन्दी में 'प्रतिज्ञा' को 'निर्मला' जैसी ख्याति नहीं प्राप्त हुई। इसका कारण सम्भवतः प्रस्तुत उपन्यास के कथानक की पुनरावृत्ति है। हिन्दी पाठक 'प्रेमा' से

---

1. **अमृतराय : प्रेमचन्द, क़लम का सिपाही, पृ० 395**

परिचित था। उसी कथानक को थोड़े से परिवर्तन के साथ पड़ने में रुचि उत्पन्न न की जा सकी।

'प्रतिज्ञा' का प्रकाशन 'चाँद' में जनवरी, 1927 ई० से नवंबर 1927 ई० तक धारावाहिक रूप में हुआ। बाद में यह उपन्यास 1929 ई० में सरस्वती प्रेस बनारस से पुस्तक रूप में प्रकाशित हुआ। हमारा अनुमान है कि मई 1932 ई० के पूर्व 'बेवा' उर्दू में प्रकाशित हो गया था, क्योंकि 7 जून, 1932 ई० के पत्र में मुंशी दयानरायन निगम को प्रेमचन्द ने लिखा था : **''बेवा बेशक बहुत ख़राब छपी, कई प्रेसों में छपी, कई पत्थर टूटे, कई कातिबों ने लिखा, फँस गया था। मजबूरन ख़त्म करना पड़ा। ग़लती रह गया कि प्रिन्ट लाइन न दी जा सकी। अब इसकी चिटें भेज रहा हूँ। तकलीफ़ तो होगी मगर दफ़्तरी से चिपकवा लें और दोनों किताबों 'पर्दा-ए-मजाज़' और 'बेवा' का रिव्यू निकलवा दें। बहुत अर्से से मेरी किसी किताब की तनक़ीद 'ज़माना' में नहीं निकली।''**[1]

फिर 27 जून, 1932 ई० को मुंशी दयानरायन निगम को याद दिलाया : **''पहले इन दोनों किताबों 'पर्दा-ए-मजाज़' और 'बेवा' का रिव्यू तो करा दीजिए।''**[2] परन्तु प्रेमचन्द की इच्छानुसार तुरंत समीक्षा प्रकाशित न हो सकी। 25 अक्टूबर, 1932 ई० को मुंशी दयानरायन निगम के पत्र में इसका उलाहना भी है। **''बेवा का कोई रिव्यू ज़माना में न छपा।''**[3] इसी प्रकार की एक शिकायत 'बेवा' के विज्ञापन के न छपने के विषय में भी है। 31 जनवरी, 1933 ई० को मुंशी दयानरायन निगम को लिखते हैं : **''इधर कई हफ़्तों से 'बेवा' का इश्तेहार 'आज़ाद' में नहीं निकल रहा है। न 'ज़माना' में। क्या उसकी सब जिल्दें फ़रोख़्त हो गयीं। अगर फ़रोख़्त हो गयी हों तो और सौ ज़िल्दें भेजवा दूँ।''**[4] इसकी पुनरावृत्ति 18 फ़रवरी, 1933 ई० के पत्र में भी है।[5]

'प्रतिज्ञा' और 'बेवा' के तुलनात्मक अध्ययन के लिए उचित दीखता है कि दोनों के समान स्थल प्रस्तुत किये जायँ ताकि उर्दू तथा हिन्दी संस्करणों का अंतर स्पष्ट हो सके। प्रस्तुत उपन्यास के हिन्दी तथा उर्दू-संस्करणों के अध्ययन से स्पष्ट हो जाता है कि उर्दू संस्करण के अनुपात में हिन्दी-संस्करण में विस्तार आ गया है।

---

1. प्रेमचन्द : चिट्ठी-पत्री, भाग 1, पृ० 195
2. वही, पृ० 196
3. वही, पृ० 199
4. वही, पृ० 202
5. वही, पृ० 203

"मुहब्बत कोई बाज़ार का सौदा है, जी चाहा लिया, जी चाहा न लिया। मगर तुम्हारा यह ख़याल ग़लत है।"[1]

"प्रेम कोई बाज़ार का सौदा है, जी चाहा लिया, जी चाहा न लिया। प्रेम एक बीज है, जो एक बार जमकर फिर बड़ी मुश्किल से उखड़ता है। कभी-कभी तो जल, प्रकाश और वायु बिना ही जीवन पर्यन्त जीवित रहता है।"[2]

कुछेक स्थानों पर उर्दू संस्करण में विस्तार है तथा हिन्दी में उसे संक्षिप्त रूप में लिखा गया है :

"बदरी—अच्छा मैं अभी आया- पूरना से पूँछ?"[3]

"बदरी—अच्छा मैं ही एक बार उससे पूछ लूँगा?"[4]

इसी प्रकार एक उदाहरण यह भी देखिए :

"पूरना समझ गयी कि आज शहर को मना लाने का इरादा कर लिया है।"[5]

"पूर्णा समझ गयी, आज रमणी का मान टूट गया।"[6]

उपर्युक्त उद्धरणों से स्पष्ट है कि हिन्दी तथा उर्दू का कथानक तो अवश्य एक है परन्तु अनुवाद में उर्दू-रूप संक्षिप्त हो गया है। हिन्दी-रूप अधिक विस्तृत है। यह परिवर्तन स्वयं प्रेमचन्द ने किया या अनुवादक ने? इस विषय में निश्चित रूप से कुछ कह पाना कठिन है। उपन्यास में यदा-कदा शुद्ध फ़ारसी-शब्द तथा मुहावरे भी विद्यमान हैं, जैसे **'एक जान दो क़ालिब होना'** आदि। इनके आधार पर यह अनुमान किया जा सकता है कि मूल रचना उर्दू में हुई थी। हिन्दी में अनुवाद करते समय अनुवादक ने स्वच्छन्दता अपनायी और घटा-बढ़ा दिया। उर्दू-शब्दों का हिन्दी-पर्याय तलाश करने में भी असावधानी हुई है। कुछेक प्रचलित शब्दों को अनायास ही बदल दिया गया है। उर्दू में **'गये-गुज़रे'** का अर्थ **'दीन'** होता है, परन्तु हिन्दी में उसे **'गये घरों'** लिखा गया है। अटपटे पर्यायों के कुछ अन्य उदाहरण प्रस्तुत हैं—

'मोटर' : 'टमटम', 'बंगला', 'मकान', 'फ़ैसला', : 'विचार', 'सुधार' : 'उन्नति',: ख़ासा', 'तेरवी' : 'षोडसी' 'तन्दुरुस्ती' : 'हरे' : 'तरीक़ा', 'चरित्र' :

---

1. प्रेमचन्द : बेवा, पृ० 10
2. प्रेमचन्द : प्रतिज्ञा, पृ० 7
3. प्रेमचन्द : बेवा, पृ० 52
4. प्रेमचन्द : प्रतिज्ञा, पृ० 43
5. प्रेमचन्द : बेवा, पृ० 68
6. प्रेमचन्द : प्रतिज्ञा, पृ० 56

'रग़बत', : 'प्रेम', 'क़िस्से' : 'घटनाएँ', 'नफ़रत' : 'द्वेष', 'दाख़िल' : 'पहुँचे' इत्यादि।

उपर्युक्त रूप में 'प्रतिज्ञा' अथवा 'बेवा' के विषय में स्पष्ट रूप से यह कहना कठिन है कि यह हिन्दी-उपन्यास है अथवा उर्दू। इसका प्रकाशन पहले हिन्दी में हुआ था परन्तु भाषा-शैली से यह स्पष्ट है कि यह उर्दू से अनुदित की गयी रचना है।

इस काल में प्रेमचन्द की रचनाएँ सर्वाधिक रूप में सामने आती है। काल के प्रारम्भ में प्रेमचन्द उर्दू में ही रचनाएँ करते थे, जिनका अनुवाद कभी स्वयं करते थे और कभी किसी मित्र की सहायता ले लेते थे। उस सत्य तक हिन्दी-भाषा एवं साहित्य में प्रवीणता प्राप्त न थी, परन्तु धीरे-धीरे उन्होंने हिन्दी लिखने और पढ़ने का अभ्यास किया और उर्दू के साथ ही साथ हिन्दी में भी रचना करने में सक्षम हो गये। इस प्रकार प्रस्तुत काल उनके साहित्य के तुलनात्मक अध्ययन में हिन्दी में उनका 'निर्माण-काल' कहा जा सकता है। 'निर्माण-काल' की कुछ त्रुटियाँ भी हिन्दी रचनाओं में विद्यमान है जिन पर यथास्थान प्रकाश डाला जा चुका है।

सामूहिक रूप में यह कहा जा सकता है कि इस काल से ही प्रेमचन्द को भारतीय साहित्य के इतिहास में द्विभाषी लेखक एवं रचनाकार की स्थिति प्राप्त होती है, जो आगे चलकर अधिक सशक्त रूप में विकसित हुई। इस पर आगामी अध्याय में प्रकाश डाला जायेगा।

❑❑❑

अध्याय : पाँच

उत्कर्ष-काल

प्रेमचन्द का प्रस्तुत रचना-काल 1931 ई० से प्रारम्भ होकर उनके जीवन के अंतिम चरणों तक विस्तृत है। यह काल कई प्रकार से गत काल से भिन्न है। इस काल के पूर्व ही प्रेमचन्द चरमख्याति प्राप्त कर चुके थे, परन्तु उनकी आर्थिक कठिनाइयाँ पीछा न छोड़ती थीं। साहित्य-प्रेम लंबे घाटे का सौदा बनता चला जा रहा था। 15 अगस्त, 1932 ई० को जैनेन्द्र कुमार को लिखते हैं : **''हंस में कई हज़ार का घाटा उठा चुका हूँ। लेकिन साप्ताहिक के प्रलोभन को न रोक सका। कोशिश कर रहा हूँ कि सर्वसाधारण के अनुकूल पत्र हो। इसमें भी हज़ारों का घाटा ही होगा। पर करूँ क्या? यहाँ जीवन ही एक लम्बा घाटा है।''**[1] एक दूसरे पत्र में 28 जुलाई, 1936 ई० को डॉ० अख़्तर हुसैन रायपुरी को लिखा : **''मैं क़रीब एक माह से बीमार हूँ। मेरे में गैसटिक अल्सर की शिकायत है। मुँह से ख़ून आता है। इसलिए काम नहीं करता, दवा कर रहा हूँ, मगर अभी तक कोई इफ़ाका नहीं। अगर बच गया तो 'बीसवीं सदी' नाम का रिसाला अपने लोगों के ख़यालात की इशाअत के लिए ज़रूर निकालूँगा। 'हंस' से मेरा तअल्लुक़ टूट गया....मैं भी ख़ुश हूँ। 'हंस' जिस लिटरेचर की इशाअत कर रहा था, वह हमारा नहीं। वह तो भक्तिवाला महाजनी लिट्रेचर है, जो हिन्दी-ज़बान में काफ़ी है।''**[2]

1931 ई० और 1936 ई० के बीच का यह काल प्रेमचन्द की आकांक्षाओं का युग है। इस नये उर्दू-पत्र 'बीसवीं-सदी' के निकालने की लालसा मन में ही

1. प्रेमचन्द : चिट्ठी-पत्री, भाग 2, पृ० 26
2. वही, पृ० 250

रह गयी। इसी बीच 'हंस' पर एक अवाँछनीय नाटक के प्रकाशन के कारण सरकार द्वारा ज़मानत माँगी गयी, तो 'हंस' के तत्कालीन स्वामियों ने अदा करने से इंकार कर दिया। प्रेमचन्द ने ज़मानत भर कर 'हंस' को फिर अपना लिया।

प्रस्तुत काल राजनीतिक और सामाजिक घटनाओं के लिए भी अत्यंत महत्वपूर्ण है। इसी काल के प्रारम्भ में पूर्ण स्वतंत्रता के लक्ष्य पर बल दिया गया। इसी काल में राष्ट्रीय सप्ताह 1932 ई० में 6 अप्रैल से 13 अप्रैल तक मनाया गया, जिसमें कितनी ही अनहोनी घटनाएँ घटीं। प्रेमचन्द ने 10 अप्रैल, 1932 ई० के पत्र में मुंशी दयानरायन निगम को लिखा : "**गवर्नमेण्ट की ज़्यादातियाँ नाक़ाबिले-बर्दाश्त हो रही हैं। पण्डित जवाहर लाल की ज़ईफ़ माँ के साथ कितनी बिदअतें की गयीं। अब बाहर रहना मुझे भी बेहयाई मालूम हो रही है।**"[1] फिर 19 दिसम्बर, 1932 ई० को महात्मा गाँधी के यरवदा जेल में आमरण अनशन की घोषणा से प्रेमचन्द थर्रा उठे। उन्होंने इस अनशन को महान तप घोषित करते हुए लिखा : "**कल यरवदा जेल में वह महान तप आरम्भ होगा, जिसकी कल्पना से ही रोमाँच हो जाता है। भारत की मातृभूमि में इससे पहले भी बड़ी-बड़ी तपस्याएँ की गयी हैं।....पर राष्ट्र के लिए प्राणों की आहुति देने का संकल्प महात्मा गाँधी की ही कीर्ति है।....एक समय दधीचि ने भी राष्ट्र की रक्षा के लिए प्राणों का बलिदान किया था। हम अपनी श्रद्धा के कारण उसे पौराणिक कथा समझे बैठे हैं, पर आज तुमने उस प्राचीन मर्यादा को, उस प्राचीन आदर्श को, उस प्राचीन आत्मोत्सर्ग को पुनर्जीवित कर दिया।**"[2]

इसी समय भारत के साहित्यिक इतिहास में वह अभूतपूर्व साहित्यिक आँदोलन हुआ, जिसे प्रेमचन्द ने अपना नेतृत्व प्रदान किया, जिसे साहित्यिक इतिहास में 'प्रगतिशील लेखक आंदोलन' को संज्ञा प्रदान की गयी है। प्रेमचन्द इस आंदोलन से 1935 ई० में उस समय जुड़े जब आंदोलन प्रारम्भिक स्थिति में ही था। उन्होंने 'प्रगतिशील लेखक संघ' के प्रथम अधिवेशन की अध्यक्षता की और अपना वह ऐतिहासिक महत्त्व का अध्यक्षीय भाषण भी दिया, जो भारतीय-साहित्य के इतिहास में स्वर्णाक्षरों में लिखा जायेगा। इस अधिवेशन में उन्होंने उर्दू में अपना लिखित व्याख्यान प्रस्तुत किया : "**हमारी कसौटी पर वह अदब पूरा उतरेगा, जिसमें तफ़क्कुर हो, आज़ादी का जज़्बा हो, हुस्न का जौहर हो, तामीर की रूह हो, ज़िंदगी की हक़ीक़तों की रौशनी हो, जो हममें हरकत, हंगामा और बेचैनी पैदा करे, सुलाये नहीं, क्योंकि अब ज़्यादा सोना मौत की अलामत**

---

1. प्रेमचन्द : चिट्ठी-पत्री, भाग 1, पृ० 194
2. प्रेमचन्द : विविध प्रसंग, भाग 2, पृ० 437

होगी।''[1] भारत में इस आंदोलन के प्रवर्तक सैय्यद सज्जाद ज़हीर तथा प्रेमचन्द के पत्रों का अध्ययन किया जाय, तो इस काल के प्रेमचन्द से संबंधित अनेक तथ्य सामने आ जाते हैं।[2] सैय्यद सज्जाद ज़हीर लिखते हैं : **''अप्रैल 1936 ई० से लेकर उस वक़्त तक जब कि बीमारी से साहबे-फ़राश नहीं हो गये, उन्होंने जो काम किये, जिस अदबी कान्फ्रेंस या मशविरे में वह शरीक हुए, वहाँ पर उन्होंने तरक़्क़ी-पसंद नुक़्ता-ए-नज़र ही पेश किया।''**[3]

कहानियाँ

उर्दू-हिन्दी-हिन्दुस्तानी का विवाद भी इसी काल में उत्कर्ष को पहुँचता है। प्रेमचन्द को हिन्दी और उर्दू दोनों के साहित्यकारों से आघात पहुँचा था। इसका उल्लेख विस्तारपूर्वक हो चुका है। इसलिए पुनरावृत्ति अनुचित होगी।

प्रेमचन्द की रचना-प्रक्रिया के अध्ययन में भी यह अंतिम-काल अत्यंत महत्वपूर्ण है। हिन्दी के साहित्यकार, संपादक, फ़िल्मकार आदि रूपों में अत्यंत ख्याति प्राप्त करने के बावजूद उन्होंने इस युग में भी उर्दू-साहित्यकारों, लेखकों, बुद्धिजीवियों एवं राजनीतिज्ञों से सम्बन्ध स्थापित रखा। साथ ही साथ उर्दू में अपनी रचना-गति को पुनः स्थापित किया। उनकी साहित्यिक गतिविधियों के विषय में डॉ० राजेश्वर गुरु लिखते हैं : **''प्रेमचन्द हिन्दी में 1913 ई० के बाद आये, जब उर्दू में वे कोई पंद्रह वर्षों की साहित्यिक साधना कर चुके थे, इसलिए हिन्दी की परम्पराओं ने उन्हें विशेष रूप में प्रभावित किया होगा।''**[4] हिन्दी में लिखने के काल में दूसरों से सहायता लेते रहते थे। अपनी एक उर्दू-रचना की पाण्डुलिपि 'ज़माना' को देते हुए 1929 ई० में संकेत करते हैं : **''इसमें कहीं अल्फ़ाज़ Underlined नज़र आयेंगे। यह हिन्दी मुतर्जिम ने बनाये हैं। उनके कुछ मानी नहीं हैं।''**[5] इससे स्पष्ट है कि प्रेमचन्द निर्माण-काल के अंत तक हिन्दी अनुवाद दूसरों से कराते थे। परन्तु प्रस्तुत उत्कर्ष-काल में उन्हें द्विभाषी रचनाकार के रूप में भारत की दो प्रमुख भाषाओं में मान्यता प्राप्त है। इसका विश्लेषण आगामी पंक्तियों में किया जायेगा।

प्रेमचन्द की 1931 ई० से 1936 ई० के मध्य की 85 (पचासी) कहानियाँ प्राप्त हुईं उनमें 27 (सत्ताईस) कहानियाँ पहले उर्दू में और 58 (अट्ठावन) कहानियाँ पहले हिन्दी में प्रकाशित हुईं। इस काल की कहानियों में 40

---

1. प्रेमचन्द : ख़ुतबा-ए-सदारत, अंजुमन-तरक़्क़ीपसंद-मुसन्नफ़ीन, लखनऊ, 1936
2. सैयद सज्जाद ज़हीर रौशनाई, पृ० 120
3. वही, पृ० 170
4. राजेश्वर गुरु : प्रेमचन्द, एक अध्ययन, पृ० 120
5. प्रेमचन्द : चिट्ठी-पत्री, भाग 1, पृ० 173

(चालीस) कहानियाँ प्रेमचन्द के जीवनकाल में उर्दू और हिन्दी दोनों में प्रकाशित हो गई थीं। उनके नाम निम्नलिखित हैं :

(1) लांछन (2) जेल (3) डिमांस्ट्रेशन (4) आख़िरी हीला (5) प्रेम का उदय (6) स्वामिनी (7) दो बैलों की कथा (8) सद्गति (9) लेखक (10) मृतक भोज (11) स्मृति का पुजारी (12) कुसुम (13) चमत्कार (14) गिला (15) नया विवाह (16) डामुल का क़ैदी (17) बेटों वाली-विधवा (18) ईदगाह (19) ज्योति (20) नेऊर (21) बालक (22) सती (23) शांति (24) रियासत का दीवान (25) दूध का दाम (26) मुफ़्त का यश (27) बासी भात में ख़ुदा का साझा (28) बड़े भाई साहब (29) ख़ुदाई फ़ौजदार (30) जीवन का शाप (31) गृहनीति (32) कफ़न (33) मिस पद्मा (34) तथ्य (35) दो बहनें (36) क्रिकेट मैच (37) लाटरी (38) क़ातिल (39) बरात (40) ग़म न दारी बुज़-बख़ुर।

अमृतराय ने गुप्तधन में निम्नलिखित तीन उर्दू कहानियाँ हिन्दी में अनूदित करके प्रकाशित कीं, जो प्रेमचन्द की हिन्दी रचना नहीं मानी जा सकतीं। उनके नाम हैं—(1) क़ातिल (2) होली की छुट्टी और (3) क्रिकेट मैच।

इनके अतिरिक्त निम्नलिखित पाँच (5) कहानियाँ अमृतराय ने 'गुप्तधन' में संग्रहीत की है, जो प्रेमचन्द के जीवन-काल में हिन्दी में प्रकाशित हो चुकी थीं :

(1) आख़िरी तोहफ़ा (2) दूसरी शादी (3) सौत (4) देवी (5) पैपुजी।

प्रेमचन्द की इस समय की कहानियों में 4 (चार) कहानियाँ हिन्दी में नहीं आ सकीं जिनके नाम इस प्रकार हैं :

(1) रौशनी (2) बारात (3) वफ़ा की देवी (4) क़ातिल की माँ।

उपरोक्त कहानियों में 'बारात' और 'क़ातिल की माँ' हिन्दी में शिवरानी देवी के नाम से प्रकाशित हुईं। उर्दू में इन्हें प्रेमचन्द ने स्वयं अपने संकलन में सम्मिलित किया है। इन कहानियों के विषय में गत अध्याय में उल्लेख किया जा चुका है। इसी प्रकार निम्नलिखित 28 (अट्ठास) कहानियाँ उर्दू में प्रकाशित नहीं हो पायी हैं—

(1) उन्माद, (2) ढपोरशंख, (3) होली का उपहार, (4) तावान, (6) सौत, (6) कुत्सा, (7) ठाकुर का कुआँ (8) झाँकी , (9) काया, (10) वेश्या, (11) रसिक संपादक, (12) क़ैदी, (13) दिल की रानी, (14) मोटर की छीटें (15) मनोवृत्ति, (16) जादू, (17) पंडित मोटेराम की डायरी (18) पैपुजी, (19) रहस्य, (20) कश्मीरी सेब, (21) यह भी नश्शा-वह भी नशा, (22) वैराग्य (23) तगादा।

इन हिन्दी कहानियों के अतिरिक्त 13 (तेरह) कहानियाँ बच्चों की हैं जो उर्दू में प्रकाशित हुईं, उनके नाम हैं—

(1) शेर और लड़का (2) वनमानुस की दर्दनाक कहानी (3) दक्षिणी अफ़्रीक़ा में शेर का शिकार (4) गुब्बारे का चीता (5) पागल हाथी (6) साँप का मणि (7) बनमानुष ख़ानसामाँ (8) मिट्ठू (9) पालतू भालू (10) बाघ की ख़ाल (11) मगर का शिकार (12) जुड़वाँ भाई (13) कुत्ते की कहानी

उस काल में प्रेमचन्द की 8 (आठ) उर्दू कहानियाँ हिन्दी में अनूदित नहीं हुईं। उनके नाम हैं—

(1) वतन की क़ीमत (2) आख़िरी तोहफ़ा (3) दूसरी शादी (4) रौशनी (5) क़ातिल की माँ (6) वफ़ा की देवी चाँद (7) वफ़ा की देवी (आख़िरी तोहफ़ा) (8) स्वांग।

इस काल की प्रत्येक कहानी का उसके उर्दू-रूप से तुलनात्मक अध्ययन प्रस्तुत करना अत्यन्त कठिन है क्योंकि जैसा ऊपर कहा गया इनमें अनेक कहानियों का उर्दू-रूप उपलब्ध ही नहीं है। उर्दू तथा हिन्दी दोनों में प्रकाशित 'डामुल का क़ैदी' की पाण्डुलिपि वाराणसी के 'रामरतन पुस्तक भवन' में संगृहीत है। कर्मभूमि की पाण्डुलिपि पर लिखी यह शीर्षकहीन पाण्डुलिपि संशोधन-परिवर्तन के साथ हिन्दी में प्रकाशित हुई। इसके प्रारम्भिक दो-एक अनुच्छेद प्रकाशित रूप के समान हैं। परन्तु बाद में इतना परिवर्तन आ गया है कि सर्वथा भिन्न कहानी प्रतीत होती है। इसमें कहीं भी 'डामुल का क़ैदी' है ही नहीं। इसमें नामों का परिवर्तन भी है। पहले वेश्या का नाम श्यामा था जिसे बाद में लैला कर दिया गया। पहले एक नाम था, जिसे बाद में बदल दिया गया। यह पाण्डुलिपि प्रेमचन्द की रचना-प्रक्रिया के कई महत्वपूर्ण संदर्भों की ओर ध्यान आकृष्ट करती है, जिन पर अभी तक विचार नहीं किया जा सका है। विस्तार से बचते हुए कुछेक कहानियों का तुलनात्मक अध्ययन प्रस्तुत किया जा रहा है—

शांती : शांति

यह कहानी पहली बार उर्दू मासिक 'इस्मत' के 1934 ई० के अंक में 'सुकूने-क़ल्ब' नाम से प्रकाशित हुई। बाद में उर्दू संकलन 'वारदात' में प्रेमचन्द ने 'शान्ति' नाम से सम्मिलित कर लिया। हिन्दी में भी इस कहानी का शीर्षक 'शांति' है।

कहानी के प्रथम उर्दू प्रकाशन में गोपा के पति का नाम श्रीनाथ है, परन्तु 'शांति' शीर्षक ग्रहण करने के बाद श्रीनाथ के स्थान पर देवनाथ कर दिया गया। हिन्दी में देवनाथ ही है। इससे अनुमान होता है कि उक्त कहानी पहले उर्दू में प्रकाशित हुई, जिसके आधार पर हिन्दी रूप तैयार किया गया।

उर्दू तथा हिन्दी-रूपों का तुलनात्मक अध्ययन किया जाय, तो मालूम होता है कि दूसरी बार हिन्दी में अनुवाद करते समय बड़ी असावधानी बरती गयी है, जिससे हिन्दी-रूप की भाषा अस्वाभाविक और कृत्रिम हो गयी है। उर्दू में प्रकाशित 'सुकूने-क़ल्ब' और 'शांति' की भाषा में अधिक अंतर नहीं है।

इस कहानी के उर्दू मूल की अनेक पंक्तियाँ हिन्दी अनुवाद में सम्मिलित नहीं हैं। कुछेक की चर्चा इस प्रकार है :

''मगर उस एक जुमले में ख़ुदा जाने क्या जादू था, मोजिज़ा था।''

''गोपा ने मेरी बातों पर इल्तेफ़ात न किया...मैं बेवा हूँ, ग़रीब हूँ, मुझ पर रहम करेंगे।''

''उसने बुझी हुई आँखों से देखा और बोली-सच!''

इस प्रकार हिन्दी-अनुवाद में भी कुछ स्थानों पर बढ़ाया गया है, जिनके कुछ उदाहरण निम्नलिखित हैं—

''यूँ तो लड़कपन उनके स्वभाव में ही था लेकिन इस उमर में प्रायः सभी लोग कुछ बेफ़िक्र रहते हैं।''

''नहीं नहीं ऐसी बात नहीं है। तुम्हें ग़ैर समझूँगी, तो अपना किसे समझूँगी।''

''इस तिरसकार की आड़ में घनिष्ठ आत्मीयता बैठी झाँक रही थी।''

''हमारी मर्यादा हमारे बाद भी जीवित रहती है''

''कौन दस-पाँच लड़कियाँ बैठी हुई हैं, वह तो दिल खेलकर अरमान निकालेगी।''

''तुमने सुना नहीं! रांड मरे न खंडहर ढहे।''

''मेरी यह आलोचना उसे बुरी लगी। इन दिनों उसे बात-बात पर क्रोध आ जाता है।''

''उसके लिए सुनी की जगह मुनी है, सुनी के लिए उसकी उपेक्षा है और रुदन है।''

''वह जानती है और चाहे सारा संसार उसकी निंदा करे उसकी माता उसकी सराहना करेगी, उसकी आत्मा से यह आनन्द भी छीन लूँ।''

इस कहानी में अनुवाद की स्थिति को समझने के लिए उचित होगा कि उर्दू और हिन्दी के समान उदाहरण प्रस्तुत किये जायँ, जिनसे अनुवादक के संशोधनों का सही अनुमान लगाया जा सके, जैसे उर्दू कहानी में है :

"मगर उसका असर हमेशा तवक़्क़ो के ख़िलाफ़ हुआ। वह कबीदा ख़ातिर हो जाती और मालूम होता था कि उन्हें मस्लहत-आमेज़ ख़ैर-अंदेशियों से रूहानी सदमा होता है।"

इसका अनुवाद हिन्दी में किया गया :

"पर इसका परिणाम आशा के विरुद्ध हुआ। जीवन के सपनों को भंग करते इन्हें हार्दिक वेदना होती।"

इस प्रकार के कई उदाहरण कहानी में बिखरे पड़े हैं। शब्दों के पर्याय ढूँढ़ने में भी असावधानी बर्ती गयी हैं। एक स्थान पर '**उलूहिम्मती**' को '**निष्कपटता**' तो दूसरी जगह '**उत्साह**' लिखा गया है। '**पुरलुत्फ़ सुहबतें**' के बजाय **रंगरेलियाँ**', '**इबरत**' के बजाय '**होशियार**', '**शिकवह-आमेज़ लह्जा**' के बजाय '**विरक्तमन**' आदि लिखा गया है।

कफ़न

इस कहानी का उर्दू तथा हिन्दी दोनों में एक ही नाम है। इस कहानी का सर्वप्रथम प्रकाशन उर्दू मासिक 'जामिया' के दिसंबर 1935 ई० के अंक में हुआ। हिन्दी में कब और किसके द्वारा अनूदित हुई, इसका निर्णय करना कठिन है। वर्तमान स्थिति में अमृतराय द्वारा संकलित एवं प्रकाशित कहानी संग्रह 'कफ़न' में सम्मिलित है। उर्दू तथा हिन्दी संस्करणों का तुलनात्मक अध्ययन करने पर कई महत्वपूर्ण तथ्यों का उद्घाटन होता है।

1. उर्दू का हिन्दी रूप के अनुपात में अनेक स्थानों पर विस्तृत है, परन्तु इस क्रम में कहानी के कलात्मक पक्ष पर अधिक प्रभाव नहीं पड़ा है जैसे—

"माधव इतना कामचोर था....जब दो-एक फ़ाक़े हो जाते, तो घीसू दरख़्तों पर चढ़कर लकड़ियाँ तोड़ लाता।"

"माधव इतना कामचोर था... घर में मुट्ठी भर भी अनाज मौजूद न हो, तो घीसू पेड़ पर चढ़कर लकड़ियाँ तोड़ लाता।"

"यहाँ तो ओझा भी एक रुपया माँगता है, किसके घर से आये।"

"यहाँ तो ओझा भी एक रुपया माँगता है।"

एक अन्य स्थान पर :

"चल दूर हो यहाँ से, लाश घर में रखकर सड़ा। यूँ तो बुलाने से भी नहीं आता।"

"चल दूर हो यहाँ से, यूँ तो बुलाने से भी नहीं आता।"

और यह भी :

"मरी भी कितना दुख झेलकर। वह आँखों पर हाथ रखकर रोने लगा।"

''कितना दुख झेल कर मरी।''

2. इसी प्रकार कुछेक स्थानों पर उर्दू-मूल से अनुवाद करते समय हिन्दी अनुवादक ने अपनी ओर से बढ़ा दिया है, जिससे कहानी की प्रभावशीलता अवश्य ही बढ़ी है, परन्तु उसकी मौलिकता खंडित हो गयी है, उदाहरणार्थ—

''फटे चिथड़ों से अपनी उरियानी को ढाँके हुए दुनिया की फ़िक्रों से आज़ाद।''

''फटे चीथड़ों से अपनी नग्नता को ढाँके जिये जाते थे, संसार की चिन्ता से मुक्त।''

तथा यह भी :

''घीसू ने इस तिफ़लाना सवाल का कोई जवाब न दिया, माधव की तरफ़ पुरमलामत अंदाज़ से देखा।''

''घीसू ने इस भोले-भाले सवाल का कोई उत्तर न दिया। वह परलोक की बातें सोचकर इस आनंद में बाधा न डालना चाहता था।''

''माधव को यक़ीन न आया, बोला—कौन देगा? रुपये तो तुमने चट कर दिये?''

''माधव को विश्वास न आया, बोला-कौन देगा? रुपये तो तुमने चट कर दिये। वह तो मुझसे पूछेगी, उसकी माँग में सेंदुर तो मैंने डाला था।''

3. 'कफ़न' के अधिकांश भाग में उर्दू तथा हिन्दी रूपों में अधिक अंतर नहीं है। मात्र छुट-पुट ही परिवर्तन हुआ है। भाषा-शैली भी यथा समान ही है, उदाहरणार्थ—

''घर में कभी कुछ न था, मगर इसी तरह हर बार काम चल गया।''

''घर में कभी कुछ न था, मगर भगवान ने किसी तरह बेड़ा पार ही लगाया।''

एक अन्य उदाहरण :

''मगर परोसने वाले हैं कि सामने गर्म-गर्म गोल-गोल महकती हुई कचौड़ियाँ डाले देते हैं।''

''मगर परोसने वाले हैं कि पत्तल में गर्म-गर्म गोल-गोल सुवासित कचौरियाँ डाल देते हैं।''

ऐसा लगता है कि उर्दू-शब्दों का हिन्दी पर्याय ढूँढ़ने में अनुवादक से भूलें हुई हैं। बहुत-से शब्दों के अनुचित पर्याय प्रस्तुत किये गये हैं तथा जहाँ-तहाँ वह पर्याय ढूँढ़ने में असमर्थ रहा है, उसने उसका भावार्थ लिख दिया है जैसे—

दिलख़राश : दिल हिला देनेवाली; ज़ाहिदाना अंदाज : आकाशवृत्ति : बारीकबीन : विचारवान; शातिर : बैठकबाज़ : अंगुश्तनुमायी : उंगली उठाते थे; ज़िन्दा-दर-गोर : न जीते हैं न मरते हैं आदि।

'कफ़न' की शैली की विशेषता तद्‌भव शब्दों का कलात्मक प्रयोग है। एक स्थान पर उर्दू में 'आशीर्वाद' लिखा गया है, जिसे हिन्दी में तत्सम रूप देकर 'आशीरवाद' कर दिया गया है। इसी प्रकार उर्दू में 'सदा' लिखा गया है जिसे हिन्दी में अनयास ही 'आवाज़' कर दिया गया है।

ग़बन

'ग़बन' के लेखन एवं प्रकाशन के विषय में अनेकानेक मत प्रकट किये गये, जिनमें कुछेक का विश्लेषण किया जा सकता है।

डॉ० इन्द्रनाथ मदान,[1] डॉ० शिवनरायन श्रीवास्तव[2] और डॉ० क़मर रईस[3] के विचार में 'ग़बन' 1930 ई० में प्रकाशित हुआ। उन्होंने लेखन काल के विषय में लिखा है। आचार्य नंददुलारे वाजपेयी के विचार में 'इसका रचना सन् 1931 ई० के आसपास हुई थी।'[4] अर्थात् 1931 ई० को निश्चित रूप में 'ग़बन' का लेखन वर्ष नहीं मानना चाहिए। परन्तु डॉ० रामरतन भटनागर के मतानुसार 'ग़बन' 1931 ई० की रचना है तथा उसका प्रकाशन 1933 ई० में हुआ।[5] इसके विपरीत मुंशी दयानरायन निगम[6] तथा डॉ० प्रतापनारायण टण्डन[7] ने 'ग़बन' का प्रकाशन 1931 ई० में बताया है। प्रेमचन्द के प्रसिद्ध जीवनीकार मदन गोपाल के विचार में प्रेम ने 'ग़बन' की रचना 1926-27 ई० में प्रारम्भ की तथा 1928 ई० में रचना पूरी हो गयी थी।[8] तथा अमृतराय के अनुसार 'प्रतिज्ञा' के प्रकाशन के तुरंत बाद ही 'ग़बन' की तैयारी शुरू हुई। 'प्रतिज्ञा' का प्रकाशन हिन्दी मासिक 'चाँद' में जनवरी 1927 ई० से नवंबर 1927 ई० तक क्रमशः हुआ। इस प्रकार 'ग़बन' का लेखन 1928 ई० के प्रारम्भ में होता है।[9] एक दूसरे स्थान पर

1. इन्द्रनाथ मदान : प्रेमचन्द एक विवेचन, पृ० 52
2. शिवनरायन श्रीवास्तव : हिन्दी उपन्यास, पृ० 101
3. क़मर रईस : प्रेमचन्द का तनक़ीदी मुतालिआ, पृ० 288
4. नन्ददुलारे वाजपेयी : प्रेमचन्द साहित्यिक विवेचन, पृ० 114
5. रामरतन भटनागर : प्रेमचन्द, पृ० 138
6. दयानरायननिगम : प्रेमचन्द की बाज़ तसानीफ़ का हाल, 'ज़माना', प्रेमचन्द विशेषांक 1937 ई०
7. प्रतापनरायण टण्डन : हिन्दी उपन्यास का उद्‌भव और विकास, पृ० 181
8. मदनगोपाल : मुंशी प्रेमचन्द पृ० 274
9. अमृतराय : प्रेमचन्द, क़लम का सिपाही, पृ० 410

उन्होंने 'ग़बन' की रचना 'अहंकार' से अनुवाद काल से जोड़ी है। 'अहंकार' का अनुवाद 1929 ई० में हुआ। इस प्रकार 'ग़बन' की रचना 1929 ई० में ठहरती है।[1] डॉ० कमल किशोर गोयनका मदन गोपाल के प्रति सहमत हैं। उनके विचार में : ''प्रेमचन्द ने फ़रवरी, 1929 ई० से पहले 'ग़बन' समाप्त करने के बाद ही 'कर्मभूमि' लिखा होगा।'[2]

उपरोक्त परस्पर विरोधी विचारों के आधार पर कोई निष्कर्ष निकालना बहुत कठिन है। प्रेमचन्द के पत्रों में 'ग़बन' के लेखन की चर्चा नहीं है, वरन् प्रकाशन के विषय में पहली सूचना जैनेन्द्र कुमार के नाम 25 नवंबर, 1930 ई० के पत्र में मिलती है : 'आजकल मेरा 'ग़बन' छप रहा है।'[3] फिर 17 दिसंबर, 1930 ई० को जैनेन्द्र कुमार को सूचना दी : **''ग़बन' अभी तैयार नहीं हुआ। तीन सौ पृष्ठ छप चुके हैं। अभी एक सौ पृष्ठ और होंगे। यह एक सामाजिक घटना है।''**[4] इसके बाद 12 जनवरी, 1931 ई० को पुनः सूचना दी : **''ग़बन' के तीन फ़ार्म और बाकी है।''**[5] फिर लखनऊ से ही 18 फ़रवरी, 1931 ई० को जैनेन्द्र को लिखते हैं : **''ग़बन' की एक प्रति भी शीघ्र ही भेजूँगा।''**[6] जिसके आधार पर अनुमान किया जा सकता है कि उस समय तक 'ग़बन' का प्रकाशन हो चुका था। इसकी पुष्टि 29 फ़रवरी, 1931 ई० के जैनेन्द्र के नाम पत्र में होती है।'[7]

'ग़बन' के लेखन-काल के विषय में विचार करते हुए, यदि उसके पूर्वार्द्ध और उत्तरार्द्ध दोनों भागों का तुलनात्मक अध्ययन किया जाय, तो दोनों के बीच असाधारण अंतर दिखायी पड़ता है। एक भाग का वातावरण ही दूसरे से बिलकुल अलग है। सामाजिक रूढ़ियों में बँधे हुए लोग, तेजस्वी सूरमा एवं आत्मपरक बन जाते हैं। ऐसा लगता है कि 'ग़बन' की रचना के बीच भारतीय राजनीतिक इतिहास में ऐसी घटनाएँ घटीं, जिनने प्रेमचन्द के मानसिक धरातल को झकझोर दिया था। यदि इतिहास के पन्नों में इस छटपटाहट को ढूँढ़ना हो, तो इसका उत्तर मिलने में कठिनाई नहीं होगी। यह वर्ष 1929 ई० ही था, क्योंकि इसी वर्ष 8 अप्रैल को भगतसिंह और बटुकेश्वर दत्त ने दिल्ली असेम्बली में बम फेंका, 64 दिनों की भूख-हड़ताल के फलस्वरूप जतीनदास की लाहौर जेल में 13 सितंबर को मृत्यु हुई। प्रेमचन्द लखनऊ में प्रवास कर रहे थे और वहीं 28

---

1. अमृतराय : प्रेमचन्द, क़लम का सिपाही, पृ० 441
2. कमलकिशोर गोयनका : प्रेमचन्द के उपन्यासों का शिल्प-विधान, पृ० 69
3. प्रेमचन्द : चिट्ठी-पत्री, भाग 2, पृ० 10
4. वही, 13
5. वही, पृ० 17
6. वही, पृ० 20
7. जैनेन्द्र कुमार : प्रेमचन्द एक कृती व्यक्तित्व, पृ० 102

सितंबर को कांग्रेस की कार्यकारिणी समिति की बैठक में कराची अधिवेशन के मनोनीत अध्यक्ष महात्मा गाँधी ने अपने स्थान पर पण्डित जवाहरलाल नेहरू का नाम प्रस्तावित किया। 31 अक्टूबर को लार्ड इरविन ने बरतानिया सरकार की इच्छानुसार राजनीतिक सुधारों का प्रस्ताव रखा। 23 दिसंबर को गाँधी-अरंविद भेंट हुई तथा 31 दिसंबर की 12 बजे रात को कांग्रेस ने लाहौर में पूर्ण-स्वराज्य लक्ष्य घोषित कर दिया। आगामी 26 जनवरी, 1930 ई० को पूर्ण स्वराज्य दिवस भी निश्चित किया गया। एक वर्ष में ऐसी कौतूहलपूर्ण घटनाएँ प्रेमचन्द के सुधारवादी दृष्टिकोण को भी प्रमाणित किये बिना न रह सकीं। परिणामस्वरूप एक सामाजिक समस्या को लेकर प्रारम्भ किया गया, उपन्यास दूसरी ओर मुड़ गया। जालपा के आचार-विचार बदल गये। देवीदीन अन्याय के विरुद्ध संघर्षशील तपस्वी हो गया। पुलिस के नंगे नाच का मुक़ाबला किया गया।

इस प्रकार हमारे विचार में 'ग़बन' का लेखन काल 1928 ई० के उत्तरार्द्ध तथा 1929 ई० के बीच में ठहरता है। हिन्दी में 'ग़बन' का प्रथम प्रकाशन फ़रवरी, 1931 ई०में हुआ।

'ग़बन' का उर्दू रूप सर्वप्रथम 'लाजपतराय एण्ड संस, ताजिराने-कुतुब लाहौर' से प्रकाशित हुआ। प्रथम संस्करण पर प्रकाशन वर्ष मुद्रित नहीं है। परन्तु मुंशी दयानारायन निगम के नाम 18 जून, 1931 ई० के पत्र में उपन्यास की एक प्रति उनको भेजने की चर्चा है : **''मेरे नये नॉवेल 'ग़बन' की कोई जिल्द आपके पास पहुँची या नहीं।''**[1] इससे सिद्ध होता है कि उस समय तक 'ग़बन' उर्दू में प्रकाशित हो चुका था। परन्तु यह सत्य नहीं है क्योंकि मुंशी दयानारायन निगम के नाम 25 फरवरी, 1932 ई० के पत्र में 'ग़बन' के उर्दू में अनुवाद करने की चर्चा है। इससे स्पष्ट होता है कि पहले पत्र में हिन्दी उपन्यास की प्रति भेजने का उल्लेख है। लिखते हैं : **''ग़बन' का तर्जुमा भी शुरू कर दिया है। एक नया नॉवेल भी शुरू कर दिया है। मगर सर्द बाज़ारी बला-ए-जान हो रही है।''**[2]

उपरोक्त पत्रों से निर्विवाद रूप से सिद्ध हो जाता है कि :

1. 'ग़बन' का उर्दू-रूप स्वयं प्रेमचन्द ने किया था तथा

2. फ़रवरी, 1932 ई० तक 'ग़बन' उर्दू-अनुवाद की स्थिति में था। उसका प्रकाशन उस समय तक उर्दू में नहीं हुआ था।

---

1. प्रेमचन्द : चिट्ठी-पत्री, भाग 1, पृ० 185
2. वही, पृ० 192

'ग़बन' के उर्दू-प्रकाशन के विषय में मुंशी दयानारायण निगम[1] ने भी किसी वर्ष का उल्लेख नहीं किया है। मात्र इतना ही लिखा है :

''इसका तर्जुमा भी लाहौर में छपा है।''

'ग़बन' के हिन्दी तथा उर्दू-रूप का तुलनात्मक अध्ययन करने के लिए उचित होगा कि दोनों भाषाओं के समान उद्धरण प्रस्तुत किये जायँ :

1. अनेक स्थानों पर उर्दू में संक्षेप तथा हिन्दी में विस्तार है। अनुवाद में भावार्थ प्रस्तुत करना ही पर्याप्त माना है :

''माँ से बोली-अम्माँ, मैं हार लूँगी। माँ ने बिसाती से पूछा—बाबा, यह हार कितने का है?''[2]

''माँ ने बिसाती से पूछा यह हार कितने का है?''[3]

इसी प्रकार एक अन्य स्थान पर :

''मानकी की यह साध बहुत दिनों से थी। यह हार पाकर वह मुग्ध हो गयी।''[4]

''मानकी को यह अरमान बहुत दिनों से था।''[5]

2. उपर्युक्त स्थिति के विरुद्ध कुछेक स्थानों पर हिन्दी में संक्षेप तथा उर्दू में विस्तार है। ऐसा लगता है कि जहाँ उर्दू-रूप हिन्दी के अनुपात में सरल एवं सुबोध है और साधारण शब्द परिवर्तन से काम चल सकता था, वहाँ भी मूल-रचना का भावार्थ अलग से लिख दिया है। एक उदाहरण प्रस्तुत है :

'चंद्रहार नहीं है क्या? शायद सबके नीचे हो। इस तरह वह मन को समझाती रही। जब मालूम हो गया, चंद्रहार नहीं है तो उसके कलेजे पर चोट सी लग गयी।'[6]

''चंद्रहार शायद सब ज़ेवरों के नीचे हो। **मुमकिन है किसी की निगाह न पड़ी हो या पीछे से किसी और रस्म में मिले। इस तरह वह दिल को**

---

1. मुंशी दयानारायन निगम : प्रेमचन्द की बाज़ तसानीफ़ का हाल, 'ज़माना' प्रेमचन्द विशेषांक 1937 ई०
2. प्रेमचन्द : ग़बन (हिन्दी), पृ० 1
3. वही (उर्दू), पृ० 4
4. प्रेमचन्द : गबन (हिन्दी), पृ० 3
5. वही, (उर्दू) पृ० 5
6. प्रेमचन्द : ग़बन (हिन्दी), पृ० 10

समझाती रही। जब यक़ीन हो गया कि चंद्रहार नहीं, है, तो उसके जिगर पर चोट-सी लगी।''[1]

3. अनेक स्थानों पर हिन्दी-उर्दू संस्कार को बदला गया है :

''युवकों का अविश्वास कुछ कम हुआ। रमा को कागज़-पेंसिल मिल गया।''[2]

इसी प्रकार एक स्थान पर मुंशी जी को दीनदयाल करके संतोष कर लिया गया है कि हिन्दी संस्कारयुक्त अनुवाद हो गया!

''दीनदयाल ने मुस्कराकर कहा—ला दूँगा बेटी।''[3]

''मुंशी जी ने मुस्कराकर कहा—ला दूँगा बेटी।''[4]

एक स्थान पर उर्दू में अत्याचार के विरुद्ध विचार व्यक्त किये गये हैं। हिन्दी में 'मज़लूमों को 'मज़दूरों' कर दिया गया है। साथ ही साथ 'मज़दूरी' के अनुरूप एक जूट मिल भी आ गयी है :

''दया तो उसके पास से होकर भी नहीं निकली। उसकी जूट की मिल है। मज़दूरों के साथ जितनी निर्दयता इसकी मिल में होती है और कहीं नहीं होती।''[5]

''दया तो उसके पास फटकने भी नहीं पाती। मज़लूमों के साथ जितनी कड़ाई उसके मिल में होती है और कहीं नहीं होती।''[6]

4. कुछेक स्थानों पर हिन्दी-रूप अत्यंत हास्यास्पद हो गया है। जैसे 'तमाशाइयों' का अनुवाद '**गोलाकार जमघट**'। उद्धरण प्रस्तुत है :

''इस गोलाकार जमघट के पीछे अंधेरे में आशा और आकांक्षा की मूर्ति-सी जालपा भी खड़ी थी।''[7]

''तमाशाइयों के इस हल्क़े के पीछे जालपा उम्मीदो-बीम की तस्वीर-सी बनी खड़ी थी।''[8]

5. कुछेक स्थान ऐसे भी हैं, जो उर्दू में नहीं हैं। इनके विषय में यह कहना कठिन है कि इन्हें किस लिए बढ़ाया गया है। उदाहरणार्थ कुछ उद्धरण प्रस्तुत

---

1. प्रेमचन्द : ग़बन (उर्दू), पृ० 13
2. वही, (हिन्दी), पृ० 174
3. प्रेमचन्द : ग़बन (हिन्दी), पृ० 3
4. वही, (उर्दू), पृ० 5
5. वही, (हिन्दी), पृ० 160-161
6. वही, (उर्दू), पृ० 181
7. वही, (हिन्दी), पृ० 10
8. वही, (उर्दू), पृ० 12

किये जाते हैं, जो उर्दू मूल में नहीं हैं :

''यह हार छः सौ में बना था।...फिर कभी इतने रुपये आयेंगे, इसमें उन्हें संदेह था।''[1]

इसी प्रकार यह भी :

''तभी तो जो चीज़ ये लोग नहीं बनवा सकते....अवश्य दे देंगी।''[2]

एक अन्य स्थान पर :

''वियोगियों के मिलन की रात बटोहियों के पड़ाव की रात है, जो बातों में कट जाती है।''[3]

''अभी प्रायश्चित पूरा नहीं हुआ है, इसीलिए यह दुर्बलता हमारे पीछे पड़ी हुई है। मैं देख रही हूँ, यह हमारा सर्वनाश करके छोड़ेगी।''[4]

इसी प्रकार :

''आठ आदमियों का तो अभी तक ब्याह ही नहीं....हुआ ख़ाली दिनेश तबाह है।''[5]

एक अन्य उदाहरण देखिए :

''मैं माँ के पीछे-पीछे चलने वाला बच्चा नहीं बनना चाहता।'....आप मोटर ले जाइये।'[6]

और यह भी :

''दरोग़ा ने ख़ुश होकर कहा—इसीलिए तो तुम्हें बुलाया था।...यह सब एक ही शैतान है।'[7]

इसमें संदेह नहीं कि हिन्दी-रूप उर्दू-रूप से अधिक स्वाभाविक एवं विस्तृत हो गया है। जिन स्थानों पर बढ़ाया गया है, उनसे प्रभाव में उन्नति हुई है।

प्रेमचन्द के कई उपन्यासों की तरह 'ग़बन' के संशोधन एवं परिवर्धन का कार्य प्रेमचन्द की मृत्यु के बाद उनके प्रकाशकों ने भी करवाया है, जिसके कुछ उदाहरण निम्नलिखित हैं—

---

1. प्रेमचन्द : ग़बन (हिन्दी), पृ० 3
2. वही, (हिन्दी), पृ० 281
3. प्रेमचन्द ग़बन (उर्दू), पृ० 252
4. वही, (हिन्दी), पृ० 255
5. वही, (उर्दू), पृ० 274
6. वही, (उर्दू), पृ० 281
7. वही, पृ० 287

"उसने मोटर रोक दिये।"[1]

"उसने मोटर रोक दिया।"[2]

"मियाँ की जूती मियाँ के सर।"[3]

"मियाँ की जूती मियाँ की चाँद।"[4]

"रमा करवट लेट गया।"[5]

"रमा करवट पड़ गया।"[6]

'ग़बन' के भाषिक अध्ययन से स्पष्ट हो जाता है कि उसके पूर्वार्द्ध एवं उत्तरार्द्ध की भाषा शैली में भी बड़ा अंतर आ गया है। पूर्वार्द्ध में तत्सम हिन्दी शब्दों का प्रयोग है, तो उत्तरार्द्ध में अनुवाद करते समय तत्सम फ़ारसी-अरबी शब्दों को ज्यों का त्यों रख दिया गया है या हिन्दी के साथ मिश्रित करके अस्वाभाविक रूप में प्रयोग किया गया है। कुछेक उदाहरण प्रस्तुत हैं :

"मिज़ाज-पुरसी करने की ज़रूरत होगी।"[7]

"जुहरा की आमदो-रफ़्त बढ़ने लगी।"[8]

"मुलाहिज़े की कल्पना को भी दूर रखना चाहती है।"[9]

"वह मेरी—वाजिब शर्त अस्वीकार न करेगी।"[10]

"रतन ने अविश्वास के अंदाज़ से देखकर कहा।"[11]

उर्दू में 'मेराज' का विशिष्ट संदर्भ है, जिसका प्रयोग प्रेमचन्द ने एक स्थान पर इस प्रकार किया है—

"मुहब्बत अपने मेराज पर पहुँच कर परस्तिश बन जाती है।[12]

हिन्दी में इसे निम्नलिखित रूप में अनूदित किया गया है :

---

1. प्रेमचन्द : ग़बन, (हिन्दी), पृ० 203
2. वही, (हिन्दी) (दूसरा संस्करण—सितंबर, 1937) ; पृ० 314
3. वही, (हिन्दी), पृ० 7
4. वही, (हिन्दी), (दूसरा संस्करण), पृ० 12
5. प्रेमचन्द : ग़बन, (हिन्दी), पृ० 110
6. वही, हिन्दी (दूसरा संस्करण), पृ० 169
7. प्रेमचन्द : ग़बन, पृ० 284
8. वही, पृ० 287
9. वही, पृ० 95
10. वही, पृ० 219
11. वही, पृ० 192
12. वही, (उर्दू), पृ० 345

''प्रेम अपने उच्चतम स्थान पर पहुँचकर देवत्व से मिल जाता है।[1]

जैसा कि ऊपर लिखा जा चुका है कि हिन्दी-रूपांतर तत्सम हिन्दी शब्दावली से ओतप्रोत है, फिर भी कुछेक स्थानों पर उर्दू-शब्द एवं संस्कार मिल जाते हैं। कुछेक उदाहरण प्रस्तुत हैं : **सलूक, जिन्स, मीज़ान, सबब, उज्र, फ़ना, नफ़ासत, मुख़िल, हसरत, शौहर, शोहदों, अव्वल, दोयम, सोयम, जब्र, सब्र, ज़बत, नहूसत, दस्ते-हिनाई, ख़फ़गी, तनज़्ज़ुल आदि।**

सामूहिक रूप में 'ग़बन' को उर्दू से हिन्दी में अनूदित उपन्यासों की शृंखला में रखना ही उचित होगा। अब यह कहना कठिन ही नहीं असम्भव है कि हिन्दी तथा उर्दू संस्करणों में किये गये समस्त परिवर्तनों का दायित्व किस पर है। लेकिन चूँकि हिन्दी संस्करण प्रेमचन्द के जीवनकाल में ही प्रकाशित हो चुका था। इससे अनुमान किया जा सकता है कि हिन्दी-संस्करण को उन्होंने एक बार आद्योपांत अवश्य देख लिया होगा। उनकी मृत्यु के बाद उनके प्रकाशकों के द्वारा कराये गये संशोधनों के कारण प्रस्तुत संस्करणों को मान्यता नहीं दी जा सकती। इन्हें एक बार फिर प्रेमचन्द के जीवन काल में प्रकाशित संस्करणों से मिलाकर संशोधित करने की आवश्यकता है।

मैदाने-अमल : कर्मभूमि

'कर्मभूमि' भी 'वरदान', 'सेवासदन', प्रेमाश्रम', 'रंगभूमि', 'कायाकल्प' आदि के क्रम में एक ऐसी विवादग्रस्त रचना है, जिसके विषय में आसानी से कहना कठिन है कि इसका मूल हिन्दी में तैयार किया गया अथवा उर्दू में। अमृतराय ने 'कर्मभूमि' की पाण्डुलिपि तथा प्रकाशन के विषय में इतना ही लिखा है : **''पाण्डुलिपि के उपलब्ध अंश के आधार पर इसका लेखन 16 अप्रैल, 1931 ई० को आरंभ हुआ। प्रकाशन अगस्त 1932 ई० में हुआ।''**[2] प्रेमचन्द के अनुवादक मुंशी इक़बाल वर्मा 'सेहर' हतगामी की आत्मजीवनी का निम्नलिखित अंश वीरेन्द्रप्रसाद सक्सेना ने इस प्रकार प्रस्तुत किया है : **''मुंशी प्रेमचन्द आं-ज़हानी के मुताअद्दिद क़िस्से और कई नॉवेल मसलन 'रंगभूमि', 'कर्मभूमि', 'प्रेमाश्रम', 'निर्मला' वग़ैरह हिन्दी से उर्दू में लिखे। अभी उनका आख़िरी नॉवेल 'गउदान' भी जामिया मिल्लिया से शाया हो चुका है, जिसका उर्दू-तर्जुमा मेरा ही किया हुआ है।''**[3] यह स्पष्ट रूप में दावा किया गया है कि 'रंगभूमि', 'प्रेमाश्रम' तथा 'गोदान' की तरह 'कर्मभूमि' का अनुवाद भी 'सेहर'

---

1. प्रेमचन्द : ग़बन, (हिन्दी), पृ० 309
2. अमृतराय : प्रेमचन्द : क़लम का सिपाही, पृ० 556
3. वीरेन्द्रप्रसाद सक्सेना : 'हमारी ज़बान', अलीगढ़ 15 दिसम्बर, 1970 ई० और 22 जनवरी, 1971 ई०

ने ही हिन्दी से 'उर्दू' में किया था। यहाँ गत पृष्ठों में दी गयी सूचना को ध्यान में रखने की आवश्यकता है, जिसमें 'प्रेमाश्रम' के उर्दू में लिखे जाने को अमृतराय ने स्वीकार किया है तथा 'चौगाने-हस्ती' का मूल उर्दू में तैयार करने की बात स्वयं प्रेमचंद ने की है, जिस पर प्रकाश डाला जा चुका है। यहाँ उसके विस्तार में न जाकर इतना ही कहना पर्याप्त होगा कि जिस प्रकार 'चौगाने-हस्ती' से 'रंगभूमि' बनने के बाद उपन्यास को फिर हिन्दी से उर्दू में परिवर्तित किया गया। सम्भवत: उसी रूप में 'मैदाने-अमल' को भी हिन्दी में 'कर्मभूमि' के रूप में प्रस्तुत किया गया। इस काल की प्रेमचन्द की सभी रचनाओं की यह विशेषता रही है कि उनका मूल पहले उर्दू में तैयार किया जाता था और अनुवाद हिन्दी में होता था। परिणामस्वरूप अनेक स्थलों पर अंतर आ जाता था। यह कहना कठिन है कि उनका अनुवाद स्वयं प्रेमचन्द करते थे या कोई अन्य व्यक्ति। यही क्रम गत उपन्यासों से स्पष्ट परिलक्षित होता है। 'कर्मभूमि' को प्रेमचन्द के अन्य उपन्यासों की रचना-प्रक्रिया से अलग रखकर देखना न्यायसंगत न होगा।

हमारे विचार में इक़बाल वर्मा 'सेहर' हतगामी का वक्तव्य अतिशयोक्तिपूर्ण है। प्रेमचन्द की रचनाओं के हिन्दी उर्दू रचनाओं के प्रकाशन का क्रम समझे बिना निष्कर्ष निकालने में भ्रम उत्पन्न हो सकता है, जिसमें पड़कर डॉ० मस्ऊद हुसैन ख़ाँ ने उपर्युक्त उपन्यासों को उर्दू उपन्यास साहित्य से निकाल देने की सलाह दी है, जो ग़लत होने के साथ-साथ प्रेमचन्द के साथ अन्याय का द्योतक है।[1] उन्होंने प्रेमचन्द के पत्र दिनांक 17 जुलाई, 1926 ई० के आधार पर प्रेमचन्द की समस्त उर्दू रचनाओं को हिन्दी का अनुवाद घोषित कर दिया है। निम्न में उक्त पत्र का उद्धरण प्रस्तुत है : "**हिन्दी में सेवासदन, प्रेमाश्रम, रंगभूमि, कायाकल्प—चारों नॉवेल दो-दो साल के वक़्फ़े के बाद निकले। इनके उर्दू-तर्जुमे अनक़रीब शाया होंगे।**"[2] इस विषय पर विस्तारपूर्वक गत पृष्ठों में प्रकाश डाला जा चुका है। अत: पुनरावृत्ति अनुचित है।

'कर्मभूमि' के लेखन एवं प्रकाशन के विषय में अनेकानेक मत प्रकट किये गये हैं।'

आचार्य नंददुलारे बाजपेयी[3] के कथनानुसार कर्मभूमि' 1932 ई० में प्रकाशित हुआ। यही विचार डॉ० रामरतन भटनागर[4] का भी है परन्तु 'कर्मभूमि' के लेखन काल के विषय में अमृतराय और मदन गोपाल के विचारों में गंभीर

1. मस्ऊद हुसैन ख़ाँ : फ़िक्रो-नज़र, अलीगढ़ : अंक 2, 1971 ई०
2. प्रेमचन्द : चिट्ठी-पत्री, खण्ड 1, पृ० 162
3. नंददुलारे बाजपेयी : प्रेमचन्द साहित्यिक विवेचन, पृ० 97
4. रामरतन भटनागर : प्रेमचन्द, पृ० 151

विरोध है। अमृतराय[1] ने इसका लेखन-काल 16 अप्रैल, 1931 ई० से प्रारम्भ बताया है। मदन गोपाल[2] इसी तिथि को उपन्यास की समाप्ति की तिथि कहते हैं। उनके विचार में प्रेमचन्द ने 1929 ई० में कर्मभूमि की रचना प्रारम्भ की थी। डॉ० क़मर रईस के मतानुसार—'प्रेमचन्द ने यह नॉवेल सन् 1930-32 ई०में लिखा और 1932 ई० में ही अपने ज़ाती मतबा सरस्वती-प्रेस से तबा कराके शाया किया।[3] डॉ० कमल किशोर गोयनका ने मदन गोपाल के मंतव्यों के प्रति सहमति प्रकट की है।[4]

उपर्युक्त कथनों में परस्पर विरोधी सूचनाओं का आधार ढूँढ़ना असम्भव हो जाता है, विशेषकर अमृतराय तथा मदन गोपाल के विचारों में इतना अधिक मतभेद आश्चर्यजनक है, क्योंकि दोनों ने एक ही पाण्डुलिपि पर अंकित सूचना के आधार पर अलग-अलग निष्कर्ष निकाले हैं।

प्रेमचन्द ने अपनी व्यस्तता की चर्चा करते हुए पहली बार 'कर्मभूमि' का उल्लेख 28 फ़रवरी, 1929 ई० के पत्र में किया है : **''सुबह को करता हूँ तो 'कर्मभूमि' में हर्ज होता है''**[5] जिससे स्पष्ट है कि प्रेमचन्द उपर्युक्त समय में 'कर्मभूमि' की रचना में पूरी तरह व्यस्त थे। इसी प्रकार जैनेन्द्र के 20 फ़रवरी, 1930 ई० को प्रेमचन्द को लिखे गये पत्र में उनके किसी उपन्यास के लेखन स्थिति के विषय में पूछा गया है : **''आपका उपन्यास कैसा चल रहा है। मुझे भी बहुत और बराबर लिखने का मंत्र बताइये न।''**[6] इसी प्रकार प्रेमचन्द के 23 अप्रैल, 1930 ई० के एक पत्र में भी किसी उपन्यास का उल्लेख है, जो सम्भवतः 'कर्मभूमि' है।[7] इसका दूसरा संदर्भ फ़रवरी, 1931 ई० को जैनेन्द्र कुमार के नाम पत्र में है : **''ग़बन के बाद 'मैग्डलीन' छपेगी तब तक मेरा दूसरा उपन्यास भी लिखा जा चुकेगा।''**[8]

इस प्रकार निश्चय ही यह दूसरा उपन्यास 'कर्मभूमि' है। संयोगवश 'कर्मभूमि' की पाण्डुलिपि उपलब्ध रह गयी है, जो वाराणसी के 'रामरतन भवन' में संगृहीत है। इसके मुख्य पृष्ठ पर 'कर्मभूमि 16वीं अप्रैल, 1931 ई०' अंकित है, जो सम्भवतः इसके लेखन-काल की समापन तिथि है। अनुमानतः प्रेमचन्द ने

---

1. अमृतराय : प्रेमचंद्र, क़लम का सिपाही, पृ० 656
2. मदन गोपाल : मुंशी प्रेमचन्द , पृ० 274, 282
3. क़मर रईस : प्रेमचन्द का तनक़ीदी मुतालिया, पृ० 382
4. कमलकिशोर गोयनका : प्रेमचन्द के उपन्यासों का शिल्प-विधान, पृ० 71
5. प्रेमचन्द : चिट्ठी-पत्री, भाग 1, पृ० 171
6. जैनेन्द्र कुमार : चिट्ठी-पत्री, भाग 2, पृ० 9
7. प्रेमचन्द : चिट्ठी-पत्री, भाग 1, पृ० 178
8. वही, भाग 2, पृ० 19

'ग़बन' को समाप्त करने के बाद 1919 ई० के उत्तरार्ध में 'कर्मभूमि' की रचना प्रारम्भ की होगी जिसका समापन अप्रैल, 1931 ई० को हुआ।

प्रेमचन्द ने अपने पत्रों में 'कर्मभूमि' के प्रकाशन के विषय में सूचनाएं दी हैं, जिनका अध्ययन महत्वपूर्ण है। 17 जून, 1932 ई० को मुंशी दयानारायण निगम को लिखते हैं : **''मेरा नया नॉवेल 'कर्मभूमि छप रहा है, अठारह फ़ार्म छप गये हैं, कोई छः सौ सफ़हे की किताब है।''**[1] फिर 15 अगस्त, 1932 ई० को जैनेन्द्र को सूचना दी : **''कर्मभूमि के तीस फ़ार्म छप चुके हैं। अभी छः फ़ार्म बाक़ी हैं।''**[2]

उपर्युक्त पत्र के आधार पर अमृतराय का विचार कि 'कर्मभूमि' का प्रकाशन अगस्त 1932 ई० में हुआ तर्कसंगत नहीं दीखता। 15 दिनों के बीच छः फ़ार्म का छपना, जिल्द बंधना और पुस्तक का बाज़ार में आ जाना लगभग असम्भव है। फिर अमृतराय ने अपनी सूचना का कोई आधार भी नहीं दिया है। 'कर्मभूमि' के प्रकाशन-काल के निर्धारण में उपन्यास के प्रारम्भ में ही प्रकाशित 'निवेदन' शीर्षक टिप्पणी को भी ध्यान में रखना चाहिए। इस टिप्पणी पर प्रेमचन्द ने हस्ताक्षर के साथ 5 सितम्बर, 1932 ई० अंकित है, जिसके आधार पर कहा जा सकता है कि उक्त तिथि तक 'कर्मभूमि' का प्रकाशन नहीं हो पाया था। हमारे विचार में 'कर्मभूमि' का प्रकाशन 1932 ई० के पूर्वार्द्ध में किसी समय सरस्वती प्रेस, बनारस से हुआ।

'कर्मभूमि' के उर्दू संस्करण के विषय में इक़बाल वर्मा 'सेहर' हतगामी ने अन्य उपन्यासों की तरह अपना अनुवाद बताया है,[3] जो सरासर असत्य एवं भ्रामक है। इस विषय पर यथास्थान लिखा जा चुका है, इसलिए यहाँ पर पुनरावृत्ति अनुचित है।

'कर्मभूमि' के उर्दू संस्करण 'मैदान-अमल' के विषय में मुंशी दयानारायन निगम कोई मंतव्य नहीं दे पाये हैं वरन् हिन्दी संस्करण के विषय में लिखा है : **''1932 ई० में आपने कर्मभूमि लिखा और अपने ही प्रेस से शाया किया।''**[4] उर्दू संस्करण 'मैदाने-अमल' के नाम से दिसम्बर, 1932 ई० में मक्तबा जामिया, दिल्ली से प्रकाशित हुआ।

---

1. प्रेमचन्द : चिट्ठी-पत्री, भाग 1, पृ० 196
2. प्रेमचन्द : चिट्ठी-पत्री, भाग 2, पृ० 26
3. इक़बाल वर्मा 'सेहर' हतगामी : 'हमारी ज़बान', 15 सितंबर, 1970 ई० और 22 जनवरी, 1971 ई०
4. दयानारायन निगम : प्रेमचन्द साहब की बाज़ तसानीफ़ का हाल, 'ज़माना' प्रेमचन्द विशेषांक 1937 ई०

प्रस्तुत उपन्यास की हिन्दी पाण्डुलिपि पर अंग्रेज़ी में प्रेमचन्द ने अपनी याददाश्त लिखी है, परन्तु इन याददाश्तों का प्रस्तुत उपन्यास से प्रत्यक्ष रूप में कोई सम्बन्ध स्थापित नहीं होता। यह सम्भव है कि इस उपन्यास के हिन्दी अनुवाद के समय उनके मन-मस्तिष्क पर किसी अन्य उपन्यास का ख़ाका उभरा हो जिसको उन्होंने सुविधा हेतु लिख लिया हो या दूसरी स्थिति में ये अनुमान किया जा सकता है कि जिस प्रकार 'चौग़ाने-हस्ती' को हिन्दी में 'रंगभूमि' के रूप में अनूदित करते समय संशोधन किये गये थे, 'मैदाने-अमल' के हिन्दी अनुवाद के समय भी उसी प्रकार का संशोधन करने का इरादा था, परन्तु बाद में उन्होंने इसका उर्दू से अनुवाद करना ही उचित समझा। इन याददाश्तों का ऐतिहासिक महत्व है। इसका एक उदाहरण निम्नलिखित है—

"Two aspects—an unhappy married life due to difference in outlook and mentality. There is enthusiasm sacrifice, devotion but also a longing, an earning for love. The heart is not awakened. This is no spiritual awakening. Wife's sacrifice creates love. Spiritual awaking also causes. The whole outlook changed. The whole atmosphere is purified.

A youth punished for transportation is a political murder trial. His vitrethed (Illegible) and father both are transformed. When he returns he finds them ready to welcome him. All fear vanished.

The details should be worked out 160 pages First chapter—

The trial and punishment. Price 12.

Second—The viterethed (Illegible) girl was present at the court. She proposes to remain with the father of her fiance. He fiancé fare well later.

Third—the father subscribes secretly to the found of the political party and is ready to help in every way.

Fourth—The secret is devulged by one of the party. The police threaten the father but he is admaunt. His daughter-in-law encourages him.

Fifth—The daughter-in-law attends a political meeting and is vociferously cheered. She is elected president of the Congress Committee.

Six—Lahore Congress. She attends and delivers a speech at Lahore. The resolution for Independence. She support it in an excellent speech.

Seventh—the ratification. Her efforts to form a lady workers Union Successful......"

[दो पक्ष-मनोवृत्ति और सिद्धांत में मतभेद के कारण दुखद पारिवारिक जीवन! ऊर्जा, त्याग, परिश्रम, परन्तु प्रेम सम्बन्ध में बंधने की इच्छा भी है। मन जागृत नहीं है। इसी प्रकार आध्यात्मिक जागृति नगण्य है। पत्नी के त्याग के कारण प्रेम उत्पन्न होता है, आध्यात्मिक जागृति भी होती है, सभी सिद्धांत परिवर्तित हो जाते हैं। समस्त वातावरण पवित्र हो जाता है।

युवक को किसी राजनीतिक हत्या के मुक़दमें में आजीवन कारावास हुआ। उसके....और पिता दोनों का हृदय परिवर्तन हो जाता है। जब वह वापस लौटता है तो उन्हें उसके स्वागत हेतु तैयार पाता है। समस्त भय का अन्त हो जाता है।

विस्तार का अनुमान कर लिया जाये—160 पृष्ठ—प्रथम अध्याय—मुक़दमा और सज़ा, मूल्य-12

दूसरा—लड़की अदालत में मौजदू थी, वह प्रस्ताव करती है, उसको उसके मंगेतर के पिता के साथ रहने दिया जाय। उसका मंगेतर बाद में चला जाता है।

तीसरा—पिता गोपनीय ढंग से पार्टी को चंदा देता है तथा हर प्रकार से सहायता करने को तत्पर है।

चौथा—इस गोपनीयता का पार्टी के एक व्यक्ति ने उद्घाटित कर दिया)। पुलिस बाप को डराती-धमकाती है परन्तु वह अपने स्थान पर अडिग है। उसकी बहू उसे हिम्मत दिलाती है।

पाँचवा—बहू एक राजनीतिक सभा में सम्मिलित होती है तथा उसकी बहुत प्रशंसा होती है, वह कांग्रेस पार्टी की प्रधान चुन ली जाती है।

छठवाँ—लाहौर कांग्रेस, वह लाहौर में सम्मिलित होती है और भाषण देती है स्वतन्त्रता का प्रस्ताव। वह उसके समर्थन में बहुत अच्छा भाषण देती है।

सातवाँ—अनुमोदन, उसका संघर्ष कारसेविका संघ की स्थापना में फला-फूलता है।]

उर्दू में 'मैदाने-अमल' कई कारणों से महत्वपूर्ण उपन्यास माना जाता है। डॉ० सैय्यद एजाज़ हुसैन[1] तथा प्रो० आले अहमद सुरूर[2] इसे प्रेमचन्द के

1. सैय्यद एजाज़ हुसैन : नये अदबी रुझानात, पृ० 209
2. आले अहमद 'सुरूर ': नज़र और नज़रिये, पृ० 157

अत्यन्त सफल उपन्यासों में मानते हैं। डॉ० क़मर रईस के विचार में इस उपन्यास से प्रेमचन्द का चिन्तन नये आयाम की ओर बढ़ता है। वे लिखते हैं : "**वे महात्मा गाँधी के अवाम-दोस्ती और उनके आला क़ौमी जज़बात के अब भी मोतरिफ थे लेकिन उनका ज़हनी नश्शोनुमा अब गाँधीवादी गिरफ़्त से आज़ादी हासिल कर रहा था और वह उसे तन्क़ीदी नज़र से देखने लगे थे।**"[1] हमारे विचार में यह विचार अधूरी-सच्चाई पर आधारित है। वास्तविकता यह है कि 'प्रेमाश्रम' तथा 'रंगभूमि' के बाद 'कर्मभूमि' में प्रेमचन्द ने उस वर्ग-संघर्ष के विश्लेषण को विषय बनाया है, जिसमें राष्ट्रीय आंदोलन के अधिकांश नेता जानबूझकर अथवा अनजाने में ग्रस्त थे, परन्तु उस समय तक प्रेमचन्द को गाँधीवादी चिन्तन से विमुख नहीं हुए थे। 'कर्मभूमि' का आदर्श पात्र अमरकांत न केवल यह कि गाँधीवादिता का पोषक है वरन् विद्रोह एवं संघर्ष की डगर पर चल रही जनता को प्रतिक्रियावादी साधनों से रोकता है, क्योंकि उसे भय है कि इस प्रकार अहिंसा के चिन्तन मार्ग से दूर हो जायेगा। प्रेमचन्द ने न सिर्फ़ यह कि मंदिरों में अछूतों के प्रवेश, मदिरापान का विरोध और शिक्षा के प्रसार में गाँधीवादी दृष्टिकोण प्रस्तुत किया है, बल्कि इस मार्ग में इतना आगे बढ़े हैं कि काले ख़ाँ का हृदय परिवर्तन भी करा दिया है। अत: डॉ० सईद आरफ़ी का यह कहना अधिक तर्कसंगत है "**इस नॉवेल का पसमंज़र महात्मा गाँधी की रहनुमाई में 1930 ई० की तहरीके आज़ादी से मुतल्लिक है जिसमें मुल्क के मुख़्तलिफ तबक़ो और फिरक़ों के लोग एक-दूसरे के दोश ब दोश शरीक थे।**"[2] डॉ० शमीम निकहत लिखती हैं "**मैदाने-अमल' प्रेमचन्द के उन नॉवेलों में है जिसमें उन्होंने औरत को सही मानों में एक समाजी व सियासी कारकुन की हैसियत से पेश किया है।**"[3]

प्रेमचन्द ने 'कर्मभूमि' में स्वतन्त्रता आंदोलन के विभिन्न पहलुओं का चित्रण किया है तथा पिछड़े एवं दलित वर्ग की समस्याओं का विश्लेषण नगरीय पृष्ठभूमि से प्रारम्भ किया है परन्तु धीरे-धीरे उनका कार्यक्षेत्र व्यापक होता गया तथा इस उपन्यास में कलात्मक एवं रचनात्मक मानकों पर ऊँचाइयाँ स्थापित हो गयीं। वास्तव में 'कर्मभूमि' के बिना 'गोदान' की कल्पना भी नहीं की जा सकती।

---

1. क़मर रईस : प्रेमचन्द का तन्कीदी मुताला, पृ० 386
2. सईद आरफ़ी : प्रेमचन्द के नॉवेलों और कहानियों पर गांधीवादी असरात, पृ० 264 (अप्रकाशित) इलाहाबाद, विश्वविद्यालय से डी० फ़िल का शोध-प्रबंध
3. शमीम निकहत : प्रेमचन्द के नॉवेलों में निस्वानी किरदार, पृ० [illegible]9

हिन्दी में 'कर्मभूमि' की एक बड़ी कृति[1] और महान ग्रंथ[2] माना गया है परन्तु इसको उर्दू-संस्करण 'मैदाने-अमल' के समान ख्याति और सर्वप्रियता प्राप्त न हो सकी इसका कारण दोनों भाषाओं की परम्पराओं, स्वभाव एवं शैलियों का अन्तर है। हिन्दी में 'गोदान' के बाद प्रेमचन्द का सर्वश्रेष्ठ उपन्यास 'कर्मभूमि' नहीं 'रंगभूमि' माना जाता है, क्योंकि डॉ० कमलकिशोर गोयनका के कथनानुसार "**कर्मभूमि में सूरदास के समान कोई वीर चरित्र तो नहीं है।**"[3]

(5) एक स्थान पर उपन्यास के अंतिम चरणों में उर्दू-संस्करण में मात्र यह संवाद ही है :

"**मैं तो समझती हूँ इन क़ुर्बानियों के बग़ैर इस मुआहिदे की नौबत न आती।**"[4]

परन्तु हिन्दी में उपरोक्त संवाद के अतिरिक्त अनेक संवाद हैं।

इसके बाद लाला समरकांत, सुखदा, अमरकांत, मुन्नी आदि के संवाद है, जिनमें अपने घर जाने की चर्चा है। उर्दू में अपने घर कहा गया है, एक स्थान पर दिल्ली। परन्तु हिन्दी में प्रत्येक स्थान पर काशी का नाम लिया गया है। उपन्यास के अंतिम पृष्ठों के संवाद में उर्दू तथा हिन्दी-मूल में घोर अंतर है। उर्दू-मूल संक्षिप्त है लेकिन हिन्दी-मूल में अधिक विस्तार से बातें कहीं गयी हैं। ऐसा लगता है हिन्दी में पुस्तक छपते समय एक बार फिर संशोधन हुआ था। यह कहना कठिन है कि यह संशोधन किसने किया था।

प्रस्तुत उपन्यास पाँच भागों में विभाजित है। पहले भाग में 18, दूसरे में 7, तीसरे में 13, चौथे में 8 और पाँचवें में 10 उपखण्ड हैं। यह विभाजन हिन्दी और उर्दू दोनों में ही समान है।

'कर्मभूमि' में उर्दू शब्द एवं संस्कारों की अधिकता है। कुछेक उर्दू तत्सम शब्दों के उदाहरण दिये जाते हैं—'**रक़ीब**', '**शीरीनी**', '**तलख़ी**', **इन्ना-लिल्लाहे-अलहे-राजेऊन**', '**जिला-वतन**', '**पारसा**', '**मुफ़सिद**', '**शिगुफ़्ता**', '**बदख़ाह**', '**फ़राग़त**', '**तौफ़ीक़**' और '**तालीमी-इसलाह**' आदि।

प्रेमचन्द का हिन्दी अनुवादक उर्दू से भलीभाँति परिचित हो सकता है किन्तु हिन्दी के विषय में उसकी जानकारी कम है। उर्दू शब्दों का हिन्दी-पर्याय प्रस्तुत करने में उसने 'कर्मभूमि' में अनेक भूलें की हैं, जिससे अर्थ का अनर्थ हो गया है। संस्कृतनिष्ठ भाषा लिखने के शौक़ में उसने प्रेमचन्द की शैली को भी भ्रष्ट

---

1. नन्ददुलारे वाजपेयी : प्रेमचन्द, साहित्यिक विवेचन, पृ० 19
2. इन्द्रनाथ मदान : प्रेमचन्द, एक विवेचन, पृ० 15
3. कमलकिशोर गोयनका : प्रेमचन्द के उपन्यासों का शिल्प-विधान पृ० 445
4. प्रेमचन्द : मैदाने-अमल, पृ० 492

कर दिया है और ऐसे शब्द, जो साधारण बोलचाल में प्रयुक्त होते हैं उनका भी अनुवाद कर दिया है। इस अनुवाद करने में ध्यान नहीं दिया गया है। कुछेक उदाहरण प्रस्तुत किये जाते हैं : **कमाना : उपार्जन, दिलबस्तगी : घनिष्ठता, एतराज़ : घृणा, ख़ुदग़रज़ी : लोभ, क़ुर्बानी : आत्म-समर्पण, कारपरदाज़ : उद्योगी, मसलहत अंदेशी : कूटनीति, क़ूवते-बाज़ू : परिश्रम, उसूल परवरी का ज़ोम : धर्म का घमण्ड, युनिवर्सिटी : विद्यालय, मरदाना एहसास : पुरुष कल्पना, प्रोफ़ेसरों : अध्यापकों, अतालीक़ : गुरुजन, मकरूहात : स्वार्थ, तंगदिली : दम्भ, हवस : तकल्लुफ़ : विलास इत्यादि।**

सामूहिक रूप में इतना कहा जा सकता है कि 'मैदाने-अमल' की भाषा-शैली 'कर्मभूमि' के अनुपात में अधिक सजीव एवं प्रभावशाली है तथा उस पर उर्दू शब्द-संस्कार स्पष्ट रूप में देखा जा सकता है।

गऊदान : गोदान

प्रेमचन्द के उपन्यासों में 'गोदान' को सर्वाधिक महत्व प्राप्त है, इसे उर्दू साहित्य में बहुत दिनों तक अजेय माना जाता है।

डॉ० सैय्यद एजाज़ हुसैन लिखते हैं "यह कहना बेजा न होगा कि जिस मंज़िल पर प्रेमचन्द ने नॉवेल को छोड़ था उसके आगे नॉवेल-निगरी का कारवाँ न बढ़ सका।"[1] प्रो० सैय्यद एहतेशाम हुसैन का विचार है : "**गऊदान उर्दू नॉवेल की तारीख़ में एक ऐसी मंज़िल है जहाँ सिर्फ़ प्रेमचन्द पहुँचे और वह भी सिर्फ एक बार। यह नॉवेल उनके फ़न्नी-इरतेक़ा का नुक्ता-ए-उरूज़ है, शायद उनका फ़न अभी और आगे बढ़ता लेकिन मौत ने राह खोटी कर दी, क्योंकि जिस साल 'गऊदान' पहली दफ़ा शाया हुआ। उसी साल उनका इन्तेक़ाल हो गया।**"[2] डॉ० मसीहुज़्ज़ामाँ का मत है : "**गऊदान, उनका अहम नॉवेल है जो उर्दू नॉवल की तारीख़ में संगे-मील की हैसियत रखता है।**"[3] प्रो० आले अहमद सुरूर[4] और अली सरदार जाफ़री[5] इसे उर्दू का सर्वश्रेष्ठ उपन्यास मानते हैं। अज़ीज़ अहमद के विचार में प्रेमचन्द ने विकास की ऐसी ऊँचाई प्राप्त कर ली है जिन तक दूसरे उपन्यासकारों की पहुँच नहीं हो सकती।[6] इसी प्रकार के विचार हिन्दी साहित्य के साहित्यकारों और समालोचकों ने भी दिये हैं। 'गोदान' को उर्दू

---

1. सैय्यद एजाज़ हुसैन : नये अदबी रुझानात, पृ० 290
2. सैय्यद हतेशाम हुसैन : अफ़कार-वो मसायल, पृ० 117
3. मसीहुज़्ज़मां : मेआरो-मीज़ान, पृ० 179
4. आले अहमद 'सुरूर' : तक़ीदी इशारे पृ० 21
5. अली सरदार जाफ़री : तरक़्क़ीपसन्द अदब, पृ० 132
6. अज़ीज़ अहमद : तरक़्क़ीपसन्द अदब, पृ० 246

और हिन्दी में एक समान प्रसिद्धि प्राप्त है, परन्तु यही प्रेमचन्द के सारे उपन्यासों में बहुचर्चित एवं सबसे अधिक विवादास्पद भी रहा है। इसके समालोचकों ने इसे विभिन्न और विरोधाभासी मानकों पर कसने और परखने का प्रयास किया है।

प्रेमचन्द ने 'गोदान' की रचना कब की और उसका पहला रूप उर्दू में लिखा अथवा हिन्दी में इस पर भी अनेकानेक मत व्यक्त किये गये हैं। निम्नलिखित पंक्तियों में 'गोदान' की रचना के विषय में कुछेक तथ्य प्रस्तुत हैं, जिनके आधार पर 'गोदान' का अध्ययन अधिक स्वाभाविक हो सकता है। अमृतराय का कथन है : **''पत्रों के आधार पर इसका लिखना 1932 ई० में ही शुरू हो गया था। पर 'हंस' और 'जागरण' की अनेक कठिनाइयों और बाद के साल भर के बंबई-प्रवास के कारण इसकी गति बहुत धीमी रही। पुस्तक का प्रकाशन जून 1936 ई० में हुआ।''**[1]

संक्षेप में उपरोक्त उद्धरण से निम्नलिखित निष्कर्ष निकाले जा सकते हैं :

(1) 1932 ई० में ही लिखना प्रारम्भ कर दिया था।

(2) 'हंस' और 'जागरण' की आर्थिक कठिनाइयाँ 'गोदान' के लेखन में अवरोध उत्पन्न करती रही थी।

(3) बंबई-प्रवास लेखन में बाधक हुआ।

(4) पुस्तक का प्रकाशन 1936 ई० में हुआ।

सम्भवतः अमृतराय के कथन का आधार 25 फ़रवरी, 1932 ई० को मुंशी दयानरायन निगम को लिखित प्रेमचन्द का एक पत्र है, जिसमें उन्होंने एक नये उपन्यास की रचना का उल्लेख किया है : **''इधर 'ग़बन' का तर्जुमा भी शुरू कर दिया है। एक नया नॉवेल भी पूरा कर दिया है।''**[2] यह निश्चित ही है कि 'कर्मभूमि' के बाद प्रेमचन्द ने 'गोदान' ही लिखा। इसलिए यह अनुमान किया जा सकता है कि प्रेमचन्द ने उपर्युक्त पत्र में 'गोदान' की ही रचना प्रारम्भ करने का उल्लेख किया है। 1932 ई० और 1936 ई० के बीच प्रेमचन्द का जीवन संघर्षों से ओत-प्रोत रहा है। 'हंस' में लगातार घाटा सहने पर भी 'जागरण' का प्रकाशन शुरू करते समय उन्होंने 15 अगस्त, 1932 ई० को जैनेन्द्र कुमार को एक पत्र लिखा था, जिसकी चर्चा पहले हो चुकी है। उसी पत्र में 'हंस' पर क़ानूनी वार भी होने की चर्चा है : **''हंस पर ज़मानत लगी। मैंने समझा था, आर्डिनेन्स के साथ ज़मानत भी समाप्त हो जायेगी पर नया आर्डिनेन्स आ गया और**

1. अमृतराय : प्रेमचन्द, क़लम का सिपाही, पृ० 656
2. प्रेमचन्द : चिट्ठी-पत्री, भाग 1, 192

उसी के साथ ज़मानत भी बहाल करदी गयी।''[1] और बम्बई-प्रवास का आधार आर्थिक कठिनाइयों से मुक्ति पाना था। 30 अप्रैल, 1934 ई० को जैनेन्द्र कुमार के नाम एक पत्र में लिखा : ''बम्बई की एक फ़िल्म कंपनी मुझे बुला रही है। वेतन की बात नहीं, कंट्रैक्ट की बात है। 8000 साल। मैं उस अवस्था को पहुँच गया हूं, जब मेरे लिए हाँ के सिवा कोई उपाय नहीं रह गया कि या तो वहाँ चला जाऊँ या अपने उपन्यास को बाज़ार में बेचूँ। मैं इस विषय में तुम्हारी राय ज़रूरी समझता हूँ। कंपनी वाले हाज़री की कोई क़ैद नहीं रखते। मैं जो चाहूँ लिखूँ, जहाँ चाहे लिखूँ, उनके लिए पाँच सीनरियाँ तैयार कर दूँ। मैं सोचता हूँ, क्यों न एक साल के लिए चला जाऊँ। वहाँ साल भर रहने के बाद कुछ ऐसा कंट्रैक्ट कर लूँगा कि मैं यहीं बैठे-बैठे तीन चार कहानियाँ लिख दिया करूँगा और चार-पाँच हज़ार रुपये मिल जाया करेंगे। उससे 'जागरण' और 'हंस' दोनों मज़े से चलेंगे और पैसों का संकट कट जायेगा। फिर हमारी दोनों चीज़ें धड़ल्ले से निकलेंगी, लेकिन तुम यहाँ आ जाओगे तो क़तई राय होगी। अभी तो मन दौड़ा रहा हूँ।''[2] परन्तु बम्बई में उनकी जीवन का दूसरा ही अनुभव हुआ। बम्बई-प्रवास के बीच 28 नवंबर, 1935 ई० को जैनेन्द्र कुमार को लिखा : ''फ़िल्मी हाल क्या लिखूँ—मैंने सामाजिक कहानियाँ लिखी हैं, जिन्हें शिक्षित समाज भी देखना चाहे, लेकिन उनकी फ़िल्म करते इन लोगों को संदेह होता है कि चले या न चले। यह साल तो पूरा करना है ही। क़र्ज़दार हो गया था। क़र्ज़ा पटा दूँगा। मगर और कोई लाभ नहीं है। उपन्यास के अंतिम पृष्ठ लिखने बाक़ी हैं। उधर मन ही नहीं जाता। यहाँ से छुट्टी पाकर अपने पुराने अड्डे पर जा बैठूँ। वहाँ धन नहीं है मगर संतोष अवश्य है। यहाँ तो जान पड़ता है कि जीवन नष्ट कर रहा हूँ।''[3] बम्बई-प्रवास से क्या मिला, उसका विवरण भी प्रेमचन्द से ही सुनिए : ''बम्बई से क्या लाया? कुल 6300 मिले। इसमें 1500 लड़कों ने लिये, 400 लड़की ने, 500 प्रेस ने। दस महीने बम्बई का ख़र्च बड़ी किफ़ायत से भी 2500 से कम न हो सका। वहाँ से कुल 1400 लेकर अपना-सा मुँह लिये चले आये।''[4]

'गोदान' की मूल गाथा भी ऋण में फँसने और उससे त्रस्त होने की है। शोषित एवं शोषक के द्वंद्व की कहानी है। प्रो० विक़ार अज़ीम लिखते हैं : ''गऊदान' उस ज़माने का नॉवेल है, जब देहाती अपने दुःखों से थक-हार कर सुकून की खोज में शहर आने लगे थे, एलेक्शन और मेम्बरी का चर्चा सबसे बड़ी सियासी बात थी। जब मिल खुल रहे थे और सरमायादार को ग़रीबी का ख़ून

1. प्रेमचन्द : चिट्ठी-पत्री, भाग 2, पृ० 26
2. प्रेमचन्द : चिट्ठी-पत्री, भाग 2, पृ० 44
3. वही, पृ० 51
4. वही, पृ० 59

चूसने का नया शिंकजा हाथ लगा था। इस नॉवेल में उन हालात की पैदा की हुई सारी फ़ज़ा का जो असर देहात और शहर पर पड़ रहा था, उसका अक्स है, लेकिन न उसके अलावा देहाती समाज के हर छोटे-बड़े पहलू की तफ़सील भी है।''[1] होरी आदर्श है। तीन-चार बीघे ज़मीन और फूल की थाली उसकी संपत्ति है। फटे-पुराने कपड़े पहनता है। एक फटा पुराना कम्बल है, जो बाप-दादा के समय से जाड़े की ठंडक काटने का सहारा है। उसको शोषित करने वाली शक्तियाँ हैं—ज़मीनदार उसका करिंदा, गाँव के महाजन, पुलिस अधिकारी तथा बिरादरी और पंच के लोग। होरी प्रेमचन्द का प्रतीक है। उनकी अपनी आर्थिक कठिनाइयों एवं ऋण की समस्या का जीता जागता उदाहरण है। वह लगातार प्रयासरत है। विभिन्न माध्यमों से परिस्थितियों को वश में करने का यत्न करता है। सिर से पैर तक ऋण के बोझ से दबा है। अपनी इच्छाओं की पूर्ति के लिए ऋण लेता है, यही ऋण उसके पैर की बेड़ी बन जाता है, अपमान एवं बदनामी का सामना करता है परन्तु वह मृगतृष्णा के पीछे भागता है। यही अदना, बूढ़ा और अकेला होरी प्रेमचन्द का प्रतीक है। इस उपन्यास में वर्ग व्यवस्था का संघर्ष स्पष्ट रूप से दिखाई देता है। एक ओर ख़ुशहाली, भोग-विलास और आदर-सत्कार, दूसरी ओर ग़रीबी, निर्धनता, फ़ाक़ा, अशिक्षा एवं अपमान है, इसका प्रेमचन्द ने व्यक्तिगत स्तर पर अनुभव किया था।

इसलिए 'गोदान' को जब इस युग के प्रेमचन्द की जीवनगाथा से मिलाकर देखते हैं, तो अनेक निष्कर्ष सामने आते हैं। 'गोदान' लिखते समय प्रेमचन्द की अपनी आर्थिक कठिनाइयाँ भी उनको परेशान करती थीं। बम्बई-प्रवास के कटु अनुभव के बाद प्रेमचन्द पूरी तरह से 'गोदान' की रचना में जुट गये थे। अमृतराय लिखते हैं : **''गोदान अभी पूरा नहीं हुआ था। बम्बई से लौटकर मुंशी जी इस में जी जान से जुट गये और उसको पूरा करके ही क़लम छोड़ा।''**[2] एक विचित्र बात है कि 'गोदान' के रचना-काल में ही प्रेमचन्द बनारस से त्रस्त हो उठे थे और वहाँ से उठकर इलाहाबाद में बस जाना चाहते थे। 14 मई, 1935 ई० को जैनेन्द्र कुमार को लिखा : **''मैंने इरादा किया है कि जून में 'हंस' को और प्रेस को प्रयाग लाऊँ ओर ख़ुद भी यहीं रहूँ। काशी में न तो काम है और न साहित्य वालों का सहयोग। वहाँ जितने हैं, वह सभी सम्राट् हैं। कोई कवि-सम्राट् है, कोई आलोचना-सम्राट्, कोई प्रहसन-सम्राट्! यह गौरव तो काशी को है कि वहाँ सभी सम्राट मौजूद हैं, मगर सम्राटों की सम्राटों से पटेगी? शिष्टाचार की बात और है, हार्दिक सहयोग की बात और। मुझे डर लग रहा है कि कहीं तुम भी साल-छः महीने में सम्राट् हो जाओ, तो मेरा काम तमाम हो जाय। फिर तुमसे**

---

1. वक़ार अज़ीम : दस्तान से अफ़साने तक, पृ० 177
2. अमृतराय : प्रेमचन्द, क़लम का सिपाही, पृ० 597

कोई लेख माँगने का साहस भी न कर सकूँ। इसलिए अब प्रयाग आ रहा हूँ, जहाँ सम्राट् कम हैं।''[1]

'गोदान' के रचना-काल के विषय में 17 दिसंबर, 1935 ई० के पत्र का निम्नलिखित उद्धरण भी महत्वपूर्ण है : **''इन दिनों मैं अपने उपन्यास में व्यस्त हूँ 'जिसे तीन साल हुए शुरू किया था, मगर दूसरी मसरूफ़ियतों की वजह से ख़त्म नहीं कर सका।''**[2] इससे स्पष्ट हो जाता है कि 'गोदान' का लेखन 1935 ई० के अंत अथवा 1936 ई० के प्रारम्भ में समाप्त हुआ। 'गोदान' का हिन्दी संस्करण सर्वप्रथम 10 जून, 1936 ई० को बिक्री के लिए उपलब्ध हुआ, जिसका प्रकाशन सरस्वती प्रेस, बनारस ने किया था। 9 जून, 1936 ई० के एक पत्र में उन्होंने ऊषा देवी मिश्रा को लिखा : **''गोदान पूरा छप गया, बाइंडिंग होने पर भेजूँगा।''**[3] और दूसरे दिन जैनेन्द्र कुमार को लिखा : **''गोदान निकल गया, तुम्हारे पास जायेगा। ख़ूब मोटा हो गया है, 600 से (ऊपर) गया है। विचार लिखना।''**[4]

'गोदान' के प्रथम प्रकाशन के निर्धारित में यू० पी० गजट के इनदराजात से बड़ी ग़लतफ़हमी पैदा होती है। पहली बार उसे कहानियों का संकलन बताकर प्रकाशन की तिथि 31 दिसम्बर, 1932 ई० दर्ज की गयी है।[5] यह दोनों इनदराजात स्पष्ट रूप से गलत हैं। दूसरी 'गोदान' के प्रथम संस्करण की प्रकाशन तिथि 10 अगस्त, 1936 ई० दर्ज है, जो सही है। इसके अतिरिक्त मुंशी दयानारायन निगम के बयान से भी ग़लतफ़हमी पैदा होती है। वे लिखते हैं: **''1936 ई० में आपका (प्रेमचन्द का) आख़िरी नॉवेल 'गऊदान' सरस्वती प्रेस बनारस से शाया हुआ इसकी दो हज़ार जिल्दें बिक चुकी हैं और पहला एडिशन क़रीब इख़्तेताम है।''**[6] यहाँ जिस उपन्यास की चर्चा की गयी है, वह 'गऊदान' नहीं बल्कि 'गोदान' है, क्योंकि 'गऊदान' प्रेमचन्द की मृत्यु के तीन वर्ष पश्चात् मकतबा-ए-जामिया मिल्लिया दिल्ली से प्रकाशित हुआ। उर्दू नाम को प्राथमिकता देने का कारण उसके उर्दू उपन्यास होने के कारण है, जिसका विश्लेषण यथास्थान होगा।

'गऊदान' की उर्दू पाण्डुलिपि के सम्बन्ध में प्रेमचन्द के दोनों सुपुत्र श्रीपतराय और अमृतराय अनभिज्ञता जताते हैं। उसके प्रकाशक जामिया

---

1. प्रेमचन्द : चिट्ठी-पत्री, भाग 2, पृ० 56
2. वही, पृ० 264
3. चिट्ठी-पत्री, भाग-2, पृ० 200
4. वही, पृ० 64
5. यू० पी० ग़ज़ट जुलाई 1933 ई०
6. दयानरायन निगम : प्रेमचन्द की बाज़ तसानीफ के हालात, 'ज़माना' प्रेमचन्द नंबर 1937 ई०

मिल्लिया के लोगों का कथन 'कर्मभूमि' के सम्बन्ध में प्रस्तुत किया जा चुका है। वह लोग वही कथन के सम्बन्ध में प्रस्तुत किया जा चुका है। वह लोग वही कथन गऊदान के लिए भी प्रस्तुत करते हैं, किन्तु मुंशी वीरेन्द्र प्रसाद सक्सेना का अनुमान है कि 'गऊदान' की पाण्डुलिपि 'सेहर' के परिवार वालों के पास सुरक्षित है।[1] लेखक ने विभिन्न श्रोतों से उर्दू पांडुलिपि से सम्बन्धित जानकारी प्राप्त करने की कोशिश की परन्तु सफलता नहीं मिली। हमारे विचार में जामिया मिल्लिया के प्रशासन का बयान सही मालूम होता है कि 'गऊदान' की उर्दू पाण्डुलिपि कालचक्र में समाप्त हो चुकी है अब उसके प्राप्त होने की आशा नहीं है।

पाण्डुलिपियाँ

'गोदान' की दो पाण्डुलिपियाँ 'भारत कला भवन, काशी हिन्दू विश्वविद्यालय, वाराणसी', में सुरक्षित हैं। उनमें किसी पर लेखन तिथि नहीं है परन्तु उनके अध्ययन से स्पष्ट हो जाता है कि पहली पाण्डुलिपि के आधार पर ही दूसरी पाण्डुलिपि तैयार की गयी है। दूसरी पाण्डुलिपि वही है, जिससे 'गोदान' पहली बार हिन्दी में प्रकाशित हुआ। निम्नलिखित पंक्तियों में दोनों पाण्डुलिपियों के बारे में कुछ जानकारी प्रस्तुत की जाती हैं।

प्रथम पाण्डुलिपि अपूर्ण है जो पृष्ठ 3 से 312 तक उपलब्ध है। इसके प्रारम्भिक वाक्य इस प्रकार हैं—

''....चट पा जाता था। विपन्नता के इस अथाह सागर में सहयोग ही वह निधि थी जो उसके भीतर हृदय में तृष्णा था, जिसे पकड़े हुए वह वहीं चहकी जाती थी। आज इन असंयत शब्दों के यथार्थ के निकट होने पर भी मानों झटका देकर उसके हाथ से वह तिनके का सहारा छीन लिया।'' यहाँ संशोधन करने 'निधि थी जो उसके भक्त हृदय में' को काट दिया गया है जिससे प्रस्तुत रूप में वाक्य इस प्रकार बना है:

''विपन्नता के इस अथाह सागर में ही वह तृष्णा था।''

दूसरा अध्याय इस प्रकार है :

''होरी मालिकों की ड्योढ़ी पर पहुँचा, तो आठ बज रहे थे। भवन के सिंह द्वार पर कई प्यादे बैठे गपशप कर रहे थे। होरी को उनसे मालूम हुआ कि मालिक पूजा पर बैठ गये हैं।''

यहाँ अंतिम वाक्य में '**होरी को**' काट दिया गया है। इसी प्रकार इसी अध्याय में तीसरा पैराग्राफ़ है :

---

1. वीरेन्द्र प्रसाद सक्सेना : हमारी जबान 15 दिसम्बर, 1970

''दोनों पुत्रों में यद्यपि पिता की भक्ति विरासत में न पायी थी, तो न थी पर वह चरित्र दोष न था, जो रईसों के लड़कों में साधारणतया हुआ करता है।....दोनों ही खद्दर पहनते थे और दोनों ही राष्ट्रवादी थे।''

यहाँ यद्यपि '**विरासत**' में न पायी थी तथा '**रुचि**' में कुछ भिन्नता थी, '**समर को नाटकों से प्रेम था**' जो बाद में प्रेमचन्द ने काट दिया है। परिवर्धन एवं संशोधन का एक उदाहरण और देखिए :

''होरी दोपहरी होते होते मालिकों को सलाम करके लौटा पर घर न आकर पहले उस खेत में गया जहाँ गोबर ऊख़ गोड़ रहा था।.....बालक काम में तन से लगे हुए थे।''

उपर्युक्त उद्धरण में तीसरे वाक्य में '**छोटी**' तथा '**लड़की**' और 'अंतिम से पहले वाक्य में '**बड़ी का तो**' को संशोधन में काट दिया गया है।

इसी प्रकार पूरे उपन्यास में असंख्य स्थानों पर छोटे--बड़े परिवर्तन–परिवर्धन एवं संशोधन किये गये हैं। अनेक अवसरों पर तो कई–कई पैराग्राफ़ लिखकर काट दिये गये हैं। ऐसा अनुमान है कि इनमें से कुछ संशोधन तो लिखने के बाद किये गये हैं। तथा कुछ लिखते समय ही कर लिये गये थे। उनमें सभी उद्धरणों का प्रस्तुत करना अति–विस्तार चाहता है, इसलिए उन्हें सम्मिलित नहीं किया जा रहा है।

प्रेमचन्द के अन्य कुछेक उपन्यासों के समान ही 'गोदान' की रूपरेखा भी अंग्रेज़ी में लिखी हुई, इस पाण्डुलिपि में विद्यमान है। समानरूपेण अंग्रेज़ी रूपरेखा में लिखे गये कुछेक तथ्य रचना प्रक्रिया में परिवर्तित हो गये हैं। उदाहरणार्थ धनिया का नाम पहले झिंकी था, जो बाद में बदल गया। अंग्रेज़ी रूपरेखा में होरी की मृत्यु पर गोबर द्वारा गोदान होना था, परन्तु प्रस्तुत उपन्यास में धनिया बीस आने के रूप में गोदान करती है। ज्ञातव्य रहे कि गोबर द्वारा गोदान हिन्दू संस्कारों के अनुरूप है, जो धनिया द्वारा बीस आने से गोदान की गहन त्रासदी उत्पन्न कर देती है। पाण्डुलिपि में तीन अलग स्थानों पर तीन अलग तरह की टिप्पणियाँ दी गयी हैं। उदाहरणार्थ पहले अध्याय में भोला के विषय में निम्नलिखित टिप्पणी है :

"Bhola lending his cow to sell. He has no fodder. Hori gives him the fodder."

[भोला अपनी गाय को बेचने की इच्छा करता है। उसके पास चारा नहीं है। होरी उसे चारा देता है।]

एक दूसरे स्थान पर दूसरे अध्याय में कुबरे चंद के पुत्रों की चर्चा करने के बाद अंग्रेज़ी में निम्नलिखित टिप्पणी है :

"Hori Zamindar—Preparation for Deshahra going on Drama and Dhanush Yagya. The Thakur pleads his own helplessness. His son and his two sons and daughters."

[होरी ज़मीनदार–दशहरा के लिए तैयारी हो रही है। नाटक और धनुष यज्ञ। ठाकुर अपनी विवशता व्यक्त करता है। उसका बेटा तथा उसके दो पौत्र और दो पौत्रियाँ]

इसी प्रकार एक स्थान पर बहुत विस्तृत रूप में बारह सूत्रों की एक टिप्पणी अंग्रेज़ी में लिखी है जिसमें विस्तार से उपन्यास की रूपरेखा दी गयी है। संक्षेप में प्रारम्भ के चार सूत्रों को प्रस्तुत किया जा रहा है :

"1. Hori has two brothers Shobha and Hira. Bhola has two sons Kamta and Jangi and one daughter Jhunia, who is a widow. Hori has one son Gobar and two daughters Sona and Rupa. His wife is Jhinki.

2. Shobha is widower. Hira hardworking but rash and short tamper.

3. Hori purchases the cow. The whole village comes to have a look, Shobha is indifferent but Hira grows jealous. He poisons the cow. Hori seen it but cannot report him to the police.

4. The whole village goes to the Zamindar to celebrate Dashahra festival. Hori sell his store of barley. He could not hide his face. He wants to increase his territory. Zamindar must be impressed. The party goes to Zamindar. There is a drama. A show and Dhanush Yagya."

[1. होरी के दो भाई शोभा और हीरा हैं। भोला के दो बेटे कामता और जंगी और एक बेटी झुनिया है, जो कि विधवा है। होरी के एक पुत्र गोबर तथा दो पुत्रियाँ सोना और रूपा हैं। झिनकी उसकी पत्नी है।

2. शोभा विधुर है। हीरा परिश्रमी, उतावला तथा चिड़चिड़ा है।

3. होरी गाय ख़रीदता है। पूरा गाँव उसे देखने के लिए आता है। शोभा उदासीन है परन्तु हीरा में द्वेषभाव उत्पन्न होता है। वह गाय को विष देता है। होरी इसे देखता है लेकिन थाने में सूचना नहीं पहुँचाता।

4. पूरा गाँव दशहरा मनाने के लिए ज़मीनदार के घर जाता है। होरी अपना जौ का बखार बेच डालता है। वह अपना मुँह नहीं छिपा पाता। वह अपना क्षेत्र

बढ़ाना चाहता है। ज़मीनदार अवश्य प्रभावित हुआ। यह दल ज़मीनदार के पास गया। यहाँ नाटक है। एक दृश्य और धनुष यज्ञ।)

प्रस्तुत पाण्डुलिपि मात्र 27 अध्यायों तक सीमित है। यदि इस पाण्डुलिपि का 'गोदान' के प्रस्तुत संस्करण से तुलनात्मक अध्ययन किया जाय, तो असंख्य परिवर्तन एवं परिवर्धन देखे जा सकते हैं। विस्तार से बचने के लिए सभी उदाहरण छोड़ दिये गये हैं।

दूसरी पाण्डुलिपि प्रारम्भ से अंत तक संपूर्ण है। इस पाण्डुलिपि में भी अनेक अवसरों पर घोर-परिवर्तन किया गया है। कहीं-कहीं पैराग्राफ़ के पैराग्राफ़ काटकर पुनः लिखे गये हैं। कहीं पर वाक्यों के बीच में शब्दों का परिवर्तन किया गया है। विस्तार से बचते हुए सभी उद्धरण प्रस्तुत करना सम्भव नहीं।]

मात्र पहले अध्याय से उन स्थानों की ओर संकेत किया जाता है, जिनमें प्रेमचन्द ने परिवर्तन संशोधन किया है :

(1) **''जिस तरह मर्द के मर जाने से औरत विधवा हो जाती है, अनाथ हो जाती है। उसी तरह औरत के मर जाने से मर्द के हाथ-पाँव कट जाते हैं।''**

यहाँ '**विधवा हो जाती है**' को प्रेमचन्द ने काट दिया है। प्रस्तुत संस्करण में यह वाक्य इस प्रकार मिलता है।

''जिस तरह मर्द के मर जाने से औरत अनाथ हो जाती है, उसी तरह औरत के मर जाने से मर्द के हाथ-पाँव टूट जाते हैं।''[1]

'**हाथ पाँव कट जाते हैं**' को बाद में प्रकाशकों ने '**हाथ-पाँव टूट जाते हैं**' बना दिया, जो प्रेमचन्द का संशोधन ही है।

(2) **''जब तुम कहो तुम्हारी इच्छा हो चलो।''**

यहाँ प्रेमचन्द ने '**जब तुम कहो**' को मूल पाण्डुलिपि में काट दिया है। प्रस्तुत संस्करण में प्रेमचन्द के संशोधन के अनुरूप ही प्रकाशित हुआ है :

''जब तुम्हारी इच्छा हो चलो।''[2]

(3) **''लेकिन अगर मगनी भी हो तो उधार तो है। उधार को वह एक तरह से मुफ़्त समझता था।''**

यहाँ '**अगर मगनी भी हो तो उधार तो है**' को प्रेमचन्द ने संशोधन में काट दिया है। प्रस्तुत संस्करण में प्रेमचन्द के संशोधन के अनुरूप ही प्रकाशित हुआ है :

---

1. प्रेमचन्द : गोदान, पृ० 10
2. वही, पृ० 11

"लेकिन उधार को वह एक तरह से मुफ़्त समझता था,"[1]

(4) **"होरी गृहस्थ था। किसी के जलते हुए घर में उसने हाथ सेकना सीखा न था। किसान सर्वथा किसान व पक्का स्वारथी होता है। उसकी गाँठ से बड़े मुश्किल से रिश्वत निकलती है। किसान पक्का स्वारथी होता है इसमें संदेह नहीं।"**

यहाँ '**सर्वथा किसान**' तथा '**निकलती**' को प्रेमचन्द ने उक्त वाक्यों को लिखते समय ही काट दिया था। फिर पूरा पैराग्राफ़ लिखने के बाद मात्र अंतिम पंक्ति रहने दी है और सब काट दिया है। प्रस्तुत संस्करण में मात्र इतना ही है—

"किसान पक्का स्वारथी होता है, इसमें संदेह नहीं।"[2]

इस दूसरी पाण्डुलिपि में इसी प्रकार पूरे उपन्यास में संशोधन है। कहीं-कहीं स्थानों पर लाल स्याही से संशोधन भी हुआ है, जिसकी लिखावट से अनुमान होता है कि यह संशोधन भी प्रेमचन्द ने ही किया है।

उपर्युक्त दोनों पाण्डुलिपियों पर विचार करते हुए निष्कर्ष निकाला जा सकता है कि 'गोदान' की मूल-रचना हिन्दी में ही हुई। इस प्रकार के विचार कई लोगों ने व्यक्त भी किये हैं परन्तु मात्र संशोधनों के आधार पर निश्चित करना कि मूल-रचना हिन्दी में हुई थी हमारे विचार में सही नहीं है। प्रेमचन्द की रचना-प्रक्रिया को समझने के लिए उनके पिछले उपन्यासों के विषय में निम्नलिखित तथ्यों पर भी ध्यान रखना चाहिए, जिस पर यथास्थान प्रकाश डाला जा चुका है। यहाँ मात्र संकेत करना ही पर्याप्त होगा।

(1) 'बाज़ारे-हुस्न' उर्दू उपन्यास है और उर्दू ही में मुद्रित होने के पूर्व उसे फिर से साफ़ करके लिखने की बात उठी तो प्रेमचन्द ने 30 सितंबर, 1919 ई० के पत्र में इम्ताज़ अली 'ताज' को लिखा : **"आपको साफ़ करने की तकलीफ़ न दूँगा। क्योंकि साफ़ करने में अक्सर क़िस्से के सीन में सीन बदल जाते हैं।"**[3]

(2) 'चौगाने-हस्ती' मूल-रूप में उर्दू में लिखा गया परन्तु उर्दू में प्रकाशन के समय अनेक परिवर्तन हो गये थे, जिनकी चर्चा प्रेमचन्द ने 'चौगाने-हस्ती' की भूमिका में भी की है।

(3) 'ग़बन' तथा 'परदा-ए-मजाज़' और उसका हिन्दी-रूप 'कायाकल्प' दोनों की पाण्डुलिपि स्वयं प्रेमचन्द ने तैयार की थी, परन्तु हिन्दी तथा उर्दू-मूल में अनेक अवसरों पर घोर अंतर आ गया है।

---

1. प्रेमचन्द : गोदान, पृ० 11
2. प्रेमचन्द : गोदान, पृ० 12
3. प्रेमचन्द : चिट्ठी-पत्री, भाग 2, पृ० 105

'गऊदान' की पाण्डुलिपि सुरक्षित नहीं रह सकी। इसके उर्दू प्रकाशक 'मक्तबा-ए-ज़ामिया, दिल्ली का प्रबंध समय-समय पर बदलता रहा है। 'मक्तबा-ए-ज़ामिआ' के वर्तमान प्रबंधकों से इन पंक्तियों के लेखक़ ने उर्दू पाण्डुलिपि के विषय में जानकारी करनी चाही, तो उन्होंने बताया कि 'गऊदान' की पाण्डुलिपि भी अन्य महत्वपूर्ण एवं अप्राप्य पाण्डुलिपियों एवं पुस्तकों के समान 1947 ई० में देश विभाजन के बाद दिल्ली में साम्प्रदायिकता की होली जल रही थी, तो उस समय लूटमार में नष्ट-भ्रष्ट हो गयी[1] और अब उसके विषय में कुछ कहना कठिन है। ऐसी स्थिति में जब कि उर्दू पाण्डुलिपि ही अप्राप्य है तथा प्रेमचन्द की रचना-प्रक्रिया के विषय में उपयुक्त तथ्यों के आधार पर स्पष्ट है कि अपने उपन्यासों को एक बार पूर्णतया लिख लेने के बाद भी उनमें संशोधन एवं परिवर्तन करते रहते थे और कभी-कभी साफ़ करने में दृश्य के दृश्य ही बदल देते थे तो मात्र हिन्दी पाण्डुलिपियों में संशोधन देखकर कैसे अनुमान किया जा सकता है कि 'गऊदान' की मूल रचना उर्दू में न होकर हिन्दी में हुई। हमारे विचार में अपने मंतव्य की सतर्कता को ध्यान में रखकर वर्तमान स्थिति में इसे हिन्दी तथा उर्दू दोनों भाषाओं में मूल रचना का ही स्थान देना उचित होगा।

'गऊदान' या 'गोदान'

प्रेमचन्द साहित्य के अन्य मौलिक प्रश्नों के समान ही 'गोदान' के सम्बन्ध में भ्राँतियों का प्रारम्भ मुंशी दयानरायन निगम के वक्तव्यों से होता है। वे लिखते हैं : "**मुंशी साहब के क़रीब-क़रीब तमाम क़िस्से और नॉवेल उर्दू-ज़बान में मुंतक़िल हो चुके हैं। अलबत्ता उनका आख़िरी नॉवेल जो उनकी वफ़ात के चंद ही हफ़्ते पहले शाया हुआ, अभी तक उर्दू में मुंतक़िल नहीं हुआ है। मिसेज़ प्रेमचन्द साहिबा और उनके साहबज़ादे अनक़रीब उर्दू में शाया करने का इरादा रखते हैं, और इसके लिए एडीटर 'ज़माना' की मार्फ़त लायक़ मुतरजिम की तलाश में हैं। जो साहब इस ख़िदमत को अपने ज़िम्मे लेना पसंद करें वह एडीटर 'ज़माना' कानपुर को अपनी शरायत से मुत्तेला फरमाएँ।**"[2] प्रेमचन्द के किंचित्

---

1. जामिया-मिल्लिया के प्रांगण में सांप्रदायिक दंगों का होना इतिहास का विलक्षण ही था, क्योंकि इस संस्थान की स्थापना ही हिन्दू-मुस्लिम एकता के आधार पर हुई थी। प्यारे लाल का कथन है कि जब साम्प्रदायिक दंगों के बाद महात्मा गांधी जामिया पहुँचे तो उन्होंने अत्यंत ग्लानि एवं शोक के साथ जामिया के कर्मचारियों के परिवार के सदस्यों को तसल्ली देते हुए कहा था—"यदि आप सब के वीरतापूर्वक इस सुंदर संस्थान के प्रांगण में मरना पड़े, तो भी आप अडिग रहें।"
—प्यारेलाल : महात्मा गांधी, दि लॉस्ट फ़ेज़, भाग 2, पृ० 436
2. दयानरायन निगम : इल्मी ख़बरें और नोट, 'ज़माना', 1 जनवरी, 1937 ई०

सभी कहानियों और उपन्यासों के उर्दू में अनूदित होने की सच्चाई इस पुस्तक के पाठकों पर पूर्ण रूपेण स्पष्ट है, जिसकी पुनरावृत्ति की आवश्यकता नहीं दिखती, वरन् 'गऊदान' के विषय में इस उद्घाटन की असलियत पता करने के लिए उपरोक्त टिप्पणी की अगली पंक्तियाँ भी दृष्टव्य है : "**प्रेमचन्द की यादगार में 'ज़माना' का जो ख़ास नम्बर शाया होने वाला है, उसके क़रीब-क़रीब सब मज़ामीन लिखे जा चुके हैं। सिर्फ़ दो एक मज़ामीन की किताबत बाक़ी है। इसका हजम अंदोज़े से मुतजावुज़ हो गया है और मुंशी साहब की निजी ज़िन्दगी और अदबी कारनामों का कोई ऐसा पहलू नहीं है, जो इस यादगार नम्बर में नज़रअन्दाज़ हो गया हो।**"[1]

इससे स्पष्ट होता है कि 'ज़माना' प्रेमचन्द विशेषांक की तैयार तक 'गऊदान' उर्दू में नहीं था। इसलिए सम्पादक 'ज़माना' के माध्यम से अनुवादक की तलाश थी। लेकिन इसी 'ज़माना' प्रेमचन्द विशेषांक में मुंशी दयानरायन निगम की निम्नलिखित पंक्तियाँ भी हैं : "**1936 ई० में आपका आख़िरी नॉवेल 'गऊदान' भी सरस्वती प्रेस बनारस से शाया हुआ। इसकी दो हज़ार कापियाँ बिक चुकी हैं। पहला एडीशन क़रीब इख़तेताम है। इसका उर्दू-तर्जुमा भी 'सेहर' साहब की इमदाद से जल्दी ही शाया होगा।**"[2]

उपरोक्त वक्तव्यों में विरोधाभास स्पष्ट है। एक ओर अनुवाद की तलाश है तो दूसरी ओर 'सेहर' के सहयोग से प्रकाशन की घोषणा है। किस वक्तव्य पर विश्वास किया जाये। यदि इन वक्तव्यों का विश्लेषण किया जाये तो कुछेक बिन्दुओं पर ध्यान से मूल-तथ्य स्वतः उभरने लगता है।

प्रेमचन्द के हिन्दी उपन्यास का नाम 'गऊदान' नहीं 'गोदान' है। अगर 'गऊदान' 'गोदान' का अनुवाद है, तो अनुवाद के पूर्व ही 'गऊदान' कैसे अस्तित्व में आ गया। इससे निष्कर्ष निकलता है कि अनुवाद-गल्प के पूर्व 'गऊदान' अस्तित्व में आ चुका था।

अमृतराय के कथन से भी इसकी पुष्टि होती है। उन्होंने इन पंक्तियों के लेखक को बताया कि उन्होंने प्रेमचन्द के जीवन काल में 'गऊदान' की उर्दू पाण्डुलिपि स्वतः देखी थी, जो बड़े साइज़ के काग़ज पर थी। उसके मुख पृष्ठ पर प्रेमचन्द ने लाल स्याही से बड़े अक्षरों में 'गऊदान' लिखा था।

---

1. दयानरायन निगम : इल्मी ख़बरें और नोट, 'ज़माना', 1 जनवरी, 1937 ई०
2. दयानरायन निगम : प्रेमचन्द की बाज़त सानीफ़ के हालात, 'ज़माना', प्रेमचन्द विशेषांक, 1937 ई०

मुंशी दयानरायन निगम के वक्तव्य का दूसरा अंश भी अतिशयोक्ति पूर्ण है कि हिन्दी उपन्यास प्रेमचन्द की मृत्यु के कुछ ही सप्ताह पूर्व प्रकाशित हुआ। 'सेहर' के अनुवाद का वृत्तांत आगामी पंक्तियों में आयेगा।

पुनः प्रश्न यह उठता है कि मुंशी दया नरायन निगम ने ऐसी निराधार बात क्यों कहीं? बात स्पष्ट है, कदाचित उन्होंने किसी सुनी सुनाई बात पर भरोसा करके बिना जाँचे-परखे लिख दिया। इस प्रकार के असत्य वक्तव्य, विरोधाभासी विचार और भ्रांतियाँ उनके कथनों के मूलगुण हैं, जिन्हें उर्दू-हिन्दी के अधिकांश विद्वान सही बात समझ कर उद्धृत कर देते हैं। सत्य यह है कि उन्होंने अपनी ऐसी यादें लिखी हैं, जिनमें कुछेक शोध की कसौटी पर पूरी नहीं उतरती।[1] बिलाशुबहा उनके वक्तव्यों पर विश्वास करने की स्थिति में ज़ेहन सिकन्दरी खा सकता है।

'गऊदान' के उर्दू या हिन्दी रचना होने के विवाद का प्रारम्भ शास्त्रीय आधारों पर डॉ० मस्ऊद हुसैन ख़ाँ ने सर्वप्रथम 15 दिसम्बर, 1970ई०के 'हमारी

---

1. प्रेमचन्द के उपन्यासों के विषय में मुंशी दयानरायन निगम के एक लेख से कुछ एक उद्धरण देखिए। एक स्थान पर लिखते हैं : "हिन्दी में उनका पहला नावेल प्रतिज्ञा नामी है, जो ग़ालबन 1906 ई० में लिखा गया और जिसका उसे तर्जुमा 'बेवा' के नाम से हुआ।.....उन्होंने अपना दूसरा नॉवेल 'सेवासदन' लिखा....ग़ालबन 1914 ई० के बाद....ग़ालबन 1928 ई० में आपने चौथा नॉवेल 'रंगभूमि' लिखा....अब तक जो कुछ लिखते थे उसे पहले उर्दू-रस्मुलखत ही में लिखते थे। बाद को नागरी हुरूफ़ में उसकी नक़ल हो जाती थी। लेकिन 'रंगभूमि' हिन्दी में ही लिखा गया।"

—'ज़माना', प्रेमचन्द विशेषांक, पृ० 89

दूसरे स्थान पर प्रेमचन्द के उर्दू-हिन्दी उपन्यासों की अलग सूची प्रस्तुत की। उर्दू उपन्यासों में मात्र 'बाज़ारे-हुस्न' को 'सेवासदन' का उर्दू अनुवाद बताया है। हिन्दी उपन्यासों की सूची में 'सेवासदन' के साथ ही 'प्रेमाश्रम' तथा 'वरदान' को भी 'बाज़ारे-हुस्न' का हिन्दी तर्जुमा कहा गया है, देखिए—

(1) "सेवासदन, बाज़ारे-हुस्न का हिन्दी तर्जुमा

(2) प्रेमाश्रय ,, ,, ,, ,,

(3) वरदान ,, ,, ,, ,,

(4) प्रतिज्ञा बेवा का हिन्दी तर्जुमा जो पहले 'प्रेमा' के नाम से शाया हुआ था।

(5) रंगभूमि (दो जिल्द)

(6) ग़बन

(7) कर्मभूमि—मैदाने-अमल का हिन्दी तर्जुमा है।"

—'ज़माना', प्रेमचन्द विशेषांक, पृ० 21-25

ज़बान' में 'मेरा सफ़हा' शीर्षक से किया। फिर उन्होंने इसी शीर्षक के अन्तर्गत 8 मई और 15 जून, 1969 ई० को पुनः लिखा। इसके बाद उन्होंने अलीगढ़ विश्वविद्यालय 'फ़िक्शन सेमिनार' 7 से 29 अगस्त, 1971 ई० में अपने विचारोत्तेजक एवं ज्ञानवर्धक प्रबंध 'गऊदान : 'तसनीफ़ या तर्जुमा' में निर्णय दिया : **''उर्दू में 'गऊदान' प्रेमचन्द की अस्ल तस्नीफ़ नहीं, बल्कि उनके हिन्दी नॉवेल का तर्जुमा है, जिसे एक-दूसरे शख़्स ने किया। 'गऊदान' का उर्दू-नॉवेल निगारी की तारीख़ में कोई मुक़ाम नहीं। इसकी महज़-तर्जुमे की हैसियत से बेहतरीन नॉवेल नहीं क़रार दिया जा सकता।''** उन्होंने अपने मंतव्यों के प्रमाण में कुछ एक बाहरी और भीतरी तथ्य प्रस्तुत किये हैं। निम्नलिखित पंक्तियों में डॉ० मस्ऊद हुसैन ख़ाँ के विचार का विश्लेषण किया जाता है।

डॉ० मस्ऊद हुसैन ख़ाँ ने बाह्य-प्रमाणों में मुंशी इक़बाल वर्मा 'सेहर'[1] हतगामी के वक्तव्य को मौलिक आधार बनाया है, जिसमें 'सेहर' के प्रेमचन्द के अन्य उपन्यासों के साथ ही साथ 'गऊदान' का अनुवादक होने का दावा किया है। लेकिन उन्हें 'सेहर' के वक्तव्य में 'उनका अहम' भी दीखता है। इसके अतिरिक्त प्रेमचन्द के इन वाक्यों से : **''हिन्दी में सेवासदन, प्रेमाश्रम, रंगभूमि, कायाकल्प चारों नॉवेल दो-दो साल के वक़्फ़े के बाद निकले। इनके उर्दू तर्जुमे में अनक़रीब शाया होंगे''**।[2] उनको भ्रम हुआ कि, 'प्रेमचन्द के इन उर्दू तर्जुमों के पशो-पर्दा मुंशी इक़बाल वर्मा 'सेहर' हतगामी का हाथ रहा।[3] इस शोध-प्रबंध

---

1. **''ज़माना', अक्टूबर 1926 ई० के इल्मी खबरें और नोट में लिखते हैं : 'मुंशी प्रेमचन्द के मशहूरो-मारूफ़ हिन्दी नॉवेल 'रंगभूमि' का उर्दू तर्जुमा 'चौगाने हस्ती' के नाम से दारूल-इशाअत पंजाब में ज़ेरे-तबा है। साहब मौसूफ़ ने 'प्रेमाश्रम' के नाम से एक और ज़खीन अफ़साना हिन्दी में लिखा है। उसका तर्जुमा भी 'गोशा-ए-आफ़ियत' के नाम से हो गया है और जल्द शाया होगा।''**

    स्पष्ट है कि पहले उद्धरण में एक स्थान पर 1906 ई० से हिन्दी में लिखना, दूसरे स्थान पर 1914 ई० से, तीसरे स्थान पर 1922 ई० से, फिर यह भी कि 1928 ई० तक उर्दू-लिपि में ही लिखते थे, जिसको हिन्दी-लिपि में परिवर्तित कर दिया जाता था। दूसरे उद्धरण में एक स्थान पर 'गऊदान' को उर्दू अनुवाद तो दूसरे स्थान पर 'सेवासदन' को हिन्दी-अनुवाद कहा गया है। इसी प्रकार 'प्रतिज्ञा' को 'बेवा' का हिन्दी अनुवाद और 'कर्मभूमि' को 'मैदाने-अमल' का हिन्दी-अनुवाद कहा गया है। तीसरे उद्धरण में 'चौगाने-हस्ती' और 'गोशा-ए-आफ़ियात' को हिन्दी अनुवाद घोषित किया है।
2. प्रेमचन्द : चिट्ठी-पत्री, भाग 1, पृ० 162
3. मस्ऊद हुसैन ख़ाँ : गऊदान, तसनीफ़ या तर्जुमा, फ़िक्रो-नज़र अंक 2, 1972 ई०

के पाठकों के लिए इस विचार के खंडन की आवश्यकता नहीं रह गयी है। इन सभी उपन्यासों के विषय में विस्तार पूर्वक चर्चा पिछले पृष्ठों में हो चुकी है। यहाँ प्रश्न यह उठता है कि जब चार उपन्यास ('गोशा-ए-आफ़ियत', 'चौगाने-हस्ती', 'निर्मला', 'मैदाने-अमल') के विषय में यह निश्चित है कि यह उर्दू उपन्यास हैं तो उन्हीं मंतव्यों के आधार पर 'गऊदान' को उर्दू-उपन्यास क्यों नहीं कहा जा सकता? इस प्रकार तर्क से डॉ० मस्ऊद हुसैन ख़ाँ के विचार असत्य हो जाते हैं। किन्तु महोदय ने परमनिष्ठा के साथ प्रेमचन्द को उर्दू साहित्यिक इतिहास से ख़ारिज करने की मुहिम में विशेष रूप से गऊदान को हिन्दी रचना प्रमाणित करने में दो दलीलें दी हैं, नीचे उनका विश्लेषण कर देना आवश्यक है।

प्रथम, यह कि उर्दू-मासिक 'ज़माना' के तीन अंकों जनवरी 1973 ई० सितम्बर 1937 ई० तथा फ़रवरी 1938 ई० में विज्ञापन है, जिनमें 'सेहर' के अनुवाद करने का दावा किया गया है। इन एलानों को यदि मुंशी दयानरायण निगम की विरोधाभासी तथा उलझे हुए बयानों के परिप्रेक्ष्य में देखा जाय, जिनकी चर्चा गत पृष्ठों में सविस्तार की जा चुकी है, तो इनके असत्य होने में कोई भ्रम नहीं रह जाता।

ज्ञातव्य रहे कि इस उपन्यास के सम्बन्ध में अख़तर हुसैन रायपुरी के नाम स्वयं प्रेमचन्द का पत्र उपलब्ध है, जिसमें 'गऊदान' और 'गोदान' दोनों की चर्चा है। ये पत्र दिनांक 27 फ़रवरी, 1936 ई० का है, जिसमें प्रेमचन्द ने लिखा **"मेरा नॉवेल 'गोदान' अभी निकला है उसकी एक जिल्द भेज रहा हूं उर्दू में रिव्यू करना,.....अब 'गऊदान' के लिए एक पब्लिशर तलाश कर रहा हूँ मगर उर्दू में तो जैसी हालत है तुम जानते हो बहुत हुआ तो एक रुपया की सफ़हा को दे देगा।"**[1] इससे सिद्ध हो जाता है कि प्रेमचन्द के जीवनकाल में 'गऊदान' की पाण्डुलिपि उपलब्ध थी अन्यथा किसी प्रकाशक की तलाश का प्रश्न ही नहीं उठता। उर्दू में हिन्दी के साथ प्रकाशन न होने का कारण उर्दू उपन्यासों का अप्रचलन था। प्रेमचन्द के जीवन में 'गऊदान' की पाण्डुलिपि के होने की चर्चा अमृतराय भी करते थे। उन्होंने प्रेमचन्द के जीवन काल में उर्दू में एक रजिस्टर के रूप में 'गऊदान' की पाण्डुलिपि देखी थी, जिस पर लाल रंग से उर्दू में 'गऊदान' लिखा था। इससे ज्यादा उनको याद नहीं रह गया क्योंकि उस समय

---

1. प्रेमचन्द : चिट्ठी-पत्री, भाग 2, पृ० 250

वह बहुत कमसिन थे।[1]

द्वितीय, यह कि डॉ० मस्ऊद हुसैन ख़ाँ ने मुंशी इक़बाल वर्मा 'सेहर' हतगामी को तथाकथित स्वलिखित घटनाओं को बुनियाद बनाया है। ये घटनाएँ 'सेहर' के बेटे 'शायक़' ने 'जिगर' बरेलवी के अनुरोध पर 7 जनवरी, 1944 ई० को सेहर की मृत्यु (सितम्बर 1942 ई०) के 15 माह भेजे थे। मानिकटाला लिखते हैं **''जिगर' साहब की फ़रमाईश पर 'शायक़' साहब 'हस्बे-इरशाद वालिद साहब बुज़ुर्गवार' उनके हालात और नमूने कलाम इरसाल फ़रमाते हैं। 'सेहर' साहब स्वर्ग से ये सन्देश भेजते रहे कि 'जिगर' साहब की फ़रमाइश पूरी की जाये।''**[2] डॉ० ज्ञानचन्द मानिकटाला की आपत्ति पर स्पष्टीकरण देते हैं **''मानिक टाला इस सूरते-हाल को नज़र-अन्दाज़ कर गये कि 'सेहर' ख़ुदनविश्त हालात अपनी जिन्दगी में लिखकर छोड़ गये हों।''**[3]

डॉ० ज्ञानचन्द की ग़लतफ़हमी का सबब यह है कि उन्होंने डॉ० मस्ऊद हुसैन ख़ाँ के बयान पर भरोसा करके मान लिया कि 'सेहर' साहब के जीवन की घटनायें उनकी स्वलिखित हैं, यद्यपि ऐसा नहीं है मैंने इस तथाकथित स्वलिखित घटनाओं की पाण्डुलिपि स्वयं मस्ऊद साहब के पास देखी थी और मैंने उनका ध्यान इस तथ्य की ओर आकृष्ट किया था कि ये कैसी स्वलिखित घटनाएँ हैं, जिनमें लेखक अपनी मृत्यु की तिथि भी लिखता है और उस पर काव्यवध कविता भी लिखता है, जिसमें मृत्यु की तारीख़ निकलती है। परन्तु विद्वान प्रो० साहब ने अपनी बात की पच रखने के लिए तथ्यों से आँख बन्द कर ली और

---

1. उपर्युक्त वक्तव्य अमृतराय ने भोपाल के प्रेमचन्द सेमिनार दिनांक 10-11 नवम्बर, 1979 ई० के अध्यक्षीय भाषण में दिया था, जिसमें मेरे अतिरिक्त उर्दू के लब्धप्रतिष्ठित साहित्यकारों में डॉ० मस्ऊद हुसैन ख़ाँ, डॉ० अबू मुहम्मद 'सहर', डॉ० ज़हीर अहमद सिद्दीक़ी डॉ० शमीम निकहत, डॉ० यूसुफ़ सरमस्त, इक़बाल मजीद, आदि उपस्थित थे। प्रो० मस्ऊद हुसैन ख़ाँ ने अपना लेख मुझे सम्बोधित करते हुए अपने उपर्युक्त मन्तव्यों को दोहराते हुए पढ़ा था, जिसका मैंने भी एक लेख के रूप में ही उत्तर प्रस्तुत किया था। मेरे तथा मस्ऊद हुसैन ख़ाँ दोनों के लेख 'प्रेमचन्द शिनासी' सह-सम्पादक आफ़ाक़ अहमद में सम्मिलित है। बाद में अलीगढ़ सेमिनार में भी डॉ० मस्ऊद हुसैन ख़ाँ ने अपने वही विचार रखे। उनके विरोध में तथा मेरे समर्थन में प्रो० मुहम्मद हुसैन और डॉ० क़मर रईस ने विचार रखे। डॉ० ज्ञानचन्द ने डॉ० मस्ऊद हुसैन ख़ाँ के अभिनन्दन ग्रन्थ 'नज़्रे-मस्ऊद' में भी मेरे मन्तव्यों का समर्थन किया परन्तु डॉ० मस्ऊद हुसैन ख़ाँ अपने विचार पर अडिग रहे।
2. मानिकटाला : प्रेमचन्द और तसानीफ़े प्रेमचन्द, पृ० 144
3. ज्ञानचन्द : नज़्रे-मस्ऊद, पृ० 145

उसे स्वलिखित लिखा। कोई भी व्यक्ति 'सेहर' के पारिवारजनों से उपर्युक्त पाण्डुलिपि लेकर देख सकता है। वास्तविकता यह है कि उपर्युक्त घटनायें किसी अन्य व्यक्ति ने 'सेहर' की मृत्यु के पश्चात् लिखी है, उसका उद्देश्य 'जिगर' बरेलवी की फ़रमाइश को पूरा करना हो सकता है, लेकिन उसको 'सेहर' के स्वलिखित घटनाएँ कहना असत्य है। इस वस्तुस्थिति में इन तथाकथित स्वलिखित घटनाओं को प्रमाणिक स्रोत नहीं माना जा सकता।

तृतीय, यह कि मुंशी वीरेन्द्र प्रसाद सक्सेना भी स्वीकार करते हैं कि 'गऊदान' उर्दू-रूप में प्रेमचन्द के जीवनकाल में उपलब्ध था परन्तु अपने वक्तव्य के विरोधाभास की चिन्ता किये बिना ये भी लिखते हैं : "**गऊदान का वह मुसौव्विदा जिसका तर्जुमा 'सेहर' हतगामी मरहूम ने हिन्दी से उर्दू में किया था, उस पर मुंशी प्रेमचन्द ने ख़ुद नज़रे-सानी की थी। 'सेहर' साहब के ख़ानदान वालों से हासिल करके महफ़ूज कर लेना चाहिए जिससे 'गऊदान' की असल हक़ीकत मालूम हो जाये।**"[1] सक्सेना ने 'गऊदान' के बारे में बड़े आत्मविश्वास से यह बयान दिया है परन्तु यह सूचना उनको कहाँ से मिली इसका श्रोत नहीं बताया। अत: वर्तमान में इसे उनकी कल्पना की उड़ान ही माना जा सकता है।

चतुर्थ, यह कि 'सेहर' हतगामी ने 1925 ई० में उर्दू से हिन्दी में तर्जुमा करने के लिए आठ आना प्रतिपृष्ठ माँगा था[2] निश्चय ही 1925 ई० के मुक़ाबिले में 1936 ई० में और भी महंगाई आ गयी थी। अत: यह माँग एक रुपये प्रतिपृष्ठ से कम नहीं हो सकती और फिर प्रेमचन्द "**बहुत हुआ तो एक रुपया की सफ़हा**" की रक़म पर कैसे सन्तोष कर सकते थे, क्योंकि इस स्थिति में यदि प्रकाशक उनको एक रुपया प्रतिपृष्ठ देता तो, वह पूरी रक़म अनुवादक को देनी पड़ती, तो प्रेमचन्द को क्या मिलता। प्रेमचन्द को तो बिना किसी धन-प्राप्ति के अपना बहुमूल्य उपन्यास प्रकाशक को दे देना होता और यह बात सब जानते हैं कि प्रेमचन्द ने अपना कोई उपन्यास किसी प्रकाशक को उचित धन-प्राप्ति के बिना नहीं दिया।

पंचम, यह कि 'सेहर' हतगामी से 'गऊदान' के अनुवाद कराने का दावा प्रेमचन्द के स्वर्गवास के काफ़ी समय बाद किया गया, जब दोनों पक्षों में कोई जीवित नहीं रह गया था, जो वास्तविकता को स्पष्ट कर सकता। मात्र काल्पनिक आधार पर किसी लेखक को उसकी रचना से बेदख़ल नहीं किया जा सकता।

---

1. वीरेन्द्र प्रसाद सक्सेना : 'हमारी ज़बान', 15 दिसम्बर, 1970 ई० एवं 21 जनवरी, 1971 ई०
2. प्रेमचन्द : चिट्ठी-पत्री, भाग 1, पृ० 155

षष्टम, यह कि 'सेहर' हतगामी के दावे के औचित्य का अनुमान इससे भी किया जा सकता है कि उन्होंने एक साथ ही 'गऊदान' के अतिरिक्त कई अन्य उपन्यासों 'रंगभूमि', 'कर्मभूमि', 'प्रेमाश्रम', 'निर्मला' आदि के अनुवादक होने का दावा किया है। दूसरे शब्दों में उनका दावा यह है कि 1918 ई० के बाद से प्रेमचन्द उर्दू में लिखते ही नहीं थे। हिन्दी से उनके समस्त अनुवाद उन्होंने किये। यह बयान कितना हास्यास्पद है, इस पर अधिक लिखने की आवश्यकता नहीं। 1918 ई० के बाद से प्रेमचन्द के स्वर्गवास तक उर्दू में निरन्तर लिखने के प्रमाण प्रस्तुत पुस्तक में सविस्तार उपलब्ध हैं और अब उनके बारे में सन्देह नहीं किया जा सकता। इन पंक्तियों के लेखक ने विभिन्न सूत्रों से प्रेमचन्द और 'सेहर' के सम्बन्धों का पता करने के उद्देश्य से उनके जानकारों से बातचीत की जो उनसे व्यक्तिगत परिचय रखते थे, उनमें प्रत्येक व्यक्ति ने एक ही बयान दिया कि दोनों के सम्बन्ध सौहार्दपूर्ण नहीं रह गये थे।

इस प्रकार बाह्य प्रमाणों के आधार पर 'सेहर' हतगामी के दावों का खण्डन हो जाता है तथा उपर्युक्त सुस्पष्ट तथ्यों के आधार पर डॉ० मस्ऊद हुसैन ख़ाँ का वक्तव्य अविश्वसनीय दीख पड़ता है।

'हंस' के तत्कालीन प्रबंधक मुंशी पुरवासी लाल वर्मा ने इन पंक्तियों के लेखक से विचित्र रहस्य का उद्घाटन किया कि 'सेहर' को चोरी की लत थी, जिसके कारण प्रेमचन्द उनसे दूर-दूर रहते थे; और उन्हें अपने पास आने से मना करते थे। लेकिन वह वहाँ आने से बाज़ न रखते थे। प्रेमचन्द ने दफ़्तर वालों से कह रखा था कि 'सेहर' से होशियार रहे। फिर भी, 'सेहर' मौका पाकर क़लम वग़ैरह जैसी छोटी-छोटी चीज़ें जेब में रख लेते थे। अब ईश्वर ही जाने कि इस कथन में कितनी सच्चाई है। अगर इसे सही मान लिया जाय तो इस आचरण के व्यक्ति के कथनी और करनी पर क्या भरोसा किया जा सकता है। बहुत सम्भव है कि मुंशी दयानरायन निगम को 'सेहर' के विषय में अधिक ज्ञान न रहा हो। क्योंकि, 'सेहर' और निगम के साथ-साथ रहने की चर्चा नहीं मिलती और प्रेमचन्द के लिए इतनी छोटी-सी बात की चर्चा उनसे करना अनावश्यक प्रतीत होता। सम्भवतः 'सेहर' ने प्रेमचन्द के स्वर्गवास के बाद किसी प्रकार से मुंशी दयानरायन निगम से अथवा किसी अन्य माध्यम से मक्कतबा-ए-जामिया तक सम्पर्क स्थापित कर लिया और इस प्रकार 'गऊदान' के प्रकाशन में कोई काम किया।

अब, प्रो० मस्ऊद हुसैन ख़ाँ के अन्तः तर्कों को भी देख लीजिए। उन्होंने कुछेक अनुवादों के समानांतर उद्धरण और हिन्दी-उर्दू शब्दों के पर्याय प्रस्तुत किये। इसी प्रकार के अनेक उदाहरण पिछले पृष्ठों में प्रेमचन्द के अन्य उपन्यासों के संदर्भ में प्रस्तुत किये जा चुके हैं और 'गऊदान' के संदर्भ में आगामी पृष्ठों में

प्रस्तुत किये जायेंगे। किन्तु उनके एक रोचक रहस्योद्‌घाटन की चर्चा आवश्यक मालूम देती है। वह लिखते हैं : "**एक और जिद्‌दत जो मुतरजिम ने 'गऊदान' न तर्जुमे में की है वह तलफ़्फ़ुज़ात और मुतरादिफ़ात के लिए क़ौसैन का इस्तेमाल है। बाज़ अवक़ात बाख़याले-ख़ेश उर्दू वालों की सहूलियत के लिए देहाती मुकालमात के लहजे को क़ायम रखते हुए उर्दू-लफ़्ज़ के सही तलफ़्फ़ुज़ की क़ौसैन में लिखना ज़रूरी समझता है। मसलन....सेखी (शैख़ी) खैरात (ख़ैरात).......यह लुग़तकारी किसी ज़बान ने नॉवेल में देखने में आज तक नहीं आयी।**" यहाँ यह कहना धृष्टता न होगी कि 'यह लुग़तकारी' किसी ज़बान के नॉवेल में आज तक नज़र आयी हो, या न आयी हो परन्तु प्रेमचन्द के अन्य उपन्यासों में इसमें उदाहरण मिल जायेंगे। उन उपन्यासों में भी, जिनके विषय में प्रो० मस्ऊद हुसैन ख़ाँ को भ्रम नहीं कि यह कोष्ठक हिन्दी से उर्दू-अनुवाद के लिए नहीं बल्कि उर्दू से हिन्दी करने में किंचित अनुवादक ने अपनी सहूलियत के बनाये हैं। इसकी पुष्टि इस घटना से होती है कि एक बार प्रेमचन्द ने मुंशी दयानरायन निगम को एक कहानी भेजी जिसका अनुवाद पहले हिन्दी में करा चुके थे। कहानी भेजते हुए उन्होंने लिखा था : "**इसमें कहीं अलफ़ाज़ Underlined नज़र आयेंगे। वह हिन्दी मुतर्जिम ने बनाये हैं, इसके कुछ माने हैं।**"[1] अब अगर हम इसमें कुछ माने न होने पर भी माने तलाश करें, तो निश्चय ही यह हमारा अन्याय होगा।

'गऊदान' के 'गोदान' बनने के विषय में पंडित जनार्दन प्रसाद झा द्विज का कथन है कि प्रेमचन्द ने प्रारम्भ में इस उपन्यास का नाम 'गऊदान' रखा था परन्तु उनके सलाह से 'गउ' को 'गो' कर कर दिया गया।[2] इससे भी स्पष्ट हो जाता है कि मूल उपन्यास 'गऊदान' था, जिसे हिन्दी में अनुवाद किया गया।

प्रेमचन्द ने 'गोदान' के लिए जिस कथानक का चुनाव किया था, उसमें तद्‌भव हिन्दी शब्दों ग्रामीण जीवन की समस्यायें लोकभाषा का प्रयोग आदि प्रयोजन उर्दू से ज़्यादा हिन्दी में स्वाभाविक है। डॉ० सैयद एजाज़ हुसैन लिखते हैं : "**चूँकि इन चीज़ों से उनकी फ़ितरी लगाव और ज़ाती वाविफ़यत बख़ूबी है, इसलिए निहायत शद्दो-मद के साथ उनके मुतअल्लिक रायज़नी करते हैं।**"[3]

'ग़ोदान' और 'गऊदान' के तुलनात्मक अध्ययन में अनेक निष्कर्षयुक्त तथ्य सामने आते हैं। ऐसा लगता है कि अनुवाद करते समय अधिक सावधानी नहीं बरती गयी है। कुछेक स्थानों पर उर्दू-मूल की भाषा अधिक स्वाभाविक है तथा

---

1. प्रेमचन्द : चिट्‌ठी-पत्री, भाग 1, पृ० 173
2. जनार्दन प्रसाद झा द्विज : प्रेमचन्द की उपन्यास का कला, पृ० 14
3. सैयद एजाज़ हुसैन :मुख़्तसर तारीख़े-अदबे-उर्दू, पृ० 404

उसके विपरीत हिन्दी अनुवाद कृत्रिम एवं अस्वाभाविक है परन्तु कुछेक स्थानों पर स्थिति विपरीत है। उर्दू के बजाय हिन्दी-भाषा अधिक रोचक एवं प्रभावपूर्ण है। हो सकता है कि प्रेमचन्द ने अनुवाद का संशोधन करते समय संशोधन करके संवार दिया हो। उर्दू-पाण्डुलिपि के अप्राप्य होने की स्थिति में कहना कठिन है कि अनुवाद की भाषा किस स्थिति में बदल गयी। निम्नलिखित पंक्तियों में 'गोदान' तथा 'गऊदान' के कुछेक समानांतर उद्धरण प्रस्तुत किये जा सकते हैं।

(1) 'गऊदान' के विपरीत 'गोदान' में तत्सम शब्दों का अधिक प्रयोग हुआ है, जिससे भाषिक स्वाभाविकता खंडित हो गयी है, जैसे—

''उन पावों को सहलाने में ही कुशल है।''[1]

''उनको सहलाने ही में भलाई है।''[2]

इसी प्रकार :

''गाय मन मारे उदास बैठी थी जैसे कोई वधू ससुराल आयी हो।''[3]

''गाय मन मारे उदास बैठी थी, जैसे कोई बहू ससुराल आयी हो।''[4]

उपर्युक्त उद्धरणों में उर्दू रूप अधिक स्वाभाविक दीखता है। इसके अनेक उदाहरण निकाले जा सकते हैं, जैसे—

हिन्दी में—

''ये शब्द तपते हुए बालू की तरह हृदय पर पड़े और चने की भाँति सारे अरमान झुलस गये।''[5]

उर्दू में—

''यह अल्फ़ाज़ जलते हुए बालू की तरह दिल पर पड़े और चने की तरह सारे अरमान झुलस गये।''[6]

एक अन्य उदाहरण भी देखिए:

हिन्दी में—

---

1. प्रेमचन्द : गोदान, पृ० 7
2. प्रेमचन्द : गऊदान, पृ० 6
3. प्रेमचन्द : गोदान, पृ० 41
4. प्रेमचन्द : गऊदान, पृ० 62
5. प्रेमचन्द : गोदान, पृ० 215
6. प्रेमचन्द : गऊदान,पृ० 365

"मगर उन्होंने इन बालकों का मुँह देखा और विधुर जीवन को साधना स्वीकार कर ली।"[1]

उर्दू में—

"मगर उन्होंने इन लड़कों का मुँह देखा और तजरुद्दाना ज़िंदगी की मश्क़ो-रियाज़त क़ुबूल कर ली।"[2]

(2) अनेक रथानों पर हिन्दी को शुद्ध बनाने के यत्न में प्रचलित मुहावरों का भी अनुवाद कर दिया गया है, कुछेक उदाहरण प्रस्तुत हैं—

(1) ख़ाक में मिलना—नष्ट-भ्रष्ट हो जाना।

"बेइज़्ज़ती से ज़्यादा अफ़सोस था, ज़िंदगी के मुजतमा ख़्वाहिशत के ख़ाक में मिल जाने का।"[3]

"अपमान से भी बढ़कर दुख था जीवन की संचित अभिलाषाओं के धूल में मिल जाने का।"[4]

(2) ख़ौफ़ छाना—भयभीत होना।

"मजलिस पर ख़ौफ़ छा गया।"[5]

"मज़लिस पर आतंक छा गया।"[6]

(3) चेहरा उतरना—दुखी होना।

"राय साहब का चेहरा उतर गया।"[7]

"राय साहब का मुँह गिर गया।"[8]

(3) अनेक स्थानों पर हिन्दी तथा उर्दू रूप में कोई अंतर नहीं है। एक ही भाषा लिपि बदलकर लिखी गयी है, जैसे—

"हर-एक की ऊख तौलाते थे। दाम का पुर्ज़ा लेते थे।"[9]

"हर-एक को ऊख तौलाते थे, दाम का पुर्ज़ा लेते थे।"[10]

---

1. प्रेमचन्द : गोदान, पृ० 302
2. प्रेमचन्द : गऊदान, पृ० 515
3. प्रेमचन्द : गऊदान, पृ० 525
4. प्रेमचन्द : गोदान, पृ० 308
5. प्रेमचन्द : गऊदान, पृ० 111
6. प्रेमचन्द : गोदान, पृ० 69
7. प्रेमचन्द : गऊदान, पृ० 380
8. प्रेमचन्द : गोदान, पृ० 223
9. प्रेमचन्द : गोदान, पृ० 176
10. प्रेमचन्द : गऊदान, पृ० 297

इसी प्रकार—

''यह बात उसके पेट में इस तरह खलबली मचा रही थी, जैसे ताज़ा चूना पानी में पड़ गया हो।''[1]

''यह बात उसके पेट में इस तरह खलबली मचा रही थी, जैसे ताज़ा चूना पानी में पड़ गया हो।''[2]

(4) अनेक स्थानों पर 'गऊदान' तथा 'गोदान' की भाषा में आवश्यकतानुसार परिवर्तन तो हुआ, परन्तु उससे भाव अथवा अभिव्यक्ति में कोई अंतर नहीं आया है। उदाहरण प्रस्तुत है—

''मेहता अपने पुरुषत्व का यह अपमान न सह सके।''[3]

''मेहता अपनी मर्दियत की यह तौहीन न सह सके।''[4]

और यह उदाहरण भी देखिए :

''सेवा ही वह सेमेण्ट है, जो दम्पत्ति को जीवन पर्यन्त स्नेह और सहचर्य में जोड़े रख सकता है।''[5]

''ख़िदमत ही वह सिमिन्ट है, जो ज़नो-शौहर को तमाम उम्र मुहब्बत और बाहमी इमदाद के रिश्ते में जोड़े रखता है।''[6]

तथा यह भी :

''पर यह आघात तो उस मर्मस्थल पर था, जहाँ जीवन की संपूर्ण प्रेरणा संचित थी।''[7]

''पर यह चोट तो उस नाज़ुक जगह पर थी, जहाँ ज़िंदगी की सारी रसबतों का इजतमाअ था।''[8]

एक अन्य उदाहरण में '**पुरुषतत्व**' के स्थान पर '**मर्दियत**' का अस्वाभाविक प्रयोग देखिये :

---

1. प्रेमचन्द : गोदान, पृ० 261
2. प्रेमचन्द : गऊदान, पृ० 418
3. प्रेमचन्द : गोदान, पृ० 81
4. प्रेमचन्द : गऊदान, पृ० 122
5. प्रेमचन्द : गोदान, पृ० 157
6. प्रेमचन्द : गऊदान, पृ० 264
7. प्रेमचन्द : गोदान, पृ० 303
8. प्रेमचन्द : गऊदान, पृ० 517

"खन्ना अपनी योग्यता और दक्षता और पुरुषत्व पर इतना बड़ा आक्षेप कैसे सह सकते थे।"[1]

"खन्ना अपनी क़ाबलियत, अहलियत और मर्दियत पर इतना बड़ा हमला कैसे सह सकते थे।"[2]

इसी प्रकार :

"वह पुरुषत्व कम से कम तुममें नहीं।"[3]

"वैसी मर्दुमी कम से कम तुममें नहीं है।"[4]

तथा यह भी :

"यह कहना कि उनमें पुरुषत्व नहीं है।"[5]

"यह कहना कि उनमें मर्दियत नहीं है।"[6]

(1) अनेक स्थानों पर '**गोदान**' की भाषा '**गऊदान**' से अच्छी भी दीखती है। इस प्रकार के सोमान्तर उद्धरणों का तुलनात्मक अध्ययन किया जाय, तो इसका कारण उर्दू में हिन्दी के अनुचित पर्यायों का प्रयोग है। हिन्दी में '**मातृपद**' है, उर्दू में '**माँ वाले दर्ज़े**' :

"उसके मातृपद की रक्षा करते हुए।"[7]

"उसकी माँ वाले दर्जे का लिहाज़ रखते हुए।"[8]

इसी तरह 'राग़िब' का अनुचित प्रयोग :

"मालती ने अभी तक मुझे आकर्षित नहीं किया।"[9]

"मालती ने अभी मुझे राग़िब नहीं किया।"[10]

एक अन्य उदाहरण :

"उसकी हिंसा प्रवृत्ति दिन-ब-दिन बढ़ती ही गयी।"[11]

---

1. प्रेमचन्द : गोदान, पृ० 182
2. प्रेमचन्द : गऊदान, पृ० 308
3. प्रेमचन्द : गोदान, पृ० 184
4. प्रेमचन्द : गऊदान, पृ० 138
5. प्रेमचन्द : गोदान, पृ० 162
6. प्रेमचन्द : गऊदान, पृ० 275
7.. प्रेमचन्द : गोदान, पृ० 132
8. प्रेमचन्द : गऊदान, पृ० 223
9. प्रेमचन्द : गोदान, पृ० 141
10. प्रेमचन्द : गऊदान, पृ० 237
11. प्रेमचन्द : गोदान, पृ० 152

"उसकी ख़ूनी रग़बत तो रोज़-ब-रोज़ बढ़ती गयी।"[1]

और यह भी :

"जीवन की आनंद-वृत्ति तो दबायी नहीं जा सकती।"[2]

"ज़िंदगी की सफ़रीही रग़बतें तो दबायी नहीं जा सकतीं।"[3]

एक अन्य स्थान पर 'रग़बत' का अस्वाभाविक प्रयोग भी देखिये :

"पर अपने घरवालों और बिरादरी के इस अत्याचार ने इस विराग को प्रचण्ड अनुराग का रूप दे दिया।"[4]

"मगर अपने घरवालों और बिरादरी की इस ज़्यादती ने इस नफ़रत को गहरी रग़बत में तब्दील कर दिया।"[5]

इसी प्रकार यह भी :

"तो उनकी हिंसा-वृत्ति क़ाबू से बाहर हो गयी।"[6]

"तो उनकी मुफ़सिदाना रग़बत क़ाबू से बाहर हो गयी।"[7]

एक अन्य उदाहरण भी देखिए, जिसमें 'मुस्तक़िल' का अस्वाभाविक प्रयोग है :

"मैं इस विषय में दृढ़ हूँ।"[8]

"मैं इस बारे में मुस्तक़िल हूँ।"[9]

तथा यह भी :

"संपादक जी अविचल रहे।"[10]

"एडीटर साहब मुस्तक़िल रहे।"[11]

एक स्थान पर 'सांसारिकता' के स्थान पर 'दुनियवत' भी है :

---

1. प्रेमचन्द : गऊदान, पृ० 257
2. प्रेमचन्द : गोदान, पृ० 194
3. प्रेमचन्द : गऊदान, पृ० 350
4. प्रेमचन्द : गोदान, पृ० 239
5. प्रेमचन्द : गऊदान, पृ० 407
6. प्रेमचन्द : गोदान, पृ० 268
7. प्रेमचन्द : गऊदान, पृ० 457
8. प्रेमचन्द : गोदान, पृ० 152
9. प्रेमचन्द : गऊदान, पृ० 256
10. प्रेमचन्द : गोदान, पृ० 156
11. प्रेमचन्द : गऊदान, पृ० 555

"**अगर तुम्हारा मन सांसारिकता की ओर है।**"[1]

"**अगर तुम्हारा दिल दुनियवत की तरफ़ दौड़ता है।**"[2]

एक अन्य हास्यास्पद अनुवाद '**संगत का गुप्तगान**' और '**रागों का ख़ुफ़िया ख़ैरात**' भी है।

"**और कोयल संगीत का गुप्तदान कर रही थी।**"[3]

"**और कोयल रागों का ख़ुफ़िया ख़ैरात कर रही थी।**"[4]

डॉ० मस्ऊद हुसैन ख़ाँ ने 'पुरुषत्व', 'सांसारिकता', 'ऊख़', 'चिड़ना-चिड़ाना' या 'चिढ़ना-चिढ़ाना' के उर्दू में अस्वाभाविक पर्याय के आधार पर इसे हिन्दी उपन्यास का उर्दू अनुवाद घोषित किया है। परन्तु डॉ० कमलकिशोर गोयनका का मत है कि 'गोदान' में शब्द-अर्थ एवं वाक्य रचना के ऐसे प्रयोग विद्यमान हैं, जो मानक हिन्दी वाक्य रचना के अनुरूप नहीं हैं।[5] डॉ० राजपाल शर्मा ने इसका रहस्योद्घाटन करते हुए हिन्दी के अनेक अशुद्ध प्रयोग गिनाये हैं तथा उनका दायित्व उर्दू पर प्रभाव डाला है :

"**अशुद्धियों के विषय में हम पुनः यह कहेंगे कि यह साधारण भूले हैं जिनमें उपन्यासकार की असावधानी और कदाचित् उर्दू का वाक्य-विन्यास है।**"[6]

इसी को कहते हैं—**तू कहे गब्र मुझे, गब्र मुसलमाँ मुझका!** ने इसमें संदेह नहीं कि कितने ही उदाहरण विद्यमान हैं, जिनमें कहीं हिन्दी पर्याय स्वाभाविक है, तो कहीं उर्दू पर्याय कुछेक स्थानों पर हिन्दी-उर्दू शब्दों का एक साथ अस्वाभाविक हो गया है। उर्दू में इस तरह की भूलें कम हैं। कुछेक उदाहरण प्रस्तुत हैं :

"**अभिमानी और तुनुक मिज़ाज।**"[7]

"**मगरूर और तुनुक मिज़ाज।**"[8]

"**आक्षेप का जवाब।**"[9]

---

1. प्रेमचन्द : गोदान, पृ० 315
2. प्रेमचन्द : गऊदान, पृ० 555
3. प्रेमचन्द : गोदान, पृ० 194
4. प्रेमचन्द : गऊदान, पृ० 329
5. कमल किशोर गोयनका : प्रेमचन्द के उपन्यासों का शिल्प विधान, पृ० 475
6. राजपाल शर्मा : ग़ोदान, पुनर्मूल्यांकन, पृ० 266
7. प्रेमचन्द : गोदान, पृ० 15
8. प्रेमचन्द : गऊदान, पृ० 21
9. प्रेमचन्द : गऊदान, पृ० 42

"हमले का जवाब।"[1]

"लियाक़त की परीक्षा।"[2]

"लियाक़त का इम्तेहान।"[3]

"उनकी सारी निष्ठा, सारी श्रेष्ठता काफ़ूर हो गयी है।"[4]

"उनका सारा एतक़ाद और निजी बरतरी का सारा ख़याल काफ़ूर हो गया।"[5]

"मुबारकबाद के भाषण।"[6]

"शुक्रिया और मुबारकबाद की तक़रीरें।"[7]

"पर्दानशीन महिलाओं।"[8]

"पर्दानशीन औरतों।"[9]

"परिवार बहुत विशाल था।"[10]

"राय साहब का कुनबा बड़ा था।"[11]

"उस सारे कथन का ख़ुलासा मात्र उसके स्मरण में चिपका हुआ रह गया था।"[12]

"उस कुल बयान का लुब्बे-लबाब ही उसके हाफ़िज़े में बाक़ी रह गया था।"[13]

"उसके सारे यश में कालिमा पुत जायेगी।"[14]

---

1. प्रेमचन्द : गऊदान, पृ० 64
2. प्रेमचन्द : गऊदान, पृ० 61
3. प्रेमचन्द : गऊदान, पृ० 97
4. प्रेमचन्द : गोदान, पृ० 67
5. प्रेमचन्द : गऊदान, पृ० 107
6. प्रेमचन्द : गोदान, पृ० 140
7. प्रेमचन्द : गऊदान, पृ० 235
8. प्रेमचन्द : गोदान, पृ० 308
9. प्रेमचन्द : गऊदान, पृ० 527
10. प्रेमचन्द : गोदान, पृ० 14
11. प्रेमचन्द : गऊदान, पृ० 17
12. प्रेमचन्द : गोदान, पृ० 19
13. प्रेमचन्द : गऊदान, पृ० 26
14. प्रेमचन्द : गोदान, पृ० 163

''उसके सारी नेकनामी पर पानी फिर गया।''[1]

''हम इतने बड़े आदमी हो गये हैं कि हमें नीचता और कुटिलता में ही निः-स्वार्थ और परमआनंद मिलता है।''[2]

''हम इतने बड़े आदमी हो गये हैं कि हमें मक्कारी और कमीनापन में ही मज़ा आता है।''[3]

'गोदान' और 'गऊदान' के प्रकाशित रूपों में कुछेक स्थानों पर उसी प्रकार कमी-वेशी है, जैसे गत उपन्यासों में देखी गयी है। ऐसा लगता है कि अनुवादक ने अपने तौर पर अनुवाद के समय बढ़ा दिया है या स्वयं प्रेमचन्द ने संशोधन करते समय बढ़ाया-घटाया है। विस्तार से बचने के लिए यह उद्धरण प्रस्तुत है—

''दोनों बच्चों के प्यार में ही अपने पत्नी-व्रत का पालन किया है।''[4]

''दोनों बच्चों के प्यार में ही मैंने मतूफ़िया के मुतअल्लिक़ वफ़ा-शआरी को निबाहा है।''[5]

इसी प्रकार 'सूखी मिर्च की तरह चिपका हुआ।'[6]

''सिलिया का बाप साठ साल का बूढ़ा था, काला, दुबला और काली मिर्च की तरह चिपका हुआ।''[7]

'गोदान' के विभिन्न संस्करणों में कुछेक स्थानों पर अंतर मिलता है। प्रेमचन्द के जीवनकाल के संस्करण तथा वर्तमान संस्करण में कई स्थान पर अंतर पड़ गया है। विश्वस्त सूत्रों का कहना है कि प्रेमचन्द के प्रकाशकों ने हिन्दी संस्करण की भाषा को सुधारने के लिए उनकी मृत्यु के पश्चात् कुछेक जानकारों से भाषा को परिष्कृत एवं स्वाभाविक बनाने की दृष्टि से संशोधित कराया है। उदाहरणार्थ 11वें अध्याय में **'ऐसे असाधारण काण्ड....कुत्सा होने लगी।'** जो 1925 ई० के द्वितीय संस्करण में एक पैराग्राफ़ में है; परन्तु वर्तमान संस्करण संशोधन के साथ इसके दो पैराग्राफ़ कर दिये गये हैं। उक्त संस्करण में **'बीच के चट्टान उसके दाँतों से लगते थे'**[8] को **'बीच की चट्टाने उसके दाँतों**

---

1. प्रेमचन्द : गऊदान, पृ० 275
2. प्रेमचन्द : गोदान, पृ० 16
3. प्रेमचन्द : गऊदान, पृ० 19
4. प्रेमचन्द : गोदान, पृ० 222
5. प्रेमचन्द : गऊदान, पृ० 377
6. प्रेमचन्द : गऊदान, पृ० 253
7. वही, पृ० 404
8. प्रेमचन्द : गोदान, (1939), पृ० 117

से लगती थीं।'[1]

उपर्युक्त संशोधन निश्चित रूप में प्रेमचन्द से कोई सम्बन्ध नहीं रखता क्योंकि यह काम उनकी मृत्यु के पश्चात् का है। विचित्र बात है कि हिन्दी संस्करण के विपरीत उर्दू संस्करण को सुधारने के लिए प्रकाशकों की ओर से कोई यत्न नहीं हुआ है। मुद्रण त्रुटियाँ जो पहले संस्करण में थीं, यह भी यथावत् उर्दू के वर्तमान संस्करण में विद्यमान हैं।

जैसा कि ऊपर लिखा जा चुका है कि 'गोदान' अथवा 'गऊदान' की भाषा लोक-परम्पराओं में रची हुई तद्‌भव प्रकृति रखती है। परन्तु उसमें उर्दू के अरबी--फ़ारसी तत्सम शब्दों का भी असाधारण रूप में प्रयोग किया गया है, जिसमें कुछ एक शब्द निम्नलिखित हैं—**क़सीदा, जनाज़ा, माशूक़, मजलिस, फ़िदा, कुलाह, सिफ़त, मुनहसिर, शरीअत, तकल्लुफ़, तजवीज़, मुआहदा, ज़िल्लत, हसरत, असबाब, मज़ाहिम, क़हत, तौफ़ीक़, ख़ितमदग़ार** आदि।

सामूहिक रूप से इतना कहना पर्याप्त होगा कि 'गोदान' हिन्दी उपन्यास साहित्य के इतिहास में तथा 'गऊदान' उर्दू उपन्यास साहित्य के इतिहास में समान रूप में महत्वपूर्ण है। उर्दू तथा हिन्दी की साहित्यिक निधि से प्रेमचन्द का यह असाधारण उपन्यास यदि निकाल दिया जाय, तो दोनों साहित्यों में बड़ी कमी का एहसास होगा। अच्छा ही है कि 'गोदान' को हिन्दी में तथा 'गऊदान' को उर्दू में समान रूप में महत्व प्राप्त रहे। इनमें से किसी एक साहित्य को वंचित करना इसलिए भी अनुचित है कि प्रस्तुत उपन्यास के हिन्दी तथा उर्दू रूप के विषय में निश्चित रूप में कुछ कहना कठिन ही है।

मंगलसूत्र

''हाँ, यश मिला और उनके आत्मसंतोष के लिए इतना काफ़ी था। संचय में उनका विश्वास भी न था। सम्भव है, परिस्थितियों ने इस विश्वास को दृढ़ किया हो लेकिन उन्हें कभी संचय न कर सकने का दुःख नहीं हुआ। सम्मान के साथ निबाह होता जाय, इससे ज़्यादा वह और कुछ न चाहते थे। साहित्य-रसिकों में जो एक अकड़ होती है, चाहे उसे शोख़ी ही क्यों न कह लो, वह उनमें भी थी....।'[2]

उपर्युक्त पंक्तियों में प्रेमचन्द स्वयं झाँकते दिखलाई पड़ते हैं। 'मंगलसूत्र' के नायक देवकुमार के रूप में उन्होंने स्वयं अपनी जीवन-गाथा लिखने की ठानी थी। यदि यह उपन्यास समाप्त कर पाते तो यह उनकी आत्मकथा भी होती। परन्तु प्रस्तुत रूप में प्रो० सैयद एहतेशाम हुसैन के मतानुसार : ''एक ग़ैरमामूली

1. प्रेमचन्द : गोदान, पृ० 76
2. प्रेमचन्द : मंगलसूत्र, पृ० 375

तख़लीक़ के निशान-बरदार''[1] के रूप में ग्रहण करने के बावजूद प्रेमचन्द का अपूर्ण उपन्यास भी स्वीकारना होगा, जिसे उन्होंने अपने जीवन काल के अंतिम दिनों में लिखना प्रारम्भ किया, बड़ी तत्परता एवं सावधानी से जैसे उपन्यास नहीं वसीयतनामा लिख रहे हों—मेरी संपत्ति, मेरी निधि, भावी भारत के लेखकों एवं बुद्धिजीवियों के नाम। जीवन का अंतिम चरण है। दर्द व तकलीफ़ से व्याकुल एवं क्षुब्ध हैं, परन्तु क़लम रुकने का नाम नहीं लेती। पता नहीं अंतरात्मा की कौन-सी पुकार थी, जो विवश कर रही थी कि यदि इसे न व्यक्त किया, तो जीवन की सार्थकता ही नष्ट हो जायेगी। प्रेमचन्द का प्रण है कि वे लिखेंगे अवश्य, कष्ट चाहे जितना झेलना पड़े। अमृतराय लिखते हैं : **''और मुंशी जी उस तकलीफ़ में भी बिस्तर छोड़कर नीचे फ़र्श पर आ बैठते हैं और 'मंगलसूत्र' उठा लेते हैं, जिसके नायक देवकुमार वह ख़ुद हैं। एक नामी-गिरामी, सच्चे, ईमानदार, स्वाभिमानी और ग़रीब लेखक।''**[2] और यह ग़रीब लेखक भी बड़ा विचित्र है, जो ग़रीबी को ही जीवन का मूल मानता है। यदि किसी को अमीर देख लेता है, तो सोचता है कि उसने शोषण पर आधारित सामाजिक व्यवस्था के सामने अवश्य ही घुटने टेक दिये हैं। तभी तो देवकुमार के लिए कहता है :

''कितने ही रईस और राजे इच्छुक थे कि वह दरबार में जायँ, अपनी रचनाएँ सुनाएँ, उनको भेंट करें, लेकिन देवकुमार ने आत्म-सम्मान को कभी हाथ से न जाने दिया। किसी ने बुलाया भी तो धन्यवाद देकर टाल गये। इतना ही नहीं, वह यह भी चाहते थे कि राजे व रईस मेरे द्वार पर आयें, मेरी ख़ुशामद करें, जो अनहोनी बात थी।''[3]

इसी देवकुमार की आदर्श-रचना से प्रेमचन्द अपने मन की गुत्थियाँ खोलते हैं। उनके बेटे संत कुमार और साधु कुमार तथा बेटी पंकजा के रूप में अपने बेटी श्रीमती राय और अमृतराय तथा बेटी कमला की कल्पना करते हैं। इस निराली और आधार के द्वंद्व से भरी इस कहानी में देव कुमार की रचनाओं पर निम्नलिखित चर्चा विशेष महत्व रखती है :

''उन्हें कुछ ऐसा जान पड़ने लगा था कि साहित्य-प्रेमियों की उनमें वह पहले की-सी भक्ति नहीं रही।''[4]

क्या उपरोक्त पंक्तियों में 'भारतीय साहित्य-परिषद' के विवाद को लेकर उर्दू तथा हिन्दी दोनों भाषा-भाषियों की उनके प्रति उदासीनता का भाव नहीं

---

1. सैयद एहतेशाम हुसैन : अफ़कारो-मसायल, पृ० 117
2. अमृतराय : प्रेमचन्द, क़लम का सिपाही, पृ० 634
3. प्रेमचन्द : मंगलसूत्र, पृ० 365
4. प्रेमचन्द : मंगलसूत्र, पृ० 365

दीखता है, इसी प्रकार निम्नलिखित वाक्य भी ध्यान देने योग्य है :

''उधर उन्होंने जो दो पुस्तकें बड़े परिश्रम से लिखी थीं और जिनमें उन्होंने अपने जीवन के सारे अनुभव और कला की सारी प्रौढ़ता भर दी थी, उनका कुछ विशेष आदर न हुआ।''[1]

इन पंक्तियों में क्या उर्दू तथा हिन्दी साहित्य सेवा में सब कुछ समर्पित कर देने के पश्चात् कुछ न पा सकने की व्यथा नहीं है?

'मंगलसूत्र' द्वारा प्रेमचन्द ने यह स्थापित करने का प्रयत्न किया है कि जीवन में सफ़लता की प्राप्ति के लिए सत्य, नैतिकता और त्याग के आधार पर ही सब कुछ प्राप्त किया जा सकता है। इसमें बुद्धिजीवी वर्ग को जीवन के प्रति सार्थकतापूर्ण दृष्टिकोण रखना उचित होगा, क्योंकि लेखक समाज के अन्य वर्गों के विपरीत केवल अपने ही जीवन का दायित्व नहीं उठाता, अपितु वर्तमान तथा भविष्य की पीढ़ियों के लिए दीपशिखा बनता है। इस दीप को प्रकाशमान रखने के लिए ज़रूरत पड़े तो अपने शरीर के लहू से उसकी लौ को तेज़ करता रहे। इस प्रकार 'मंगलसूत्र' न केवल रचनाकाल के आधार पर 'गोदान' के आगे का उपन्यास है, बल्कि विचारों के स्तर पर भी आगे है। यदि यह उपन्यास पूरा हो गया होता तो निश्चय ही प्रेमचन्द का सर्वश्रेष्ठ उपन्यास होता है।

'मंगलसूत्र' प्रेमचन्द की मृत्यु के अनेक वर्षों पश्चात् 1948 ई० में सरस्वती प्रेस से हिन्दी में प्रकाशित हुआ। उर्दू में अभी हाल में प्रकाशित हुआ है, हिन्दी से अनुवाद। उपन्यास पाण्डुलिपि के आधार पर निश्चित रूप से कहा जा सकता है कि प्रेमचन्द मंगलसूत्र को हिन्दी में लिख रहे थे और यह हिन्दी के रूप में हिन्दी साहित्य का अमूल्य रत्न बनता।

इस युग के प्रेमचन्द को हिन्दी तथा उर्दू दोनों भाषाओं के महान साहित्यकार के रूप में ख्याति प्राप्त हो चुकी थी। हिन्दी तथा उर्दू दोनों में उनको समान रूप में अधिकार प्राप्त हो गया था। दोनों भाषाओं में रचना करते थे। सुविधानुसार कभी पहले हिन्दी में लिख लिया और उसका अनुवाद स्वयं उर्दू में कर दिया अथवा किसी और की सहायता ले ली। दूसरे से सहायता लेने के प्रमाण अवश्य मिलते हैं परन्तु उक्त सहायता किस सीमा तक थी, यह कहना कठिन है। वही क्रम हिन्दी में भी चलता रहा। उर्दू तथा हिन्दी दोनों में प्रेमचन्द के स्वयं अनुवाद करने के प्रमाण उनके पत्रों में बिखरे पड़े हैं।

❑❑❑

---

1. प्रेमचन्द : मंगलसूत्र, पृ० 365

उपसंहार

प्रेमचन्द के हिन्दी कथा-साहित्य का उनके उर्दू कथा-साहित्य से तुलनात्मक अध्ययन करते हुए अनेक भाषिक एवं तकनीकी समस्याओं की विस्तारपूर्वक चर्चा हो चुकी। परन्तु एक मौलिक प्रश्न उसके साथ जुड़ा हुआ है कि प्रेमचन्द की रचनाकारिता का भाषिक आधार क्या है? क्योंकि उनके कथा साहित्य के तीनों युगों में विभिन्न प्रकार की भाषिक प्रवृत्तियाँ दीख पड़ती हैं; जिनका संश्लिष्ट अध्ययन न केवल प्रेमचन्द साहित्य के विभिन्न पक्षों को स्पष्ट कर देता है, वरन् हिन्दी कथा-साहित्य के अनेकानेक भाषिक समस्याओं का आधार बनता है। प्रेमचन्द को हिन्दी तथा उर्दू दोनों भाषाओं में प्रेरणा-स्रोत की स्थिति प्राप्त है तथा उनकी रचनाएँ इन दोनों भारतीय भाषाओं के इतिहास में अत्यंत महत्त्वपूर्ण स्थान रखती हैं। इसलिए अध्ययन दृष्टि से तुलनात्मक अध्ययन का महत्त्व बढ़ जाता है। प्रेमचन्द ने राष्ट्रीय समस्याओं पर विचारोत्तेजक मंतव्य प्रस्तुत किये थे, जिनसे उनके सार्वभौमिक प्रतिभा का अनुभव होता है। प्रेमचन्द हिन्दी-उर्दू के लेखक एवं कथाकार ही नहीं वरन् डिकेंस, थैकरे, ताल्सताय और गोर्की के समान अंतर्राष्ट्रीय साहित्यकार हैं। उनके लेख में मानव-हृदय की धड़कने हैं। वे अतीत या वर्तमान के ही भविष्य के भी साहित्य हैं।

प्रेमचन्द उर्दू से हिंदी की ओर गये। इस आने में कई प्रकार की प्रेरणाएँ थीं, जिनमें भारतीय इतिहास की विडम्बनापूर्ण स्थिति भी है जो विभाजन और राज्य के नियमानुसार साहित्य को भी विभिन्न भागों में विभाजित कर रही थी। हिन्दी और उर्दू दोनों, एक ही मूलस्रोत से उत्पन्न होने के बावजूद दो अलग-अलग भाषाओं के रूप में मान्य हो चुकी थीं। राजनीतिक घटनाओं के आधार पर भाषिक आंदोलन का दूसरी ओर मुड़ जाना अनेक प्रकार से महत्त्वपूर्ण प्रतीत हुआ। इसमें संदेह नहीं कि उत्तर भारत की भाषिक-स्थिति सदैव गतिशील रही है, परन्तु उसके मूल-आधारों में अधिक अन्तर नहीं आया था। संस्कृत के प्रभुत्व, भाषा एवं संस्कृति समानता तथा प्राकृतों अथवा अपभ्रंशों के विकास की

स्थिति में न केवल यह कि उत्तरी भारत की एकता खंडित नहीं हुई वरन् वे एक-दूसरे की पोषक बनकर परस्पर सहयोग देती रही थीं। निश्चय ही भारत में मुसलमानों के आगमन के पूर्व भी यहाँ की जनभाषाएँ अनेकता में एकता का स्वरूप रखती थीं, परन्तु इसे इतिहास की विडम्बना के अतिरिक्त और क्या कहा जाय कि एक ही भाषा, जो समान भाषिक नियमों के आधार पर विकसित हुई थी, दो अलग भाषाओं के रूप में विभक्त होकर सामाजिक एवम् राजनीतिक स्तर पर पृथकता का प्रतीक बना गयी। मात्र लिपियों के अंतर की बात होती तो आशा की जाती थी कि अधिक स्वाभाविक लिपि, कम स्वाभाविक लिपि को अपने आप ही बहिष्कृत कर देगी, परन्तु इन दोनों भाषाओं का प्रश्न सामाजिक, राजनीतिक, ऐतिहासिक एवं धार्मिक आधारों पर बनाया गया। एक वर्ग दूसरे वर्ग पर अपनी भाषा लादने का प्रयत्न करने लगा। उर्दू में जहाँ देशज और स्वाभाविक भाषा के शब्द थे उनको बहिष्कृत करके अरबी-फ़ारसी शब्द एवं संस्कार लाये गये। हिन्दी से मिश्रित सभ्यता के सभी अंशों को त्याग दिया गया। अत: उर्दू मुसलमानों की और हिन्दी हिन्दुओं की भाषा कहलायी जाने लगी।

भाषा को धार्मिक स्वरूप प्रदान करने का परिणाम यह हुआ कि उसे सांस्कृतिक एवं सामाजिक आधार पर स्वीकार करने के बजाय साम्प्रदायिकता एवं असहिष्णुता के मार्ग पर डाल दिया गया। तत्कालीन राजनीतिक स्थिति भी यही थी कि इस प्रवृत्ति को जितना अधिक से अधिक उभारा जा सके उभारा गया है। मुसलमानों का एक वर्ग उर्दू को मज़हबी ज़िन्दगी का तर्जुमान कहने लगा। उर्दू और पाकिस्तान की माँग साथ-साथ होने लगी। हिन्दी-पक्ष 'हिन्दी-हिन्दू-हिन्दुस्तान' का त्रिकोण बनाकर सोचने लगा। उसके विचार में भारतीय जनजीवन के प्रतीक के रूप में किसी बाहरी प्रभाव द्वारा उत्पन्न भाषा को स्थान नहीं दिया जा सकता था। यह वर्ग संस्कृतनिष्ठ हिन्दी को राष्ट्रीयता का द्योतक मानता था। इस राजनीतिक अवसरवादिता में राष्ट्रीय विचारधारा के नेताओं ने बीच का मार्ग निकालने का प्रयत्न किया। क्यों न ऐसी भाषा को स्वीकार किया जाय, जो जनसाधारण की भाषा है, जिसे फ़ारसी-लिपि में लिख दिया जाय तो उर्दू कहलाये और नागरी में लिपिबद्ध कर दिया जाय, तो वही हिन्दी बन जाय। स्पष्ट ही है कि इस विचारधारा के पीछे भाषिक अध्ययन-मनन अथवा भाषा-समस्या का वैज्ञानिक ढंग से समाधान न था। शुद्ध समझौतावादी दृष्टि से बीच-बचाव का मार्ग निकाला गया था, क्योंकि सभी जागरूक राजनीतिक नेता अनुभव कर रहे थे कि राष्ट्रीय स्वतंत्रता के मार्ग में भाषा ही सबसे बड़ी रोड़ा बनी हुई थी और भारत के दोनों बड़े सम्प्रदायों को साथ लिए बिना राजनीतिक लक्ष्य तक पहुँचना सम्भव नहीं थां। इस विचारधारा के समर्थकों में राजनीतिक नेताओं के अतिरिक्त अनेक बुद्धिजीवी, विद्वान एवं साहित्यकार सम्मिलित हो गये।

प्रेमचन्द ने भाषिक समस्या को राष्ट्रीय नेताओं की दृष्टि से देखा। वे भाषा-शास्त्री न थे और न उन्होंने उसके वैज्ञानिक पक्षों पर ही विचार किया था। भाषा उनके लिए अभिव्यक्ति का यंत्र-मंत्र थी, जो किसी रूप में और किसी प्रकार प्रयुक्त की जा सकती थी। 'हिन्दुस्तानी' को स्वीकार करने में उन्हें एक प्रकार की व्यक्तिगत सुविधा थी, कि नागरी तथा उर्दू-लिपि में एक ही भाषा का प्रयोग करने पर जनभाषा को मुखरित करने की अधिक सुविधा मिल सकती थी। अत: उनकी रचनाओं से विभिन्न कालों में भाषागत विभिन्न प्रवृत्तियाँ दिखायी पड़ती हैं।

प्रेमचन्द का प्रथम उपन्यास 'असरारे-मआबिद' तथा उनका अंतिम उपन्यास 'मंगलसूत्र' दोनों ही अपूर्ण रचनाएँ हैं। उनके कथा-साहित्य का क्रम 'हम ख़ुर्मा-ओ-हमसवाब' से प्रारम्भ होकर 'गोदान' तक फैला हुआ है। इनका रचना काल लगभग चार दशकों के बीच फैला हुआ है। इन चारों दशकों की सामाजिक, राजनीतिक एवं भाषिक समस्याओं पर ध्यान दिये बिना सही विश्लेषण सम्भव नहीं, क्योंकि प्रेमचन्द उन साहित्यकारों में नहीं थे, जो निजत्व के कूप-मंडूक में बंद होकर रचना करते हैं, जिनकी आरोपित अनुभूतियाँ यथार्थ नहीं होतीं, परन्तु निजत्व के आधार पर रचनाओं को मान्यता प्रदान कराने के लिए संघर्ष करते हैं। प्रेमचन्द की रचनाओं का आधार भारतीय ग्राम्य-जीवन है, जिसकी अपनी मान्यताएँ हैं, अपनी विपत्तियाँ और उपलब्धियाँ हैं। शोषण हैं, दुर्भाग्य है और इसे भाग्य मानकर सहने की शक्ति है। प्रेमचन्द ने भारतीय नगरों-उपनगरों को भी देखा था। वहाँ का औपचारिक जीवन, औद्योगीकरण, पश्चिमी प्रभाव और चमक-दमक देखकर प्रेमचन्द की आँखें चौंधियाई हुई थी। लेकिन नगरों के जीवन में उन्होंने अपने हृदय की धड़कनें नहीं सुनी थीं। उन्होंने नागरिक सभ्यता को भारतीय जीवन में अभिशाप के रूप में ग्रहण किया था। उन्हें इस जीवन से सहानुभूति नहीं। इसलिए उसमें उनका मन नहीं रमता। इस ग्राम्य एवं नागरिक जीवन के परिवेश को ध्यान में रखे बिना प्रेमचन्द की भाषा-नीति को भी नहीं समझा जा सकता। विचित्र ही है कि भारतीय ग्राम्य जीवन के प्रति अत्यंत आत्मीयता रखने के बावजूद ग्राम-भाषा के प्रति प्रेमचन्द उदार नहीं हैं। इसका परिणाम यह है कि ग्राम्य-जीवन से पात्रों का चयन करने के बावजूद उनके मुँह से अधिकतर हिन्दुस्तानी भाषा में ही बात कहलाते हैं। लोक-जीवन की अभिव्यक्ति में लोक-बोलियों का पुट मिलता है, परन्तु दाल में नमक के बराबर। प्रेमचन्द की रचनाओं के आदर्श पात्र अधिकतर खड़ी बोली बोलते हैं। अवधी, ब्रज और भोजपुरी का प्रयोग असभ्य, गँवार और उजड्ड लोगों द्वारा होता है। ऐसा लगता है कि इसकी पृष्ठभूमि में वैदिक-काल की भाषा परम्परा है जिसमें राजा, मंत्री, विद्वान एवं सुसंस्कृत लोग, तो संस्कृत बोलते हैं, परन्तु दलित

वर्ग के लोग तथा महिलाएँ प्राकृत बोलती हैं।

प्रेमचन्द की भाषा-शैली में संस्कृत-तत्समता पर डॉ० जगन्नाथ शर्मा ने एक रोचक बात कही है कि ऐसा लगता है कि एक मौलवी पंडित बनने के प्रयास में है![1] दूसरी ओर उर्दू-पक्ष से प्रेमचन्द की भाषा-शैली को उर्दू में इतना पसंद किया जाता रहा है कि व्यंग्यात्मक रूप में उन्हें श्रद्धांजलि अर्पित करते हुए एक बार मौलाना 'शिबली' नोमानी ने कहा था—भारत में आठ करोड़ मुसलमान बसते हैं लेकिन इनमें दम नहीं कि इस काफ़िर से उर्दू ज़बान छीन लें! यह वही काफ़िर है, जिसकी उर्दू-दुनिया देखकर जीती है और जिस पर उसका दम निकलता है। उर्दू तथा हिन्दी में प्रेमचन्द की शैली को किस प्रकार मान्यता मिली है, उसका उल्लेख गतपृष्ठों में हो चुका है, यहाँ पुनरावृत्ति अनावश्यक है। संक्षेप में उनकी शैली के विभिन्न युगों का तुलनात्मक विश्लेषण किया जाता है।

उर्दू के तत्सम-शब्दों का प्रयोग प्रेमचन्द के प्रथम रचना-काल जो प्रारम्भ से 1915 ई० तक की रचनाओं में अधिक मिलता है। इस युग में अत्यंत अलंकारपूर्ण कृत्रिम भाषा का प्रयोग हुआ है। यथार्थ, अलौकिकता में उभरने का प्रयत्न करता हुआ दिखलायी पड़ता है। उर्दू मुहावरे, वाक्य-विन्यास, शब्दक्रम आदि का बहुलता से प्रयोग साधारण पाठक भी अनुभव कर लेता है कि इस युग की उर्दू रचनाएँ, जो हिन्दी में अनूदित हुई हैं उनकी भाषा-शैली हिन्दी भाषा एवं साहित्य की परम्परा से मेल नहीं खाती। इस युग की रचनाओं में प्रेमचन्द के जीवनकला में प्रकाशित तथा वर्तमान में अमृतराय द्वारा अनूदित एवं प्रकाशित शैली में घोर अंतर है। इससे स्पष्ट होता है कि प्रेमचन्द के जीवन-काल में प्रकाशित रचनाएँ ऐसे लोगों ने अनूदित की हैं, जो हिन्दी तथा उर्दू की विशिष्टताओं एवं परम्पराओं से परिचित नहीं थे। इस संदर्भ में विशेषकर 'प्रेमा' के भाषा की चर्चा की जा सकती है, जो उर्दू-उपन्यास 'हमख़ुर्मा-ओ-हमसवाब' का हिन्दी अनुवाद है। निश्चित है कि उस समय तक प्रेमचन्द ने हिन्दी में भाषिक दक्षता प्राप्त नहीं की थी, जिससे स्वयं हिन्दी में रचना कर सकते। जिसने भी अनुवाद किया हो, उसने 'प्रेमा' में पाण्डित्य प्रदर्शन का आडम्बर रचाया है, जो मिथ्या एवं कृत्रिम था।

प्रेमचन्द की रचना का दूसरा काल जो 1916 ई० से 1930 ई० के बीच 15 वर्षों में फैला हुआ है, उसके प्रारम्भिक काल पर भी प्रथम काल की रचनाओं का प्रभाव है। इसमें संदेह नहीं कि प्रेमचन्द प्रारम्भिक रूप में उर्दू कथाकार होने के कारण उर्दू के पूर्वाग्रहों से मुक्त नहीं हो पाये, परन्तु इस युग में उनकी भाषा-

---

1. जगन्नाथ शर्मा : प्रेमचन्द की भाषा शैली : प्रेमचन्द प्रतिभा पृ० 184

नीति में धीरे-धीरे परिवर्तन आता हुआ दिखलायी पड़ता है। इस युग में 'गोशा-ए-आफ़ियत' के हिन्दी अनुवाद 'वरदान' को विशेष रूप में सामने रखना चाहिए। क्योंकि इसमें न केवल 'प्रेमा' की तरह की भाषा का प्रयोग हुआ है, बल्कि अनेक अवसरों पर उससे भी अधिक संस्कृतनिष्ठ एवं अस्वभाविक भाषा शैली का प्रभुत्व है। प्रेमचन्द की कृत्रिम भाषाकारिता का अंतिम प्रतीक 'वरदान' है। 'बाज़ारे-हुस्न' का अनुवाद 'सेवासदन' में होते-होते प्रेमचन्द की भाषा परिमार्जित एवं संतुलित हो जाती है। इसमें हिन्दी तथा उर्दू-शब्दों का सम्मिश्रण समानुपात में किया गया है जिससे इनकी भाषा में नये आयाम का आभास मिलता है। भाषिक दृष्टि से इस युग की रचनाओं का अध्ययन विशेष महत्त्वपूर्ण एवं निष्कर्षयुक्त है। भाषा-दीप, उर्दू-शब्द एवं संस्कार का प्रभुत्व जो 'परदा-ए-मज़ाज' के हिन्दी रूप 'कायाकल्प' तक छाया हुआ है, 'निर्मला' तक आते-आते असाधारण रूप में परिवर्तित हो जाता है और हिन्दी भाषा एवं साहित्य की दृष्टि से बदलाव कम हो जाता है। यद्यपि संस्कृत तत्सम शब्दों का प्रयोग पहले की रचनाओं से बढ़ता ही गया है, परन्तु उनके प्रयोग में त्रुटियों की प्रवृत्ति कम हो गयी। सत्य ही है कि शुद्ध ही है कि शुद्ध हिन्दी व्याकरण के आधार पर प्रेमचन्द अपनी भाषा-शैली को कभी भी परिमार्जित न कर पाये, परन्तु उर्दू-प्रभाव की व्यापकता में कमी का अनुभव अवश्य होता है।

प्रेमचंद के रचनाकाल का अंतिम युग, जो 1931 ई० से प्रारम्भ होकर उनके जीवन-काल के अन्त तक है, भाषिक दृष्टिकोण से अत्यंत महत्त्वपूर्ण है। इस युग में लोक जीवन और नागरिक जीवन का द्वंद्व अधिक प्रखर हो गया है। इस युग की रचनाओं के अध्ययन से स्पष्ट हो जाता है कि प्रेमचन्द ने भाषिक-दृष्टि से शैली पर अधिकार पा लिया है। लोकजीवन का प्रभाव, शक्तिशाली भाषा को मुखरित करने में सार्थक बना है। होरी आदर्श है। उसकी भाषा भी आदर्श है, जिसमें पूरा ग्रामीण-जीवन बोलता हुआ दीख पड़ता है।

प्रेमचन्द के हिन्दी-उर्दू कथा साहित्य के तुलनात्मक अध्ययन में अनुवाद की समरूपता विशेष रूप में ध्यान आकृष्ट करती है। प्रेमचन्द की कितनी रचनाएँ हिन्दी में हुईं और कितनी उर्दू में। एक भाषा से दूसरी भाषा में परिवर्तन किसके द्वारा हुआ। एक दो नाम अवश्य मिलते हैं, परन्तु सभी रचनाओं के विषय में नहीं कहा जा सकता। यह कार्य इतना फैला हुआ है कि एक व्यक्ति के बस की बात नहीं। यद्यपि इस शोध-प्रबंध में अब तक की प्राप्त लगभग सभी रचनाओं का लेखन एवं प्रकाशन काल निश्चित करने का प्रयास किया गया है परन्तु यह कार्य भी अंतिम रूप नहीं ले सका। शोध-कार्य में अंतिम रूप होता भी नहीं। आवश्यकता यह है कि अनेकानेक लोग इसके विभिन्न पक्षों पर विद्वत्तापूर्वक प्रकाश डालें। यदि प्रेमचन्द ने स्वयं दोनों भाषाओं में स्वयं रचना नहीं की है, तो

दोनों भाषाओं में रचनाकार के रूप में उन्हें मान्यता प्रदान करना कहाँ तक न्यायसंगत है।

प्रस्तुत शोध-प्रबंध में कथाकार प्रेमचन्द के हिन्दी तथा उर्दू रचनाओं से अनेक उद्धरण प्रस्तुत किये गये हैं, जिसमें मूल रचना एवं अनुवाद में घोर अंतर है। इस अंतर का दायित्व किसके सिर है। सुविधावादी दृष्टिकोण के लोग कह सकते हैं कि जब उनके जीवन-काल में ही यह परिवर्तन हुआ, तो इसका दायित्व प्रेमचन्द का है। हमें इस दृष्टिकोण के प्रति आपत्ति है, क्योंकि यह मान लेने के बाद कि प्रेमचन्द ने सभी रचनाओं का अनुवाद स्वयं नहीं किया है, इसे अनेक अनुवादकों के ही सिर डालना होगा। इस शृंखला में एक रोचक प्रसंग यह भी है कि संशोधन एवं परिवर्धन का क्रम प्रेमचन्द के जीवन काल के बाद भी चलता रहा। उनके प्रकाशक, जो सुसंयोगवश उनके सुपुत्र भी हैं, रचनाओं के शुद्धीकरण का क्रम चलाते रहे। गतपृष्ठों में विभिन्न रचनाओं के संदर्भ में इस विषय पर विस्तार से चर्चा हुई है। इनको किसके खाते में रखा जायेगा।

प्रेमचन्द के हिन्दी-उर्दू कथा साहित्य में शब्दों का चयन, वाक्य-विन्यास, अलंकारों और बिम्बों का प्रयोग आदि उर्दू-संस्कारों के आधार पर है, जिसकी मूल प्रेरणा को दृष्टिगत कर देने के कारण प्रेमचन्द के समालोचकों ने हिन्दी-व्याकरण और अलंकार-नीति के आधार पर त्रुटियों एवं भूलों की ओर संकेत किया है। हिन्दी तथा उर्दू का भाषिक आधार समान होने के बावजूद उनका प्रयोग परम्परागत बदलता रहा है। अतः दोनों की भाषिक रूपरेखा ही बदल गयी। उनके रचना-विधान में भी अनेक स्तरों पर मौलिक अंतर आ गया है। सामान्य शब्दावली में व्यक्त भावबोध के अनेक पक्ष हैं। इन सभी पक्षों पर समालोचना करते समय ध्यान देना आवश्यक है। इसका क्रम मुहावरों के प्रयोग तक फैला हुआ है। प्रेमचन्द के अनुवादकों की अतिशयोक्ति कई स्थानों पर इतनी व्याप्त हो गयी है कि उन्होंने उर्दू मुहावरों का भी हिन्दीकरण कर दिया है, जिससे वस्तुस्थिति हास्यास्पद हो गयी है। प्रेमचन्द के अनुवादकों की अतिवादिता स्पष्ट है। उर्दू मुहावरों का हिन्दीकरण करने की कोशिश ऐसी ही है, जैसे किसी अम्मामा-क़बा-धारण किये मौलाना साहब के माथे पर चंदन का टीका लगा दिया जाय।

प्रेमचन्द की भाषा-नीति पर उनकी रचनाओं के माध्यम से विचार किया जा सकता है। प्रेमचन्द हिन्दी-उर्दू भाषा स्वरूप के विषय में निश्चित मान्यताएँ रखते थे। हिन्दी तथा उर्दू की परम्पराओं को देशज एवं लोकरूप देने का प्रयास भी अनेक रचनाओं में स्पष्ट हो गया। इस प्रयास में उन्होंने शब्दों का सकार रूप भी रखा है। देशी-विदेशी सभी तरह का प्रयोग करते हैं। डॉ० कैलाश चंद्र भाटिया ने

प्रेमचन्द के अंग्रेज़ी शब्दों की संख्या 500 के लगभग बतायी है।[1] इन शब्दों का प्रयोग उनके प्रथम उपन्यास 'असरारे-मआबिद' से लेकर अंतिम उपन्यास 'मंगलसूत्र' तक हुआ है। देशज़ भाषाओं के अतिरिक्त अरबी-फ़ारसी भाषाओं के शब्दों एवं संस्कारों से पूर्णतया परिचित होने के कारण प्रेमचन्द ने सभी प्रकार के शब्दों का समुचित प्रयोग किया है, जिससे उनके द्वारा हिन्दी तथा उर्दू दोनों भाषाओं के शब्द भण्डार में अभूतपूर्व वृद्धि हुई है। यदि एक ओर संस्कृत, हिन्दी तथा अन्य देशी भाषाओं के अनेक शब्द हैं, तो दूसरी ओर फ़ारसी-अरबी भाषाओं का भी बाहुल्य है। उनके अनुवादकों ने शब्दों के प्रयोग की कलात्मकता को शब्दश: अनुवाद के आवेग में अनेक अवसरों पर खंडित किया है, जिससे भाषा की स्वाभाविकता को तो क्षति पहुँची ही है, उनके द्वारा प्रदान की गयी शब्द-निधि भी संकुचित हुई है।

प्रेमचन्द की रचनाओं में हिन्दी तथा उर्दू शब्दों एवं संस्कारों का अंतर संवादों में अधिक स्पष्ट हुआ है। पात्रों के परिवेश एवं स्वभाव के अनुसार संवादों की रचना करते समय प्रेमचन्द ने शब्दों के चयन पर विशेष ध्यान दिया है। मगर जीवन एवं मुस्लिम पात्रों को अभिव्यक्ति देने में अरब-फ़ारसी शब्दों एवं संस्कारों पर बल दिया है तथा ग्राम्य जीवन एवं हिन्दू पात्रों की विचारधारा स्पष्ट करने में प्रयत्नशील होकर उन्होंने संस्कृत, हिन्दी तथा देशज शब्दावली को प्रधानता दी है। इन दोनों प्रकार के भाषा-प्रयोगों के बीच कोई बड़ी खाईं नहीं है। उन्होंने उसे 'हिन्दुस्तानी' सेतु के माध्यम से एक-दूसरे से जोड़ दिया है, जिसे उनकी रचनाओं की स्वाभाविकता में अंतर नहीं आता।

प्रेमचन्द को हिन्दी तथा उर्दू कथाकारों में अनेक रूपों में विशिष्टता प्राप्त है। उनकी शैली को दोनों भाषाओं में अद्वितीय माना गया है। उनका रवैया शुद्ध हिन्दी या फ़सीहो-बलीग़ उर्दू के समर्थकों के रवैयों से भिन्न एवं विपरीत है, जो भाषा के माथे पर संस्कृत-शब्द-संस्कार का चंदन-सिंदूर अथवा फ़ारसी-अरबी शब्द संस्कार की कुलाहें-पापाख़ ज़रूरी समझते हैं। प्रेमचन्द उनके लिए ज्वंलत चुनौती के रूप में अपने जीवनकाल में भी थे और आज भी उसी चमक से साथ विद्यमान हैं। भावी भारत के भाषिक नीति में प्रेमचन्द की शैली से बहुत कुछ ग्रहण किया जा सकता है। क्योंकि प्रेमचन्द ने अपनी रचनाओं में जिस भारतीय जनमानस की भाषा को अभिव्यक्ति का माध्यम बनाया, उसका सांख्यांकिक रूप ही व्याप्त नहीं है वरन् वही संपूर्ण भारत की भाषा है। ऐसे क्षेत्रों की भी भाषा हैं, जहाँ के लोगों की मातृभाषा कुछ और है क्योंकि प्रेमचन्द की तरह की भाषा बोलने वाले देश की किसी एक भाग तक सीमित न होकर पूरे देश में काश्मीर

1. कैलाश चंद्र भाटिया : प्रेमचन्द की भाषा-शैली पृ० 170

से कन्याकुमारी तक फैले हुए हैं। सामूहिक रूप से इतना कहना पर्याप्त है कि प्रेमचन्द की भाषा-शैली का उर्दू-हिन्दी साहित्य में विभिन्न प्रवृत्तियों के होने पर भी किसी भी प्रकार के गतिरोध का अनुभव नहीं होता। उनकी भाषा-शैली पर समय की गर्द अपना प्रभाव नहीं डाल पाती, बल्कि उसी गर्द से उनकी भाषा-शैली मँजती और चमकती जा रही है।

प्रेमचन्द की भाषिक दृष्टि पर गाँधीवादी प्रभाव के कई पक्ष हैं, जिनको ध्यान में रखना चाहिए। हमारे विचार में प्रेमचन्द पर गाँधीवादी प्रभाव महान् रूसी लेखक टॉलस्टाय के माध्यम से हुआ। क्योंकि टॉलस्टाय से महात्मा गाँधी और प्रेमचन्द दोनों प्रभावित थे। कारण जो भी हो परन्तु इसमें संदेह नहीं कि प्रेमचन्द की आदर्शवादिता के पीछे उक्त प्रभाव अवश्य था। आदर्शवादिता के अनेक रूप में प्रेमचन्द की रचनाओं में देखने को मिलते हैं। पात्रों के चयन में, कथानक के बुनने में तथा रचना के उद्देश्य आदि में प्रेमचन्द का आदर्शवादी दृष्टिकोण विचित्र रूप धारण करता है। स्पष्ट ही है कि प्रेमचन्द कथानक की सामग्री सामाजिक समस्याओं से लेते हैं और उस पर सुधारवादी दृष्टि अपनाते हैं। इसका ज्वलंत उदाहरण 'सुमन' है, जो वैश्यावृत्ति त्याग कर आश्रम में शरण लेती है। इसी आदर्शवादिता ने रचनाओं में घटनाओं की चर्चा को उभारा है, क्योंकि प्रेमचन्द अपने कथानक को अपने उद्देश्य की पूर्ति के लिए जिन आयामों की तरफ़ मोड़ना चाहते थे, उनमें स्वाभाविक एवं यथार्थ निष्कर्ष घटनाओं के ही माध्यम से सम्भव हो सकते थे। इन घटनाओं के ही कारण समान रूपी पात्रों एवं घटनाओं की पुनरावृत्ति हुई है।

डॉ० सुहेल बुख़ारी ने घटनाओं की पुनरावृत्ति पर प्रकाश डालते हुए लिखा है : **''प्रेमचन्द के यहाँ वाक़याती तकरार भी मिलती है। 'बाज़ारे-हुस्न' में सुमन गंगा में डूबने जाती है और पलट आती है। कृष्णचन्दर डूबने जाता है और डूब जाता है। 'गोशा-ए-आफ़ियत' में श्रद्धा डूबने जाती है लेकिन प्रेमचन्द उसे वापस लाते हैं। ज्ञानशंकर पहली मर्तबा तो पानी से निकल जाता है मगर दूसरी बार हमेशा के लिए डूब जाता है। 'गोशा-ए-आफ़ियत' में प्रेमशंकर ज़ख्मी होता है, 'चौगाने-हस्ती' में विनय। 'मैदाने-अमल', 'ग़बन', 'गोशा-ए-आफ़ियत' में अदालतों का हाल भी यकसाँ है और हाकिमों-महकूम के तसादुम में हमेशा लाठियाँ, गोलियाँ और संगीनें काम में लायी जाती हैं।''**[1] ऐसे अवसरों पर अनुभव होता है कि प्रेमचन्द यथार्थ का सामना करने से घबराते हैं। इसका कारण उनका काल्पनिक आधार है, जिसमें वैज्ञानिक आविष्कार, औद्योगिकता तथा भौतिकता के लिए अधिक स्थान नहीं रहता। यही ग्राम जीवन की ओर

1. सुहैल बुख़ारी : उर्दू में नॉवेल-निगारी, पृ० 98

मुड़ने का भी कारण है, क्योंकि नागरिक जीवन जिन आयामों का साक्षात्कार कर रहा था, उसे प्रेमचन्द सहन नहीं कर पाते थे। उनका काल्पनिक संसार घर-गाँवों में ही बसता था, जिसमें अशिक्षित जनसमूह निवास करता है—अंधविश्वास तथा भाग्यवाद का पुजारी। उसका धर्म दार्शनिक आधार रखने के बजाय कर्मकाण्ड को महत्त्व देता है। इस दलित एवं प्रताड़ित वर्ग के प्रति प्रेमचन्द सहज रूप में सहानुभूति रखते थे, किन्तु उनके विकास एवं उन्नति के लिए किसी बाह्य प्रभाव को स्वीकार नहीं कर सकते। प्रेमचन्द की व्यथा होरी के रूप में अभिव्यक्त होती है तथा सूरदास के रूप में उन्हीं के बीच से उभर कर मार्ग प्रदर्शित करती है। विषय-वस्तु की दृष्टि से उनकी कृतियों के उर्दू तथा हिन्दी रूप में अधिक अंतर नहीं आया है। जहाँ कहीं परिवर्तन-संशोधन हुआ, वह मात्र अनुवाद की दृष्टिकोण से महत्त्वपूर्ण है। उससे प्रेमचन्द के शिल्प की किसी विशेष परम्परा का आभास नहीं मिलता।

शिल्प की दृष्टि से साधारणतया प्रेमचन्द की रचनाओं को प्रारम्भ से 'सेवासदन' तक तथा 'सेवासदन' से 'गोदान' तक विभक्त किया गया है। यह विभाजन सभी रचनाओं को मौलिक रूप में स्वीकार कर लेने की स्थिति में किसी सीमा तक उचित ही कहा जा सकता है। परन्तु जैसा कि इस शोध-प्रबंध से स्पष्ट किया गया है, प्रारम्भिक युग की रचनाएँ उर्दू से अनुवाद मात्र हैं और उनका अनुवाद निश्चित ही प्रेमचन्द ने नहीं किया है, क्योंकि उस समय तक उन्हें हिन्दी में रचना करने की क्षमता प्राप्त नहीं हुई थी। विकास-काल तथा उत्कर्ष-काल की रचनाओं में धीरे-धीरे प्रेमचन्द के हिन्दी में आने तथा रचना करने की सामर्थ्य पर विचार किया जा सकता है। जैसा कि स्पष्ट किया जा चुका है कि इन दोनों युगों की रचनाओं के विषय में भी बिना किसी भ्रम के कहा जा सकता है कि अधिकांशतः अनुवाद में अन्य लोग भी भागी रहे तथा उन रचनाओं को शिल्प की दृष्टि से प्रेमचन्द की रचना का आधार बनाना कठिन है। यह विचित्र ही है कि ऐसे विवाद ग्रस्त शिल्पकार की रचनाओं में आगामी पीढ़ियों के हिन्दी तथा उर्दू कथाकारों के लिए कला की दृष्टि से नेतृत्व प्रदान किया है। प्रेमचन्द का 'गोदान' उपन्यास शिल्प-कला की दृष्टि से सीमा-चिह्न बन गया। इसी प्रकार उनकी अनेकों कहानियाँ जिनका चरम-उत्कर्ष 'कफ़न' है, हिन्दी-उर्दू कहानी परम्परा का मार्ग निश्चित करता है। परन्तु ध्यान रहे कि प्रेमचन्द की रचनाओं के हिन्दी तथा उर्दू रूप के विषय में जितना भी विवाद किया जाय, उसका महत्त्व कम नहीं किया जा सकता। यह उनकी सर्वप्रियता ही है कि हिन्दी साहित्य उन्हें हिन्दी कथाकार का अग्रदूत मानता है तथा उर्दू-साहित्य, उर्दू-कथाकार। प्रेमचन्द ऐसे सेतु हैं, जो अपने व्यक्तित्व से हिन्दी तथा उर्दू के दो किनारों को परस्पर जोड़ देते हैं।

प्रेमचन्द के साहित्यिक दृष्टिकोण के विषय में अतिशयोक्तिपूर्ण मत व्यक्त किये गये हैं, जिनका विश्लेषण करना प्रस्तुत शोध-विषय की परिधि के बाहर है। परन्तु किसी भी कलाकार की रचना दृष्टि को ध्यान में रखे बिना तुलनात्मक अध्ययन में भी सही निष्कर्ष तक पहुँचना सम्भव नहीं हो सकता। अतः यहाँ इतना कहना पर्याप्त होगा कि प्रेमचन्द मूलतः मानववादी, राष्ट्रवादी एवं भौतिकवादी थे। यद्यपि उनकी रचनाओं से स्पष्ट हो जाता है कि उन्होंने क्रमबद्ध रूप में न तो मार्क्सवादी का ही अध्ययन किया था और न उस पर विचार ही। परन्तु यह भी सत्य है कि न्याय और अन्याय के संघर्ष में प्रेमचन्द न्याय के साथ तथा पूँजीपति एवं निर्धन के संघर्ष में निर्धन के साथ दिखायी पड़ते हैं। यदि साहूकार और किसान के बीच संघर्ष है, तो वह किसान के साथ है। ज़मींदार और कारिन्दे निर्धन कृषक का शोषण करते हैं, तो प्रेमचन्द उस शोषण के विरुद्ध किसान से लाठी उठाने को कहते हैं। यदि शासक वर्ग अत्याचार करता है, तो प्रेमचन्द जनता के साथ दिखायी पड़ते हैं। प्रेमचन्द कहीं भी प्रतिक्रियावादी तत्वों के प्रतीक नहीं बनते। यद्यपि उनके अवैज्ञानिक दृष्टिकोण को बढ़ा-चढ़ाकर कहा जाता रहा है किन्तु सत्य यह है कि उनका दृष्टिकोण आदर्शवादी और मानवतावादी है।

इस आदर्शवाद और मानवतावाद के आधार को समझने के लिए उन्नीसवीं शताब्दी के अंतिम दशक से लेकर बीसवीं शताब्दी के चौथे दशक तक के भारत को देखना चाहिए, जिसमें यथार्थ विभिन्न रूपों में विकसित हो रहा था। प्रो० सैय्यद एहतेशाम हुसैन के शब्दों में कहा जा सकता है : "**यह ऐसा अहद था जब काबा और कलीसा दोनों अपनी-अपनी जानिब खींच रहे थे और लिखने वालों का रूमानी बन जाना भी मुमकिन था और हक़ीकतपसंद थी। लिबरल बन जाना भी मुमकिन था और कांग्रेसी भी। इंसान फ़िरक़ापरस्त बन सकता था और मुत्तहिदा-क़ौमियत का हामी भी। बर्तानवी हुकूमत का हामी हो सकता था और मुख़ालिफ़ भी।**"[1] इस ऊहापोह में प्रेमचन्द को ढूँढ़ा जाय तो प्रेमचन्द तत्कालीन स्थिति के अनुसार परम प्रगतिशील लेखक दिखायी पड़ते हैं। उनका प्रसिद्ध लेख 'महाजनी तहज़ीब' पूँजीवाद के विरुद्ध उनके दृष्टिकोण को स्पष्ट कर देता है। साम्राज्यवाद के प्रति प्रेमचन्द की सहानुभूति अवश्य है, जिनका कारण यह हो सकता है कि उन्होंने भारतभूमि की गरिमा का आदर्श प्राचीन भारतीय राजाओं और महाराजाओं की राज्य-व्यवस्था में देखा। पूँजीवाद जिस प्रकार धन-संचय करता है, प्रेमचन्द के लिए असह्य था। परन्तु साम्राज्यवाद की विशेषता की परम्पराओं में धन संचय के विरुद्ध उसे बाहुल्य से व्यय करना ही आदर्श माना

1. सैय्यद एहतेशाम हुसैन : तनक़ीद और अमली-तनक़दी, पृ० 169

गया है, जिसका सांस्कृतिक एवं सामाजिक आधार है। प्रेमचन्द राजनीतिक क्रांति के विषय में वर्तमान दार्शनिकों के अनुरूप नहीं सोचते। उनकी रचनाओं से आभास मिलता है कि इतिहास के भौतिक विकास के विषय में भी उनके विचार वर्तमान चिन्तकों से मेल नहीं खाते। सामाजिक जीवन में सुधार लाने, मानव-प्रकृति का वैज्ञानिक विश्लेषण आदि भी नहीं है। नारी के अधिकारों एवं दायित्व के विषय में भी प्रेमचन्द का दृष्टिकोण वर्तमान परिप्रेक्ष्य में संकीर्ण प्रतीत होता है। इसी प्रकार उन्होंने धर्म को वैचारिक स्तर पर स्वीकार करने के विपरीत भावुकता का रूप दिया, जिसे वर्तमान भौतिकतावादी आलोचक बढ़ा-चढ़ाकर प्रस्तुत करते हैं। इन बातों में सच्चाई अवश्य है, परन्तु यह अधूरी सच्चाई है। प्रेमचन्द को उनके युग की समस्याओं एवं मान्यताओं से अलग करके देखने पर भ्रांतिपूर्ण निष्कर्ष ही मिलेंगे।

प्रेमचन्द को हिन्दी-उर्दू साहित्य में जहाँ अनेक रूपों में विशिष्टता प्राप्त है, वहाँ यह भी साथ है कि उन्होंने हिन्दी-उर्दू साहित्यकारों के लिए जिस प्रगतिशील विचारधारा का आवाहन अपने अंतिम दिनों में किया था, वही वर्तमान में भी साहित्य-रचना का आधार बनी हुई है। यह स्पष्ट दीखता है कि भारत जैसे समाजवादी लक्ष्यों की ओर बढ़ता जायेगा, प्रेमचन्द की रचनाओं का महत्त्व भी बढ़ता जायेगा। प्रेमचन्द-साहित्य के व्यापक रूप में सर्वप्रियता में भाषिक कटुता को कोई स्थान नहीं मिल सकता।

❑❑❑

संदर्भिका

मूल-स्त्रोत (हिन्दी)।

अग्नि-समाधि: प्रेमचन्द: राजा राजकुमार प्रेस, लखनऊ, प्र०व० नहीं।

अलग्योझा और अन्य कहानियाँ: प्रेमचन्द, सरस्वती प्रेस, बनारस, 1945 ई०।

कफ़न: प्रेमचन्द, सरस्वती प्रेस, बनारस, 1934 ई०।

कर्मभूमि: प्रेमचन्द, सरस्वती प्रेस, बनारस, द्वितीय संस्करण, 1938 ई०।

: हंस प्रकाशन, इलाहाबाद,; नवीन संस्करण अक्टूबर, 1968 ई०।

कायाकल्प, भाग 1 तथा 2: प्रेमचन्द, सरस्वती प्रेस, बनारस; तृतीय, संस्करण, 1940 ई०।

: सरस्वती प्रेस, इलाहाबाद, वर्तमान संस्करण, 1969 ई०।

कलम तलवार और त्याग: प्रेमचन्द, सरस्वती प्रेस, बनारस, 1946 ई०।

कुछ विचार: प्रेमचन्द, सरस्वती प्रेस, बनारस, 1939 ई०।

ग़बन: प्रेमचन्द, सरस्वती प्रेस, बनारस: द्वितीय संस्करण, 1937 ई०।

: हंस प्रकाशन, इलाहाबाद, 31 वाँ संस्करण, 1960 ई०।

गल्परत्न: प्रेमचन्द, सरस्वती प्रेस, बनारस, 1948 ई०।

गल्पसमुच्चय: प्रेमचन्द, हंस प्रकाशन, इलाहाबाद, 1953 ई०।

गुप्तधन, भाग 1 तथा 2: प्रेमचन्द (सं० अमृतराय) हंस, प्रकाशन, इलाहाबाद, प्र०सं० 1962 ई०।

गोदान: प्रेमचन्द, सरस्वती प्रेस, बनारस, संस्करण, 1939 ई०।

: सरस्वती प्रेस, इलाहाबाद; वर्तमान संस्करण, 1972 ई०।

ग्यारह राजनीतिक कहानियाँ और समरयात्रा: प्रेमचन्द, सरस्वती प्रेस, 1946 ई०।

ग्राम्य-जीवन की कहानियाँ: प्रेमचन्द, सरस्वती प्रेस, बनारस, 1955 ई०।

जंगल की कहानियाँः प्रेमचंद, हिन्दुस्तान पब्लिशिंग हाउस, इलाहाबाद। प्र०व० नहीं।

दो बहनें: प्रेमचन्द, सरस्वती प्रेस, बनारस, 1948 ई०।

दो बैलों की कथा और बाबा जी का भोजः प्रेमचन्द, सरस्वती प्रेस, बनारस, प्र०सं० नहीं।

नव-जीवनः प्रेमंचद, गोपाल पब्लिशिंग हाउस, पटना, 1935 ई०।

नवनिधिः प्रेमचन्द, सरस्वती प्रेस, बनारस, 1946 ई०।

निर्मलाः प्रेमचन्द, सरस्वती प्रेस, बनारस; द्वितीय संस्करण 1938 ई०।

: हंस प्रकाशन, इलाहाबाद; 13 वाँ संस्करण, फ़रवरी, 1969 ई०।

पंच परमेश्वरः प्रेमचन्द, सरस्वती प्रेस, बनारस, प्र०व० नहीं।

पंच प्रसूनः प्रेमचन्द, हिन्दी पुस्तक एजेंसी, बनारस, 1952 ई०।

पाँच फूलः प्रेमचन्द, सरस्वती प्रेस, बनारस 1948 ई०।

प्रतिकारः प्रेमचन्द, हंस प्रकाशन, इलाहाबाद, नवीन संस्करण, जुलाई, 1969 ई०।

प्रेम की वेदीः प्रेमचन्द, सरस्वती प्रेस, बनारस, 1947 ई०।

प्रेमचन्द की सर्वश्रेष्ठ कहानियाँः प्रेमचन्द, सरस्वती प्रेस, बनारस, 1955 ई०।

प्रेम चतुर्थीः प्रेमचन्द, हिन्दी पुस्तक एजेंसी, बनारस, 1952 ई०।

प्रेमतीर्थः प्रेमचन्द, सरस्वती प्रेस, बनारस, 1949 ई०।

प्रेम द्वादशीः प्रेमचन्द, हंस प्रकाशन, इलाहाबाद, 1954 ई०।

प्रेम पंचमीः प्रेमचन्द, दक्षिण भारत हिन्दी प्रचार सभा, मद्रास, 1936 ई०।

प्रेम पचीसीः प्रेमचन्द, हंस प्रकाशन, इलाहाबाद, प्र०व० नहीं।

प्रेम पीयूषः प्रेमचन्द, सरस्वती प्रेस, बनारस, 1955 ई०।

प्रेम पूर्णिमाः प्रेमचन्द, हिन्दी पुस्तक एजेंसी, बनारस सं० 2007 ई०।

प्रेमाश्रमः प्रेमचन्द, हंस प्रकाशन, इलाहाबाद, नवीन संस्करण, अक्टूबर 1967 ई०।

प्रेरणा और अन्य कहानियाँः प्रेमचन्द, सरस्वती प्रेस, बनारस, प्र०व० नहीं।

मंगलसूत्र व अन्य रचनाएँः प्रेमचन्दः सरस्वती प्रेस, इलाहाबाद, प्र०व० नहीं।

मंगलाचरणः (संपादक—अमृतराय) हंस प्रकाशन, इलाहाबाद, प्रथम संस्करण, 1962 ई०।

मानसरोवर (भाग 1-8): प्रेमचन्द, हंस प्रकाशन, इलाहाबाद, वर्तमान संस्करण।

रंगभूमिः प्रेमचन्द, गंगा पुस्तक माला, लखनऊ, 14वाँ संस्करण, संवत् 1018।

: सरस्वती प्रेस, इलाहाबाद, वर्तमान, संस्करण, 1971 ई०।

वरदानः प्रेमचन्द, हंस प्रकाशन, इलाहाबाद, नवीन संस्करण, 1965 ई०।

विविध प्रसंग (भाग 1-3): प्रेमचन्द (सं० अमृतराय) हंस प्रकाशन इलाहाबाद, प्रथम संस्करण, 1962 ई०।

सप्त सरोजः प्रेमचन्द, हिन्दुस्तानी पब्लिशिंग हाउस, इलाहाबाद, 1944 ई०।

सप्त सुमनः प्रेमचन्द, सरस्वती प्रेस, बनारस, 1951 ई०।

समर यात्रा और ग्यारह अन्य राजनैतिक कहानियाँ: प्रेमचन्द, हिन्दुस्तानी पब्लिशिंग हाउस, इलाहाबद, 1951 ई०।

साहित्य का उद्देश्यः प्रेमचन्द, सरस्वती प्रेस, बनारस, जुलाई, 1954 ई०।

सेवा सदनः प्रेमचन्द, हिन्दी पुस्तक एजेंसी, कलकत्ताः आठवाँ संस्करण, संवत् 1993 वि०।

सेवा सदनः प्रेमचन्द, सरस्वती प्रेस, इलाहाबाद; संस्करण, 1968 ई०।

हिन्दी की आदर्श कहानियाँ: प्रेमचन्द, सरस्वती प्रेस, बनारस, 1945 ई०।

मूल-स्त्रोत (उर्दू)

आख़िरी तोहफ़ाः प्रेमचन्द, नरायन दत्त सहगल एण्ड संस, तृतीय, संस्करण, 1947 ई०।

ख़ाके-परवानाः प्रेमचन्द, गिलानी एलेक्ट्रिक प्रेस, लाहौर, प्र०व० नहीं।

ख़्राबो-ख्यालः प्रेमचन्द, लाजपतराय एण्ड संस, दिल्ली, 10 वाँ संस्करण।

गऊदानः प्रेमचन्द, मकतबा-ए-जामिआ लिमिटेड, नयी दिल्ली; सातवाँ संस्करण, अक्टूबर, 1972 ई०।

ग़बन (हिस्सा अब्वल और दोयम) : प्रेमचन्द, दारुल-इशाअत पंजाब, लाहौर, प्र०सं० 1931 ई० तथा 1932 ई०।

गोशा-ए-अफ़ियत (हिस्सा अव्वल और दोयम): प्रेमचन्द, इदारा-ए-फ़रोग़े-उर्दू, दिल्ली, पहला संस्करण, प्र०व० नहीं;

जलवा-ए-ईसारः प्रेमचन्द, किताब मंजिल, लाहौर, प्र०व० नहीं।

कुल्लियाते-प्रेमचन्द : (सं० मदन गोपाल) 14 खण्ड, तरक़्क़ी-ए-उर्दू कौंसिल, नयी दिल्ली, 2000 ई०।

ज़ादे-राहः प्रेमचन्द, हाली पब्लिशिंग हाउस, दिल्ली प्र०व० नहीं।

दूध की क़ीमतः प्रेमचन्द, इस्मत बुक डिपो, दिल्ली, 1943 ई०।

निर्मला : प्रेमचन्द, गिलानी एलेक्ट्रिक प्रेस, लाहौर प्र०व० नहीं।

परदा-ए-मजाज़ (हिस्सा अव्वल और दोयम): प्रेमचन्द, लाजपत राय एण्ड संस, लाहौर, प्र०ब०नहीं।

प्रेमचन्द के ख़ुतूत : (सं० मदन गोपाल) मकतबा-ए-जामिआ लिमिटेड, नयी दिल्ली, संस्करण, 1968 ई०।

प्रेमचालीसी (हिस्सा अव्वल और दोयम): प्रेमचन्द गिलानी एलेक्ट्रिक प्रेस, लाहौर, 1929 ई० ।

प्रेमपचीसी (हिस्सा अव्वल और दोयम): प्रेमचन्द, दारुल-इशाअत पंजाब, लाहौर छवाँ संस्करण, 1939 ई० ।

प्रेमबतीसी (हिस्सा अव्वल) : प्रेमचन्द, दारुल इशाअत पंजाब, लाहौर, 1921 ई० ।

प्रेमबतीसी (हिस्सा दोयम) : प्रेमचन्दः जमाना प्रेस, कानपुर, प्र०व० नहीं।

फ़िरदौसे-ख्यालः प्रेमचन्द, हिन्दुस्तानी पब्लिशिंग हाउस, इलाहाबाद प्र०व० नहीं।

बाजारे-हुस्न (हिस्सा अव्वल और दोयम): प्रेमचन्द, दारुज-इशाअत, पंजाब लाहौर, 1921 ई० तथा 1922 ई० ।

बेवाः प्रेमचन्द, मकतबा-ए-जामिआ लिमिटेड, नयी दिल्ली, चतुर्थ संस्करण, जनवरी, 1959 ई० ।

मज़ामीने-प्रेमचन्दः प्रेमचन्द (संपादक-डॉ० क़मर रईस, युनिवर्सिटी पब्लिशर्स, मुस्लिम युनिवर्सिटी, अलीगढ़, 1960 ई० ।

मैदाने-अमलः प्रेमचन्द, मकतबा-ए-जामिआ लिमिटेड, नयी दिल्ली, चतुर्थ संस्करण, फ़रवरी, 1960 ई० ।

रूठीरानी : प्रेमचन्द, लाजपत राय एण्ड संस, दिल्ली, पाँचवा संस्करण, प्र०व० नहीं।

वारदातः प्रेमचन्द, मकतबा-ए-जामिआ लिमिटेड, नयी दिल्ली, 10 वाँ संस्करण, 1960 ई० ।

सहायक-ग्रंथ (हिन्दी)

अरस्तू का काव्यशास्त्रः डॉ० नगेंद्र, भारती भण्डार, इलाहाबाद, संवत् 2013 वि० ।

आधुनिक कहानियाँः डॉ० हरदेव बाहरी, मेहरचंद मुंशीराम, दिल्ली, 1952 ई० ।

आंधुनिक हिन्दी कथा साहित्य और मनोविज्ञानः डॉ० देवराज उपाध्याय, एस० चाँद एण्ड कंपनी, दिल्ली, प्रथम संस्करण, 1964 ई० ।

आधुनिक परिवेश और नवलेखनः डॉ० शिव प्रसाद सिंह, लोकभारती प्रकाशन, इलाहाबाद, 1970 ई० ।

उपन्यासकार प्रेमचन्दः (संपा०) डॉ० सुरेश चंद्र गुप्त आदिः अशोक प्रकाशन, दिल्ली, प्रथम संस्करण, 1965 ई० ।

उपन्यास सम्राट प्रेमचन्दः शिव नारायण श्रीवास्तव, प्रकाशन विभाग, सूचना और प्रसारण मंत्रालय, भारत सरकार, नयी दिल्ली, प्र०सं० 1969 ई०।

उर्दू-साहित्य का आलोचनात्मक इतिहासः प्रो० सैय्यद एहतेशाम हुसैन, लोक भारती प्रकाशन, इलाहाबाद, 1969 ई०।

उर्दू-साहित्य का इतिहासः ब्रजरत्नदासः हिदी साहित्य कुटीर, काशी, सं० 2007 वि०।

कथाकार प्रेमचन्दः डॉ० जितेंद्रनाथ पाठक, सरस्वती मंदिर, बनारस, नवम्बर, 1955 ई०।

कथा के तत्वः डॉ० देवराज उपाध्याय, ग्रंथमाला कार्यालय, पटना, 1957 ई०।

क़लम का मज़दूरः मदन गोपाल, राजकमल प्रकाशन, दिल्ली, सं० 1965 ई०।

कला और आधुनिक प्रवृत्तियाँः रामचंद शुक्ल, प्रकाशन शाखा, सूचना विभाग, उत्तर प्रदेश सरकार, लखनऊ, प्र०सं० 1958 ई०।

कला के हस्ताक्षरः देवेन्द्र सत्यार्थी, एशिया प्रकाशन, नयी दिल्ली, प्र०सं० 1954 ई०।

कलाकार प्रेमचन्दः डॉ० रामरतन भटनागर, युनिवर्सल प्रेस, इलाहाबाद, प्र०व० नहीं।

कहानी कला और प्रेमचन्दः श्रीपति शर्मा, विद्या मंदिर, काशी, 1948 ई०।

खड़ीबोली का आंदोलनः शितिकंठ मिश्र, नागरी प्रचारिणी सभा, काशी, सं० 2013 वि०।

खड़ीबोली का लोक-साहित्यः डॉ० सत्या गुप्त, हिन्दुस्तानी एकेडेमी, इलाहाबाद, 1965 ई०।

खड़ीबोली हिन्दी-साहित्य का इतिहासः ब्रजरत्नदास, हिन्दी साहित्य कुटीर बनारस, सं० 1998 वि०।

गाँधी और गाँधीवादः डॉ० बी० पट्टाभिसीतारमैया, शिव ए०कं०, आगरा, 1959 ई०।

गाँधीवाद और मार्क्सवादः श्रीकृष्णदत्त पालिवाल, अग्रवाल एण्ड कं० आगरा, प्र०व० नहीं।

गोदानः अध्ययन की समस्याएँः डॉ० गोपालराय, ग्रंथ निकेतन, पटना, 1958 ई०।

गोदानः पुनर्मूल्यांकनः डॉ० राजपाल शर्मा, अशोक प्रकाशन, दिल्ली, 1973 ई०।

गोदानः मूल्यांक और मूल्यांकनः (संपा०) डॉ० इन्द्रनाथ मदान, नीलाभ प्रकाशन, इलाहाबाद, 1971 ई०।

ग्रामीण हिन्दी: डॉ० धीरेन्द्र वर्मा, साहित्य भवन, इलाहाबाद, 1955 ई०।

दक्खिनी हिंदी: डॉ० बाबू राम सक्सेना, हिन्दुस्तानी एकेडेमी, इलाहाबाद, 1952 ई०।

नया हिन्दी साहित्य-एक भूमिका: प्रो० प्रकाशचंद गुप्त, सरस्वती प्रेस, बनारस, 1946 ई०।

नये पुराने झरोखे: हरबंशराय बच्चन, राजपाल एण्ड संस, दिल्ली, 1962 ई०।

प्रेमचन्द: डॉ० रामरतन भटनागर, किताब महल, इलाहाबाद, 1948 ई०।

प्रेमचन्द: डॉ० गंगा प्रसाद विमल, राजकमल प्रकाशन, दिल्ली, 1968 ई०।

प्रेमचन्द: डॉ० त्रिलोकी नारायण दीक्षित, साहित्य निकेतन, कानपुर, 1952 ई०।

प्रेमचन्द: एक कृति व्यक्तित्व: जैनेन्द्र कुमार, पूर्वोदय प्रकाशन, दिल्ली, 1967 ई०।

प्रेमचन्द एक अध्ययन: डॉ० राजेश्वर गुरु, मध्य प्रदेशीय प्र० समिति, भोपाल, 1961 ई०।

प्रेमचन्द एक विवेचन: डॉ० इंद्रनाथ मदान, राजकमल प्रकाशन, दिल्ली, प्र०व० नहीं।

प्रेमचन्द, आलोचनात्मक परिचय: डॉ० रामविलास शर्मा, सरस्वती प्रेस, बनारस, 1941 ई०।

प्रेमचन्द और उनका युग: डॉ० राम विलास शर्मा, मेहरचंद मुंशीराम, दिल्ली, 1952 ई०।

प्रेमचन्द और उनका साहित्य: डॉ० (श्रीमती) शीला गुप्त, साहित्य भवन, प्रा०लि०, इलाहाबाद, 1972 ई०।

प्रेमचन्द और उनकी कहानी कला: डॉ० सत्येन्द्र, भारतीय रत्न भण्डार, आगरा, प्र०व० नहीं।

प्रेमचन्द और उनकी साहित्य-साधना: डॉ० पद्मसिंह शर्मा 'कमलेश' अत्तरचंद कपूर एण्ड संस, दिल्ली, प्र०व० नहीं।

प्रेमचन्द और गाँधीवाद: डॉ० रामदीन गुप्त, हिन्दी साहित्य संसार, पटना, प्र०सं० मार्च, 1961 ई०।

प्रेमचन्द और गोर्की: (सं०) शचीरानी गुर्टू, राजकमल प्रकाशन, बम्बई, 1955 ई०।

प्रेमचन्द और ग्राम समस्या: डॉ० प्रेमनारायण टण्डन, राम प्रसाद एण्ड संस, आगरा, 1941 ई०।

प्रेमचन्द, क़लम का सिपाही: अमृतराय, हंस प्रकाशन, इलाहाबाद प्र०सं० 1962 ई०।

प्रेमचंद-कला और कृतित्व: हंसराज 'रहबर', आत्माराम एण्ड संस, दिल्ली, द्वि०सं० 1962 ई०।

प्रेमचन्द, कहानी का रहनुमा : प्रो० जाफ़र रज़ा, लोकभारती प्रकाशन, इलाहाबाद 2005 ई०

प्रेमचन्द की उपन्यास कला: जनार्दन प्रसाद झा द्विज, वाणी मंदिर, छपरा, तृतीय, सं० 1949 ई०।

प्रेमचन्द उनकी कृतियाँ और कला: डॉ० प्रेमनारायण टण्डन, पब्लिशिंग हाउस, प्रयाग, 1942 ई०।

प्रेमचन्द : उर्दू-हिन्दी कथाकार : प्रो० जाफ़र रज़ा, लोकभारती प्रकाशन, इलाहाबाद, 1983 ई०।

प्रेमचन्द के उपन्यासों का शिल्प-विधान: डॉ० कमल किशोर गोयनका, सरस्वती प्रेस, दिल्ली, 1974 ई०।

प्रेमचन्द के साहित्य सिद्धांत: डॉ० नरेन्द्र कोहली, अशोक प्रकाशन, दिल्ली, 1966 ई०।

प्रेमचन्द घर में: शिवरानी देवी, आत्माराम एण्ड संस, दिल्ली, सं० 1956 ई०।

प्रेमचन्द—चिंतन और कला: डॉ० इंद्रनाथ मदान, सरस्वती प्रेस, बनारस, प्र०व० नहीं।

प्रेमचन्द पूर्व हिन्दी उपन्यास: डॉ० कैलाश प्रकाश, हिन्दी साहित्य संसार, दिल्ली, 1962 ई०।

प्रेमचन्द प्रतिभा (संपा०): डॉ० इंद्रनाथ मदान, सरस्वती प्रेस, इलाहाबाद, प्र०सं० 1967 ई०।

प्रेमचन्द व्यक्तित्व और साहित्यकार : मन्मथनाथ गुप्त, सरस्वती प्रेस, इलाहाबाद, 1961 ई०।

प्रेमचन्द साहित्यिक विवेचन: आचार्य नंददुलारे वाजपेयी, हिन्दी भवन, इलाहाबाद, 1952 ई०।

प्रेमचन्द स्मृति : अमृतराय, हंस प्रकाशन, इलाहाबाद, 1959 ई०।

बापू के हरिजन: महात्मागाँधी (अनु० परिपूर्णानन्द वर्मा) सं० 2006 वि०।

भारत में अंग्रेज़ी राज: सुंदर लाल, प्रकाशन विभाग, नयी दिल्ली, 1960 ई०।

भाषा और समाज: डॉ० रामविलास शर्मा, पीपुल्स पब्लिशिंग हाउस (प्रा०) लि०, नयी दिल्ली, 1961 ई०।

राष्ट्रभाषा की समस्या: रविशंकर शुक्ल, गंगा ग्रंथागार, लखनऊ, सं० 2002 वि०।

राष्ट्रभाषा पर विचार: पं० चंद्रबली पाण्डेय, सरस्वती मंदिर, काशी, सं० 2002 वि०।

राष्ट्रभाषा-हिन्दी : समस्याएँ और समाधान: डॉ० देवेन्द्र शर्मा, राजकमल प्रकाशन, दिल्ली, 1965 ई०।

राष्ट्रीयता और समाजवाद: आचार्य नरेन्द्रदेव, ज्ञान मण्डल, बनारस, सं० 2006 वि०।

सन् सत्तावन की राज्यक्रांति: डॉ० रामविलास शर्मा, विनोद पुस्तक मन्दिर, आगरा, 1957 ई०।

सर्वोदय तत्व दर्शन: गोपीनाथ धवन, सस्ता साहित्य मण्डल, नयी दिल्ली, 1951 ई०

साहित्यिक शब्दावली: प्रेमनारायण टण्डन, हिन्दी सा० भण्डार, लखनऊ, 1962 ई०।

हिन्दी: उद्भव, विकास और रूप: डॉ० हरदेव बाहरी, किताब महल, इलाहाबाद, 1965 ई०।

हिन्दी उपन्यास: डॉ० शिवनारायण श्रीवास्तव, सरस्वती मंदिर, वाराणसी, 2016 वि०।

हिन्दी उपन्यास—एक अंतरयात्रा: डॉ० राम दरश मिश्र, राजकमल, प्रकाशन, दिल्ली, 1968 ई०।

हिन्दी उपन्यास—उद्भव और विकास: डॉ० सुरेश सिन्हा, लोकभारती प्रकाशन, इलाहाबाद, द्वितीय सं० 1972 ई०।

हिन्दी उपन्यास—एक सर्वेक्षण: डॉ० महेंद्र चतुर्वेदी, नेशनल पब्लिशिंग हाउस, दिल्ली, 1962 ई०।

हिन्दी उपन्यास का उद्भव और विकास: डॉ० प्रतापनारायण टण्डन, हिन्दी साहित्य भण्डार, लखनऊ, 1960 ई०।

हिन्दी उपन्यास—समाज शास्त्रीय विवेचन: डॉ० चण्डी प्रसाद जोशी, अनुसंधान प्रकाशन, कानपुर, 1962 ई०।

हिन्दी उपन्यास साहित्य: ब्रजरत्नदास, हिन्दी-साहित्य कुटीर, बनारस, प्र०सं० सं० 2013 वि०।

हिन्दी कहानी, उद्भव और विकास: डॉ० सुरेश सिन्हा, अशोक प्रकाशन, दिल्ली, 1967 ई०।

हिन्दी कहानियों की शिल्प-विधि का विकासः डॉ० लक्ष्मीनारायण लाल, साहित्य भवन, प्रा० लि०, इलाहाबाद, 1953 ई०।

हिन्दी कहानी की रचना प्रक्रियाः डॉ० परमानन्द श्रीवास्तव, ग्रंथकार, कानपुर, फ़रवरी, 1965 ई०।

हिन्दी कहानी, स्वरूप विकास और प्रतिनिधि कहानीकारः डॉ० रा० प्रकाश दीक्षित, विनोद पुस्तक मंदिर, आगरा, 1960 ई०।

हिन्दी के उपन्यासकारः डॉ० यशदत्तशर्मा, भारती (भाषा) भवन, दिल्ली, अक्टूबर 1951 ई०।

हिन्दी-भाषा आंदोलनः लक्ष्मीचंद, हिन्दी साहित्य सम्मेलन, इलाहाबाद, सं० 1885 वि०।

हिन्दी-भाषा और सामान्य ज्ञानः डॉ० हरदेव बाहरी, लोकभारती प्रकाशन, इलाहाबाद, नवम्बर, 1971 ई०।

हिन्दी-भाषा का इतिहासः डॉ० धीरेन्द्र वर्मा, हिन्दुस्तानी एकेडेमी, इलाहाबाद, 1949 ई०।

हिन्दी-साहित्यः डॉ० हजारी प्रसाद द्विवेदी, अतरचंद्र कपूर एण्ड संस, दिल्ली, 1964 ई०।

हिन्दी-साहित्य का इतिहासः आचार्य रामचंद्रशुक्ल, नागरी प्रचारिणी सभा, वाराणसी, सं० 2018 वि०।

हिन्दी-साहित्य की भूमिकाः डॉ० हज़ारी प्रसाद द्विवेदी, हिन्दी ग्रंथ रत्नाकर कार्यालय, बम्बई, 1950 ई०।

हिन्दी-साहित्य के अस्सी वर्षः डॉ० शिवदानसिंह चौहान, राजकमल प्रकाशन, दिल्ली, द्वितीय सं० 1961 ई०।

हिन्दी-साहित्य के विकास की रूपरेखाः राम अवध द्विवेदी, भारती भंडार, प्र०सं० 2018 वि०।

हिन्दी-साहित्य कोश, भाग 1 व 2: (सं०) डॉ० धीरेन्द्र वर्मा तथा अन्य, ज्ञान मंडल लि०, वाराणसी, संवत् 2015।

हिन्दी-साहित्य—बीसवीं शताब्दीः आचार्य नंददुलारे वाजपेयी, इंडियन प्रेस, इलाहाबाद, 1958 ई०।

हिन्दू-मुस्लिम समस्याः डॉ० बेनीप्रसाद, साहित्य भवन लि०, प्रयाग, 1943 ई०।

सहायक ग्रंथ (उर्दू)

अंग्रेज़ी अहद में हिन्दुस्तानी तमद्दुन की तारीख़: अब्दुल्लाह यूसुफ़ अली, हिन्दुस्तानी एकेडेमी, इलाहाबाद, 1936 ई०।

अफ़कारो-मसायल: प्रो० सैयद एहतेशाम हुसैन, नसीम बुक डिपो, लखनऊ, अप्रैल, 1963 ई०।

अलीगढ़ तहरीक: (सं० नसीम क़ुरैशी) शोबा-ए-उर्दू, अलीगढ़ मुस्लिम युनिवर्सिटी, 1960 ई०।

उर्दू-अदब, आज़ादी के बाद: डॉ० सैय्यद एजाज़ हुसैन, कारवाँ पब्लिशर्स, इलाहाबाद, 1961 ई०।

उर्दू का अलमिया: डॉ० मसूद हुसैन ख़ाँ, शोबा-ए-लिसानियात, अलीगढ़, मुस्लिम युनिवर्सिटी, मार्च, 1973 ई०।

उर्दू मरसिये का इर्तेक़ा: डॉ० मसीहुज़्ज़माँ, किताब नगर, लखनऊ, 1959 ई०।

उर्दू मसनवी, शिमाली हिन्द में: डॉ० ज्ञानचंद, अंजुमन तरक़्क़ी-ए-उर्दू (हिन्द) अलीगढ़, 1969 ई०।

क़लम का मज़दूर : मदन गोपाल, मकतबा-ए-जामिया, नयी दिल्ली, मई 1966 ई०।

क़ौमी तहज़ीब का मसअला: डॉ० आबिद हुसैन, अंजुमन तरक़्क़ी-ए-उर्दू (हिन्द) अलीगढ़ 1955 ई०।

ख़ुतूते-सर सैय्यद: सर रास मसूद (सं०), निज़ामी प्रेस, बदायूँ, 1924 ई०।

तनक़ीद और अमली तनक़ीद : प्रो० सैयद एहतेशाम हुसैन, इदारा-ए-फ़रोग़े-उर्दू, लखनऊ, तृतीय संस्करण, 1964 ई०।

तनक़ीदें : डॉ० ख़ुर्शीदुल इस्लाम, अंजुमन तरक़्क़ी-ए-उर्दू (हिन्द) अलीगढ़, द्वितीय संस्करण, 1964 ई०।

तलाशो-तवाज़ुन: डॉ० क़मर रईस, ख़राम पब्लिकेशन्स, दिल्ली, 1968 ई०।

तहरीरें: डॉ० ज्ञानचंद, इदारा-ए-फ़रोग़े-उर्दू, लखनऊ, दिसम्बर, 1964 ई०।

दबिस्ताने-इश्क़ की मरसियागोई: डॉ० जाफ़र रज़ा, शबिस्तान, इलाहाबाद, 6वाँ प्र० 1999 ई०।

दास्तन से अफ़साने तक: प्रो० वक़ार अज़ीम, ताहिर बुक एजेंसी, दिल्ली, जून, 1972 ई०।

दास्ताने-तारीख़े-उर्दू : हामिद हसन क़ादिरी, लक्ष्मीनरायन अग्रवाल, ताजिरे-कुतुब, आगरा, द्वितीय सं० 1957 ई०।

नये अदबी रुजहानात: डॉ० सैय्यद एजाज़ हुसैन, किताबिस्तान इलाहाबाद, 1957 ई०।

नॉवेल क्या है: डॉ० मुहम्मद अहसन फ़ारूक़ी तथा डॉ० नूरूल हसन हाशिमी, नसीम बुक डिपो, लखनऊ, अक्टूबर, 1968 ई०।

पंजाब में उर्दू: हाफ़िज़ महमूद ख़ाँ शीरानी, सरफ़राज़ क़ौमी प्रेस, लखनऊ, 1960 ई०।

प्रेमचन्द: कहानी का रहनुमा: डॉ० जाफ़र रज़ा, शबिस्तान, इलाहाबाद, 16वाँ सं० सितम्बर, 1999 ई०।

प्रेमचन्द की तनक़ीदी मुतालिआ: डॉ० क़मर रईस, सरसैयद बुक डिपो, अलीगढ़, 1959 ई०।

प्रेमचन्द: शख़सियत और कारनामे: डॉ० क़मर रईस, मकतबा-ए-आलिया, रामपुर, 1962 ई०।

बीसवीं सदी में उर्दू नावेल: यूसुफ़ सरमस्त, नेशनल बुक डिपो,मछली कमान, हैदराबाद, दिसम्बर, 1973 ई०।

मुग़ल और उर्दू : नवाब नसीर हुसैन 'ख़याल' एस०ए० उस्मानी एण्ड संस, कलकत्ता, मई 1933 ई०।

मुशतरका ज़बान: महात्मा गाँधी (डॉ० आबिद हुसैन, अनुवादक): अंजुमन तरक़्क़ी-ए-उर्दू (हिन्द) अलीगढ़, 1950 ई०।

मेआरो-मीज़ान: डॉ० मसीहुज़्ज़माँ, रामनारायण लाल बेनीमाधव, इलाहाबाद, 1968 ई०।

मुख़्तसर तारीख़े-अदबे-उर्दू : डॉ० सैय्यद एजाज़ हुसैन, इदारा-ए-फ़रोग़े-उर्दू, 11 वाँ संस्करण, 1965 ई०।

रौशनाई: सैयद सज्जाद ज़हीर, किताब घर, दिल्ली, 1959 ई०।

लिसानी मुतालए: डॉ० ज्ञानचंद, नेशनल बुक ट्रस्ट ऑफ़ इंडिया, नयी दिल्ली, जनवरी, 1973 ई०।

सवानिहाते-सलातीने-अवध : भाग 1, कमालुद्दीन हैदर, नवलकिशोर प्रेस, लखनऊ, अक्टूबर, 1896 ई०।

हमारी क़ौमी ज़बान : डॉ० सर तेज बहादुर सप्रू, अंजुमन तरक़्क़ी-ए-उर्दू (हिन्द) 1941 ई०।

हयाते-जावेद: मौलाना अलताफ़ हुसैन 'हाली', अंजुमन तरक़्क़ी-ए-उर्दू (हिन्द) 1939 ई०।

हिन्दुस्तानी लिसानियात: डॉ० मुहीउद्दीन क़ादिरी 'ज़ोर', नसीम बुक डिपो, लखनऊ, 1960 ई०।

हिन्दुस्तानी लिसानियात का ख़ाका: प्रो० सैय्यद एहतेशाम हुसैन, दानिश महल, लखनऊ, तृ० सं० 1963 ई०।

सहायक-ग्रंथ (अंग्रेज़ी)

Comparative Grammer of Modern Aryan Languges of India: John Beams, Trubner & Co, London. 1975.

Communalism and the Writing of Indian History: Dr. R, Thaper, Dr. H Mukhia & Dr. Bipin Chandra, Peoples Publishing House, New Delhi, 1969.

Congress Ideology : P.D. Kaushik, Allied Publishers, Bombay, 1964.

(The) Deoband School and Demand for Pakistan : Ziaul Hasan Farooqi, Asia Publishing House, Bombay, 1963.

(The) Discovery of India: Jawahar Lal Nehru, Signe & Press, Calcutta. 1945.

(The) Hindi Prachar Movement : M.P. Desai, Navajivan Publishing House, Ahmadabad. 1957.

(The) History of the Congress: Dr. B. Pattabhi Sitaramayya, Padma Publication Ltd. Bombay, 1946.

History of the Freedom Movement in India. Vol.II: Dr. Tara Chand, Publication Division, New Delhi, 1961.

(A) History of Urdu Literature: Mohd.Sadiq, Oxford University Press, London, 1964.

India Divided: Dr. Rajendra Prasad, Bombay, 1947.

(The) Indian Federation : Dr. Sir Shifat Ahmad Khan, Mac. London, 1937.

(The) Indian Nationalism and Hindu Reform: Chales H. Heimsmath, Princeton University Press, 1964.

Indo-Aryan & Hindi : Dr. Sunit Kumar Chaterji, Firma. K.L. Mokhopadhya, Calcutta, II Ed. 1960.

Language Conflict and National Development : Jyotirindra Das Gupta, University California Press, 1970.

Linguistic Affairs of India.: Ram Gopal, Asia Publishing House, Bombay, 1966..

Linguistic Survey of India, Vol. I, Government of India, Central Publication Branch, 1927.

Lokmanaya Tilak, A Biography : Ram Gopal, Asia Publishing House, Bombay, 1956.

Mahatma Gandhi, The Last Phase, Vol I & IL : Pyarelal, Navajivan Publishing House, Ahmadabad, 1958.

Major Government of Asia : G.M. Kahin (Ed)., Cornell University Press, New York. 1958.

Modern Islam in India: Wilfred Cantwell, Minerva Bookshop, Lahore, 1963.

National Language for India : L.A. Ahmad, Kitabistan, Allahabad, 1941.

Our Language Problem: M.K. Gandhi, A.T. Hingorani, Karachi.

Munshi Prem Chand : Prof. P. C. Gupta Sahitya Academy, New Delhi, 1968

Munshi Prem Chand: Madan Gopal, Asia Publishing House, Bombay, 1964.

Renanscent India : H.E.C. Zacharias, Allen Unwin London, 1933.

Selected Works Vol I & II: Karl Marx & Frederick Engels, Foreign Languge Publishing house, Moscow, 1962.

Social Background of the Indian Nationalism: A.R. Desai, Popular Book Depot, Bombay, 1959.

(A) **Survey of Indian History:** K.M. Panikar, Asia Publishing House, Bombay, 1962.

Thoughts on National Language: M.K. Gandhi, Navajivan Publishing House, Ahmadabad, 1957.

(The) Unity of India: Jawahar lal Nehru, Lindsay Drummar London, 1941.

पत्र-पत्रिकाएँ (हिन्दी)

ऊषा : जम्मू, मई, 1930 ई०,

चाँद : इलाहाबाद, अप्रैल 1923 ई० से अगस्त 1935 ई० तक।

जागरण : बनारस, 1932 ई० से 1937 ई० तक।

प्रभा : कानपुर, जुलाई 1923 ई० से जुलाई 1931 ई० तक।

भारत : इलाहाबाद, 1928 ई०।

भारतीय : इलाहाबाद, फ़रवरी, 1934 ई०।

भारतेन्दु : मथुरा, दिसंबर, 1928 ई०।

मतवाला : 31 अगस्त, 1929 ई०।

माधुरी : लखनऊ, अगस्त 1922 ई० से दिसंबर, 1936 ई०।

माया : इलाहाबाद, जनवरी 1930 ई०।

विशाल भारत : कलकत्ता, 7 अप्रैल, 1924 ई० से जनवरी 1933 ई०।

वीणा, इन्दौर, जुलाई 1930 ई०।

शुद्धि समाचार : श्रद्धानंद बलिदान विशेषांक।

सरस्वती : इलाहाबाद, दिसंबर, 1915 ई० से जनवरी 1929 ई०।

साहित्य : पटना, जनवरी, 1960 ई०।

साप्ताहिक हिन्दुस्तान : दिल्ली 17 फ़रवरी, 1963 ई०।

सुधा : लखनऊ आश्विन 305 तुलसीसंवत।

स्वदेश : फ़रवरी 1919 ई० से अगस्त 1935 ई० तक।

हंस : बनारस, अक्टूबर, 1925 ई० से स्मृति अंक, 1937 ई०।

पत्र-पत्रिकाएँ (उर्दू)

अदीब : इलाहाबाद, सितंबर 1910 ई० से अप्रैल 1913 ई० तक।

अलअस्त्र : लखनऊ, अक्टूबर 1911 ई० से दिसंबर 1914 ई० तक।

इस्मत : देहली, जनवरी 1933 ई० से दिसंबर 1934 ई० तक।

उर्दू : औरंगाबाद, अप्रैल, 1936 ई०।

उर्दू-अदब : अलीगढ़, दिसम्बर 1956 ई०।

कहकशाँ : लाहौर अक्टूबर 1914 ई० से अप्रैल 1920 ई० तक।

चंदन : लाहौर, अगस्त–सितंबर 1931 ई० तक।

ज़माना : कानपुर, जनवरी 1905 ई० से दिसम्बर 1937 ई० तक।

जामिआ : देहली, दिसंबर, 1935 ई०।

तहज़ीबुल-इख़लाक़ : अलीगढ़, 1881 ई०।

फ़रोग़े-उर्दू : लखनऊ-मुहिम नम्बर, जनवरी, फ़रवरी, 1968 ई०

फ़िक्रो-नज़र : अलीगढ़, खण्ड 11 अंक 2, 1971 ई०।

बहारिस्तान : लाहौर, फ़रवरी, 1927 ई०।

शायर : बम्बई, मई–जून, 1939 ई०।

शाहकार : लाहौर, मई, 1939 ई०।

सुब्हे-उम्मीद : लखनऊ, मार्च–सितम्बर, 1920 ई०।

हमदर्द : 17 जुलाई, 1913 ई०।

❑❑❑

नामानुक्रमणी

❑❑❑